認認真真講歷史

天涯社区人气佳作

东晋风云

【全五卷】卷一

孙峰·著

中国文史出版社

图书在版编目（C I P）数据

东晋风云. 卷一 / 孙峰著. -- 北京 : 中国文史出版社, 2019.7

（认认真真讲历史）

ISBN 978-7-5205-1061-5

Ⅰ. ①东… Ⅱ. ①孙… Ⅲ. ①中国历史—东晋时代—通俗读物 Ⅳ. ①K237.209

中国版本图书馆CIP数据核字(2019)第065684号

责任编辑： 刘　夏

封面设计： 陈欣欣

出版发行：中国文史出版社

社　　址： 北京市海淀区西八里庄路 69 号　**邮编：** 100036

电　　话： 010-81136606　81136602　81136603（发行部）

传　　真： 010-81136655

印　　装： 北京温林源印刷有限公司

经　　销： 全国新华书店

开　　本： 1/16

印　　张： 21.5　　**字数：** 371 千字

版　　次： 2019 年 8 月北京第 1 版

印　　次： 2019 年 8 月第 1 次印刷

定　　价： 59.50 元

目录

第一部 元明风尘

第二部　庾氏临国

第一部

元明风尘

一　时代概述（一）

按照一般的说法，把东晋的开始定位在公元317年，其不合理之处我们在《西晋风云》中已经说过，不再赘述，现姑妄听之。按照这一说法，东晋历史是从公元317年司马睿对外称晋王、改元建武开始，到第十一位皇帝晋恭帝司马德文于元熙二年（公元420年）禅位于刘裕为止，整个东晋朝廷历经四世，共十一帝，连绵了一百零四年，恰好是西晋历史的两倍。

第一位皇帝为晋元帝司马睿（大家也可以称其为牛睿，原因前面已经说过），于公元318年登基即皇帝位，在位仅仅五年时间，到公元322年，他因王敦之乱而颜面扫地，忧愤成疾去世，死时年仅四十七岁。

司马睿死后，太子司马绍继位，他就是自幼聪明伶俐、传说具有胡人血统的晋明帝。在位期间，他平定了王敦的第二次叛乱。不过，好景不长，晋明帝的存在似乎就是为了耗死王敦，他在位仅仅二年零九个多月，就因病死去了，死时年仅二十七岁。

东晋第三位皇帝是司马绍年仅五岁的太子司马衍，史称晋成帝。晋成帝年龄太小，他的母亲皇太后庾氏临朝听政。庾亮作为庾太后的亲哥哥，因此而执掌了朝中大权。由于庾亮猜忌在历阳（今安徽省和县）的流民帅苏峻，从而引发了苏峻、祖约之乱，二人于咸和二年（公元327年）二月攻陷建康（今江苏省南京市），逼死庾太后，庾亮兄弟也逃到了浔阳（今江西省九江市）。稍后，二人联络荆州刺史陶侃打败了苏峻、祖约；数年后，陶侃、王导相继去世，庾亮就完全控制了朝政。虽说晋成帝在位时间较长，但由于他继位时才五岁，因此，真正亲政的时间并不长。晋成帝司马衍也是位短命的皇帝，死时年仅二十二岁，比其父司马绍还少活了五年。

晋成帝去世时，庾亮已死，代替他执政的是其弟庾冰。在晋成帝司马衍临死之前，庾冰以外敌当前、应该册立年长之君为由，说服晋成帝立弟弟司马岳为皇位继承人。司马岳就是晋康帝。晋康帝司马岳同样是位短命的皇帝，他在位二年多一点就因病去世了，死时年仅二十三岁，只比他哥哥司马衍多活一年。这一次庾冰想立司马岳的叔叔司马昱为帝，但是，司马岳却选择了立自己的儿子司马聃。

司马聃是东晋王朝的第五位皇帝，史称晋穆帝。历史再次重演。晋穆帝司马聃与他的伯父司马衍一样，继位的时候年仅二岁，晋康帝司马岳的皇后褚蒜子，被尊为皇太后，临朝称制。庾氏家族逐渐淡出权力中心，东晋的朝廷大权转移到了褚太后之父褚裒以及权臣殷浩手中，荆州的军政大权则落入桓温囊中。晋穆帝在位期间，褚裒、殷浩分别北伐，均宣告失败。而桓温一次伐蜀，就灭了成汉帝国，四川地区重新回到东晋的版图；桓温的两次北伐，也都取得了辉煌的战绩，桓温本人也声望日隆。公元 361 年，晋穆帝病死，死时年仅十九岁，没有留下子嗣。晋康帝这一支绝后，褚太后只得下诏立晋成帝司马衍的儿子司马丕为皇帝。

晋哀帝司马丕是东晋的第六位皇帝，谁知也是一位短命的皇帝。本来，在他的父亲晋成帝司马衍死后，在襁褓中的司马丕应该被册立为帝的，但是，由于当时庾冰的建议而改立了他的叔叔司马岳，司马岳死后，想把帝位留在自己这一支内，就传给了自己的儿子司马聃。可是，人算不如天算，司马聃死时并没有留下儿子，此时，褚太后只能将帝位传给了管自己叫婶母的司马丕。不过，这个司马丕却并不怎么想做皇帝，一心只想长生不老，经常吃丹药，结果药性发作，不能听政，褚太后又一次临朝听政。其间，朝中大权掌握到了权臣桓温手中。晋哀帝司马丕即位后三年就因药性发作死去，死时年仅二十五岁。

晋哀帝司马丕死后，褚太后和司马昱迎立司马丕的同母弟弟司马奕为帝，这就是东晋的第七位皇帝晋废帝，又被称为海西公。晋废帝司马奕即位的时候，已经二十四岁了。在晋废帝司马奕当政的短短六年时间里，中国大地上出现了前秦、前燕和东晋三足鼎立的局面，其间，桓温发动了第三次北伐，却遭到了枋头惨败。恼羞成怒的桓温，为了巩固自己的权势，暗示褚太后废掉皇帝，另立新君，于是，在公元 371 年，褚太后以司马奕阳痿为由，将其废为海西公。被废以后的司马奕杜门不出，沉溺酒色，苟且偷生，一直到公元 386 年去世，享年四十五岁。

废掉司马奕以后，桓温立司马奕的叔祖、会稽王司马昱为皇帝，史称简文帝。偏安一隅的东晋就这样坎坎坷坷地走过了它命运的一半路途。

二 时代概述（二）

简文帝司马昱是东晋的第八位皇帝。他是东晋第一代皇帝晋元帝司马睿最小的儿子，幼时深得父亲司马睿的喜爱。等晋废帝司马奕被废以后，在桓温的直接干预下，这位年龄五十二岁的司马奕的叔祖继承了帝位。简文帝司马昱在位的短短数月时间里，时刻担心着桓温篡位，自己被废或者被杀，在忧惧中很快死去。临死前，司马昱写下遗诏，甚至想授权桓温可以自己当皇帝，在王坦之、王彪之、谢安等人的坚持下，才将遗诏改为任命桓温为辅政大臣，依照诸葛亮、王导辅佐皇帝的模式执政。

历史十分奇特：东晋的帝系在走完它的一半历程之时，原本已经传至第四代，自此又回过头来，从晋明帝司马绍一支转移到了他的弟弟简文帝司马昱这一支，返回到了第二代。

继位的东晋第九位皇帝，是东晋在位时间最长的一位皇帝——孝武帝司马曜，他一共在位二十五年。孝武帝继位的时候，年仅十一岁，好在是权臣桓温在孝武帝即位以后数月，也随简文帝司马昱而去，东晋王朝侥幸避免了一场改朝换代的危机。临朝执政多年的褚太后，第三次走上前台听政，褚太后的堂舅谢安也开始执掌朝政。在孝武帝即位八年以后，前秦苻坚统一了北方，并企图南下一举荡平江南，但谢石、谢玄、谢琰、桓伊等率领北府诸将，在淝水取得了一次神奇的、无法复制的大胜，不仅挽救了东晋的国祚，而且，也促使了前秦政权的瓦解，北方从此又一次陷于分崩离析的状态。淝水之战后两年，谢安病死，本就对谢氏猜忌的孝武帝开始重用自己的弟弟司马道子。司马道子势力逐渐强大以后，又威胁到了孝武帝的皇权，兄弟二人矛盾日益尖锐。到了太元二十一年（公元 396 年），一个似乎偶然的事件结束了司马曜的生命，也终结了兄弟二人的争斗：嗜酒好色的孝武帝对自己宠爱的张贵人说：“你已经快三十岁了，按年龄该被废了。”因为这句戏言，张贵人怀恨在心，夜里趁司马曜酒醉熟睡，将其杀死。

司马曜死后，太子司马德宗继位，这就是晋安帝，也是东晋王朝的第十位皇帝。晋安帝司马德宗是个哑巴，史书记载，“自少及长，口不能言”，不仅如此，还是个白痴，“虽寒暑之变，无以辨也”。连冷热都不能分辨出来，比西晋惠帝司马衷的智商还要低。东晋朝政完全掌握在他的叔叔司马道子和道子同伙谢安的女婿王国宝之手。领兵在外的王恭和殷仲堪，都是孝武帝生前为了对付司马道子而提拔的亲信，他们当然引起了司马道子和王国宝的猜忌。孝武帝驾崩以后，王国宝极力鼓动司马道子削弱王恭等人的兵权，激起王恭等人的强烈不满，王恭、殷仲堪联合起兵进攻建康，司马道子无计可施，只得将所有的罪责都推到了王国宝的身上，以杀掉王国宝为代价，换来了王恭等人的退兵。王恭退兵以后，司马道子的儿子司马元显主张加强防备，来对付王恭和殷仲堪。此举让王恭、殷仲堪、庾楷、桓玄再次起兵，这次，司马元显诱使北府兵将领刘牢之临阵倒戈，杀掉了王恭，收买了桓玄和杨佺期，不战而使殷仲堪退兵。这场危机刚刚过去数月，浙东地区就爆发了孙恩领导的起义。东晋朝廷一团忙乱之后，终于镇压了孙恩起义，司马元显又开始试图消灭桓玄，结果反被桓玄所杀。继而，桓玄废晋安帝为平固王，自立为皇帝，改国号为楚。第二年，北府兵将领刘裕率众讨伐桓玄，将其击败，迎立晋安帝复辟，刘裕遂掌握了东晋朝廷大权。为了进一步提高自己的声望以便取代东晋王朝，刘裕组织了北伐，相继灭掉了南燕和后秦。此时，刘裕已经为自己篡权做好了一切准备，只不过当时有一句谶言说：“昌明之后有二帝”，昌明是孝武帝司马曜的小名，为了与谶言相符，公元 418 年，刘裕命人勒死了晋安帝司马德宗，司马德宗死时三十七岁，在位二十二年。这段历史似乎就是西晋惠帝时期的翻版。

将司马德宗杀死以后，刘裕立其弟司马德文为帝，这是东晋第十一位也是最后一位皇帝。此时，刘裕取代东晋一事，早已没有任何悬念，只是缺乏一个仪式而已。司马德文即位第二年，刘裕就匆匆命其禅让，当司马德文接到别人已经写好的禅让诏书，他欣然从命，亲自抄录了一遍，并说：“晋氏早就失去了皇权，如今禅让又有什么可恨的呢？”但是，即使让位也不能彻底消除刘裕内心深处的担心，在刘宋政权建立后的第二年，刘裕就派武士将退位后的司马德文用被褥活活捂死，司马德文死时年仅三十六岁。

纵观整个东晋的历史，皇权一直不振，大权掌握在权臣的手中，可以说，东晋王朝的历史就是一部王、庾、桓、谢、刘五族力量消长的历史。

三 时代概述（三）

东晋虽说是权臣当道，但毕竟在形式上维系着一个皇帝。与江南地区相对应的中国北方地区，在此期间，却经历了巨大的变乱。在长达一百年左右的时间里，这里狼烟四起，很多短命政权旋兴旋灭，几乎年年都在战争。这就是我们常说的五胡十六国时代。按照史学的一般划分，五胡十六国时代，是从西晋八王之乱时期的晋惠帝永兴元年（公元 304 年）刘渊建立刘汉帝国、李雄建立成汉帝国为起点，一直到北魏太武帝拓跋焘在刘宋元嘉十六年（公元 439 年）灭掉北凉沮渠牧犍，重新统一北方为止。

这一段历史，我们大致还可以分为三个阶段：一是西晋末年到东晋建立；二是东晋建立到淝水之战；三是淝水之战到北魏太武帝统一北方。

在第一阶段里，即在西晋末年，共建立了两个国家：一个是李雄建立的成汉帝国，自公元 304 年建立到公元 347 年被东晋桓温所灭，历时四十四年；另外一个，就是与李雄建立的成汉帝国同年建立的刘汉帝国。到公元 318 年后分裂为两个国家：一是刘曜在长安建立的刘赵帝国，史称前赵；二是石勒在公元 319 年建立的石赵帝国，史称后赵。前赵在立国十年以后，被石勒的后赵所灭。

在第二阶段里，人们习惯用一个词来概括那段历史：胡亡氐乱，意思是匈奴族消亡和氐族兴盛时期。这一时期，如果我们把刘曜建立的前赵从刘渊的刘汉帝国分出来单算的话，那么，北中国先后就建立了七个国家。

一是前述的前赵；二是石勒公元 319 年建立的后赵，于公元 351 年被冉魏所灭，立国三十三年；三是张茂在姑臧（今甘肃省武威市）于公元 320 年建立的前凉，于公元 376 年被前秦所灭，立国五十七年；四是拓跋翳槐于公元 329 年建立的代国，于公元 394 年被前秦所灭；五是冉闵于公元 349 年建立的冉魏，于公元 352 年被前燕所灭，立国四年；六是前燕，于公元 337 年由慕容皝建立，于公元 370 年被前秦所灭，立国三十四年；七是前秦，由苻健于公元351年建立，经淝水之战后，于公元394年被姚苌建立的后秦所灭。

在第三阶段里，即在淝水之战以后，刚刚统一北中国的前秦重新分裂，北中国比前一阶段更加混乱，先后共建立了十二个国家。

一是，在淝水之战后一年，即公元384年，羌族的姚苌建立了后秦，于公元417年被东晋刘裕所灭，立国三十四年；二是，同年，慕容冲建立西燕，于公元394年被慕容垂建立的后燕所灭；三是，也是这一年，慕容垂建立了后燕，于公元407年被冯跋建立的北燕所灭，立国二十四年；四是，公元385年，鲜卑乞伏国仁在今甘肃省榆中县建立西秦，到公元431年被赫连夏所灭，立国四十七年；五是，公元386年，原苻坚部将吕光在武威市建立后凉，于公元403年被后秦所灭；六是，公元397年，匈奴族的沮渠蒙逊在张掖市建立北凉，于公元439年被北魏所灭；七是，同年，在青海省海东市乐都区，鲜卑秃发乌孤建立南凉，于公元414年被乞伏国仁建立的西秦所灭；八是，公元398年，慕容德建立南燕，于公元410年被东晋刘裕所灭；九是，公元400年，李暠在甘肃省酒泉市建立西凉，于公元421年被北凉所灭；十是，公元407年，赫连勃勃建立夏国，于公元431年被吐谷浑所灭；十一是，同年建立的北燕于公元436年被北魏所灭。如果再算上吐谷浑，在淝水之战以后，北中国前后有十二个国家。

那么，连同上面说的，就多达二十一个国家（把刘曜的前赵与刘渊的刘汉分开了），远不是传统上所说的十六国了。不过，习非成是，为了避免引起不必要的麻烦，我们暂且还是以五胡十六国来描述这段历史。

说了这么多，就是为了让大家对这段历史有一个宏观的了解，现在就让我们开始走进那段战乱频仍、英雄辈出的年代吧……

四　五马渡江

司马睿像

东晋孙盛的《晋阳秋》记载:“太安中,童谣日:‘五马浮渡江,一马化为龙。’永嘉大乱,王室沦覆,唯琅邪、西阳、汝南、南顿、彭城五王获济,至是中宗登祚。”《晋书·元帝本纪》也有类似的记载。童谣中并没有指出这五个王分别是哪五位,但是,《晋阳秋》和《晋书》都明确说,这五人分别为:琅邪王司马睿、西阳王司马羕、南顿王司马宗、汝南王司马祐和彭城王五人。那么,我们先仔细分析一下上述五人之间究竟是一个什么样的关系吧。

琅邪王司马睿的爷爷是司马懿的第五子司马伷。西阳王司马羕和南顿王司马宗是亲兄弟,他们的父亲是司马懿的第四子司马亮。司马亮与司马伷是同父同母的兄弟,因此,司马羕和司马宗都是司马睿血缘关系较近的两位堂叔。司马祐的父亲司马矩是司马羕和司马宗的大哥,因此,司马羕和司马宗又是汝南王司马祐的亲叔叔,司马祐与司马睿是血缘关系较近的堂兄弟。因此,这五马中的司马睿、司马羕、司马宗、司马祐应该都属于司马懿一支。

史料中记载的这个彭城王究竟是谁?

很多人说这个彭城王是司马纮。然而,据《晋书·彭城穆王权传》记载:“子元王植立……遂以忧薨。子康王释立……薨,子雄立,坐奔苏峻伏诛,更以释子纮嗣。”在说到司马纮的时候,称:“建兴末,元帝承制,以纮继高密王据。及帝即位,拜为散骑侍郎……雄之诛也,纮入继本宗。”由此可以看出,南渡时的彭城王应该是司马纮的哥哥司马雄,而不是司马纮。因为,在他们南渡以后,司马纮由司马睿主持，入继了高密王司马据，司马纮成为彭城王，是在苏峻之乱、彭城王司马雄因投降叛军而被处死以后，这是很多年以后的事了。

彭城王司马雄和司马纮都出自司马懿的四弟司马馗一支。司马馗生司马权，司马权生司马植，司马植生司马释，司马释生司马雄、司马纮、司马钦，因此，司马雄、司马纮比司马睿、司马祐还低一辈，比司马羕、司马宗低两辈。史书没有对司马雄有任何特别的记载，但是，从其后来逃奔苏峻叛军这一点来看，其在东晋政权中并不得意。另据史书记载，司马雄的弟弟司马纮，“性理不恒”，平时疯疯癫癫的。因此，“五马”中其实只有“四马”具有问鼎的实力，而“四马”中，司马羕、司马宗、司马祐血缘关系最近，前两者的辈分又最高，于是，司马睿与此三人就处于一种十分微妙的关系之中。

然而，这还没有完。

我们仔细考察史料，在西晋末年东晋初年，南渡的西晋宗室还远远不止这五个人，而是十二个人！除了我们刚才已经说过的司马纮以外，还有六人，他们分别是：梁王司马翘，河间王司马钦，谯王司马承，章武王司马滔，通吉侯司马勋，司马流。

河间王司马钦与两个彭城王司马雄、司马纮都是司马释的儿子。在八王之乱中，司马释为南中郎将、平南将军，与荆州刺史刘弘同镇荆州。在永兴二年（公元 305 年），东海王司马越起兵讨伐河间王司马颙，当时，刘弘对于司马颙和司马越之间的争斗采取了观望的态度，将彭城王司马释逐至宛城（今河南省南阳市），史称“于时天下虽乱，荆州安全。弘有刘景升保有江汉之志，不附太傅司马越，越甚衔之”。司马释在永嘉三年（公元 309 年）去世，其三子司马雄、司马纮、司马钦可能不久就渡江南下了，《晋书·河间王颙传》中记载：“建兴中，元帝又以彭城王释子钦为融嗣。”也就是说，司马钦在渡江之初，并非王爷，而是在西晋愍帝时期，由司马睿晋封的。

同样的情况也出现在梁王司马翘身上。司马睿的叔祖梁王司马肜没有儿子，当时，朝廷就以他的哥哥琅邪王司马伷的二儿子司马澹之子司马禧为他的继孙，后来，司马禧与他的父亲司马澹都没于石勒。司马睿在江南时期，又立司马羕的儿子司马悝作为司马肜的孙子，可是，司马悝却早死。正巧，司马禧的另一个儿子司马翘从石勒那里逃了回来，就被司马睿立为梁王。史称，梁王翘于建武元年（公元 317 年）“自石氏归国得立”。

章武王司马滔的情况与上述两位也有类似之处。司马懿三弟司马孚的二儿子是著名的义阳王司马望，司马望的二儿子是河间王司马洪，司马洪又有两个儿子：一个是投靠赵王司马伦的那位“阿皮”司马威，司马威嗣位以后，徙封为章武王，另外一个是司马混。司马混的小儿子就是司马滔，开始的时候，司马滔出继新蔡王司马确为嗣，后来，当洛阳陷落以后，全家都没于胡。再后来，司马滔得以南渡，但却与新蔡太妃关系不好。太兴二年（公元 319 年），司马滔上书司马睿，以哥哥生死不明、章武爵位空缺为由，要求回归本宗，经过一番曲折，得到了司马睿的许可，因此，才有了所谓的章武王司马滔。据此，我们可以得出司马滔南渡当在太兴二年（公元 319 年）以前的结论。

通吉侯司马勋南渡则更晚。他于咸和六年（公元 331 年）自关右还，自称是“大长秋恂之玄孙，冠军将军济南惠王遂之曾孙，略阳太守瓌之子”。当时，有人还对其身份存有疑义，此人后来官至梁州刺史，因谋反被杀。

司马流的世系不明，可能为疏族，后率军抵抗苏峻，兵败被杀。

还有一位在东晋历史上很有影响的宗王，那就是谯王司马承。他是司马懿六弟谯王司马进的孙子，与司马羕、司马宗同为司马睿的堂叔，但比二人血缘关系要远一点。在南渡前，谯王承“拜奉车都尉、奉朝请，稍迁广威将军、安夷护军，镇安定。从惠帝还洛阳，拜游击将军。永嘉中，天下渐乱，间行依征南将军山简，会简卒，进至武昌。元帝初镇扬州，承归建康”。值得注意的是，谯王承最初镇守安定（今甘肃省泾川县北），而河间王颙自元康九年（公元 299 年）至光熙元年（公元 306 年）一直镇守关中，因此，司马承自然是司马颙的属下，但当司马颙失败、司马承随晋惠帝司马衷东还洛阳以后，他非但没有受到东海王司马越的处理，反而还被任命为游击将军，这也许说明司马承并非司马颙坚定的支持者，或者是因为司马越出于安定人心的考虑吧。司马承毕竟不是司马越的嫡系，因此，他后来“间行”至荆州，依附于山简，山简于永嘉六年（公元 312 年）死后，谯王承应在此后不久东下了建康。

综上，在南渡诸王中，最具影响的主要出自四系。一是琅邪王司马伷系：琅邪王司马睿、梁王司马翘；二是汝南王司马亮系：汝南王司马祐、西阳王司马羕、南顿王司马宗；三是彭城王司马权系：彭城王司马雄、彭城王司马纮、河间王司马钦；四是谯王逊系，即谯王司马承。另外还有出自河间王司马望系的章武王司马滔等。

具体世系如下：(灰色底为过江诸王)

老二	司马懿	司马亮	司马矩	司马祐	
			司马羕		
			司马宗		
		司马伷	司马觐	司马睿	
			司马澹	司马禧	司马翘
老三	司马孚	司马望	司马洪	司马混	司马滔
老四	司马馗	司马权	司马植	司马释	司马雄
					司马纮
					司马钦
老六	司马进	司马逊	司马承		

在这些人当中，与西晋帝室血缘相对最近的只有五人，那就是：西阳王司马羕、南顿王司马宗、汝南王司马祐、琅邪王司马睿和梁王司马翘。那么，在这些人当中，谁将最有势力成为中兴之主呢？

五 元帝登基

在外人看来，司马睿继承西晋的衣钵，似乎是一件顺理成章的事情。

永嘉初年，司马睿晋位安东将军、都督扬州诸军事。自从镇守建业以后，他的官职也是节节攀升，很快就加封为镇东大将军、开府仪同三司。等到洛阳陷落、晋怀帝司马炽被俘，司空荀藩等人更是移檄天下，推司马睿为盟主。晋愍帝司马邺即位以后，司马睿又被加封为左丞相，过了一年多，正式晋位为丞相、大都督中外诸军事。到建武元年（公元 317 年）二月，当宋哲带来晋愍帝司马邺被俘的消息以后，司马羕等人更是以死固请，纠缠不休着让司马睿当皇帝。到了这一年的六月，以司空、并州刺史、广武侯刘琨为首的一百八十人又上书劝进，可以说，司马睿登基做皇帝已经是板上钉钉的事情了。

那么，以叔父之尊的西阳王司马羕、南顿王司马宗是否有觊觎王位之心呢？史料没有记载，我们不能妄加评论。不过，司马羕远在楚王司马玮被杀以后，就晋爵为王，“历步兵校尉、左军骁骑将军。元康初，进封郡王。永兴初，拜侍中。……惠帝还洛，复羕封，为抚军将军，……永嘉初，拜镇军将军，加散骑常侍，领后军将军，复以邾、蕲春益之，并前三万五千户。”而他的弟弟司马宗，“元康中，封南顿县侯，寻进爵为公。讨刘乔有功，进封王，增邑五千，并前万户，为征虏将军。与兄羕俱过江。元帝承制，拜散骑常侍。愍帝之在西都，以宗为平东将军”。两人的资格并不比司马睿差多少。

虽说如此，毕竟是强龙不压地头蛇，司马睿毕竟已经在江南经营了十年之久。为了安抚西阳王司马羕，司马睿在前几年，就曾经“承制”，拜司马羕为“抚军大将军、开府，给千兵百骑”，并命令他和自己的弟弟南顿王司马宗带领南渡的北方难民去“江西”地区垦田，只是由于“江西荒梗”，二人才无功而返。司马睿将自己的两位叔叔支出建业，可能出于三方面的考虑：一是，那时，杜弢之乱已经接近尾声，而江南土地有限，确实需要将大批南渡的侨民安置到长江以北地区，从事农业生产，减轻侨民安置对江南地区的压力；二是，王氏家族势力太大，必须借重宗室力量进行平衡；三是，将两位叔叔从建业支开，以便巩固自己的权威。从司马睿的这一举动中，我们似乎可以隐约看出司马睿那隐秘的心路，因为，此时的司马睿在江南的地位并不稳固。

说到这一点，我们还可以从《晋书·王导传》中得到印证。《王导传》中明确记载："初，西都覆没，海内思主，群臣及四方并劝进于帝。时王氏强盛，有专天下之心，敦惮帝贤明，欲更议所立，导固争乃止。"也就是说，长安沦陷以后，在以司马羕为首的内臣和以刘琨为首的外臣纷纷劝进的时候，手握强兵的王敦态度并不积极，甚至私下与王导商议，要另立他人。王敦欲立何人，史料没有记载，我们无由得知，揣测起来不外就是司马羕等人。天下没有不透风的墙，王敦与王导商量另立皇帝这件事，司马睿不会没有耳闻，于是，司马睿并没有匆匆登基即位。他采取了非常耐人寻味的一步棋：仅仅自称为晋王，却又奇怪的改元！对于王导不听自己的意见，王敦一直耿耿于怀，到司马睿称帝五年以后，王敦第一次发动了叛乱，当王敦大军攻入建业以后，王敦见到王导，还埋怨说："你当初不听我的话，差一点我们王家都面临灭族的危险了！"可见，在公元 318 年以前，司马睿与王敦君臣之间已经有点不太和谐了。

司马睿知道，其他人的劝进都没有用，只有得到了王氏家族的认可，那才是真的。公元 318 年三月，晋愍帝司马邺被刘聪杀害的确切消息传到了建康，在王导说服了堂兄王敦以后，时年四十三岁的司马睿，这才在群臣的劝进下于同年三月十日，正式登基为帝，东晋历史自此拉开了帷幕。

司马睿下令大赦，改年号为太兴。文武官员一律升级二等。对于凡是上书"劝进"的官员，再升级一等，凡是签名"劝进"的平民，都擢升他们到政府做"吏"，共计有十二万余人。散骑常侍熊远说："陛下上应天心，下继正统，全国人民，一致归心拥戴。为什么只京师（首都建康）人民的情义重，而远地人民的情义轻？不如依照西汉王朝前例，普遍的赏赐天下人民爵位，使皇恩广被，免除考核的麻烦，也可以杜绝取巧作伪的行为。"但是，司马睿没有听从。不过，在这一片劝进声中，却还是有另类的声音：周顗的弟弟周嵩就上疏称，现在多事之秋，不足以取天下，等打回中原，雪了社稷大耻以后，再登基称帝不迟。这话说得义正词严，但哪是司马睿的心愿？司马睿的忸怩作态，当然是假的，现在周嵩不合时宜的话立即引起了司马睿的反感，周嵩也被贬为新安太守。值得注意的是，周嵩是王敦侄儿王瑜的岳父，也就是说，周嵩与王敦的哥哥王含是儿女亲家，周嵩此举是否得到了王敦的暗示，也未可知。司马睿对周嵩讲的装聋作哑，在群臣的劝进声中，经过一番扭捏，终于还是登基了，并于三月二十四日，册立司马绍为皇太子。

一切办得还算顺利。

但是，就在登基仪式上，司马睿却做出了一件十分突兀的事情：司马睿请中书监王导也坐到御座上来。当时，王导坚决不同意，而司马睿这边却一直苦劝不已，两个人拉拉扯扯，相持不下。王导推辞说："如果太阳跟地上的万物一模一样，人民还怎么能仰望日光普照呢？"在王导的坚决推辞之下，司马睿才没有再勉强。千百年来，人们对司马睿这一惊世骇俗的举动，产生了各种各样的解释：有人说是司马睿对王导表示亲昵和尊崇；有人说是司马睿的无奈之举，目的是为了取悦王氏家族；有人说是司马睿以这种形式对王导为代表的王氏家族的提醒，目的是让王氏家族收敛一些。

不论如何，我们都不得不面对东晋初年那一独特的政治格局——"王与马共天下"。

六　王氏家族（一）

不过，在此之前，我们还是先认识一下琅邪王家这一在东晋初年江南的第一大族。

琅邪王家在两晋时期之所以知名，还要追溯到西晋太保、那位“卧冰求鲤”的大孝子王祥。西晋倡导儒教，标榜以孝治天下，因此，王祥在《晋书》中被排列在所有臣子之首，生前死后都十分显赫。王祥一共有五个儿子：老大王肇，为庶出，官至始平太守，其子王俊，为太子舍人，王俊子王遐为郁林太守（此王遐非东晋简文帝王皇后之父，彼王遐为太原王家）；老二王夏早死；老三王馥，为上洛太守，子王根，为散骑郎；老四王烈、老五王芬都年幼知名，为王祥所钟爱，但是，都在王祥生前早夭了。因此，王祥这一支在东晋时期就没有什么名气了。

倒是在王祥临终前，他将那把吕虔赠予的神奇腰刀交给自己的异母弟弟王览以后，王览的后代就在东晋蓬勃地发展起来了。王览也与哥哥王祥一样“孝友恭恪”，但是，在西晋时期，他的名气没有哥哥王祥大，最后以太中大夫致仕，他与其兄王祥一样长寿，活到七十三岁（王祥活到八十五岁）。虽然王览生前没有哥哥王祥那样显赫，但其后代却比王祥的繁茂。我们说的东晋琅邪王家主要就是指王览的后代，“王与马共天下”中的“王”，也是指此。

王导像

王览一生共育有六个儿子，分别为：老大，抚军长史王裁；老二，治书御史王基；老三，侍御史王会；老四，尚书郎王正；老五，中护军王彦；老小，国子祭酒王琛。下面，我们逐一将这六家子弟说说清楚。

第一，老大王裁，共有三个儿子：王导、王颖和王敞。王颖和王敞年少的时候，都与王导齐名，人们将王颖与温峤温太真相比，将王敞比作邓攸邓伯道，不幸王导的这两个弟弟都早夭了，因此，王裁大门这一支就剩下王导一根独苗。还好，王导共生下六个儿子：王悦、王恬、王洽、王协、王劭、王荟。写到这儿，我们大约才明白了，年龄比王导大十岁、早就是声名显赫的一方大员，并且性格傲慢的族兄王敦，在很多大事上虽与王导意见相左，但最终还是听命于王导的原因。在西晋门阀制度下，作为家族的大门掌门人，在整个家族中具有不可撼动的权威，而王导在琅邪王家正处于这一地位。

王导的长子王悦继承了曾祖王览的品行，他对父亲王导十分尊重，每次王导上下班，王悦都要接送，父子二人感情很深。然而，不幸的是，王悦早死，并没有留下儿子，王导就将老二王恬的儿子王混过继给王悦为子，袭爵丹阳尹；王混的儿子王嘏，娶妻鄱阳公主，领中护军；儿子王恢，东晋末年为游击将军。

王导次子王恬，有三个特点：一是年少好武；二是性格骄傲无礼；三是中年以后，折节好士，尤其喜欢下围棋，围棋水平为东晋第一。平时，王导见到老大王悦就高兴，见到老二王恬就恼火。朝廷要任命王恬为中书令，王导坚决推辞。王导死后，王恬为后将军，转会稽内史。史书对王恬其他后代没有交代。

王导的第三子王洽，在王导的六个儿子中最知名。年少时，他与荀崧的儿子荀羡（荀令则）齐名。东晋第五位皇帝晋穆帝司马聃，对王洽十分敬重，将其从吴国内史转为中领军，并想让其兼任中书令。但是，当时王家已经衰落，桓温等人实力强大，朝廷政局复杂，王洽坚决推辞。王洽三十六岁去世，留下两个儿子：王珣、王珉。王珣与谢玄年纪相仿，年轻的时候就跟着桓温做秘书，桓温对二人很欣赏，曾说：谢玄不到四十岁就会成为独当一面的大将，而王珣也会登到朝堂之上。王珣、王珉兄弟二人都是谢家的女婿，但却同情桓氏，这引起了谢安的不满，谢安下令与王珣、王珉绝婚，这一事件，致使两家结下深仇。在谢家掌权时期，王家一直仕途艰难。虽然如此，等王珣听到谢安死去的消息，遇到族弟、王羲之的儿子王献之，对王献之说：“我要去哭谢公。”王献之吃惊之下，十分感佩，说：“这正是我所期望于你的啊！”于是，王珣直接去灵堂痛哭。谢安死后，孝武帝司马曜基于排挤谢氏的考虑，开始起用王珣。王珣共有五个儿子：王弘、王虞、王柳、王孺、王昙首，在刘宋时期都十分有名。王珉，年少的时候比哥哥王珣还有名，法护是王珣的小名，僧弥是王珉的小名，人们说：“法护非不佳，僧弥难为兄。”当时有一个名叫提婆的外国和尚，为王珣兄弟讲《毗昙经》，王珉还很小，但是只听一半就到另外的屋里给和尚法纲等数人讲解。长大以后，他曾任中书令，并与王献之齐名，被称为“大令”“小令”。王珉两个儿子：王朗、王练，东晋末年为侍中。

王导第四子王协早死，王导以第五子王劭的儿子王谧作为王协的继子。在东晋末年厕身于桓玄、刘裕权力斗争中，王谧受到刘裕的尊崇，他有三子：王瓘、王球、王琇，刘宋时期都受到重用。

王导的第五子王劭，美姿容，深受桓温器重，历任吏部尚书、中领军等职。有三子：王穆、王默、王恢。王穆，为临海太守，又有三子：王简、王智、王超。王默，为吴国内史，有两子：王鉴、王惠。王恢，为右卫将军。

王荟，历史上有名的事迹是，在他做官的时候，曾经拿出自己家的米面做粥，赈济灾民。为都督浙东五郡诸军事，左将军，会稽内史。儿子王廞，在王恭第一次兵变中支持王恭，但是，没有想到王国宝被杀以后，王恭停止了进攻，王廞大怒反攻王恭，王恭派刘牢之击破王廞部队，王廞不知所终。有小儿子王华，后为刘宋大臣。

这仅仅是王览的老大王裁，也就是王导这一支。

七 王氏家族（二）

第二，王览的次子叫王基。王基有两个儿子，老大叫王含，老二就是著名的王敦。王含有两个儿子：王瑜、王应。王敦无子，养王应为子，因王敦叛乱，无后。

第三，王览的第三子叫王会。王会只有一个儿子王舒，与王导、王敦都是堂兄弟。王敦时，被任命为荆州刺史，王敦败亡以后，王敦的哥哥王含父子逃往王舒那里避难，被王舒派军所杀。在庾氏将要征讨苏峻之前，王导为了树立外援，任命王舒当会稽内史，苏峻之乱中，王舒曾率领东军与苏峻军交战，但是屡屡失利。王舒有两个儿子：长子王晏之，在苏峻府中被杀，有子王崑之，王崑之有子王陋之；次子王允之，最知名，年少时，最为伯父王敦所爱，总是带在身边，以为性格与自己相似，王敦第二次发动叛乱前，一次与王允之喝酒，酒后王允之就睡在了王敦的床上，这时，王敦的亲信钱凤到来密谋叛乱的事情，此时王允之已经醒了，但是，害怕王敦知道自己偷听，就假装大醉吐了一地，把王敦骗过，将王敦的计划提前报告给了晋明帝。后来，随父在会稽，参与讨伐叛军。儿子王晞之。孙子王肇之。无名。

第四，是王览的第四子王正这一支。王正共有三个儿子：老大王廙，老二王彬，老三王旷。王廙就是取代陶侃、现在被王敦任命为荆州刺史的那位，王廙共有两个儿子，王颐之和王胡之，王胡之有子王茂之，王茂之有子王敬弘，西晋末年为尚书。王彬，性格非常直爽，平素与周顗关系最好，当王敦进京、杀了周顗以后，王彬曾痛斥王敦，后为江州刺史，有子二人：王彭之、王彪之。王彭之无名，王彪之最知名，后为尚书令，与谢安共掌朝政，有儿子：王越之、王临之。王旷，一个大名鼎鼎的儿子就是王羲之，王羲之共有七个儿子，知名的有五个，分别为王玄之、王凝之、王徽之、王操之、王献之。王徽之有子王桢之。

第五，王览的老五王彦，史书没有记载，不详。

第六，老六王琛。有子二人：王棱、王侃。南渡后，王棱为司马睿的从事中郎，后为豫章太守，加广武将军。王棱知道王敦有谋反之心，多次苦心劝谏，后被王敦派人杀掉。王侃后来做到吴国内史。

这就是琅邪王家这一庞大家族的大致情况，为了不至于混淆，我们列表如下：（表中所载为王氏家族主要人物，截至东晋末年）

第一代	第二代	第三代	第四代	第五代	第六代	第七代
王祥	王肇	王俊	王遐			
	王夏					
	王馥	王根				
	王烈					
	王芬					
王览	王裁	王导	王悦	王混	王嘏	王恢
					王诞	
			王恬			
			王洽	王珣	王弘	
					王虞	
					王柳	
					王孺	
					王昙首	
				王珉	王朗	
					王练	
			王协	王谧	王瓘	
					王球	
					王琇	
			王邵	王穆	王简	
					王智	
					王超	
				王默	王鉴	
					王惠	
				王恢		

续表

第一代	第二代	第三代	第四代	第五代	第六代	第七代
			王荟	王廞	王华	
		王颖				
		王敞				
	王基	王含	王瑜			
		王敦	王应			
	王会	王舒	王晏之	王崑之	王陋之	
			王允之	王晞之	王肇之	
	王正	王旷	王籍之			
			王羲之	王玄之		
				王凝之		
				王徽之	王桢之	
				王操之		
				王献之		
		王廙	王颐之			
			王胡之	王茂之	王敬弘	
			王羡之	王伟之	王韶之	
		王彬	王彭之			
			王彪之	王越之		
				王临之	王讷之	王准之
	王彦					
	王琛	王棱				
		王侃				

这还不包括与王祥、王览这一支同属琅邪王家的西晋王衍和被王敦杀掉的王澄等，他们与之又是同族关系。

八　王马共治

如此庞大的一个家族在西晋末年、东晋初年，又是如何辅助司马睿落脚江东，继而出现了“王与马共天下”的局面的呢？

当然这与王导、王敦兄弟关系极大。

第一，来自司马睿与王导个人之间的渊源和彼此的感情。《晋书·王导传》对此有比较详细的描述：说王导“参东海王越军事。时元帝为琅邪王，与导素相亲善。导知天下已乱，遂倾心推奉，潜有兴复之志。帝亦雅相器重，契同友执。帝之在洛阳也，导每劝令之国。会帝出镇下邳，请导为安东司马，军谋密策，知无不为”。西晋诸侯王善待本诸侯国的士人由来已久。赵王伦重用孙秀、成都王颖任用蜀地人士、琅邪王司马伷与琅邪诸葛家联姻等史书都有记载，琅邪王司马睿也不例外。司马睿与王导年纪相仿，以前关系就很好，两人“契同友执”，这是进一步合作的感情基础；从这段记载中，我们还可以看出，早在司马睿身在洛阳的时候，王导就已经给其出谋划策了。

第二，王旷、王导、王敦首倡南渡之计，对于“司马睿中兴”起到了重要作用。《晋书·王羲之传》记载：（王羲之之父王旷）“元帝之过江也，旷首创其议。”王旷曾做过丹阳太守（见《晋书·陈敏传》），他对于江南的情况十分熟悉，因此，由他首倡此议也在情理之中。裴启所撰的《语林》对此做过详细的描述，称：“大将军（敦）、丞相（导）诸人在此时闭户共为谋身之计，王旷世弘（旷字世弘）来在户外，诸人不容之。旷乃剔壁窥之，曰：‘天下大乱，诸君欲何所图谋？’将欲告官。遽而纳之，遂建江左之策。”这段记述十分生动，说的是：王敦与王导等人在屋里商议将来的存身之地，王旷来到屋外，大家不让他进屋。这下更勾起了王旷的好奇心，他把墙剔个缝儿来偷听，听完以后，突然从外往里说了一声：“你们还想图谋不轨？我要告官去！”吓得大家赶紧把他拥进屋里，一同商量，于是，王旷说出了南渡江南的意见，经过大家协商，获得了一致通过。定下南渡的方针以后，应该是由王家的家长王导劝说了司马睿，并运作成功，因此，《晋书·元帝本纪》称："永嘉初，用王导计，始镇建邺。"

第三，南渡以后，王导、王敦等人对于江南的稳定起到了至关重要的作用。过去我们说过的，为了提高司马睿的声望，王导让曾经为青州刺史的王敦骑马跟在司马睿轿子后面游行；为了拉拢江南人士，王导主动与陆玩结亲，学习吴地方言；为了减少侨民与南方大族之间的矛盾，也为了维护门阀士族的利益，王导尽量采取清静无为的执政理念，对于大族子弟的一些违法乱纪行为忍之又忍。而王敦主管军事，在讨伐华轶、杜弢等一系列行动中，居功至伟，可以说，兄弟二人对于司马睿在扬州地区的稳定，继而为司马睿扩大统治区域，起到了很大作用。

任何一个君主在创业阶段，当然必须要有得力的人才辅佐，这是毋庸置疑的，但是，作为君主本人来讲，如果一开始不抓住权力，那么，以后就很难再找回。试想哪位开国之君不是亲率军队打下天下的呢？即便不是，又有哪个不是手上已经牢牢地掌握着军权而后篡位的呢？刘邦是，刘秀是，司马懿父子是，李渊是，赵匡胤是，铁木真是，朱元璋是，努尔哈赤亦是，而只有司马睿是个例外，这也许正是"王与马共天下"的另外一个重要原因。由于种种原因，在过江伊始，司马睿并没有牢牢地把握住政权。开始的时候，王导"政皆决之，号仲父"（见《世说新语·言语》"顾司空未知名"条注引邓粲《晋纪》），司马睿刚过江的时候，他母亲就去世了，司马睿为此还离开江南两三个月，专门回琅邪国去办丧事，这件事也从另外一个侧面说明：在当时承担协调各方、稳定时局重任、不可须臾暂离的人不是司马睿，而是王导；在随后的数年之中，司马睿从来没有亲临过战阵，完全是一副太平王爷的做派。如果君主不曾亲自披坚持锐、领兵打仗的话，中级统兵将领就极有可能与你没有什么感情纽带，而高级将领无由了解并佩服你的统率能力，进而，你就不可能牢牢地把军权抓住。"天可汗"李世民之所以能让尉迟敬德等一班猛将谋士死心塌地，大约就在于此吧——这一点，在风云际会、大浪淘沙的年代，尤其显得非常重要。

先天不足的司马睿，在王导、王敦的一手扶植下总算站稳了脚跟，正如《晋书·王导传》上所说的那样："吴会风靡，百姓归心焉。自此之后，渐相崇奉，君臣之礼始定。"然而，当司马睿的地位逐渐稳定以后，他就不再满足于仅仅充当一枚橡皮图章的角色，于是，司马睿与王氏家族的矛盾也开始凸显了出来，通过种种事件表明，这种日积月累的矛盾在晋元帝登基以前就产生了。

究其原因，大约是二人的执政理念有所差异。据《资治通鉴》记载，王导为司马睿制定的国策是：“谦以接士，俭以足用，以清静为政，抚绥新旧”，王导的清净为政，表现在诸多方面：对门阀特权的保护；对高门大族（包括江南豪族）违法行为的容忍；延续高门大族原有的名士生活方式等等。在王导这一指导思想下，司马睿安抚住了江东大族，平衡了南渡侨民主要是维护了南来的王氏家族的利益，但是，这一政策的负面影响也不可小觑，主要表现在：当时江东的社会治安非常不好，此类记载随处可见。如《世说新语·任诞》记载：祖逖在江南之时，就公然率领部众抢劫富户，并当着王导、庾亮等王公大臣的面，毫不掩饰自己的所作所为，而王导等“在事之人亦容而不问”。《晋书·贺循传》记载：“廷尉张闿住在小市，将夺左右近宅以广其居，乃私作都门，早闭晏开，人多患之，论于州府，皆不见省。”张闿胡作非为也没有人去管，群众只好找到江南的大族贺循，而贺循只说了一句，等我见到张廷尉了，会说到这个事。张闿才把大门毁掉。同传还记载：“时江东草创，盗贼多有，帝思所以防之，以问于循。”也说明了当时的实际情况。我们无意抹杀王导这种政策的积极意义，但是，客观地讲，这种在乱世中所谓的清净为政，仅仅满足于割据江东半壁江山，骨子里还是为了维护王氏集团在江南的既得利益。作为一位想大权独揽的君主，司马睿当然对这种情况不能坐视。史称他推崇“申韩”之说，“以法御下，明于黜涉”（《世说新语·考异》），并把《韩非子》送给太子司马绍，这些举动也都体现了司马睿对现实状态的不满以及试图收回皇权的决心和尝试。

于是，司马睿开始起用了大量非王氏家族的大臣，逐渐疏远了王导。司马睿主要采取了几项措施。

一是把高官授予江东以外的名臣，相应地，这些职位王氏的人就无法染指了。如在建武元年七月，任命身在许昌的太尉荀组为司徒，同年十二月，任命司空刘琨为太尉等。

二是引用北方非王系名士，如周顗。周顗的父亲周浚参与平定孙吴以后，为安东将军，长期镇守建业，周家在江南具有一定的影响力，司马睿在召回王澄以后，就想任命周顗做荆州刺史，不过，周顗自己不争气，被建平的流民赶了回来。这让司马睿算盘落空，在周顗返回建业的途中被王敦截留，王敦在王导的授意下想借机将其杀掉。在司马睿的极力干预下，并使出将周顗外派到兖州的瞒天过海之计，才将其从王敦手中骗回。周顗回到建康以后，司马睿还要重用他，但他经历此番风波以后，再也不想与王家作对，开始以酒醉模糊自己的立场，史称："初，顗以雅望获海内盛名，后颇以酒失。为仆射，略无醒日，时人号为'三日仆射'。"周顗甚至于还时不时地做出令司马睿恼火的事情，以显示自己的"非司马睿化"。一次，司马睿与大伙喝酒，从容问大家："今日名臣共集，何如尧舜时邪？"周顗却趁着酒醉厉声说："今虽同人主，何得复比圣世！"弄得司马睿十分难堪，大怒而起，亲自写诏书将周顗送交廷尉，"将加戮，累日方赦之"。不过，这一切似乎都是周顗的藏身之术。在以后的很多事件中，我们发现周顗头脑十分清醒。司马睿重用的另外两个人是刁协和刘隗。刘隗性格刚直，不避权贵，十分符合司马睿"以法御下"的执政理念，因此，被司马睿任命为丞相司直。在任期间，护军将军戴渊的兵士犯法被建康尉逮捕，却被护军府的将领率兵强行夺回，刘隗奏免了戴渊的官；世子文学王籍之居叔母丧却结婚、东阁祭酒颜含在叔父丧其间嫁女、庐江太守梁龛在妇丧将尽的晚上设宴等等都被刘隗所奏；王敦的哥哥王含任人唯亲，向朝廷举荐自己的幕府佐官及下辖郡县长官，一次就推荐了二十多名自己的亲信，刘隗上书逐一进行弹劾，说得王家体无完肤，理屈词穷，令"王氏深忌疾之"。但是，刘隗的做法却为司马睿所激赏，史称："与尚书令刁协并为元帝所宠。" 刁协，资格也很老，他在永嘉初年就被任命为河南尹，没有上任，就来到了江南。司马睿为丞相，刁协是左长史，后拜为尚书左仆射。王导并没有在中朝朝廷里做过什么官，对于朝廷的礼仪也是不懂的，而刁协却"久在中朝，谙练旧事，凡所制度，皆禀于协焉，深为当时所称许"。不过，史称："协性刚悍，与物多忤，每崇上抑下，故为王氏所疾。又使酒放肆，侵毁公卿，见者莫不侧目。然悉力尽心，志在匡救，帝甚信任之。"

三是引用江南名士。开始的时候，司马睿引用江南名士还是在王导等人的劝说下，主要目的是为了稳定江南的政局，但到了后来，司马睿开始变得主动起来，其目的就是想利用江南大族的力量来对抗强大的王氏家族。不过，司马睿任用的江南人士，很少有武力世家，而这些江南名士也多不愿参与到司马睿与王氏家族的争斗中，如贺循等人就常称病不朝。只有纪瞻与众不同，他对司马睿忠心耿耿，多次极力劝说司马睿登基，在登基仪式上，当司马睿还在忸怩作态、命令殿中将军韩绩撤去御座时，纪瞻在大庭广众之下，大声叱责韩绩说："帝座上应星宿，敢有动者斩！"

四是宗室。我们前面已经交代过。

最后还有琅邪国的其他人士，如诸葛恢等。

东晋就是在这样一种内部错综复杂的情况下诞生了。此时，也许我们更能理解了司马睿拉王导坐在自己御座上的深意了。这种内部矛盾并没有随着晋元帝的即位而有所改变，相反，随着时间的流逝，这种矛盾还在不断的积累。现在，让我们还是暂时离开东晋宫廷，放眼看一看那满目疮痍的中国大地，因为，那里正在发生着一连串的惊天动地的大事……

九　刘琨之死（一）

我们在《西晋风云》里多次提到过东部鲜卑，他们主要是指段氏、慕容氏和宇文氏。

宇文氏出自匈奴，《北史·匈奴宇文莫槐传》称："匈奴宇文莫槐，出辽东塞外。其先，南单于之远属也，世为东部大人，其语与鲜卑颇异。人皆剪发，而留其顶上以为首饰，长过数寸则截短之。妇女被长襦及足而无裳也。"宇文部最初的建牙之地，根据《资治通鉴》卷九十七胡三省注，称在辽西的紫蒙川，《读史方舆纪要》称："紫蒙川在营州西北。"（今辽宁省朝阳市西北）

慕容氏出自东胡，在慕容廆的曾祖慕容护跋之时迁居辽西郡，也就是《十六国春秋·前燕录》称的："曾祖护跋于魏初率其诸部入居辽西……始建国于大棘城之北。"根据《太平寰宇记》，我们可以确定，大棘城当在今辽宁省锦州市附近，后又经过一番来回迁徙，在慕容廆的时候，慕容部又回到了大棘城。

段氏的根据地在辽西的阳乐以及阳乐以西的令支，即今河北省秦皇岛市以西的抚宁、迁安地区。说到段氏，《北史·徒何段就六眷传》记载了一件十分有趣的事，说的是：段疾陆眷的伯祖段日陆眷，曾经被卖到渔阳乌丸大人库辱官的家里做家奴。一次，各路大人到幽州集会，其他部落首领都有随从拿着痰盂吐痰，而只有库辱官没有，这个库辱官感到很没面子，他吐痰的时候，就让段日陆眷张开嘴，吐到段日陆眷的口中。面对莫大的侮辱，段日陆眷并没有表示反抗，而是顺从地咽下库辱官的痰，并跪倒在地，向西拜天，说："愿我的主人的智慧福禄，都随之进入我的腹中。"后来，渔阳发生饥荒，库辱官让段日陆眷带人去辽西抢东西，由此，段日陆眷开始招亡纳叛，自成一股势力，即为段部。可以说，段氏出身低微，这在一定程度上决定了这个集团以后的走向，史书记载，段氏不礼士大夫，可能也与之有关。段氏之所以能够强大，主要是因为他们作战强悍，也与其紧邻内地，尊奉西晋正朔有关。正是因为这个原因，在西晋末年动乱的时候，不少晋人从代郡、上谷、广宁逃往到段氏的势力范围内，当然，也有段氏战胜刘琨部将刘希掳掠来的。不过，段氏不礼士大夫和内部日渐严重的裂痕，已经成为段氏的致命伤，而内部的矛盾也将随着一个事件的发生而集中爆发出来。

这个事件就是在公元 318 年新年伊始，也就是司马睿即位前的两个月，段氏首领段疾陆眷去世了!

在段疾陆眷去世之前，段氏内部的矛盾已经表面化了。这个标志就是固安会师的流产，当时，段匹磾从弟段末柸还想趁幽州空虚，袭占幽州。段部出现这一矛盾，固然是段氏高层争权夺利的结果，但不能不说与襄国之战石勒成功分化段氏有着直接的关系。如今，段氏一国俨然分为四国：段匹磾、段疾陆眷、段涉复辰和段末柸。《晋书·段匹磾传》记载，在晋怀帝的时候，曾经任命段匹磾的父亲段务勿尘为大单于，任命段匹磾为地位崇高、类似嗣子的左贤王，段务勿尘死后，段匹磾的叔父段涉复辰却立了段匹磾的兄弟段疾陆眷为大单于。由此，我们也理解了段疾陆眷虽然与段匹磾血缘关系较近，却对其并不亲近的原因，大约是段疾陆眷一直对段匹磾深存戒心吧。

如今，段疾陆眷突然去世了，而其子尚幼，谁将继承大位呢？各方势力不可避免地将要展开一场你死我活的争斗。

根据原刘琨的从事中郎、当事人卢谌、崔悦在太兴三年给司马睿的上表中，我们大致能看出当时的情形，表中称，在段疾陆眷死后，段匹磾“卷甲櫜弓”，企图因丧偷袭段涉复辰和段末柸，然而，此事却被段匹磾的亲信提前告知了段涉复辰和段末柸。不过，当时，此卢谌、崔悦已经投奔了段末柸，表中所说也不可全信，并且，表中对段末柸袭杀段涉复辰父子只字不提，这更使得我们对这种说法的可信度表示怀疑。对于段匹磾是否先生心作乱，《资治通鉴》的作者并没有采纳，仅仅说：“段匹磾自蓟往奔丧。”参照各书记载，当时的情况大致是这样的。

在段匹磾听说哥哥去世以后，就带领刘琨的嫡子刘群（刘群的身份显然是人质的性质）和自己的其他部众前往阳乐（今辽宁省义县）奔丧。这时，段末柸对段涉复辰说：“这次段匹磾前来，来者不善，是想篡夺汗位。”劝说段涉复辰阻止段匹磾前来，段涉复辰对单于之位也不是没有想法，于是，段涉复辰与段末柸派兵在半路上截击段匹磾。当毫无准备的段匹磾走到右北平的时候，突然遭到袭击，被打得大败，手下部众死的死，伤的伤，段匹磾本人只身逃回蓟县。段匹磾逃回幽州以后，段末柸又趁段涉复辰不备，突然发动袭击，将段涉复辰及其子弟党羽共计二百多人全部杀掉。逃回幽州的段匹磾怎能善罢甘休，他重新集结兵力，朝东杀去，但是，却又被段末柸打败，于是，段末柸自称单于，与段匹磾彻底翻脸。为了搞垮段匹磾，段末柸对落入自己手中的刘琨之子刘群青眼有加，他让刘群给自己的父亲写信，想让刘琨作为自己的内应，并且许诺事成之后，让刘琨做幽州刺史。

于是，刘群写下了一封要命的书信……

一〇 刘琨之死（二）

段匹磾第二次被段末柸打得大败而回之后，上下离心，段匹磾本人看到这种情形，也深感不安。

本来，段匹磾请刘琨来，是想借助刘琨的威望，提高自己在段氏内部的号召力，可事与愿违，会师固安之举的流产，表明了刘琨的作用实在有限。更让段匹磾始料不及的是，刘琨的威望对外没能让段涉复辰等人听命于己，可在段匹磾的治下，却逐渐赢得了原来居住在幽州的晋人人心，这让段匹磾如坐针毡。如今的段匹磾可谓是内外交困，面对咄咄逼人的段末柸，惶恐不安的他找到了刘琨，提出主动撤出蓟县，将幽州的胡人和晋人一起转移到代郡。然而，代郡在晋愍帝建兴三年（公元 315 年）二月，就被晋愍帝封给了代王拓跋猗卢了。如果是在过去的猗卢时代，刘琨与段匹磾逃难于此，当然毫无问题。但是，如今，拓跋鲜卑早已不再是与刘琨亲如兄弟的拓跋鲜卑了，几万晋人叛逃到刘琨这里，对于拓跋鲜卑而言，肯定是一件十分令人不快的事件。当今的拓跋首领是沙漠汗的小儿子拓跋弗的儿子郁律，拓跋郁律与刘琨并无多深的交情，此时，如果逃难到代郡，显然是凶多吉少。因此，刘琨坚决反对，他说，如果要撤离幽州的话，最好还是南下厌次去投靠邵续，这样就能够接近江南的朝廷。但是，段匹磾没有采纳。

就在这时，段匹磾的巡逻兵抓住了从段末柸那边来给刘琨送信的使节，并从使者的身上搜出了刘群亲笔书写的那封密信。当时，刘琨住在征北将军府所在的小城，与段匹磾并不居住在同一个城内，对此事完全不知情。段匹磾得到刘群书信以后，满腹狐疑，就派人请刘琨进城，谎称有要事相商。毫不知情的刘琨毫无防备地进城来见段匹磾。段匹磾一向都对刘琨十分敬重，本无杀害刘琨的意思，他将刘群的书信拿给刘琨看。看过书信，刘琨从容地说道："我与您发誓同盟，一起效力王室，不说我没有收到书信，即使收到了书信，我也不会因为一个儿子，就做出辜负您的事情！”段匹磾说：“我根本就不怀疑您，所以，才拿出来叫你看。”话虽这样说，但是，这封书信不能不让段匹磾有所警惕，段匹磾的另一个弟弟段叔军暗暗说道：“我们是胡人，之所以能让晋人服从，只是因为他们屈从于我们人多。如今，我们骨肉相残，正是晋人人心思动之时。如果现在有人站出来，奉刘琨为主，我们就全完了。”段叔军的提醒早已超出了那封书信的本身，这让段匹磾满腹狐疑，本来他还打算将刘琨送回，但听段叔军这么一说，就把刘琨软禁起来了。

刘琨被软禁以后，事态开始失控。

刘琨被软禁的消息很快像瘟疫一样迅速传播。

留在小城的刘琨的庶长子刘遵担心被杀，就与刘琨的左长史杨桥、并州治中如绥闭城自守。段匹磾派人前往晓谕，但刘遵置之不理，于是，段匹磾派兵强行攻击小城。城内粮食不多，守军坚守了一段时间，刘琨的部将龙季猛因乏食，眼看坚持不下去了，就杀掉了杨桥和如绥，率众开门投降。刘琨一直被段匹磾关押了将近一个月时间，消息传来，晋人义愤填膺，段匹磾任命的代郡太守辟闾嵩，刘琨任命的雁门太守王据、后将军韩据等人密谋，串联部众，秘密制造攻城器械，准备攻下幽州，袭杀段匹磾，救出刘琨。韩据的女儿是段匹磾儿子的妾，她听说自己父亲的计划，就向段匹磾告发，段匹磾立即逮捕了辟闾嵩、王据以及牵连到的部众，全部杀掉。事已至此，再无挽回的余地。

这时候，正好建康方面派来了使者。史书称，这是王敦的使者。听说建康来的使者是王敦派来的，刘琨对儿子说：“处仲（王敦字）使来而不我告，是杀我也。死生有命，但恨仇耻不雪，无以下见二亲耳。”说罢，忍不住唏嘘长叹，泪落如雨，悲不自胜。此时的刘琨知道自己必死无疑，来日无多，但他早已将生死置之度外了。在被软禁中，他写下了那首流传千古、感人至深的五言诗——《赠卢谌》。

“握中有悬璧，本是荆山璆。惟彼太公望，昔是渭滨叟。邓生何感激，千里来相求。白登幸曲逆，鸿门赖留侯。重耳凭五贤，小白相射钩。能隆二伯主，安问党与仇！中夜抚枕叹，想与数子游。吾衰久矣夫，何其不梦周？谁云圣达节，知命故无忧。宣尼悲获麟，西狩泣孔丘。功业未及建，夕阳忽西流。时哉不我与，去矣如云浮。朱实陨劲风，繁英落素秋。狭路颂华盖，骇驷摧双辀。何意百炼刚，化为绕指柔！”

另外，他还写下了《答卢谌诗》，在这首诗的序言中，他对自己的一生做了深入的总结："琨顿首。损示及诗。备辛酸之苦言，畅经通之远旨，执玩反复，不能释手，慨然以悲，欢然以喜。昔在少壮，未尝检括，远慕老庄之齐物，近嘉阮生之放旷。怪厚薄何从而生，哀乐何由而至。自顷辀张，困于逆乱。国破家亡，亲友雕残，块然独坐，则哀愤俱至。时复相与举觞对膝，破涕为笑。排终身之积惨，求数刻之暂欢。譬由疾疢弥年，而欲一丸销之，其可得乎？夫才生于世，世实须才。和氏之璧，焉得独曜于郢握？夜光之珠，何得专玩于随掌。天下之宝，固当与天下真之，但分析之日，不能不怅恨尔。然后知聃周之为虚诞，嗣宗之为妄愚于虞而知于秦，遇与不遇也！今君遇之矣，勖之而已。不复属意于文二十余年矣！久废则无次，想必欲其一反，故称指送一篇，适足以彰来诗之益美耳。琨顿首顿首。"

公元318年五月八日，段匹磾对外宣称刘琨企图自立为帝，犯上作乱，自己奉密诏诛杀刘琨，派人将刘琨勒死，刘琨死时年仅四十八岁，同时，段匹磾还诛杀了刘琨的儿子、侄子共四人。

一代英雄、一代诗人、·代忠臣，在这样一个乱世当中，就这样被冤杀掉了。刘琨死后，江南政权为了拉拢段匹磾，并没有对刘琨任何褒赠，他们每一个人其实都知道刘琨不可能犯上作乱，也都知道段匹磾的借口是多么苍白，但是，没有一个人为这位蒙受不白之冤的孤忠之人说上一句公道话，数年之后，流落在段末杯那里的卢谌、崔悦为刘琨上书鸣冤，即使如此，司马睿仍然无动于衷；只是等到在被司马睿爱赏的温峤（刘琨是其姨夫）多次请求，乃至以北去相要挟的情况下，东晋政府才在数年（极有可能是在段匹磾兵败）以后，才为刘琨发丧，追赠为太尉、侍中。

一一 刘琨之死（三）

我们不知道王敦是否真的指示段匹磾杀掉刘琨，每当看到这段文字记载的时候，总是感到匪夷所思。这一说法，出自《晋书·刘琨传》，而《晋书·段匹磾传》是这样记载的：（段匹磾）“复为末柸所败，士众离散，惧琨图己，遂害之。”仅仅提到段匹磾要杀刘琨，并没有提到王敦或者东晋要杀刘琨；《晋书·元帝本纪》也仅仅记载刘琨于此时被段匹磾所害；《资治通鉴》上也没有王敦或者东晋政府要加害刘琨的说法，只是说：“匹磾称诏收琨。”那么，让我们再次回到《晋书·刘琨传》，仔细阅读一下，关于此事的原文：“初，琨闻敦使到，谓其子曰：‘处仲使来而不我告，是杀我也。死生有命，但恨仇耻不雪，无以下见二亲耳。’因唏嘘不能自胜。”这段文字就是后世“王敦杀琨”的最初来源。

然而，《建康实录》却对于王敦想要诛杀刘琨的原因作了一个说明。

一是刘琨在江南没有人缘。《建康实录》记载，“及帝将中兴于江东，中朝士大夫多过江归帝，朝廷望之，怨琨不至。王处仲曰：‘江东地狭，不容琨气。’”当司马睿跨据江东之后，虽然长安尚有晋愍帝，但司马睿在江东已经构建了属于自己的独立王国，中原很多名门大族也都投靠了司马睿，而刘琨却一直在并州坚守。刘琨没有及时选择阵营，一直让司马睿等人耿耿于怀。

二是王敦妒忌刘琨。《建康实录》还记载：“初，王敦见刘琨劝进表至‘天祚大晋，必将有主。主晋祚者，非大王而谁！’敦大怒，投表于地，曰：‘读《左传》三十年，一朝为琨所用！’却因内惮矣。”刘琨在晋愍帝被俘之后，明确了自己的立场，并主动向司马睿劝进，刘琨的劝进表文采飞扬，让王敦心生醋意，导致了王敦要除掉刘琨。等王敦听说段匹磾拘禁了刘琨之后，就秘密派出使者要求段匹磾将刘琨处死，段匹磾担心刘琨势力会对自己不利，对外宣称是诏书捉拿。

不论段匹磾以何种冠冕堂皇的理由杀掉刘琨，刘琨的死，不仅没有换来段匹磾治下幽州地区的安定，恰恰相反，这一事件加速了本来就“士众离散”的段匹磾治下走向分崩离析，史称：“于是，晋人离散矣。”很多原来刘琨的部下更是向东投奔段匹磾的敌人段末柸。如《晋书・刘琨传附刘群传》中，温峤就称，其姨家弟弟刘群，刘琨的原部下、温峤的内弟崔悦还有卢谌等等，都在段末柸的手下。

杀掉刘琨以后，段匹磾想拥众逃往代郡，但是，听到这一消息的拓跋郁律，秘密整顿军队，准备随时打击来犯之敌。此时，段末柸已自称为幽州刺史，命令自己的弟弟率军攻击蓟县，段匹磾走投无路之下，只好选择南投邵续。当段匹磾率领的数千部队走到盐山（今河北省盐山县）的时候，却被石勒的部将石越阻截，一番激战之后，段匹磾只得又折返回蓟县，勉强暂时继续固守在那里。

刘琨的死在当时是一件大事。

晋朝在北方最有影响力的抗胡英雄陨落了，正如卢谌、崔悦表中所说的那样：“自河以北，幽并以南，丑类有所顾惮者，唯琨而已”；刘琨的死，在后世也是一件总能令无数仁人志士扼腕叹息的大事。我们不能说刘琨是一个完人，刘琨年轻时曾经浮华，也曾经因失误痛失并州，但是，刘琨很早的时候，就抛弃了浮华，艰难备尝，苦心孤诣，做着几乎不可能成功的努力，在多如过江之鲫的毫无民族自尊和忠贞气节的西晋大臣中间，他鹤立鸡群，显得那么难得；刘琨是一个浪漫主义者，是一个理想主义者，又是一个踏实去干事的大写的人，这就是仁人志士的本色！

后世无数志节之士写下了无数悼念刘琨的诗歌和文字，每当他们孤独寂寞的时候，总是能够想到刘琨，他们以刘琨为榜样，时刻砥砺着自己的人格，激励着自己前进。其中较为著名的有：陆游的《夜归偶怀故人独孤景略》：“买醉村场半夜归，西山落月照柴扉。刘琨死后无奇士，独听荒鸡泪满衣！”文天祥的《刘琨》：“中原荡分崩，壮哉刘越石。连踪起幽并，只手扶晋室。福华天意乘，匹磾生鬼蜮。公死百世名，天下分南北。”元好问的那首“曹刘坐啸虎生风，四海无人角两雄。可怜并州刘越石，不教横槊建安中。”等等，均表达了对刘琨无限的哀思……

一二 刘聪之死

大浪淘沙。

就在段匹磾惶惶不可终日之时，种种迹象表明，刘汉帝国也将走到它命运的尽头。十一月晋军将领赵固、郭默两将率兵突进到刘汉帝国首都平阳近郊以后，刘汉帝国皇帝刘聪迅速做出反应，派遣太子刘粲与大将刘雅生率军十万实施报复性打击，企图一举消灭盘踞在洛阳的赵固，彻底解除这股来自南面的威胁。十二月，刘粲没有敢渡过黄河，而是派征北将军刘雅生率军渡河，攻击洛阳，赵固无法坚守，往东逃奔阳城山（今河南省登封县东北车岭）。赵固的豪言壮语非但没有救出晋愍帝司马邺，反而加速了刘聪杀掉司马邺的行动。如今，在刘粲和刘雅生的打击下，赵固连洛阳也丢掉了，他逃到阳城山以后，赶紧派弟弟飞马前往新郑，请求李矩派兵救援。

公元 318 年年初，也就是在刘琨被段匹磾所杀、司马睿登基前后，李矩命令自己的外甥、扬武将军郭诵与河内郡（今河南省沁阳市）太守郭默一起率军西进，屯兵于洛口（今河南省巩义市东北）。郭默、郭诵派遣手下将领耿稚、张皮等选拔精锐敢死之士一千多人，趁夜渡过黄河，屯兵于厘城的贝丘王刘翼光的侦察部队发现了渡河而来的这支部队，向刘粲报告。刘粲毫不在意，回复刘翼光说："我军渡河以后，赵固望风逃窜，敌人正自顾不暇，焉敢前来？他们听说皇上就在附近，自然不敢往北看一眼，怎么还敢北渡黄河？就不用惊动将士们了。"

夜幕降临，耿稚、张皮将这一千名勇士分为十队，每队约一百人，从十个方向如暴风骤雨一般向刘粲的中军大营杀来。李矩所部向来擅长夜袭，经常以少胜多，这次也不例外。一时间，刘粲的中军大营四面受敌，黑暗中乱作一团，被杀伤者超过了一多半。刘粲仓皇而逃，一直逃到阳乡（今河南省济源市南），留下了的数不胜数的兵仗军马，刘粲的大营也被晋军占领。黄河以南的刘雅生听说这一消息，立刻领兵从洛阳撤出，火速渡河回救，在营外构筑工事，与耿稚、张皮军相持。天明以后，刘粲等人发现李矩的这支突击部队人数少得可怜，于是，率领全军向大营发起猛烈攻击。这时，刘聪也听说了刘粲兵败的消息，派遣太尉范隆率领骑兵前来增援。

这场一千对十万的苦战就此展开。

然而，就是这样一场实力极其悬殊、毫无任何悬念的战斗，竟然一直打了二十多天，这十万大军硬是无法攻下这座堡垒！

关于这场战斗，《晋书·李矩传》中的记载与《晋书·刘聪载记》的记载差异很大，《晋书·刘聪载记》中，称耿稚等人听说范隆的增兵以后，十分害怕，率领五千兵马突围，被刘勋追击，于河阳被歼灭三千五百人，投河而死的一千多人，也就是说，这支突击部队几乎全军覆灭。不过，根据《晋书·李矩传》的记载，郭诵让张皮渡河而来的才一千多人，哪来五千人？也许，耿稚为郭默手下，而郭诵所部而来的只有一千人，只有这样解释，才能说得通。

李矩又选拔了三千壮士前往救援，乘船渡河迎接耿稚、张皮。刘聪命令部队临河列阵，用长钩钩船，不让船只靠岸，双方连战数日，这支救援部队一直无法渡河。李矩只好又选择部将格增率众从其他地方偷偷渡过了黄河，进入了张皮的大营。可能耿稚在听说刘汉大军增兵围攻以后，就率众突围了，但郭诵手下的张皮却仍然坚守在营垒中待援。格增到来之后，与张皮一同选择了组成一支一千人的精锐骑兵部队，而将营垒中剩下带不走的牛、马、粮草、兵仗等全部付之一炬，又一次趁着深夜，杀出重围，投奔到虎牢（今河南省荥阳市西北汜水镇）。刘汉帝国大军追之不及，只好撤回。

这次洛口之战是一次以少击众的著名战例。虽然由于后援不继，最终没能保住战果，但此战对于刘汉帝国打击很大，尤其是张皮等人最后成功突围，让刘聪又气又急，颜面尽失。因为此战，李矩被东晋司马睿任命为都督河南三郡诸军事（河南郡、荥阳郡、弘农郡），安西将军，荥阳太守，封修武县侯。

洛口之战深深地刺激了刘聪，而紧接着的一件天灾又让刘聪悲痛欲绝、精神恍惚。

就在洛口激战正酣之时，刘聪所居住的宫中螽斯则百堂失火，在里面居住的刘聪皇子会稽王刘康等二十一个小皇子们全部被烧死了！一夜之间，痛失了二十一个儿子，这一打击比洛口惨败还要大。消息传来，刘聪昏倒到自己的御床上，哽咽气绝，经过众人抢救，很久才苏醒过来。

过去，刘聪一直喜欢把自己宠信的重臣认作岳父，生下了很多孩子，在多子多福的中国古代，尤其是在帝王家，这都是一个王朝兴旺发达的象征，如今，一夜之间同时死掉二十一个儿子，这不啻于晴天霹雳。痛定过后，刘聪故技重演，他听说中常侍王沈、宣怀都有美貌的养女，就将王沈十四岁的女儿立为左皇后，宣怀的女儿立为中皇后。尚书令王鉴、中书监崔懿之、中书令曹恂等朝廷大臣们联名上书劝谏，以为王沈等不过是刑余小丑，他家的婢女如何能奉宗庙？言辞恳切，刘聪看后大怒，立即命令儿子刘粲将三位大臣全部拉出去斩首。金紫光禄大夫王延要求入宫觐见，刘聪拒之不纳。在刑场上，王沈用拐杖敲打着王鉴的头说："奴才，看你们还能作恶不？老子的事情和你们有什么关系！"王鉴怒目而视说："小子！汉家就要因你们和靳准而灭亡，我将在地下向先帝诉说，取你们的项上人头！"

新婚伴随着杀戮，新婚过后的刘聪也很快感到自己将不久于人世。他将儿子刘粲叫来说，这几天，你死去的弟弟刘约白天总来，可能是来接我的吧？刘聪临死前的打算是让手握重兵的刘曜和石勒前来辅政，因此，他传诏晋封刘曜为丞相、录尚书、辅政，任命石勒为大将军、辅政。可是，刘曜和石勒这两个人是何等精明之人，都知道平阳不是他们能待的地方，均坚决拒绝，刘聪只好改任刘曜为丞相兼雍州牧，改任石勒为大将军兼幽州、冀州牧。这次，刘曜不好再推辞，而石勒却依然坚决推辞，他已经显示出与刘汉帝国分道扬镳的意思。刘聪无奈，仍然以刘景为太宰、刘骥为大司马、刘顗为太师、朱纪为太傅、呼延晏为太保，全部录尚书事，以范隆为尚书令，靳准为大司空、领司隶校尉，这些人轮流值班决定军国大事。

公元318年七月十九日，刘聪病死，享年不详，共在位九年。第二天，皇太子刘粲继位，刘汉帝国迎来了它第三位，也是最后一位皇帝。

一三　靳准之乱（一）

刘聪死后第二天，刘粲继位，尊靳准的女儿靳月华为皇太后，尊刘聪的上皇后樊氏为弘道皇后，武氏为弘德皇后，王氏为弘孝皇后。晋封太子妃靳准的侄女靳氏为皇后，皇子刘元公当皇太子。大赦，改年号为汉昌，把刘聪埋葬在宣光陵（今山西省临汾市西南），谥号昭武皇帝，庙号烈宗。

《晋书·刘聪载记附刘粲传》称：（刘粲）“自为宰相，威福任情，疏远忠贤，昵近奸佞，任性严刻无恩惠，距谏饰非。好兴造宫室，相国之府仿像紫宫，在位无几，作兼昼夜，饥困穷叛，死亡相继，粲弗之恤也。”刘粲继位，对于刘汉帝国而言，丝毫看不出有多少希望。果然，刘粲与他的父亲刘聪一样，都有占有小妈的爱好，刘聪死时，皇太后靳月华等年纪都还没有超过二十岁，王沈的女儿王氏才十四岁，与宣怀的女儿都是刚刚入宫。刘粲早对自己的这一群小妈们垂涎欲滴，如今，自己终于承继大统，再无丝毫顾忌，他迫不及待地躲在后宫，与这群年轻的太后们上床，再也看不到悲伤之情。

在这种情况下，大司空靳准开始密谋发动一场空前的政变，这次政变的直接结果就是要将刘汉政权的皇族斩草除根。我们不知道靳准何以对刘氏皇族产生如此强烈的反感，靳准身居高位，女儿、侄女分别贵为皇太后和皇后，他已经位极人臣；靳准是想当皇帝吗？绝不是，从后来靳准的言行来看，根本没有这种企图。千百年来，不少人也试图对靳准的动机作出各种推测，但都是感到匪夷所思。

为了使政变进行得更为顺利，首先就要将皇帝身边的羽翼全部剪掉，使自己独揽大权。靳准秘密对刘粲进言说：“那些个顾命大臣们想要施行伊尹、霍光曾经做过废掉皇帝的大事，先要诛杀掉呼延晏和我，以大司马刘骥为帝，陛下您要早做准备！”刘粲不信。靳准又让自己的女儿和侄女劝说。两个处于深宫的女儿、侄女，一听这事关系到自己家族的身家性命，非同小可，就轮番劝说刘粲，“新婚宴尔”中的刘粲禁不住二靳绘声绘色的劝说，终于下令，将太宰刘景、大司马刘骥、刘骥的同母兄弟车骑大将军刘逞、太师刘顗、大司徒刘劢全部逮捕杀掉。同为辅政大臣的太傅朱纪、尚书令范隆逃奔长安，投靠刘曜。从刘曜收纳朱纪和范隆这一点上看，此时的刘曜已经同石勒一样，与刘汉中央的关系已名存实亡了。如今，在刘汉帝国“内部”，已经俨然出现了三个权力中枢：平阳（今山西省临汾市）、长安（今陕西省西安市）、襄国（今河北省邢台市）。

为了拉一打一，公元 318 年八月，刘粲任命丞相刘曜为相国、都督中外诸军事，以靳准为大将军，录尚书事，并在上林苑检阅部队，密谋讨伐不接受官职的石勒。刘粲把一切军国之事都委托给靳准全权处理，自己腾出空来好和父亲留下来的一群小妈鬼混，靳准借此机会，任命自己的堂弟靳明为车骑将军，靳康为卫将军。靳准成了平阳城最有权势的人。

看到时机成熟，靳准决定发动政变，为了争取民心，靳准想到了那位与西晋王祥经历相似的大孝子王延——如今已是刘汉帝国的金紫光禄大夫。他派人和王延商量，想得到王延的支持，王延一听不仅不同意，反而飞马前往宫中报信。王延来到宫门附近，遇到了早已在此准备发动政变的卫将军靳康，靳康派人又将王延押了回来。靳准率领部队进入皇宫，自己端坐在光极前殿之上，让士兵轻松从后宫把刘粲揪出，数落了一通后，将其斩首。

虽然我们不知道靳准对于刘氏的愤怒是从何而来，但是我们知道，《孟子·公孙丑下》说过这样一句话：“得道者多助，失道者寡助。寡助之至，亲戚畔之；多助之至，天下顺之。” 孟子还说过：“君之视臣如手足，则臣视君如腹心；君之视臣如犬马，则臣视君如国人；君之视臣如土芥，则臣视君如寇仇。”反观刘聪父子的作为，是没有办法做他们的臣子的。我们看到，靳准的这种仇恨长期以来埋藏在内心深处，此时集中爆发了出来，并且，爆发得如此激烈。

在政变成功以后，靳准作出以下举动。

一是，所有刘氏皇族不分男女老少，全部斩杀在平阳东市，一个不留。

二是，将刘氏的宗庙予以焚毁，并挖掘了刘渊、刘聪的坟墓，这还不够，又将挖出来的刘聪尚未完全腐烂的尸体，进行斩首。

三是，靳准自称大将军，汉天王（《晋书·元帝本纪》记为“称汉王”），设置百官。

四是，称藩于东晋。靳准召来晋人胡嵩，对他说：“自古没有胡人能做天子的，现在，我把传国玉玺交给你，你南去送归晋家。”胡嵩弄得丈二和尚摸不着头脑，吓得不敢接受，靳准一怒之下，将胡嵩杀死；传国玉玺送不出去，靳准再次向东晋方面做出友善的姿态：他派人对司州刺史李矩传话说：“刘渊，不过是我们屠各匈奴中的一名小丑罢了，他借着晋朝廷内乱，擅自冒用天命，兴兵使晋怀帝、晋愍帝被抓、被杀。我将率领大众将二帝的灵柩奉还，请代为上报给皇帝。”李矩飞马将此消息传给司马睿，司马睿将信将疑，不过，还是派遣太常韩胤等人北上，结果，真的迎回了晋怀帝和晋愍帝的灵柩。

也许，靳准是基于请求东晋救援的意思才称藩于晋的。因为，在老谋深算的靳准看来，发动政变之后，势必面临来自长安刘曜与来自襄国石勒的夹击，那么，从赵固、李矩等人对平阳的突袭以及洛口之战晋军的战斗力来看，东晋军队在平阳内乱之下，势必要采取进一步的行动，并且，其战力也足以击败刘曜和石勒的军队，到时候，自己所走的这步仍然不是死棋。不过，叫靳准始料不及的是，洛口之战以及此前的突击平阳行动，仅仅是李矩，甚至是李矩部将赵固的单独行动，连豫州刺史祖逖都没有参与，更不用说江南的司马睿了。远在江南的司马睿的眼睛还一直盯着尚未全取的荆州，心里正盘算着如何排挤王氏家族的事情，还有蜂拥而至的南渡侨民的安置问题，他没有一兵一卒，哪有能力和精力去解救一个敌国的异族叛国者？靳准前面所有的棋都走得那么的精细，但是，只有这最后一步，由于信息不畅，导致了他的误判，而这一误判也让他付出了惨重的代价。

一四 靳准之乱（二）

由于靳准的政变来得那么突然，目的性也不十分明朗，因此，搞得人心惶惶，也引起了很多晋人的恐慌。

投降刘汉帝国的那位西凉猛将北宫纯等人召集晋人，屯聚在东宫自守，但很快就被卫将军靳康率兵攻灭。靳准想任命王延为尊崇的左光禄大夫，王延大骂："你这个屠各逆奴，为什么不速速杀我？把我的左眼放在西阳门上，让我看看相国刘曜率兵进入；把我的右眼放到建春门上，让我看到大将军石勒从那里进入！"靳准看到王延不降，也将其杀死。

消息传来，身在长安的刘曜与襄国的石勒立即做出反应，率军朝平阳进发。刘曜倒也罢了，其作为刘汉皇族，在靳准对刘氏的大屠杀中，刘曜的母亲也被杀，因此，刘曜起兵平叛在所不辞。而石勒为什么闻讯以后，立即命令大将张敬先率五千骑兵为先锋，自己亲率襄国五万精锐大军蜂拥而至呢？并且，石勒的部队甚至比刘曜的部队还先抵达平阳附近，这究竟是为什么呢？分析起来，大约有三点。

一是"大义"所在。虽然石勒刚刚推辞掉了刘聪的"大将军、录尚书事、辅政"这一中央高官，又推辞掉了"大将军、持节钺、都督、侍中、校尉、二州牧等"这一地方高官，但是，自己身为刘汉帝国的官员，皇帝被杀，作为臣子的当然要"讨伐叛逆"。

二是消灭潜在的敌人。刘粲生前在上林苑举行盛大的阅兵仪式，把石勒作为假想敌，这都是靳准做大将军时候的事情，如果靳准得逞，那平阳这座靠山，将很快成为自己的肘腋之患。

三是壮大自己。趁着平阳内乱，以平叛为名出师平阳，可以招徕慌乱中的刘汉帝国民众，壮大自己的实力。刘聪在世的时候，石勒就多次趁平阳内乱或者饥荒，派人招徕了很多刘汉帝国的部众，此次，更是一个千载难逢的良机，具有敏锐嗅觉的石勒，能不紧紧抓住这次稍纵即逝的机会吗？自从刘琨逃往幽州以后，石勒就占据了并州大部（今山西省中东部地区），段匹磾杀掉刘琨以后，刘琨的很多旧部也都投降了石勒，史称："琨将佐相继降勒。"（《晋书·石勒载记》），如今的段匹磾已难以在幽州立足，对石勒已经构不成什么威胁，于是，石勒的目光从北方的幽州暂时转移到平阳。

石勒所部很快进抵平阳东南襄陵（今山西省临汾市东南）的城北平原；靳准率军数次挑战，石勒都坚守军垒，以挫折靳准的锐气。此时，刘曜来自长安的部队，也渡过了黄河，进屯蒲坂（即蒲阪，今山西省永济县）。公元318年冬十月，刘曜部队更向北推进到赤壁（今山西省河津县西北），在大乱中幸存的太保呼延晏也从平阳逃出，与此前逃奔刘曜的太傅朱纪、太尉范隆等人共同劝进，于是，刘曜在赤壁即皇帝位，改元光初，大赦境内，只有靳准一门不在大赦之内。任命朱纪为司徒，呼延晏为司空，范隆以下均为原职，另外擢升石勒为大司马、大将军，加"九锡"，增加采邑十郡，加上过去的十三郡，晋爵赵公。命令征北将军刘雅生、镇北将军刘策驻军汾阴（今山西省运城市万荣县西南荣河镇），与石勒大军共同进击靳准。

靳准面临东、西两面被夹击的局面，而此时，真正与靳准部队交锋的是石勒，而不是刘曜，因为，刘曜当时力量不足，史称，"时曜势实残弊"，因此，他只是远远地看着。石勒开始进攻平阳小城，平阳大尹周置等率杂户六千投降，紧接着，巴帅及诸羌、羯投降的，共计有十余万落，石勒将他们迁到自己控制的司州各县。

靳准眼看情况不妙，就派遣卜泰向石勒送上皇帝的御用车轿、御用衣服，请求和解。当时，石勒与刘曜都想吞并靳准的部众，石勒接见卜泰以后，为了让刘曜知道城内并无归降刘曜之意，又将卜泰送到了刘曜的军营。不过，刘曜也不是傻子，他将计就计，对卜泰说："先帝刘粲末年，确实是乱了伦理纲常，宦官们专权，诛杀忠良，这的确是义士奋起匡救的时候啊。司空靳准内心忠烈，实行伊尹、霍光的权宜措施，拯救民众于涂炭之中，也使我得到皇帝宝座，他的功勋高过古人，德行大于天地。我正要平定天下，总不会随意诛杀贤人君子的啊！如果司空能早一天迎接大驾，我还要把国家大事，全部委任给他，政权全部由他做主，我只负责祭祀事宜。请你将我的这个意思，告诉司空，并且在朝廷之上公开宣布。"刘曜遂暗中偷偷与卜泰结下了盟约。

卜泰回城的时候，石勒怀疑卜泰与刘曜之间有什么约定，想当机立断将其杀掉，以加速城中投降。众将劝说石勒："今天如果杀掉卜泰，靳准肯定就不会投降了。即使刘曜与卜泰有什么盟约的话，让卜泰纠集屠各诛杀靳准，这样，靳准肯定因为担心在内乱中被杀会早早投降我们。"

石勒考虑再三，过了很久，才同意了大家的意见。

卜泰回到平阳以后，向靳准汇报了与刘曜的盟约。靳准头脑还是比较清醒的，虽然刘曜说得天花乱坠，但是，自己毕竟杀掉了刘曜的母亲和兄长，刘曜真能像他自己说的那样会捐弃前嫌吗？是投降石勒，还是投降刘曜，一时间让靳准拿不定主意。

然而，刘曜开出的丰厚条件让靳准的手下都眼红了。如果投降石勒，生死未卜；而投降刘曜呢，起码不会有生命之忧了吧，甚至还能继续享有高官厚禄！而杀掉靳准，将是自己最大的进身之阶。于是，卜泰联合乔泰、王腾、马忠还有靳准的堂弟靳康等人，诛杀了靳准，共同推举尚书令靳明为盟主，再次派遣卜泰将靳准曾要送归江南的六枚传国玉玺，送交刘曜。刘曜见到卜泰，大喜，对他说："让我能够得到这神奇的玉玺，坐稳帝王位置的，是您啊！"

石勒听到这个消息，不禁大怒。

在石勒的一生中，这是一次为数不多的自己弄巧成拙的经历，他向城中派出令史羊升，斥责靳明杀靳准这件事。靳明闻言大怒，又将羊升杀掉。本来靳准要投降石勒，这是板上钉钉的事情了，石勒自己多余将卜泰送给刘曜，结果，让刘曜实施了离间之计，如今，城内不仅杀掉了主张投降自己的靳准，而且，还杀掉了自己派去的令史，明目张胆地与自己为敌。石勒知道这都是刘曜捣的鬼，但是，这个哑巴亏吃得窝囊，又不好对刘曜明说，这让石勒几乎发疯，他一方面传令增兵进攻靳明，另一方面，快马命令在后方的石虎，统率幽州、冀州的所有大军，准备一举灭掉靳明。而靳明毫不示弱，也整军从城内杀出，一战之下，靳明军不是石勒的对手，被杀得大败，将士的尸体绵延二里那么远。自此，靳明关闭城门，坚守不出。

石勒派遣自己的左长史王修前往刘曜军中献捷，一是显示自己的强大，二是探究一下刘曜的实力，与此同时，平阳城内的靳明却撑不住了，他派遣使者向刘曜求救。

刘曜命令一直在观望的征北将军刘雅生、镇北将军刘策（《晋书·石勒载记》称是征东将军刘畅，与此不同）率军前往平阳接应靳明。看到刘曜的部队前来，石勒倒没有立即翻脸，而是驻军蒲上，看着靳明平阳仕女一万五千归于刘曜。为了躲避石勒可能的打击，刘曜率军渡过黄河，西奔到粟邑（今陕西省白水县彭衙村一带），并使刘雅生将自己母亲胡氏丧从平阳迎出，还葬粟邑，墓号阳陵，谥为宣明皇太后。尊高祖父刘亮为景皇帝，曾祖父刘广为献皇帝，祖父刘防为懿皇帝，爸爸（名字不详）为宣成皇帝。安顿下来以后，刘曜并没有信守自己的诺言，他命令杀掉靳明，奔逃而来的“靳氏男女无少长皆杀之”。然后，迁都长安，建筑前殿“光世殿”，后面建筑“紫光殿”。立其妻羊氏为皇后，儿子刘熙为皇太子，封儿子刘袭为长乐王，刘阐为太原王，刘冲为淮南王，刘敞炜为齐王，刘高为鲁王，刘徽为楚王，宗室都晋封为郡王。刘曜下诏说：“我的祖先发迹于北方，刘渊祭祀汉的宗庙，不过是为了顺从民意。如今，应该改国号，确定以匈奴的单于作为祖先。”于是，大臣建议改国号为赵，从此，开始为时十年的刘赵帝国。

在平阳，石勒将平阳的宫室全部焚毁，使裴宪、石会修复了刘渊和刘聪的坟墓，又将刘粲等人的尸体收葬，把平阳城内的浑天仪和皇家乐器运回襄国。虽然石勒没有得到平阳的传国玉玺，但是，不能不说石勒是这次平叛行动的最大赢家，他前前后后共招抚刘汉臣民十几万户（落），远远大于靳明带给刘曜的那一万五千人；另外，刘汉帝国旧有的京畿之地也落入了石勒之手。

一五 刘石交恶

与刘汉帝国迅速覆灭相反，北方另外一股势力却在经历了短暂的低潮后，很快地又复兴了起来，那就是在拓跋郁律统治下的拓跋鲜卑。

九年前，投靠刘汉帝国的铁弗部刘虎，被拓跋猗卢从并州北部赶走，逃到了朔方（黄河河套一带）。经过了整整九年的休养，在这一年公元318年，刘虎率众突然对拓跋鲜卑西部部落发起了攻击。拓跋郁律迅速做出反应，他率兵西进，于七月与刘虎展开激战，结果，刘虎再一次被打得大败而逃，逃出了塞外；刘虎的堂弟刘路孤率领部众归降了拓跋郁律。拓跋郁律继续往西扩张领土，一直征服位于伊犁河流域的古乌孙王国的故土；然后，又回师往东，征服了东方的勿吉部落（黑龙江下游一带）以西的地区，史称，此时的拓跋鲜卑"控弦上马将有百万"，雄踞北方。

拓跋郁律，早已不像当年的二叔拓跋猗卢那样以兴复晋室为己任了，当他听到晋愍帝被杀的消息，他对左右大臣说："今中原无主，天其资我乎？"显示了他要入主中原的野心。不过，虽然晋愍帝死了，刘汉帝国也覆灭了，但是，刘曜又建立了刘赵政权，北中国除了一个刘曜以外，还有实力更强的石勒，此时的石勒，不仅占有了冀州大部、司州一部、并州大部、幽州一部，还逐渐往黄河以南压来，吞并了兖州、豫州部分地区。到了公元319年，当河西的鲜卑日六延（此处疑为并州西河国，因石勒此时已经实际控制了此地）背叛石勒，渡过黄河，迁往更西北的朔方地区，石勒还曾命令石虎率众跟踪追击，在朔方地区大破日六延，斩首二万人，俘虏三万余人，俘获牛马牲畜十几万头。同时，石勒还命令大将孔苌趁着段匹磾固守穷城之际，讨平幽州诸郡。

由于幽州的代郡、常山郡曾被晋愍帝划给了代王猗卢作为采邑，而朔方此时也处于拓跋鲜卑的势力范围，因此，石勒的一系列举动势必会刺激到拓跋郁律，而拓跋部对石勒的军事挑衅没有进行反击，大约是因为其主力部队还在西线，不过，双方就此交恶。到公元 319 年石勒称赵王的时候，他向拓跋部派出使者，请求结为兄弟（“遣使乞和，请为兄弟”），但郁律却斩杀了石勒派来的使者，与之断绝了任何关系。过去，拓跋鲜卑一直与刘汉帝国为敌，因此，不仅对于刘汉帝国派生出来的石勒后赵政权，还是继承刘汉衣钵的刘曜政权，拓跋部均采取了敌对政策，刘曜在即位以后，看到拓跋鲜卑的势力非常强大，就曾主动派人请求和解，但却被拓跋郁律拒绝了。

暂时放下雄心勃勃试图南下中原的拓跋郁律，让我们再顺便提一提前赵帝国皇帝刘曜的那位皇后羊献容。

这位晋惠帝的第二位皇后，在西晋惠帝时期被各种势力作为筹码，旋废旋立，甚至险些遭到杀身之祸，可以说是历尽艰险，辛苦备尝。不过，自从被刘曜虏获，做了刘曜的妻子以后，羊献容的生活彻底改变。刘曜对其“甚爱宠之”，登基以后，把她册立为皇后。一次，刘曜对羊献容说：“你看我何如司马家儿？”面对后夫的好奇，羊献容当然不可能大夸前夫了，她甚至对于司马衷没有一点哀悯之情，说：“哪能相提并论？陛下您是开国的圣主，他呢，是亡国的昏暗匹夫。他一个老婆、一个儿子和他自己，这三者，他都不能保护。贵为帝王，妻子却被平民所辱没。被俘之时，我实在是不想再活下去了，怎图还有今日？我生于高门大族，常常想天下的男子都不过如此，是一个样子，自从侍奉您以后，才知道天底下真的是有大丈夫的啊！”一番话说得刘曜虚荣心急速膨胀，彻头彻尾地舒服。难怪，刘曜对羊皇后言听计从，而这位对政治有浓厚兴趣的羊皇后，也是“颇预政事”，《晋书・刘曜载记》称其“内有特宠，外参朝政”。后来，羊献容给刘曜生了三个儿子（分别为刘熙、刘袭、刘阐，此处据《晋书・刘曜载记》，《晋书・羊皇后传》则称其给刘曜生了两个儿子）以后，就结束了自己那跌宕起伏的一生。

刘曜真的如羊献容所云那么伟大么？

刘曜，字永明，是刘渊的同族侄儿，因为父亲早死，所以，从小就被刘渊所养，身长九尺三寸，垂手过膝，刘曜最大的特点是，从小眉毛都是白色的，眼睛发红，胡须稀疏得都能查出来——不过一百多根，但却都长五尺，似乎就是一位现实版的“白眉大侠”的形象。从刘曜被郭默欺骗、不接受索琳投降等方面看，刘曜的性格还是比较耿直的，行军打仗不善于使用诡诈之计，并且，头脑也十分简单，行事鲁莽，从粟邑撤回长安以后，刘曜所做的一件鲁莽的事情就直接导致了与石勒的决裂。

刘曜以刘汉帝国硕果仅存的皇族，继承皇位，石勒当然无话可说。在与刘曜的较力中，弄巧成拙的石勒却十分恼火，刘曜也知道理亏，于是，在诱降了平阳一万多部众之后，并没有选择将平阳继续作为自己的国都，而是远远地躲开了石勒，把平阳所在的河东之地让给了石勒，事情本该就这样圆满解决了。可是，却节外生枝了。

我们还记得，石勒屡屡打败靳明之后，曾经派遣自己的左长史王修向刘曜献捷，当然，作为刘汉帝国名义上的大臣，石勒这样做，是最正常不过的事情了。但是，在这一特定的时期内，这里面的含义却十分微妙，既有夸耀，也有示威，还有刺探刘曜虚实的意味。刘曜为了安抚石勒，派遣郭汜等持节任命石勒为太宰，领大将军，晋爵赵王，增封七郡，并前二十郡，出入警跸，冕十二旒，乘金根车，驾六马，夫人称王后，世子称王太子，一切礼仪比照曹操辅佐东汉时期的规格。事情到这里，似乎一切都很顺利，王修也完成使命，回去复命了，然而，王修的舍人曹平乐却并没有随之东返，而是留在刘曜的手下做官了。这个曹平乐对刘曜说："大司马石勒派遣王修等来，表面上毕恭毕敬，其实的目的是为了侦察我方的强弱，阴谋等到王修回去以后，将要派轻骑偷袭陛下的大驾。"

刘曜当时确实十分"残弊"，当然担心王修将自己的真实情况报告给石勒，因此，当他听了曹平乐的话以后，是既担心，又恼怒，情急之下，刘曜将郭汜等人追还，不再授予石勒太宰的官职，并把王修杀掉。刘曜这一鲁莽的举动，非但不可能阻止石勒的打击，反而让两家彻底翻脸——从以后的情况来看，石勒当时并不一定就要打击刘曜。刘曜杀死王修以后，随同王修一起来的刘茂侥幸逃归襄国，将王修被杀的原因详细地对石勒做了汇报，石勒听后，勃然大怒，立即诛杀了曹平乐的三族，追赠王修为太常，下令："孤兄弟侍奉刘家，人臣之道，做得已经够多了，如果没有孤兄弟，他刘家怎能南面称朕？他们根基既立，就要相图（当指刘粲阅兵上林，阴谋攻击石勒事）。老天不会帮助邪恶，借靳准之手覆灭了他。我总想着要侍奉君主，要学习舜对瞽瞍那样忠诚，因此，盼望推崇令主，齐好如初。谁知，他刘曜竟然恶行不改，杀掉使节。帝王之起，哪有常态？赵王、赵帝，孤自取之，不管我要的名号是大是小，他刘曜岂能管得了吗！"

自此，石勒势力彻底脱离了刘曜建立的刘赵政权，开始单飞，并在刘赵帝国（史称前赵）建立之初，就与之水火不容，形同敌国。

一六 即位称尊

刘、石虽然已经交恶，但是，双方还没有展开正面交锋。

他们各自的第一要务仍然是不断巩固自己的根据地，增强自己的实力。如今，石勒周边地区的局势都朝着有利于石勒一方发展。

一是解除了北方段匹磾的威胁。公元 319 年，北面的段匹磾在石勒与段末柸的联合打击下，终于无法固守蓟县，他抛弃妻子，率领残余部众南下逃奔厌次（今山东省惠民县），依附于邵续，对于石勒而言，黄河以北的敌对势力仅剩下了邵续一个。

二是石勒的东南面青州的曹嶷与石勒也实现了和解。继去年曹嶷投靠东晋政府、被任命为青州刺史以后，曹嶷突然发现，刘汉帝国覆亡以后，自己身边的石勒最为强大，如果一味投靠东晋，东晋距离自己遥远而且力量弱小，石勒一旦进攻，自己将面临灭顶之灾，于是，曹嶷派人给石勒送上金银珠宝，请求与之和解，双方以黄河为界，互不侵犯。曹嶷态度的突然转变，让河北邵续、山东曹嶷、徐州蔡豹、豫州祖逖这一东晋政府包围石勒的链条，从中间断开，同时，曹嶷对于辖区内倾向于东晋的流民坞堡也开始进行清扫，如苟晞任命的东莱太守鞠彭，也被迫离开青州，渡海投奔平州刺史崔毖；另一位流民首领苏峻，聚合数千家，原来屯驻在掖县（今山东省莱州市），曾被司马睿任命为安集将军，也因为惧怕曹嶷的进攻而率领几百家渡海南下，到达广陵以后，苏峻被东晋政府任命为鹰扬将军。

三是石勒统治区东偏南的青徐兖接合部及徐州地区同样发生有利于石勒集团的变化。《晋书 · 刘遐传》记载，在晋元帝建武初年，也就是前年的时候，司马睿就已经将邵续的女婿刘遐由平原内史，改任为下邳内史了，由此说明，此时的刘遐已经率部从山东、河北的接合地，南移至徐州地区，屏护着淮河中下游的安全。在刘遐的北面，是一些大大小小的流民坞堡，不少流民帅被东晋朝廷授予了官职，如邹山的郗鉴，被司马睿任命为辅国将军、兖州刺史；泰山的徐龛，被任命为泰山太守；曾占据彭城附近的周抚、周默，被分别任命为彭城内史、沛国内史。

周抚原名周坚，与周访的儿子同名，但并非同一人，这个周抚与周默都是沛县人，在大乱年代聚众为坞堡主，专门以劫掠为事。豫州刺史祖逖进抵谯郡以后，说服周默投降，周抚不愿看到徐州的地盘被祖逖蚕食，听说周默投降了祖逖，他不禁大怒，率众袭杀了周默，占据了下邳北面的徐州州治彭城（今江苏省徐州市），并投降了石勒。徐州一旦被石勒占领，将直接威胁到东晋整个淮河地区的防御体系，因此，东晋政府反应迅速，立刻命令徐州刺史蔡豹都督下邳内史刘遐（由其兼任彭城内史）、泰山太守徐龛等合击周抚，石勒闻讯，也派遣轻装骑兵火速救援周抚，想把触角伸向徐州腹地。如今，石勒一旦站稳徐州，那后果不堪设想，于是，东晋政府也派遣刚刚来到广陵的苏峻，北上协助刘遐进攻周抚。公元319年二月，东晋部队在徐州附近的寒山地区与周抚军展开激战，大破周抚所部，周抚本人在败逃的途中，也被徐龛手下部将于药追上，斩杀。此战的胜利，使得东晋保住了徐州这一战略要地，刘遐因之被晋封为临淮太守，苏峻被晋封为淮陵内史、迁兰陵相。然而，东晋政府在论功行赏的时候，把刘遐的功劳放在了徐龛之上，徐龛认为周抚是其手下所杀，首级是其所送，自己的功劳当然应当比刘遐的大，而东晋政府的这一做法令徐龛十分不满，于是，在周抚事平以后月余，徐龛就以泰山郡投降了石勒，并自封为兖州刺史。

四是石勒的南面豫州地区也是如此。几乎与徐龛投降石勒同时，在祖逖北面浚仪的陈川也发生了骚动。

导火索还是祖逖给陈川手下李头那匹骏马。

李头因为对祖逖感恩戴德，而不时念叨盼望成为祖逖的部下，陈川本来就不服众，听到李头有了这一念头，陈川一怒之下，将李头杀掉，李头手下的冯宠带领四百多人真的投靠了祖逖。陈川以为这是祖逖挖自己墙脚的行为，因此，更加愤怒，他索性派遣将军魏硕纵兵大掠豫州各郡。要知道，陈川此前是被东晋政府任命为龙骧将军的，而此时的行为已经形同盗匪，祖逖身为豫州刺史，当然不能坐视。于是，祖逖派将军卫策在魏硕回师的路上截击，双方在谷水展开交战，祖逖军将魏硕掳掠的所有财物、人口都给截了下来，财物交还原主，平民复归本业，部队秋毫无犯。经此一战，陈川领教了祖逖的厉害，十分害怕自己遭到祖逖的后续攻击，遂向石勒投降，自此，坚持战斗多年、曾经被陈午严令绝不投降胡人的部队，在陈川的带领下，投靠了石勒政权。

对于陈川的叛变，豫州刺史祖逖很快做出反应，他率军北上，向陈川的老巢浚仪发起进攻，石勒闻讯，也赶紧派遣石虎率领五万精锐骑兵南下解救，双方在浚仪以及浚仪南面的蓬关展开激战，祖逖设奇兵大败石虎的援军，石虎搜集残兵，大掠豫州各郡，并将陈川所部五千户全部从浚仪迁往襄国，到襄国以后又将他们转至广宗安置。（此处据《晋书·祖逖传》。《晋书·元帝本纪》《资治通鉴》与此记载不同：《晋书·元帝本纪》记载："王师败绩。"《资治通鉴》更记载为祖逖"退屯淮南"。从事态以后的发展情况看，两本记载似误。）浚仪之战失败以后，石虎留下将军桃豹驻守浚仪的西台，祖逖派遣将军韩潜等镇守浚仪的东台。同一城中，石勒军开南门出入放牧，而祖逖军开东门出入放牧，双方相互对峙了四十多天，双方都陷于饥馑。祖逖命令大军将米袋都盛上土，让几千军士将这堆积如山的"粮食"都运到台上，另外布置几个掉队的人担着粮食，假装十分疲惫，在半道上歇息，桃豹的兵士们眼巴巴地看着近在咫尺的粮食，果然从城中杀出去抢粮，这几个掉队的人一看桃豹的部队从城中杀出，都丢下粮食，落荒而逃。桃豹的人将截获的这几担粮食运回城中，再想想人家祖逖那里还有如山的军粮，士卒丰饱，而自己这里啥也没有，军士食不果腹，军心大乱。石勒另派将军刘夜堂用一千多头驴从后方运送军粮，祖逖得知这一消息以后，派遣韩潜、冯铁等率军在汴河之上，将这批桃豹的救命粮全部截获。桃豹无力继续坚守，只好趁夜弃守浚仪，北逃至东燕城。（《水经注》称：东燕城在河南省酸枣县东；《读史方舆纪要》载："胙城县府东三十五里……石勒复置燕县，兼置东燕郡……东燕城在县西。"故址当在今河南省延津县东北）祖逖命令韩潜继续北上，驻守在浚仪以北的封丘，进逼桃豹；命令冯铁驻守浚仪的东、西两台；祖逖自己则将大本营前推至雍丘（今河南省杞县），四处派兵清扫石勒在黄河以南的残余势力，史称："勒屯戍渐蹙。候骑常获濮阳人，逖厚待遣归。咸感逖恩德，率乡里五百家降逖。勒又遣精骑万人拒逖，复为逖所破，勒镇戍归附者甚多。时赵固、上官巳、李矩、郭默等各以诈力相攻击，逖遣使和解之，示以祸福，遂受逖节度。逖爱人下士，虽疏交贱隶，皆恩礼遇之，由是黄河以南尽为晋土。"

除了祖逖一枝独秀以外，公元 319 年的一切，对石勒都显得那么的顺利，似乎在为石勒的登基做着铺垫：先是周抚投降，接着徐龛、陈川相继投降，石虎大破鲜卑日六延，孔苌夺取幽州各郡，段匹磾败逃，曹嶷结好等等，石虎、张宾及其诸将数百人劝进，石勒假惺惺地说："我德薄，怎可称号取讥于四方？过去周文王三分天下还服侍商纣王，齐桓公一匡天下还尊崇周王室，我现在德业超不过前两位，而国家（不知是指刘曜还是司马睿）的人望超过商纣王，不行！"这当然只是一种姿态，石虎、张敬、张宾，左右司马张屈六、程遐等一百二十九人再一次劝进，称："有非常之度，必有非常之功；有非常之功，必有非常之事。人情物望都离开刘氏，归于您的十之八九了。请您以河内等十一郡加上原来赵国的十三郡，共计二十四郡，二十九万户，建立赵国，疆域南到孟津、西至龙门、东达黄河、北至塞垣。您身兼两职，对胡人为大单于，撤销并州、司州、朔州，全部派员直接管辖郡县。"

石勒面西让了五次，面南让了四次，（装模作样地对刘曜、司马睿谦让？）在群臣跪地苦请下，也并没有即位称皇帝，而是称赵王。大赦，免除百姓一半田租，赏赐孤老每人三石粮食，辖区群众可以大吃大喝七天。改元为赵王元年，建赵国社稷，立宗庙，营东、西两宫。任命从事中郎裴宪、参军傅畅、杜嘏并领经学祭酒，参军续咸、庾景为律学祭酒，任播、崔濬为史学祭酒。中垒支雄、游击王阳并领门臣祭酒，专管胡人词讼，以张离、张良、刘群、刘谟等为门生主书，管胡人出入，严格规定胡人不得侮辱晋人高门大族。称胡人为国人。派遣使者巡视各地，劝课农桑。加张宾为大执法，专总朝政，为百官之首。任命石虎为单于元辅、都督禁卫诸军事，前将军李寒领司兵勋，主管年轻人战斗之术。命记室佐明楷、程机撰《上党国记》，中大夫傅彪、贾蒲、江轨撰《大将军起居注》，参军石泰、石同、石谦、孔隆撰《大单于志》。命法曹令史贯志做《辛亥制度》五千字，精简法律条文。自此，又一个新生的政权正式诞生了，因为，它建立的时间比刘曜的前赵晚一年，所以，史称"后赵"，或称"石赵"。

一七 全取荆州

石勒登基以后烧起了“三把火”，与之极其相似，江南的司马睿也试图烧烧自己即位以后的三把火。

前面我们已经说过，在司马睿登基前后，其实与王氏家族就已经疏远，过去，在司马睿周围形成以琅邪国人士为核心、逐渐向外延展的权力格局，“于时王氏为将军，而恢兄弟及颜含并居显要，刘超以忠谨掌书命，时人以帝善任一国之才”。（《晋书·诸葛恢传》）而如今，司马睿任命刁协为尚书令，负责政府的全面工作，军国大事只与刁协、刘隗密议，对王导极为冷淡。在刁协和刘隗的帮助下，司马睿制定了一系列整顿吏治、抑制豪强、规范纪律的措施，主要有：

一是整顿吏治。司马睿即位以后，当即就下达了壬申诏书，诏书首先肯定了为政清净的重要性，紧接着，就指出，要对各级官吏“听言观行，明试以功”，提出了对官吏进行考核的思路。到了七月，又下发了戊申诏书，更是严厉地指出，州牧刺史“当互相检察，不得顾私亏公”。如果知道而不推举，要受“故纵蔽善之罪”；如果有而不知道，要受“暗塞之责”。

二是抑制豪强。在司马睿七月的戊申诏书中，明确说明地方官的职责就是要“祗奉旧宪，正身明法，抑齐豪强，存恤孤独，隐实户口，劝课农桑”。《晋书·张闿传》也记载，司马睿下诏称地方官要“宽而不纵，严而不苛……抑强扶弱，使无杂滥……”把抑制豪强作为地方官员的一项重要的职责，置于劝课农桑之前，同时，由于豪强之所以有雄厚的经济实力，就在于占有大量的土地和劳动力，而隐实户口，矛头也是直接对准大族豪门而来的。

三是广开言路。公元318年六月，也就是在司马睿即位后的三个月，就设置了谏鼓谤木；同年十一月，又做听讼观，并下诏公卿大臣各上封事。如陈頵上书称，过去三王起义的时候，制定了己亥格的赏赐标准，不过是权宜之计，致使功小赏厚，以后要予以废除；过去为了招揽人才，对于各地举荐的孝廉等，都一律任用，现在应当进行考试或者考核，才能授官等等。又如，应詹上书提出，“元康以来，贱经尚道，以玄虚宏放为夷达，以儒术清俭为鄙俗。永嘉之弊，未必不由此也。今虽有儒官，教养未备，非所以长育人才，纳之轨物也。宜修辟雍，崇明教义，先令国子受训，然后皇储亲临释奠……”司马睿也是“深纳之”。

除此之外，司马睿还制定了一系列树立皇权、打击豪强的所谓“刻碎之政”。当然，这种“刻碎之政”冲击了高门大族的利益，以王氏为首的大族一方面因为权势的失去，另一方面为了维护自身的经济利益，延续西晋以来悠游的名士生活，对刁协和刘隗恨之入骨。虽然心怀不满，但是，长袖善舞的王导还是派遣了八部从事巡行扬州诸郡，等大家回来以后，王导听取了各位从事的汇报，其他人都一五一十地汇报了地方官的政绩得失，只有王导手下的一名叫顾和的，什么话也不说，王导很奇怪，就问他：“你下去以后听说了什么？”顾和回答：“明公您做宰相，宁使网漏吞舟，为何还要去采听风闻，以察察为政啊！”顾和的一番话，直说到王导的心窝里，王导不禁“咨嗟称善”。因为，这种貌似大度的无为而治的执政思想，其实起到了纵容官吏贪污、豪强兼并的目的，也正是王导所希望看到的。

顾和是何许人呢？顾和是江南大族顾家子弟，是顾荣和顾众的族子。《世说新语·言语》“顾司空未知名”条，对顾和之所以能够进入王导的幕府，有一段精彩的描述，说的是，顾和曾经去拜访王导，可能是接见的人多了，王导有些疲惫，当着客人的面昏昏欲睡，顾和思量着如何能引起王导的注意，就对身边的人说：“我过去常常听我族叔顾荣说王公协赞中宗，保全了江南。如今，看到丞相身体小有不安，就让我不安得直发喘。”王导此时也是似睡非睡，听到了这话，十分受用；顾和被王导任命为下属以后，一次，在王导上朝前，顾和等在门外的车边，这时大名士周顗正好去见王导，无意中看到顾和正在车子边逮身上的跳蚤，于是，又回到顾和的身边，顾和当然认识周顗了，但是，却一点都不慌张，而是继续自己的“工作”。周顗注视顾和一会儿，指着顾和的心口，问了一句：“此中何所有？”顾和却仍然没有停止，过了片刻，他才舒缓地回答：“此中最是难测地。”这一回答让周顗对他刮目相看，见到王导以后，对王导说，此人有做大臣之才——大家不要小看了跳蚤，这一小小的寄生物，在那个时代其实是作为名士风范的一个点缀物，以后的王猛也只是因为“扪蚤而谈”才愈显风流。顾和这种与王导天然的理念契合以及顾和本人善于钻营的性格，使其很快就被王导所欣赏，以至于后来顾和在欢宴之后竟然被允许睡到王导本人的床上。（见《世说新语・雅量》“许侍中、顾司空俱作丞相从事”条）

刁协与刘隗的所谓刻碎之政，正是加强皇权的一系列举措。史书称，两人都是“崇上抑下”，所以，王氏对二人十分仇视，其实，不仅是这两人，只要是危及自己利益的其他任何人，高门大族也都是要除之而后快的，如《晋书・陈頵传》称：“頵以孤寒，数有奏议，朝士多恶之。”不过，刁协本人也的确有一些性格上的缺陷，“协性刚悍，与物多忤，每崇上抑下，故为王氏所疾。又使酒放肆，侵毁公卿，见者莫不侧目。然悉力尽心，志在匡救，帝甚信任之。”这里，也有一件看似很小的事情，但足以说明当时刁协与众人的尴尬关系:《世说新语・方正》“周伯仁为吏部尚书”条，记载，周顗当时为吏部尚书，在单位值夜班，突然得了急病，作为尚书令的刁协关怀备至，照顾得很是周到，到了第二天天一亮，就把消息通知给周顗的二弟周嵩，周嵩急匆匆赶来，刁协见到周嵩进门，就对着周嵩大声哭了起来，说起周顗晚上的病情，周嵩听都不听，一把推开老头子，刁协踉踉跄跄被推到门边。周嵩来到哥哥跟前，也不询问哥哥的病情，劈头盖脸对哥哥说：“你在中朝的时候，是与和峤齐名的人，怎么今天竟然与佞人刁协也有感情？”说完，扭头就走。而刘隗一直做丞相司直，也得罪了不少权贵。“时刘隗用事，颇疏间王氏，导等甚不平之”。（见《晋书・王敦传》）于是，司马睿的三把火，就在这种不温不火中烧着，而司马睿与王导之间的矛盾也在慢慢地积聚。

不过，到了公元 319 年，终于出现了一件令大家都高兴的事。

我们知道，从公元 315 年王敦任命族弟王廙为荆州刺史以后，王廙一直没有到任，一直到公元 317 年，在司马睿的亲自命令下，周访率军在沌口一战大败杜曾，王廙才得以到任。然而，由于陶侃的原部众对王廙并不服气，加上正是陶侃的原部将马攀等人的突然反叛，才使得王廙久久不能到任，因此，他到任以后，大肆诛戮陶侃时期的将佐，弄得荆州人心惶惶。当时，西晋名士皇甫谧的儿子皇甫方回，也在荆州居住。此人在荆州地区有着崇高的声望，当时陶侃做荆州刺史的时候，对皇甫方回十分礼遇，每次到皇甫方回的家，离门很远就下车了。王廙到任以后，听说皇甫方回是陶侃所敬之人，为了树立自己的威信，他借口皇甫方回不来晋见自己，将其杀死。

王廙这一系列的举动，“大失荆土之望，人情乖阻”。如果再任由其胡闹下去，荆州的局面将不可收拾，于是，司马睿在公元318年即位以后，就将自己的这个姨弟内调为辅国将军，加散骑常侍，而任命王敦兼任荆州牧（此中也有一番曲折，依照《晋书·周访传》的记载，此时司马睿已经下诏让周访做荆州刺史了，但是，王敦不同意，要自己兼任，于是才有此任）。此前，王敦已经是侍中、大将军、江州牧了，为了避嫌，王敦上书司马睿称："州牧之号，所不敢当，辄送所假侍中貂蝉。"坚决要求推辞荆州牧的称号，司马睿敦喻一番后，也顺水推舟，听任其担任荆州刺史。

司马睿内调王廙应属无奈之举，让王敦兼任荆州刺史也似乎是不情愿的，不过，我们注意到，司马睿任命王敦兼任荆州刺史是在公元318年的十一月，而在十月，司马睿却平白无故地加封陶侃为平南将军，不久又给这位远在广州的、整天搬砖的老翁加授都督交州诸军事，让这位受过王敦伤害的人成为岭南的第一人，其间无不显示着掣肘王敦势力的意味。

王敦被任命为荆州刺史后，他深知杜曾"勇冠三军"，第五猗深得江汉人心，虽然两人被周访暂时打败退缩到了武当山一带，但随时都有死灰复燃的可能。于是，王敦对周访说："抓到杜曾，我将保举你为荆州刺史。"周访信以为真，他激励自己的下属说："春秋的时候，晋楚城濮之战，晋文公以楚国的得臣不死为忧，如今，杜曾不死，也是祸难不已。"此时，长期在宜阳（今河南省洛阳市宜阳县）一泉坞战斗的魏该，也因为刘曜的逼迫，单骑逃往南阳（今河南省南阳市），原有部众投降刘曜以后，不堪忍受压迫，又追随魏该到了新野（今河南省南阳市新野县），于是，周访联络魏该率众继续进击，经过多次战斗，都无法取胜。最后，周访命人沿山开出一条山道，出其不意，攻上山来，一举将杜曾部众击溃，生擒杜曾、第五猗等人。周访想将杜曾送到武昌王敦那里献俘，但是，在女观湖一战中被杜曾杀死的朱轨、赵诱的儿子朱昌和赵胤，哭泣哀求要报仇雪恨，周访无奈，将杜曾就地斩首，朱昌和赵胤将杜曾身上的肉乱刀切下吃掉。而第五猗等人送到武昌以后，周访对王敦说，此人是晋愍帝所任命，请求王敦手下留情，但是，王敦不听，还是将其斩杀了。

周访擒获杜曾以后，王敦的从事中郎郭舒（那位曾经跟随过刘弘、王澄等人的荆州老乡）对王敦说："荆州虽然战乱已久，但是，却是用武之国，如果给了别人，将有尾大不掉的危险，不如您自己当，周访现在拥有一个梁州，就足够了。"本来王敦就不想兑现自己的诺言，现在一听郭舒这么一说，就硬着头皮赖账了。

他亲自给周访写信，并送上玉碗、玉镯表示善意，周访见信大怒，把王敦送来的礼物一下扔到地上，说："我周访难道是小商小贩，可以被宝物收买的吗！"自此，身在襄阳的周访开始暗中整军，一方面与新郑的李矩、郭默联络，恢复中原，另一方面密谋袭击武昌的王敦，周访自己手下的官吏空缺了，直接就认命了，然后才给王敦打声招呼，王敦因为顾及周访的实力也无可奈何，并且，在周访活着的时候，不敢东下建康，公然反叛。

无论如何，东晋政府在司马睿登基以后的第二年，终于收复了荆州全境，此时，王敦屯驻于武昌（今湖北省鄂城市），周访屯驻于襄阳，再往北是因功新被任命为顺阳（今河南省南阳市淅川县）内史的魏该，共同驻守着江东政权的西北边境。

一八　四国交兵

公元319年，也就是司马睿即位的第二年，虽然在黄河以南地区仍然承受着来自石勒的巨大压力，但是，江东政权毕竟平息了荆湘地区长期的动乱，把自己的势力扩展到了荆州的全境。在这一年里，石勒登基为赵王，建立了后赵的雏形；山东的曹嶷依违于东晋与后赵之间；幽州、平州的三部鲜卑依然故我，而就在这一年的年底，一个突发的事件却也改变了幽、平二州的格局，造成了巨大的政治影响。

慕容部原来在东部鲜卑中是比较弱小的，在西晋两京陷落前后，慕容廆努力整顿内政，网罗士人，汉族流民数万家扶老携幼投奔慕容部落，慕容廆为了消弭流民的思乡之情，分别成立侨郡安置这些汉民，比如，为冀州人设置冀阳郡、豫州人设置成周郡、青州人设置营丘郡、并州人设置了唐国郡等等，并“以河东裴嶷、代郡鲁昌、北平阳耽为谋主，北海逄羡、广平游邃、北平西方虔、渤海封抽、西河宋奭、河东裴开为股肱，渤海封弈、平原宋该、安定皇甫岌、兰陵缪恺以文章才俊任居枢要，会稽朱左车、泰山胡毋翼、鲁国孔纂以旧德清重引为宾友，平原刘赞儒学该通，引为东庠祭酒”，使得统治区域成为北方流亡人士的避难所，另外，慕容廆本人还十分重视农业生产，他曾经说：“稼穑者，国之本也，不可以不急。”鼓励农业生产，过去辽东一带地广人稀，人口只有一万户，到了此时，外来的侨民就增加了十倍之多，由此国力逐渐强盛。然而，慕容部落不像段氏部落那样一直追随晋室，慕容廆曾多次与西晋政府发生过摩擦，因此，在司马睿承制江东的时候，也曾经任命慕容廆以各种官职进行拉拢，但是他总是拒绝接受，虽然在手下的一再劝说之下，慕容廆也派遣了长史王济来到建康劝进，但却拒绝接受司马睿任命的将军和单于等职。

目前幽州、平州的局势是：石勒、段末柸分据幽州各郡，辽西是慕容部、北部是宇文部，辽东地区有晋朝的平州刺史崔毖，兼东夷校尉，驻屯在辽阳。崔毖是崔琰的曾孙，是王浚的妻舅，他自以为是中州的望族，看到不少民众却归附了慕容廆，心里很不是滋味，几次派人召集流亡人民，可大家都不肯来。崔毖认为流民们是受到了慕容廆的拘禁，秘密邀请高句丽王国〔首都丸都（今吉林省集安市）〕、辽西郡（今河北省卢龙县）段氏鲜卑〔首府令支（今河北省迁安市）〕、宇文部落（今内蒙古自治区老哈河上游），联合攻击慕容廆，并约定：在消灭慕容廆之后，三国可以瓜分他的土地。崔毖的心腹勃海郡人高瞻极力劝阻，但崔毖却置之不理。

公元319年底，段氏自南、宇文氏自西、高句丽自东包围了慕容廆的根据地棘城，三国的联军来势凶猛，声势浩大。然而，慕容廆却说："他们受到崔毖开出的空头支票引诱，企图贪一时之利，不过是乌合而来罢了。既然没有统一的指挥，相互之间就没有从属关系，我定能击破他们！不过，他们刚刚集结，军锋还比较锐利，希望我会立即与之决战，如果我们现在出击，正好中了他们的圈套。只用安静地严阵以待，敌人一定会各自怀有二心，互相猜疑：一方面会怀疑我方与崔毖之间合谋，会出卖了他们；另一方面，怀疑三国之中的一国会与我们联合。等到他们之间相互猜忌，军心涣散以后，我们再出动，一定能够大获全胜。"

在三国联军对棘城（今辽宁省义县西）开始攻击之初，慕容廆没有出城迎击，而是选择了闭门坚守。然后，他派使节给宇文部落送上犒赏三军的牛肉和美酒，并当众宣布："崔毖的使者昨天已经到来。"这样一来，高句丽和段氏都怀疑宇文部落与慕容部落之间有着不可告人的阴谋，遂分别撤军，慕容廆略施小计，就退了两国之兵，围城的只剩下了宇文部落，这让慕容廆心花怒放。不过，剩下的宇文部落仍然不可小觑，宇文部落的头领宇文悉独官看到另外两国退兵了，他说："他们虽然走掉，我要单独夺取城池，何必非要别人的帮助？"宇文悉独官又将国中全部部队调来围城，人数达到数十万人，营寨连绵四十里。

本来慕容廆想着退掉两国之兵，宇文部落不能独存，也当退却，不战而屈人之兵，如今两国之兵顺利退去，宇文军却倾国而至，这当然是慕容廆始料未及的。面对越来越多的宇文部队，慕容廆有点担心，他传命驻防在棘城南边徒河（今辽宁省锦州市）的庶长子慕容翰，率军回棘城协防，但是，慕容翰却派人禀告说："宇文悉独官倾全国之力，侵犯我们，彼众我寡，只可以用计谋取胜，难以与之硬拼。目前，棘城守军人数守城有余，我最好在城外，留作奇兵，遇到机会打击他们，我们里应外合，他们肯定就会惊慌失措，无从防备，定可击破他们。现在如果把所有部队合二为一，那么，他们就可以专心攻城，不再有别的担心了，这不是上策。并且，这样放弃徒河，会显示我们胆怯，我担心士气也会不战先低落了。”

并兵与分兵，历来是用兵的玄妙所在，分寸实难把握，因此，听了儿子的话，慕容廆却依然拿不定主意，这时，辽东郡人韩寿对慕容廆说：“宇文悉独官将骄士惰，军纪不整，如果外面有奇兵乘其不备，实施突然打击，那一定能够取胜。”听了这话，慕容廆遂命慕容翰仍留守徒河。

宇文悉独官探知慕容翰没有率军协防棘城，说：“慕容翰骁勇善战，闻名当世，而今他不入棘城协防，却留在了徒河，可能会给我军随后的攻击带来麻烦，我当先夺取徒河，棘城不必担心。”遂派数千骑兵，袭击慕容翰。慕容翰获得情报，派人假装是辽西段家部落的使节，等候在道路一旁，对统率这支宇文骑兵部队的将领说：“慕容翰一直是我们的心腹之患，听说你们开始攻击，我方已出兵先期到达城下，请迅速前进！”慕容翰派出使节后，即率军出徒河城，埋伏在敌人的必经之路上。宇文骑兵听说段家部落已经在前等待，十分高兴，不再防备，放心大胆地纵马急进，进入到慕容翰的预设阵地。毫无防备的宇文部骑兵进入伏击圈以后，慕容翰率兵突然杀出，奋力攻击，一下子就把这几千骑兵给打蒙了，全部被慕容翰俘虏。

然后，慕容翰乘胜前进，并派人禀告慕容廆，从城内出兵大战。慕容廆拣选精锐部队，配给三子慕容皝，由其与长史裴嶷一同为先锋，而自率大军组成方阵作为后继。宇文悉独官根本没有料到慕容廆胆敢出城交战，大惊之下，下令全军仓促应战。双方刚一接战，慕容翰率领的数千骑兵，就从侧翼突入宇文部落的大营，纵火焚烧敌营。宇文部众顿时惊慌失措，不知是继续迎击眼前之敌，还是回头救火，慌乱之际，宇文军大败，只有宇文悉独官只身逃走，宇文部众全部被慕容廆俘虏。战后，慕容廆在宇文悉独官的大营中还搜到了皇帝的三颗玉玺（《资治通鉴》胡三省原注：“皇帝玉玺，酋长宇文普回出猎时捡到。”《周书·文帝纪》称：“其后曰普回，因狩得玉玺三纽，有文曰皇帝玺，普回心异之，以为天授。其俗谓天曰宇，谓君曰文，因号宇文国，并以为氏焉。”）这三颗玉玺，一直被认为是宇文部落受命于天的宝贝，此时竟然遗落，可见宇文悉独官当时的狼狈之状。

棘城防御战大获全胜，消息传来，崔毖十分恐惧，他以为慕容廆不知道自己是幕后黑手，赶紧派他的侄儿崔焘前往棘城，表示祝贺。正巧，三国要求和解的使节也都在那里，使节们都说："这次交战不是我们的本意，是崔毖指使的。"慕容廆用刀架到崔焘脖子上，说："你叔父让三国来灭我，今天竟还假装来道贺！"崔焘只好承认。慕容廆带着崔焘率兵一起往辽阳进发，并让崔焘给崔毖捎话："投降是上策，逃命是下策。"崔毖吓得抛弃家小，率数十名骑兵，投奔了高句丽王国，慕容廆兵不血刃拿下了辽东。他命令儿子慕容仁为征虏将军，镇守此地，将崔焘、高瞻、安平郡韩恒、石琮（西晋大臣石鉴之孙）等人带回棘城，尊为宾客。从青州投奔崔毖的鞠彭、郑林，到了辽东以后，崔毖却已溃败，也归附了慕容廆，慕容廆任命鞠彭为参军。

四国之战，是慕容部落兴盛的一个重要转折点，自此，慕容廆吞并了辽东，势力横跨辽河两岸，稍后数年，他又相继击败高句丽、宇文、段氏的数次进攻，成为幽州、平州地区名副其实的强者。慕容廆吞并辽东以后，为了取得法理上的合法性，他接受了宋该的建议，派遣长史裴嶷为使节，带上从宇文那里搜到的三颗皇帝玉玺，送往建康。公元 320 年，也就是晋元帝太兴三年三月，裴嶷抵达建康，原来江东都将慕容廆视为远方的豪强而已，裴嶷来了以后，盛赞慕容廆雄才大略，四海豪杰并为所用，东晋朝廷这才对其刮目相看，遣使随裴嶷来到辽东，拜慕容廆为监平州诸军事、安北将军、平州刺史，增邑二千户。不久，又加封其为使持节、都督幽州东夷诸军事、车骑将军、平州牧，晋封辽东郡公，邑一万户，常侍、单于并如故；丹书铁券，承制海东，命备官司，置平州守宰。

一九 睡王覆灭

说完了大东北的局势，我们再回过头来说一说久已遗落的大西北的形势。

如今的大西北，有三位实力派人物，那就是长安的刘曜、上邽的司马保和凉州的张寔。刘曜自从打下长安以后，还没有来得及西上收拾盘踞在秦州的司马保，平阳就发生了靳准之乱，紧接着，又忙活着登基即位，与石勒翻脸。而此时的司马保，自从司马邺被俘以后，也像司马睿一样对外称晋王，借此来增加自己的影响力。(《晋书·元帝本纪》《资治通鉴》称，司马保是在公元 319 年，即司马睿太兴二年称晋王的，并改元为建康，开始设置了百官，并以张寔为征西大将军、开府仪同三司。）不过，这两年，司马保过得也并不轻松。这主要还是因为逃到陇城（今甘肃省张家川县）的陈安与自己的大将张春之间有着不共戴天之仇，致使司马保集团内部出现了巨大的裂痕。陈安本人对司马保倒是没什么意见，司马保对陈安也是宠爱有加，只是张春为了在司马保面前争宠，更是为了攫取更大的权力，与陈安反目相向，并到了要刺杀陈安的地步。陈安带着自己的人逃到陇城之初，还对住在上邽（今甘肃省天水市）的司马保贡献不绝，然而，到了太兴元年（公元 318 年），情况却发生了变化。在这一年的春季，陈安联络了在陇城东北的安定太守焦嵩向上邽进攻，史料没有详细记载其间是什么因素导致了陈安的这一变化，也没有明确说明陈安、焦嵩这次出兵的具体理由，但是，从此前的事态发展，我们有理由推断，陈安的这次出兵的主要目的就是，把张春等人从司马保身边赶走，并取而代之。

当时的司马保还是司马邺任命的相国，司马邺被杀的消息还没有传到这里。司马保得知陈安、焦嵩联合攻击上邽的消息，赶紧派人请求张寔救援，凉州（今甘肃省武威县）牧张寔闻讯，命令距离上邽最近的金城郡（今甘肃省兰州市）太守窦涛，率领步骑二万南下增援，这支凉州大军很快进抵上邽西北的新阳（今甘肃省天水市西北），至此，史书再也没有交代这次上邽保卫战的后文，是陈安、焦嵩联军闻讯仓皇退去？还是双方进行了激战，窦涛击败了二人？抑或是陈安、焦嵩联军一直就驻扎在上邽的东部？如今，我们所能看到的史料，在写到这里的时候，都是笔锋一转，提起司马邺被杀的消息传来，司马保准备自己当皇帝，进而，引出张寔听从部下关于司马睿比司马保血缘关系更近一些（司马睿是司马懿的曾孙，而司马保是司马懿弟弟司马馗的曾孙），应该拥立司马睿的事情来。不管如何，从后来发生的事情来看，此次陈安与焦嵩的突击上邽行动是失败了，因为，司马保仍然好好的住在上邽，张春也毫发未损。

到了公元319年的夏季，司马保称了晋王。司马保称王这一事件，直接刺激了陈安。这是因为，司马保称王，设置了百官，而在张春手中的司马保，当然不会授予一年前还刀兵相向的陈安任何官职。如果没有司马保的设置百官，陈安还是他的讨虏将军，而如今，对于陈安而言，在司马保阵营里已经毫无意义。紧接着，陈安的反应十分强烈：他自称秦州刺史，并一怒之下，投靠了刚刚建立的刘曜前赵政权。

恰在此时，上邽又发生了大的饥馑，兵民饥饿困苦，难以自立。张春侍奉司马保向西逃到了南安郡的祁山（今甘肃省礼县东北），陈安所部占领了上邽。张寔又一次派遣太府司马韩璞，率领步骑五千人前来援救，陈安再度从上邽撤离，往东退守到绵诸（今甘肃省天水市东），司马保又从祁山回到了上邽固守。张寔继续增兵，又派遣宋毅率军赶来，陈安这才从上邽地区撤退。

然而，司马保没有消停几个月，关中地区发生的变故却直接影响到了陇上的司马保。刘曜称帝以后，处于刘曜统治区西部的新平（今陕西省彬县）、扶风（今陕西省眉县）郡的屠各匈奴路松多却聚众起兵，背叛刘曜，投靠了司马保。这对于司马保而言，似乎是一件天大的喜事，他可以借此将手越过陇山，伸向关中。而司马保也的确是这样做的，闻讯后，司马保兵分两路：南路，任命杨曼为雍州刺史、王连为扶风太守进驻陈仓（今陕西省宝鸡市东陈仓镇），接应扶风；北路，任命张顗为新平太守、周庸为安定太守进驻阴密（今甘肃省灵台县西南），接应新平。而路松多则固守在草壁（今甘肃省灵台县东）一带，一时间，秦陇（今甘肃省南部及陕西省中部）的氐、羌部落纷纷响应。

刘曜派车骑将军刘雅生、平西将军刘厚进攻南路的陈仓，双方激战二十天，却难以取胜。刘曜率领全部的精锐部队，进抵雍城准备进攻，但是，太史令牟广明对刘曜说："昨晚妖星掠过了月亮，部队不宜出行。"刘曜命令刘雅生等将坚壁固守，等待大军。

到了公元320年，也就是东晋太兴三年，前赵帝刘曜决定御驾亲征。新年刚过，刘曜确定了先南后北的进攻策略，他率军首先对处于南路陈仓的杨曼和王连，发起了进攻。杨曼与王连商议说："刚才侦察兵回来报告说，看到了敌军阵营中代表主帅的五牛旗帜，都说这次刘曜亲自到了，其锋不可当。我军粮草很少，难以支持长期作战，如果敌人屯兵城下，包围我们一百天的话，即令不攻城，我们也要自行灭亡。倒不如率领现有部队拼死一战，如果胜利，那么关中地区即可传檄而定；如果失败，也是一死，早晚的事儿，没什么大不了的。"于是，两人率军背城一战，结果，在陈仓城下王连战死，杨曼逃到南氐（即仇池，今甘肃省西和县）。刘曜接着乘胜进攻路松多所在的草壁，又击败了路松多，路松多往西翻越陇山，逃到了陇城（今甘肃省张家川县）。刘曜又攻陷了阴密（今甘肃省灵台县西南）、安定（今甘肃省泾川县北），然后，振旅而还，晋封刘雅生为大司徒。

司马保偷鸡不成反蚀把米。

面对刘曜咄咄逼人的攻势，他大为恐慌，又从上邽西逃到桑城（今甘肃省临洮县南），随时准备渡过洮河，逃往凉州的金城郡，秦州的汉族、氐族、羌族百姓也都随之撤离到此地。张春打算保护着司马保一起逃往凉州，凉州的张寔闻讯以后，派遣部将阴监领兵迎接，其实是用武力阻止司马保等人进入凉州地域，进退无据的司马保只得暂时停在了桑城。而就在这一年的闰三月，那位张春和一位部将杨次，又与司马保的另外一位部将杨韬发生了矛盾，张春、杨次再次要求司马保诛杀杨韬，并多次劝说司马保进攻陈安，但司马保均没有听从。又过了两个月，张春、杨次恼怒之下，将司马保逮捕，并处死。司马保死时，年仅二十七岁。杀死司马保以后，由于司马保没有子嗣，张春等人拥立司马氏皇室的一个子弟司马瞻为合法继承人，称大将军。经过这次事变，原来追随司马保的各族群众纷纷逃亡，其中逃到凉州的就有一万多人。

听说司马保被杀的消息以后，陈安立即向刘曜汇报，请求讨伐司马瞻。于是，刘曜任命陈安为大将军，率兵进攻桑城，诛杀了司马瞻。"来言是非者，必是是非人。"那位喜乱乐祸的张春也狼狈逃往枹罕（今甘肃省临夏市），陈安将杀死司马保的凶手杨次抓获，并在司马保的灵前斩首，祭奠司马保，然后，以埋葬皇帝的礼仪，将司马保安葬在上邽，号元王。

自此，刘曜的手越过了陇山，逐渐伸进了秦州。

二〇 子远安赵

祸福难料。

假如南阳王司马保晚死一个月，兴许事态会发生对其有利的变化。就在司马保被杀以后的一个月，也就是晋元帝太兴三年（公元 320 年）六月，刘赵帝国的将军解虎与长水校尉尹车谋反，为了使谋反增加成功系数，两人联结了巴酋句徐、库彭（《晋书·刘曜载记》记作徐库彭，指为一人）等人，可是，因为机事不密，解虎与尹车的计划败露，刘曜大怒，将解虎、尹车这两位主犯抓获，予以斩首；并逮捕了句徐等五十多名巴酋首领，关押在阿房宫里，准备处斩。

此时，一个人站出来劝阻刘曜，此人就是游子远。游子远的详细出身还不十分清楚，但是，据《太平御览》卷三百七十九称，游子远小的时候，有资貌，聪明好学，十五岁时曾去洛阳拜见张华，张华评价说：“此儿雅洁洪方，精公才也。”

他劝说刘曜：“圣主用刑，只诛杀主犯就行了，不要多杀人。”盛怒中的刘曜根本不听，游子远继续劝谏，以致叩头流血，这让刘曜怀疑这位游先生与谋反集团有染，他不仅不听游子远的劝说，反而将他也打入了大牢，并把句徐、库彭等五十多人全部诛杀，将尸体弃之于街巷中，示众十天以后，投入河中。听到这一消息的巴人，一时之间个个义愤填膺，他们共同推举归善王句渠知为主，发动叛乱。句渠知自称大秦国，改元为平赵，很快地，四山羌、氐、巴、羯纷纷响应，人数多达三十多万之众，关中地区一片大乱，长安城门白天都要紧闭。

忠心耿耿的游子远从狱中上书，继续劝说刘曜，刘曜将其奏表一把撕碎，怒吼着：“你这个大荔的奴才，不担心命在须臾，还敢如此！你小子是嫌死得晚吗？”命左右速速杀掉游子远。这时候，素为刘曜信任的朝中重臣中山王刘雅、朱纪、呼延晏、郭汜等人一起去劝谏刘曜：“游子远被囚禁还不忘劝谏，这正是所谓的忠于社稷，早已将自己的生死置之度外。陛下即使不能采纳他的劝告，为何要杀掉这样的忠臣？如果子远早上被诛杀，我们这帮人晚上就去死，以显示陛下您的过失。从此，天下之人都将离开陛下您死了，您还能和谁人一起生活呢？”听了群臣的话，刘曜平静了下来，面对汹汹的外患，如果再发生内乱，自己那可真变成孤家寡人了，他将游子远从牢里释放出来，并宣布内外戒严，准备亲自讨伐句渠知。

出狱后的游子远又对刘曜进言说：“如果陛下真能听从我的计划，将不麻烦陛下亲征，反叛将在一个月内平定。”刘曜问：“你先说说看。”游子远回答：“这些反叛的人，并非素来有平定海内、登基为帝的大志，只是被陛下的严刑所逼罢了。事到如今，死去的也就无法挽救了，不如赦免那些被降为奴隶的叛乱人员的家属，听任他们恢复本业，这些人既然有了生路，不投降还等什么？如果句渠知自知罪孽深重，继续带领少数顽固分子拒不投降的话，我请求陛下允许我带领五千弱兵，为陛下平定叛乱，不用劳动陛下的将帅们。如果不采取这样的措施，现在敌人人数很多，漫山遍野，即使您亲自率兵去围剿，恐怕一年也不好扫清啊！”刘曜听了，不禁大为高兴，提拔游子远为车骑大将军、开府仪同三司、都督雍州、秦州征讨诸军事，并即日宣布大赦境内。

游子远领兵进驻雍城，前来投降的络绎不绝，人数很快就达到了十多万。然后，游子远北上进军安定（今甘肃省泾川县北），当地的氐羌部落全部投降，只剩下句氏的宗族有五千多家固守在阴密（今甘肃省灵台县西南）不降。在分化瓦解了句渠知的同盟军以后，游子远此时一举攻占了阴密，很快讨平了这次叛乱。

如今，降将陈安镇守着秦州，他名义上从属于刘曜，其实也是独立王国。游子远以得胜之威，就势领兵西巡陇右，陈安亲自出上邽城（今甘肃省天水市）到郊外迎接。

安定了帝国的西北部和西部以后，游子远又率军朝东北部杀来。在上郡（今陕西省韩城），长期以来就有十多万家氐羌部众守险不服，他们的头领虚除权渠也自号秦王。游子远率军进攻，虚除权渠出兵迎战，游子远五战五胜，接连战败的虚除权渠想投降，但他的儿子伊余却说：“过去刘曜自己率兵前来，也拿我们没有办法，这次只是偏师，怎能说降就降呢？”第二天，伊余率领精兵五万紧逼游子远的军门叫战，左右都劝游子远出兵迎战。游子远却说：“我听说伊余是当世无双的猛将，他带来的精锐部队，也不是我们能比的。另外，他的父亲才被打败，他正要复仇。还有，西北少数民族都是骁勇善战，其锋不可当。不如先等一等，等到他们气力衰竭的时候，再发起攻击。”命令全军坚壁不战。

看到游子远不敢出战，伊余面露骄傲之色，逐渐懈怠下来。等到夜晚，游子远发现敌人不作戒备，就暗自命令全军饱餐战饭，等拂晓时分出击。第二天黎明，正巧天降大雾，又刮起了大风，游子远兴奋地说：“天助我也！”立即命令全军大开营门，他身先士卒，亲自冲出大营。伊余万万没有想到在他看来懦弱的游子远竟敢全军而出，与之决战，慌乱中被游子远所部生擒，全军被俘。听到伊余战败的消息，虚除权渠大惊失色，披散着头发，将自己的脸割破，率众投降。游子远建议刘曜任命虚除权渠为征西将军、西戎公；将伊余兄弟及其二十多口部落民众都迁往长安，从根本上消除了隐患。本来此地只有虚除权渠最为强大，短时间被游子远所灭，附近的其他少数民族都纷纷投降。

游子远一出，不仅平定了叛众，而且又威服了陈安，收降了虚除权渠，使得刘赵帝国转危为安。刘曜喜出望外，提拔游子远为大司徒、录尚书事，使之成为刘赵帝国的丞相。

国内粗安以后，刘曜不忘自己过去的恩人。一次，与群臣在东堂饮宴甚欢，回顾往事，刘曜流下了眼泪。原来，在刘曜年少的时候，曾经犯了死罪，曹恂与之一起逃到刘绥家里，刘绥将其藏到书箱里，又送到王忠那里，由王忠将其送到朝鲜。在朝鲜刘曜与曹恂孤苦伶仃，难以存活，被迫出来做吏卒，而崔岳是朝鲜县令，看到刘曜不是一般人，询问之下，刘曜只得自首，叩头哀求。崔岳说：“仁人志士飞鸟入怀，尚且保护，况且是你这样的君子呢？我没有家累，即使事发，不过是解下印绶，与君一起逃之而已！”自此，刘曜得以在朝鲜存活下去，后遇到大赦才回到家中。然而，让刘曜感伤的是，这四位恩人都相继去世了，感伤之余，他要求有关部门去查找四位恩人的子孙，报恩。

除了报恩，刘曜还在长安的长乐宫东面设立了太学，在西面设立了小学，选拔普通百姓子弟年纪在十三岁到二十五岁的，送进学校学习，这在中国封建社会中是十分难得的。刘曜为政也十分清明，他本打算搞宫廷建设，并想给自己修陵墓。大臣们劝说他开国之初，搞这种不必要的建筑浪费太大，并且自古没有不灭的国家，没有不被发掘的陵墓，为何要在励精图治之初，去学那些个亡国之君们做的事情呢？刘曜虚心地接受了大臣们的意见，并把规划中的建筑用地拨给平民使用。

在这期间，还发生了一件事，说明刘曜善于纳谏。当时，终南山发生了山崩，一个叫刘放的人得到了一块一尺长的白玉，上面写着：“皇亡，皇亡，败赵昌。井水竭，构五梁，咢西小衰困嚣丧。呜呼！呜呼！赤牛奋靷其尽乎！”大臣们都来道贺，以为是石勒被灭的征兆，刘曜也很高兴，斋戒七天，在太庙举行接受典礼，并大赦境内。这时，中书监刘均却说：“我听说山川象征着国家，如果山崩川竭，是最大的不幸。终南山无故而崩，这是极凶的！玉和石，就像君与臣。山崩石坏，象征着国倾人乱。‘皇亡，皇亡，败赵昌者’，是指我被赵败，赵昌应在石勒，不在我。‘井水竭，构五梁’，井是指东井，那是秦州的分野，五是指五车，梁是指大梁，五车、大梁，都是赵国的分野，说的是秦将灭亡，促成了赵国。咢是指在咢西之年，当有败军杀将之事。困是指困敦，即子年国当丧亡。赤牛奋靷是说丑年将全部灭亡。”

换了一般人，都会对刘均如此不识时务大为光火，刘曜一听也不禁脸色大变，御史们要求刘曜严厉惩处刘均的妄言之罪，但是，刘曜却说：“是灾是祥，实在难以揣测，刘均的话是劝诫我，我已经从他这样尽忠中得到了很多恩惠，怎么能加罪他呢？”

在刘曜的治理下，关中、陇右地区得以暂时的安定。

二一 底定河北

无独有偶。

在刘曜粗定关中地区的前后，石勒也逐渐安定了自己的统治区域，如今，华北地区石勒的敌人只剩下了厌次（今山东省惠民县）的邵续和段匹磾。

自从参与四国之战看到慕容部大败宇文部以后，段部就与宇文部、高句丽一起与慕容部实现了和解。不过，慕容部虽然接受了段部的和解，仍然趁着段末柸上任之初不修战备，派遣儿子慕容皝率兵偷袭段末柸，攻入了令支，收取其名马宝物而还。然而，段末柸却置慕容部的威胁于不顾，在得到幽州以后，必欲除段匹磾而后快，仍然率兵南下，追杀段匹磾的残余部众，这让段匹磾非常恼火。

太兴三年（公元 320 年）春，段匹磾对邵续说："我本来是夷狄，只是因为遵从道义而破家到此。如果您不忘我们过去的约定，请与我共同进击段末柸，这是您的恩惠啊！"此时，邵续与青州的曹嶷也已签订了互不侵犯协定，暂时无后顾之忧，他回答："幸赖大人的威德，我才得以效命国家，（当初，是段匹磾派人邀请邵续，一同劝进司马睿）今天大人有难，我怎敢不一起分担！"邵续派兵与段匹磾合力进攻段末柸的来犯之敌，大破段末柸，并乘胜追击，将段末柸前来的部队"斩获略尽"，接着，邵续的主力部队又与段匹磾一起北上，试图收复幽州，段匹磾的弟弟段文鸯更是深入到了蓟县。

就在此时，一直像鹰一样密切关注着邵续动向的石勒，趁着邵续主力北上、后方空虚之机，派遣石虎率领大军迅速包围了厌次，掳掠附近的群众；石勒大将孔苌攻下了邵续统治区内十一处别营。

石虎的零散骑兵直抵厌次城下，邵续率众出城迎战，谁知，这正是石虎的诱敌之计，他早已埋下伏兵，待邵续出城以后，石虎的伏兵突然截断了邵续的归路，邵续苦战不胜，被石虎生擒。石虎押解着邵续，令其劝降厌次城内的守军。当邵续被押至城下的时候，邵续对城上的侄儿邵竺等人大声说：“我立志要扫除国难，以报国家，今天不幸至此。你们要继续努力，奉段匹磾为主，不能有二心！”

闻听厌次被围的消息，段匹磾舍弃蓟县，火速南下回救。当部队行至离城八十里的时候，传来了邵续被俘的消息。这一消息犹如晴天霹雳，跟随段匹磾的原邵续部众，都觉得大势已去，一时奔散。石虎听到段匹磾从幽州回师的消息，率兵挡住了段匹磾回城的道路。在这千钧一发之时，段文鸯亲率手下数百亲兵，经过殊死搏斗，才保护着段匹磾勉强进入到厌次城中。

段匹磾进入城内以后，与邵续的儿子邵缉和邵续的侄儿邵竺、邵存等一起固守厌次城。

邵续被俘以后，石虎留下孔苌继续围攻厌次，自己则把邵续带回了襄国（河北省邢台市）。石勒派徐光责问邵续为何抗命不降，邵续回答：“晋末大乱，走投无路，聚集乡里，为全老幼。遇上大王您龙飞之初，我曾经送上人质，但是，我的忠诚却不能得到您的认可。从此，我又归降晋朝，却仍蒙宠爱，因此，我誓尽忠节，实无二心。这是大王辜负了我，并非我辜负了大王。即使被杀，那也是我的本分，还什么可说的呢！”石勒听后，说：“他说的话很直爽，让我十分惭愧，那些能忠于其君的人，是我需要的啊！”命令张宝将邵续安置到宾馆，不久，又任命其为从事中郎，同时下令，以后凡是攻克敌人，抓获士大夫的，都要送归襄国，领兵大将不得擅自加害。

在石虎大举进攻厌次的时候，邵续的原部下、现为司马睿尚书吏部郎的刘胤对司马睿说：“北方方镇全部陷落，只剩下邵续一个了。如果邵续再被消灭，那么，北方的义士将报国无门。臣以为应当发兵救援。”司马睿正与王氏家族较劲，无暇顾及北方，因此，并没有发兵救援，很快，邵续被俘的消息就传到了建康。司马睿下诏，任命邵续的儿子邵缉继承邵续的官职和爵位，又任命邵续的侄儿邵存为扬武将军、武邑太守。

到了这一年的六月，孔苌攻下了厌次周围十几座堡垒。段文鸯趁着孔苌得胜以后不设守备，深夜率军从城中杀出，大破孔苌，孔苌狼狈而归，厌次之围暂时得以解除。

但是，石勒没有放弃就此拔掉厌次这颗钉子的机会，也没有给驻守在那里的段匹磾多少休养生息的机会，嗣后，他多次派遣部队企图一举攻下厌次，双方进行了十分艰苦的攻防战。

到了第二年，即晋元帝太兴四年（公元321年）春，石虎卷土重来，再次把厌次团团围住，掳掠厌次附近的百姓。段文鸯登城望见石虎耀武扬威地在城下来回驰马飞奔，他不禁大怒，请求哥哥允许自己出城与之一较高下，段匹磾不同意。

段文鸯说："我一向以骁勇闻名天下，因此，百姓才把我作为主心骨。看见百姓被敌人掳掠而不去解救，非大丈夫也。如果你我兄弟让部众失望，那么，谁还会追随我们呢！"段文鸯大开城门，率领几十名身经百战的壮士，奋不顾身地杀入石虎大军之中。

段文鸯是何等勇猛之人？在三国两晋时期能称为猛将的只有关羽、张飞、文鸯和段文鸯等数人而已！

这只几十人的小部队在石虎的数万军中，如入无人之境，只见红尘过处，血肉横飞，杀伤无数敌人。然而，敌人却越来越多，段文鸯所骑战马也筋疲力尽，倒在了地上，再也站不起来。石虎远远看到，大声呼喊道："大哥！你与我都是夷狄，很久就希望与大哥一起。老天成全，今天与大哥相见，为什么还要打？请您放下兵器。"在襄国之战中，段疾陆眷命令石虎与段文鸯结为异性兄弟，故有此称呼。

段文鸯厉声喝骂道："你所为暴虐，早应死掉。我哥哥（指段疾陆眷）不用我的计策，才让你猖狂到如今。我宁可去死，也不会被你生擒。"

段文鸯下马苦战，只杀得手持的长槊折断，他又拔出腰间佩刀，依然力战不止。石虎的手下也都下马，解下马身上的挡布挥舞着，进前捉拿段文鸯。就这样，段文鸯从中午一直打到了傍晚，苦斗到全身没有一点力气，才被蜂拥而上的石虎将士们抓获。

看到弟弟被抓，城内的段匹磾预感到厌次不守，他打算单骑南逃到江南。但此时城内已经群龙无首，邵续的弟弟、乐安内史邵洎内心已欲投降石赵政权，他不让段匹磾离去，还想将江南派来的使者王英拿下送给石虎请功。段匹磾义正词严地斥责邵洎："你不能遵从哥哥的志愿，让我归身朝廷，已经很过分了；如今你还想拘禁朝廷的使节，我虽然是胡人，也从来没有听说过天底下还有这等事！"并对王英说："段匹磾世代深受国家厚恩，不忘忠孝。今日情况危急，我本想归罪朝廷，但是，却被逼无奈，以致一片忠心不能如愿。如果您能报告朝廷，就说我段匹磾不死之日，内心绝不忘本。"在段匹磾的帮助下，王英得以渡过黄河，回到了江南。

送走了王英，段匹磾换了一身朝服，手持节杖，身后跟着部属，抬着棺材，大开厌次城门投降，从容走出了厌次城。石虎也曾与段匹磾结为兄弟，见到段匹磾，石虎起身拜见，而段匹磾却并不还礼，他对石虎说："我受国家厚恩，发誓要灭了你。不幸我国内自乱，才落到如此田地。既然不能去死，但也不能对你尽礼。"厌次就此被石虎占领，邵续的侄儿邵竺、儿子邵缉均被俘虏，只有邵存溃围南奔，但是，在中途却被匪徒所杀。

段匹磾等人被送到襄国以后，被石勒任命为冠军将军，段文鸯被任命为左中郎将，段匹磾的亚将卫麟为右中郎将，均为金章紫绶。即使这样，段匹磾也不按礼节拜见石勒，经常穿着晋朝的朝服，手持晋庭授予的节杖。邵续虽然也被石勒任命了官职，但是，他却亲自灌园种菜，以此为生，石勒曾多次派人暗中观察，叹息说："此真高人矣。如不这样，又有什么可贵之处呢！"石勒常常临朝叹赏邵续，用来激励百官。段匹磾等人在石勒手下过了一年左右，有人阴谋推举段匹磾为主，发动政变，结果事情败露，段匹磾被杀，段文鸯被毒死，邵续等人也随之遇害，同时被害的还有从廪丘（今山东省郓城县西北）逃奔段文鸯军中的前兖州刺史、刘琨的侄儿刘演。

消灭了邵续、段匹磾和刘演，石勒遣散了原来依附于邵续的流民，在东部地区设置地方官，督导流民从事农业生产，到晋元帝太兴四年（公元321年），北方的幽州、冀州、并州彻底并入石赵政权。随着国内渐趋安定，石勒开始"制轩悬之乐，八佾之舞，为金根大辂，黄屋左纛，天子车旗"，完全按照中原王朝的模式，建立国家制度，史书称此时"礼乐备矣"。石勒还按照洛阳太极殿的样式，建筑皇宫主要建筑建德殿，把洛阳的铜马、翁仲搬到襄国，安置于襄国的永丰门。在选官上，石勒命张宾主持，先"清定五品"，后"续定九品"，并任命张班为左执法郎，孟卓为右执法郎，品定士族，将三百家属于士族的朝臣掾属迁到襄国的崇仁里，设置公族大夫进行管理。他还下令百官和州郡一年中要举荐秀才、至孝、廉清、贤良、直言、武勇之士各一人。石勒以百姓刚开始从事农业生产，粮食储备还不足，为了节约粮食，又下令严禁酿酒，数年间，石勒统治区中，不再有酿酒的。

石勒十分忌讳别人说自己是胡人，因此，在国中严禁老百姓说与"胡"有关的字词。当时，石勒的宫门刚建好，石勒制定了严格的门禁制度，一次，一个喝醉酒的胡人骑马驰入皇宫的止车门，石勒大怒，对负责警卫的宫门小执法冯翥曰：

“国君制定法令，是希望威行天下，何况是皇宫呢？刚才飞马入门的，是什么人？为什么不制止？”

冯翥惊吓之余，竟然忘了避讳，仓促回答道：“刚才有个喝醉的胡人乘马驰入，我们大声制止，但是，语言不通，胡人听不懂。”

石勒笑着说：“说的也是。和胡人的确沟通起来不容易。”

黄瓜原名叫胡瓜，是汉朝张骞出使西域时带回来的。有一天，石勒在召见地方官员，当他看到襄国郡守樊坦穿着打了补丁的破衣服来见时，很不满意，就问：“樊坦，你为何衣冠不整就来朝见？”

樊坦慌乱之中答道：“这都怪胡人没规矩，把我的衣物抢了。”

刚说完，樊坦就意识到自己犯了禁，忙叩头请罪，石勒笑笑没有追究。等御赐午膳时，石勒指着一盘胡瓜故意问樊坦：“卿知此物何名？”

樊坦这次注意了，他回答道：“紫案佳肴，银杯绿茶，金樽甘露，玉盘黄瓜。”自此以后，胡瓜也就被称作了黄瓜。

与刘邦一样，石勒在登上王位以后，也把自己老家武乡（今山西省榆社县北）的乡亲故老请到了襄国（今河北省邢台市），欢聚一堂，回忆过去的日子。石勒年轻的时候，和李阳是邻居，每年都因为争用沤麻的池塘经常打架。

石勒问乡亲们说：“李阳怎么不见来呢？”

大家都说：“您如今贵为帝王，李阳曾经与你有仇，他怎么敢来啊？”

石勒笑着说：“李阳是位壮士啊，怎能不来？为沤麻而打架，那是老百姓之间的仇恨，孤正要在天下大行王道，怎么会记恨一个平头百姓呢？”

他特意派人召来李阳。李阳到了以后，石勒不时与之开玩笑，拉着李阳的胳膊，说：“孤过去饱受你的老拳，你也饱受孤的毒手。”并给李阳赏赐甲第一区，拜为参军都尉。

他下令：“武乡，是我的丰县和沛县（汉高祖刘邦的故乡），我死后，魂灵当归那里，免除武乡三世租赋。”

二二　徐龛之乱

以晋元帝太兴二年（公元 319 年）刘汉帝国发生的靳准之乱被平定以后为开始，一直到晋元帝永昌元年（公元 322 年）王敦发动第一次叛乱为止，在这短短的三年多的时间里，东晋以及东晋统治区以外都发生了一连串大的事件。我们说过、没有说过的大约有以下这些：公元 319 年，徐龛、陈川相继投降石勒；周访彻底扫平杜曾；石勒称王；三国讨伐慕容之战。公元 320 年，邵续被俘；司马保被杀；游子远安定刘赵，底定秦州、雍州；周访去世；羊鉴被废。公元 321 年，石勒底定河北，俘获段匹磾；祖逖去世。

这些看似孤立的事件，不少是相互关联、互为影响的。而徐龛于公元 319 年年初，因为不满东晋政府的不公正封赏投降石勒这一事件，却直接影响到东晋淮河区域防御体系的安全，其间有石赵政权与东晋政权之间的角逐，也有东晋内部错综复杂的矛盾，不得不说。

公元 319 年，徐龛叛降石勒以后，自称为兖州刺史，随即领兵“寇掠济、岱”，并往东南进击，攻破了东晋徐州的东莞郡（今山东省沂水县），打败了东莞太守侯史旄，占据了侯史旄的堡垒。

王导“创议征讨”，并且举荐太子左卫率泰山人羊鉴为征讨都督。王导的理由是羊鉴是泰山的高门大族，与徐龛是同乡，“必能制之”。这当然是王导能够放到桌面上的理由，如果结合到羊鉴是王敦的舅舅，并且与王敦“素相亲党”这一层，再考虑到如今的司马睿对王导已渐疏远，双方矛盾日深这一情况，王导让羊鉴领兵在外，是否还有另外一层深意呢？我们不得而知。

不过，羊鉴本人却坚持认为，自己不是将帅之才，不堪重任，而辅国将军、都督兖州诸军事的郗鉴也上书司马睿，认为羊鉴不是这方面的人才，请求另选他人，但王导却一意孤行，强行任命羊鉴为征讨都督，到了公元 319 年的八月，东晋政府任命羊鉴为征虏将军、征讨都督，督徐州刺史蔡豹、武威将军侯礼、临淮太守刘遐、鲜卑段文鸯等围攻徐龛。

然而，从公元 319 年八月到公元 320 年五月，在这长达十个月的时间里，羊鉴所部一直屯兵下邳（今江苏省邳州市），不敢与徐龛接战，只有徐州刺史蔡豹率军在檀丘（今山东省临沂市东北）击败徐龛，蔡豹请求羊鉴长驱进攻，羊鉴却坚决不同意。

檀丘失利以后，徐龛派人前往襄国，向石勒进献击败蔡豹的计划，石勒推辞尚有外难，并问徐龛多所要求，只派遣王步都率领三百骑兵作为徐龛的先锋，另派张敬率领骑兵为后继。王步都（《资治通鉴》作王伏都）到了徐龛那里以后，不把徐龛放在眼里，王步都本人还奸淫了徐龛的妻室，王步都所带士兵也是横行霸道，这让徐龛怒火中烧。这时，张敬的部队也开到了东莞附近，徐龛担心张敬此来是偷袭自己，为避免可能出现的内乱，徐龛诛杀了王步都以及其带来的三百名石赵士兵，请求投降东晋。

徐龛先是背叛东晋，继而，在受到石虎的进攻后，又请求再次投降东晋，不久，他在石虎的进攻下，又投降了石勒，这让司马睿非常恼火。这次，他又接到了徐龛请求投降的上表，司马睿恨其为人反复无常，不予接受，相反，命令羊鉴、蔡豹积极进攻。

石赵王国方面，石勒听到徐龛斩杀了王步都，不禁大怒，他传令张敬暂且领兵驻扎在险要地带，坚守待援，接着，命令石虎率领四万大军前往讨伐徐龛。

此时徐龛受到南北夹击，形势十分危急。然而，屯驻于下邳的羊鉴、刘遐等人却仍然畏敌如虎，不敢北上，因此，蔡豹孤军也一直不能北进。

尚书令刁协上书司马睿："北进诸军已经丧失了迅速进军的时机，目前炎热，不如暂时深沟高垒，等到秋天来临再进军。"

司马睿下诏表明了自己的态度，他说："不战先退，将士气大丧，并且目前邵存已经拿下了敌人的堡垒，绝不能退一步。"并派遣治书御史郝嘏为监军，督促大军进发。

可羊鉴拒绝执行司马睿的命令，刁协上书司马睿，罢免了羊鉴的官职，任命蔡豹为先锋，降蔡豹为折冲将军，以观后效。罢免羊鉴以后，有关部门要求诛杀羊鉴，晋元帝司马睿以羊鉴为外戚之家，特意免死，除名。王导也因为举荐不力，上书请求自贬，司马睿没有接受。

面对行动迅速的石虎四万大军，徐龛自知负隅顽抗下去，只能是以卵击石，玉石俱焚。如今，自己请求投降东晋，却没有被司马睿接受，只好派遣自己的长史刘霄，将自己的妻儿送到襄国作为人质，再次向石赵投降了。

因此，等到蔡豹率军进攻徐龛的时候，局势已经发生了突变。如今面临两路夹攻的已不是徐龛，而变成了蔡豹率领的东晋部队了。当蔡豹所部一直往北推进到卞城（今山东省泗水县）的时候，突然发现，就在以北不远的巨平（今山东省泰安市）屯驻着石虎的大军。蔡豹不敢与石虎的主力部队交战，连夜率部南撤到了下邳。蔡豹大军的辎重留在檀丘，徐龛率部偷袭得手，东晋将军留宠、陆党力战而死，东晋大批军用物资全部落入徐龛之手。

东晋这次平叛战争，从公元 319 年八月开始到公元 320 年八月结束，历时一年，不仅没有消灭徐龛，反而损兵折将，大败而回。蔡豹败退到下邳以后，打算只身回到建康谢罪，这时，蔡豹的顶头上司是王导的从弟、北中郎将、都督徐州青州诸军事王舒，他却对蔡豹说："胡人将要南下，你还是先暂时执掌军务，保卫百姓。等到敌人退却以后，再去建康归罪不迟。"结果，这个蔡豹是个老实人，就听从了王舒的话，没有赶回建康给司马睿表明一个态度。

其实，在司马睿听说蔡豹败军杀将以后，就派遣使者追究责任来了。两面三刀的王舒带着使者，趁夜率军围住了蔡豹的大营，夜里不辨敌我，蔡豹还以为是敌人来了，立即整军攻击，两军相接，蔡豹听说有司马睿的诏书，才命令部队停止攻击。王舒拿下蔡豹，送往建康。司马睿下令诛杀了蔡豹，将尸体陈于建康街市中示众三天，蔡豹死时五十二岁。史书称，蔡豹作为徐州刺史，很得当地军民之心，当大家听说蔡豹被杀的消息，都十分痛惜。

表面上看，这次讨伐徐龛失败是王导用将不当所致。其实，如果将一系列事件联系起来看的话，我们不能不怀疑王导在起用羊鉴作为都督、掌握帝国东北地区最高军事大权的时候，是否有遥制祖逖、呼应王敦的私心。因为，也就是在这一年，深为王敦忌惮的襄阳周访去世了，随着周访的去世，王敦密谋废黜司马睿的计划也在加紧酝酿之中。此时的王导也"心思外济"（见《晋书·王敦传》载王导与王含书），以北伐徐龛之名让羊鉴领兵于外，掌握军队，这才是王导的目的。

仅就战役进程上看，只有蔡豹开始取得了檀丘胜利，后来，又主张积极进兵，其他众将寸功未立。在情况发生重大变化以后，司马睿仍然坚持要蔡豹北上进攻，结果才导致了兵败。可是，司马睿得罪不起高门大族，王导、羊鉴等人全部逍遥法外，次等士族的蔡豹却被做了替死鬼，成了司马睿刑名之学立国的牺牲品。

东莞的徐龛投靠了石勒半年多，到了晋元帝太兴四年（公元 321 年）春，他又一次投降东晋，这已经是此人多次反复了。徐龛的这次投降，并没有对东晋带来多少欣喜，这是因为，正是由于他上次的叛降，给了石赵王国集中兵力对付厌次的段匹磾的时机，致使东晋帝国失去了在河北的最后一支力量。

石勒并没有让徐龛逍遥多久，到了晋元帝永昌元年（公元 322 年）七月，石勒派遣石虎攻下了徐龛的老巢泰山，活捉了徐龛。石勒对此人恨之入骨，将其放入布袋之中，在百尺高楼上用棍棒将其打死，命令王步都等遇难将士的妻子将其尸体寸割，吃掉，并将其手下投降的三千多人全部活埋。

二三　元帝纠结

晋元帝司马睿即位以后，一直有三件事情，比较纠结。

一是祭祀问题。祭祀作为封建社会极为重要的礼制，历来受到统治者的高度重视。根据《礼记·王制》："天子七庙，三昭三穆，与大祖之庙而七；诸侯五庙，二昭二穆，与大祖之庙而五；大夫三庙，一昭一穆，与大祖之庙而三；士一庙，庶人祭于寝。"西晋时期，确立了皇家的七庙制度，具体是：一庙异室，即在一座建筑中供奉着昭穆几世的皇帝神主，同时，又确立了太祖独尊的地位，规定只有太祖的牌位才可以万世不毁。然而，如何确定太祖，在西晋时期，就有一些问题：因为，西晋政权是经过司马懿父子三人共同努力之下才得到的。根据"祖是创业有功，宗是守成有德"的规定，到底确立谁是太祖，就有点问题。平心而论，论开创之功，那自然应该确定司马懿为太祖，但是，作为司马昭的儿子，司马炎当然希望自己的父亲能够成为太祖，以至于享受牌位在太庙里万世不毁的待遇。于是，司马炎在实行七庙制度之初，只是确定了七位庙主，他们分别是司马炎的六世祖征西将军司马均、五世祖豫章府君司马量、高祖颍川府君司马俊、曾祖京兆府君司马防、祖宣皇帝司马懿、伯父景皇帝司马师、父亲文皇帝司马昭。这六世七位先帝为三昭三穆，而"太祖虚位"，没有明确谁是太祖，直至咸宁元年十二月，司马炎才"追尊宣帝庙曰高祖，景帝曰世宗，文帝曰太祖"，也就是说，将自己的父亲司马昭定为太祖。然而，到了东晋时期，情况却又发生了变化，司马睿是琅邪王司马觐之子，是司马昭弟弟司马伷的孙子、司马懿的曾孙，他相对于伯祖司马昭却是旁支，那么，如果继续以司马昭为太祖，司马睿继承大统就显得有点尴尬，于是，太祖之位就需要在司马昭与司马懿之间重新选择。基于上述原因，司马睿在建太庙的时候，仍然是采取"太祖虚位"的权宜之计，为重新选择太祖埋下了伏笔。除此之外，在司马睿即位以后，如何加封自己的亲生父亲，也就是说怎么样摆平琅邪王的问题，也被提上了议事日程。当时，有臣下进言说司马睿的父亲琅邪王司马觐宜尊称皇考。太常贺循表示了反对，说："礼典之义，子不敢以己爵加其父号。"因为，按照法统，司马睿是上继武帝司马炎，也就是说从皇室的疏属承继了大统，那么，就不能再顾小宗了，司马睿只好听从贺循的意见，没有追封生父为皇，而是封自己最心爱的儿子司马裒为琅邪王，奉恭王司马觐之祀。关于祭祀的最后一个难题就是：同辈兄弟的神主在宗庙中该不该占据不同的庙数？在西晋武帝所立七庙中，只有三昭三穆，而司马师、司马昭兄弟，虽然都属于第三穆，但是，却被计为两庙。到了司马睿时代，就出现了一个问题，那就是，司马睿与晋怀帝、晋愍帝为从兄弟，如果继续不按辈分确定庙数，谁也不敢说将来不会上辈神主迁毁以后，在七庙中形成全为同一辈分或者两个辈分的神主占据，这就严重违背了天子之庙"三昭三穆"的礼制，甚至会使天子之庙降为诸侯、士大夫之庙的规格。因此，司马睿对此组织了讨论，讨论的结果是，听从了贺循的意见，即七庙数以昭穆为准，而每昭每穆，则不一定只有一个皇帝神位。这样，就圆满地解决了问题。

除了祭祀问题，让司马睿纠结的第二个问题，就是立储。司马睿为琅邪王的时候，纳王妃虞孟母，没有生下儿子，而司马睿一个地位低下的宫人荀氏，却为司马睿生下了明帝司马绍和司马裒，兄弟二人都由虞孟母抚养。除了这两个兄弟以外，司马睿的石婕妤为司马睿生下了司马冲，王才人生下了司马晞，郑夫人生下了司马焕和以后的简文帝司马昱。后人从明帝司马绍的长相类似鲜卑、荀氏来自燕代以及《晋书·刘聪载记》上称"鲜卑之众星布燕代"等方面，揣测司马绍有鲜卑血统，这当然又是一个无解之谜。不过，根据史书的记载，明帝司马绍在年少的时候，的确深得司马睿的喜爱，有一个故事，称，司马绍几岁时，曾经坐在司马睿的膝前，正巧长安来了使者，司马睿随口问司马绍说："你说说太阳与长安哪距离远？"

司马绍回答："长安近。没有听说过人们从太阳那儿来，从这一点可以断定。"

第二天，司马睿与大家饮宴，为了显示自己儿子的才能，司马睿当众又问了司马绍同样的问题，可是，这次，司马绍却回答："太阳近。"

听到与昨天截然相反的回答，司马睿不禁大惊失色，忙问："你怎么和昨天说得不一样啊？"

司马绍回答："举目则见日，不见长安。"

我抬起头就能看到太阳，却看不到长安，所以说太阳近……

不过，虽然如此，显然在以后的日子里，司马绍却逐渐失去了司马睿的宠爱。在司马睿登基之初、要立太子的时候，就曾经在司马绍与他的同母弟弟司马裒之间艰难抉择。当时的司马睿更加看好司马裒，只是在王导的反复劝说之下，才勉强立司马绍做了太子。不过，即便是在司马绍被立为太子以后，其太子之位也并不稳固。据《世说新语·方正》记载：司马睿登基以后，宠爱郑夫人，爱屋及乌，因而十分宠爱自己最小的儿子，也就是后来的简文帝司马昱，打算废掉司马绍另立司马昱为太子。朝廷大臣都以为废长立少，不合礼仪，并且，司马绍聪明睿智，应该被立为太子。当时，坚持这种观点的以周顗和王敦为首，只有刁协顺着司马睿，同意皇帝的意见。司马睿想当机立断下诏施行，但是又担心周顗和王导挑头反对，司马睿想了一个办法，以商议军国大事为由，将王导、周顗、刁协等重臣召入宫中，可是，当王导、周顗刚进宫门的时候，却有宦官传话说让二人先到东厢暂且休息，司马睿的计划是，趁着二位滞留宫中之机，让刁协出宫传达诏书。周顗还不明白，正准备走下台阶回身，王导却十分机灵，他一把推开传达命令的宦官，直接走到司马睿的御床前，对司马睿说："不知道陛下您为什么要接见臣等？"司马睿内心有鬼，被问得默默无语，慢慢从怀中取出写好的诏书撕掉，狠狠地掷到一旁，自此，司马睿才死了另立储君的心思。经过了这件事，周顗叹息着称赞王导："我经常说自己比茂弘（王导的字）能力强，今天这件事以后，才知道自己不如茂弘啊！"

当然，最令司马睿纠结的，还是与王氏家族的权力斗争。

《晋书·元帝本纪》称，司马睿开始的时候，颇以酒废事，在王导的严肃劝说下，司马睿竟然做出果断的举动，将酒洒地，从此戒酒了。其实，王导也不是不喝酒的，而且，他也根本就不办什么事，尤其是到后期，更是"遗落世事"，深为后人诟病，但是，却把司马睿管理得如此之严；另一件小事也与王氏有关。史书记载，王廙为母亲盖的房子超出了标准，作为皇帝的司马睿没有做出严厉的处罚，而是"流着眼泪去制止"。当然，王廙的母亲是司马睿的姨母，但是，从中也可以看出，司马睿这个皇帝在王氏的巨大阴影下，是十分憋屈的。

不过，王氏家族再大，也不可能笼络住所有的朝臣。在东晋朝廷中，因为争权夺利，或者执政理念，甚至是性格脾气等诸种原因，还有不少王氏家族的对立面。

首当其冲的当属我们早已说过的刁协和刘隗。很多年以后，王导还念念不忘地说道："刁玄亮之察察，戴若思之岩岩，卞望之之峰距。""察察"二字，我们十分熟悉，顾和曾经暗示过刁协和司马睿监督、制约州郡的做法，是"察察之政"，往后，我们还会深刻地体会到王导这种模棱两可的言语所蕴含的深意，因为，我们单纯看这句话，可以做完全相反的理解，我们可以把"察察"翻译为明辨是非，把王导的这话理解为对刁协的赞美，但是，我们又完全可以把它翻译为苛察，那王导的意思就与前者截然相反了。也许，王导本人在说这句话的时候，故意在卖着关子吧？这句话中提到的另外两个人戴渊、卞壶，也是王氏家族的异己。戴渊性格豪侠，早年为陆机所赏，由此名气很大。司马睿到江东以后，戴渊做司马睿的镇东右司马，司马睿登基以后，曾想让戴渊做尚书仆射、护军将军等，但都被戴渊推辞了；卞壶呢，爸爸就是被司马乂杀掉的卞粹，史称卞壶在司马睿过江之初，就被任命为从事中郎，委以选举之事，深受司马睿的信任。《晋书·孝友传·颜含传》中，当人们问到江左名士的优劣时，颜含的回答是："周伯仁（周顗）之正，邓伯道（邓攸）之清，卞望之（卞壶）之节，余则吾不知也。"颜含虽与王氏同为琅邪老乡，却根本没有把王导放在眼里，他极力称赞上述与王导保持一定距离的三人，也表明了自己的立场，我们还注意到，颜含推崇的是他们三人的"正派""清明""气节"，将气势熏天的王氏家族遗落一边，当不是颜含无意为之，兴许这种不提，恰恰是隐含着他们不"正派"、不"清明"、不"气节"吧？颜含提到的邓攸出现在《晋书·良吏传》中，史称"与刁协、周顗素厚"，有"中兴良守"的美名。

东晋元帝朝臣中非王导系的，有很多种。

一是与王导具有相当地位的中原高门大族，如周顗、温峤、庾亮等人，他们虽然忠于司马睿，但是，基于与王氏家族近似的阶层、相似的趣味，往往能够与之虚与委蛇。

二是次等的中原大族。如刁协、刘隗等，他们基于权力争斗或者尊崇皇权，而时常抑制大族，招致以王氏家族为首的大族的不满。

三是江东大族，如顾荣、纪瞻、贺循等，他们在江东地区拥有巨大的影响力，只要不危及自身利益，他们不愿意参与到王氏与司马睿的争斗中，这些人往往称病不做官，大多"厚自奉养"，（《晋书·纪瞻传》语）不愿意与司马睿走得太近。四是中级士族。如我们没有提到的蔡谟、卞壶、陈嵎等人，他们往往与大族那种延续西晋无所事事的"名士风范"，格格不入，为大族们看不起，被视为异类。

《世说新语·简傲》记载，当时有一个西域龟兹国（今新疆维吾尔自治区库车）来的高僧，胡名叫尸黎密的，和王导在一起的时候，总是大模大样地仰面躺在王导身边，可是，一听卞壶要来，就赶紧正襟危坐，说："那可是位礼法之士。"而这些礼法之士们，他们也同样瞧不起那种空谈误国的嘴皮功夫，而是主张继承正统的儒家思想。就拿蔡谟来说，《世说新语》记载了多处他与王导之间互不认账的镜头：《世说新语·惑溺》记载，王导有一位宠爱的小妾，姓雷，经常干预政事，收受贿赂，蔡谟知道以后，就嘲讽地称之为"雷尚书"；同书《方正》记载，一次王导在私家酒宴上安排女子歌舞作乐，蔡谟本来在座，一看就不高兴了，扭头就走，王导也不拦他；《晋书·王导传》还记载，王导的老婆曹氏十分妒忌，王导只好在别处盖了房子，私下把众妾都弄到那里，结果，没有不透风的墙，这件事终于被曹氏知道了，怒气冲冲地赶来兴师问罪，王导担心众妾被羞辱，赶忙与一群小妾坐车逃跑，这时候只嫌牛车走得慢，情急之下，想起手中须臾不离的名士标志性物品——麈尾，以麈尾柄当鞭子拍打着牛前进。蔡谟听说以后，倒是也很幽默，他对王导说："朝廷要加封你九锡之礼。"王导不明就里，只是谦虚不止。蔡谟却接着说："不过，你的九锡之礼好像没有别的，只听说赐予一辆短辕牛车和一个长柄的麈尾。"蔡谟说到这儿，王导才回过神来，不禁大怒，回头就对别人说："老子当年与王承王安期、阮瞻阮千里等名士，在洛阳游玩相处的时候，哪里听说过天下有蔡充的儿子！"连人家父亲的名讳都说出来了，可见王导恼怒之深。

当然，非王氏系的依附王氏的也大有人在，如桓温的老爸桓彝，《世说新语·企羡》记载，当王导拜为司空的时候，桓彝梳着两角的发髻，穿着粗布裙子，在路边看，羡慕得不得了，禁不住跟着人家的车子走到官府门前，这当然是对权势的羡慕了。

那么，实力弱小的司马睿，如何在纷纭的朝局中，尽可能多的争取支持，一直以来就是让他深感头痛的问题。开始的时候，他敏锐地觉察出应该利用江南人士去平衡朝野的天平，因此，在顾荣死后，司马睿对于江南的"儒学之宗"的贺循恩宠有加，多次任命贺循高官厚禄，但均被拒绝，直到贺循临死时，司马睿还改授其为左光禄大夫、开府仪同三司，并命太子亲自到府上拜见。贺循在病榻之上，嘴上说不出话，却仍然命人把硬披在身上的官服推开，不予接受。司马睿的这般深情表演，自然有表明自己对儒学正统的肯定态度，更多的当是做给江南的士人看的，效果也显现了出来，史书记载：“儒者以为荣。”

但是，仅仅如此，还远远不够，王氏家族的势力如此庞大，王敦的军力也是实实在在的，那么，司马睿还将采取什么样的措施防患于未然呢？

二四 周氏兄弟

不过，我们还是暂且把司马睿的思虑放在一旁，说一说东晋初年最具代表性的一个人——周顗。

我们过去曾零零碎碎地介绍过周顗。我们知道，周顗是西晋安东将军周浚的长子，周浚在平定吴国之战中隶属于王浑，平吴之后，曾以扬州刺史的身份长期驻守建业，在江东地区有着一定的影响，史称“甚有威德，吴人悦服”。我们也知道周顗的母亲李络秀，周浚做安东将军的时候，一次出猎赶上下雨，停留在李家，当时，李络秀的父亲和兄弟正巧都不在家，李络秀看到有大官来到，随从要吃要喝的，小小年纪的她与自己家的一个小婢女一起宰杀猪羊，不一会儿的工夫，几十人的饭菜就上桌了，不仅可口而且精美，厨下还静悄悄的。周浚很奇怪，偷偷往厨下一看，就窥见一个绝色的女子在做饭。等到李络秀的父亲回来以后，周浚就提出要李络秀做自己的小妾。李家虽然不是高门大族，但是也属于中产阶级，李父开始不答应，李络秀说：“我们家门第很低，何必怜惜一女？如果能与贵族结婚，也许将来对我们家有好处。”屈节做了周浚的妾，生下了周顗、周嵩、周谟三兄弟。等兄弟三人长大做了大官以后，母亲李络秀对三个儿子说：“我之所以屈节做你们家的小妾，就是为了我们家的门第，你们如果不与我们家做亲戚的话，我也不稀罕我的残年。”看到母亲以死相胁，周顗等只好从命，在周家的帮助下，李家也终于成了高门。

有这样一位美丽、聪慧、坚定、能干的母亲，周氏三兄弟可想而知，看到三兄弟在司马睿的朝廷中位列高位，李络秀十分高兴，老太太在一年的冬至安排酒宴，给三个儿子赐酒，高兴地说：“没有想到你们如今都显贵了，我还有什么忧愁的呢？”一向性格怪诞的老二周嵩站起身来，对母亲说：“情况恐怕不像您老说的那样。我大哥志大而才疏，名重而没见识，好乘人之危，不是自全之道。我呢，性格太直，也不会被世人所容忍，只有小三碌碌无为，能在母亲跟前尽到孝道吧！”周嵩这个人性格既直且狂，我们还记得，当司马睿登基之前，几乎所有的人都劝进的时候，只有他讲出了一番旧京还未收复，不宜登基的极其不合时宜的话来。司马睿再三退让，那都是法定的程序，你周嵩非要认真地讲真不应该登基即帝位，你叫司马睿怎么下台？怎么继续演下一幕的在群臣一再恳求下，“勉强登基”的戏？周嵩就是这么一个人。

与周嵩相比，哥哥周顗就老练了许多。

周顗是著名的美男子，史称“神采秀澈”。戴渊也是江南的名士，随陆机入洛阳，他听说过周顗的大名，去拜见周顗，谁知见到周顗以后，为人家的风采所折服，一句话都不敢说。王敦是何等桀骜不驯之人，但是，即使是冬天见到周顗，也是满脸通红，流汗不已。庾亮曾经对周顗说：“大家都把你比作那个姓乐的。”周顗问：“哪个乐？乐毅吗？”庾亮说：“不是，是乐广。”周顗说：“那是你把像无盐这样的丑女，打扮打扮，和西施去比较。”这句话翻译起来，有两种译法：一是周顗以无盐自况，说明自己很谦虚，比不上乐广；第二种译法是，周顗将乐广比作无盐，把自己比作西施，说乐广比不上自己。这则故事出自《世说新语·轻抵》，《轻抵》里的故事都是名士们嘲弄别人的，因此，从故事的出处来看，第二种译法似乎较为妥当。虽然乐广在西晋时期名气很大，但是，乐广出身低微，这也许是周顗不屑为伍的一个重要原因吧。

周顗最大的特点就是性格宽厚，对人十分友爱。有一次，周顗与弟弟周嵩在一起喝酒，周嵩趁着酒劲，瞪着眼睛对周顗说：“你的才能不如你弟弟我，为什么能横得这么大的名气！”说完，顺手拿起桌子上蜡烛就朝周顗身上打来，周顗神色不变，躲开打来的蜡烛以后，缓缓说道：“弟弟你用火攻，就已经是下策了。”《世说新语·方正》记载，周顗的小弟周谟去晋陵做太守，周顗与周嵩去送别，周谟临别流泪不止，周嵩大怒说：“这人就是个妇女，离别的时候，就知道哭。”说罢，扭头就走，而周顗独自留下来，与弟弟饮酒话别，临别流泪，抚着弟弟的背，说：“小弟要多多保重！”顾孟著曾经劝周顗喝酒，周顗不喝，顾就拿着酒杯劝柱子喝，房柱当然不会说话，顾就说：“你怎么真的就认为自己就是栋梁了？”周顗听到后，不以为忤，反而十分高兴，从此二人成了好朋友。

周顗的另一个特点就是喜欢喝酒，并且，酒量很大。在中朝之时，周顗一次能喝一石酒，过江以后，周顗更是每天都喝醉，自称江南没有敌手。一天，北方来了一个过去的老酒友，周顗很高兴，立即从屋里拿出了二石酒，两人都喝得大醉，可是，等周顗酒醒以后，却发现客人已经酒醉而死。《世说新语·赏慕》称，世目周侯"嶷若断山"。意思是，高峻伟岸得像山峰一样。不过，到了周顗过了江以后，因为整日喝酒，并且酒后言行失态，造成了不良影响，庾亮就曾说，周侯末年，所谓风德之衰也。典型的例子就是，《世说新语·任诞》注引邓粲《晋纪》称，一次，纪瞻请王导、周顗等重臣喝酒，纪瞻有一位爱妾会唱流行歌曲，周顗醉后，竟然在众人之中想强奸人家，"露其丑秽"。这就太离谱了。不过，两晋时期道德低下现象由来已久，《晋书·五行志》称："惠帝元康年中，贵游子弟相与为散发裸身之饮，对弄婢妾。"可为明证。谢鲲曾给周顗开玩笑说："您就像神坛边的大树，远远看去，巍峨上拂青天；可是，走近一看，它的根部却是群狐聚集之地，藏污纳垢之所。"周顗回答："上拂青天，我不以为高；群狐在下，我不认为污浊。藏污纳垢正是纳着你这样的人，何必自称呢？"

周顗之所以能够从容于王导与司马睿之间，酒不能不说起了很大的作用。司马睿开始的时候，就起用周顗为荆州刺史，转而引起了王敦的忌惮，险些招来了杀身之祸，回到建康以后，周顗采取了主动与王导靠拢的策略，曾经对王导说，我怎么能舍弃眼前的明公，而远效阮籍和嵇康呢？当时，王导虽然是录尚书事，但是司马睿重用刁协，以刁协为尚书令，周顗为尚书仆射，周顗就像是王导与刁协之间的润滑剂，对两人都不存在威胁，慢慢赢得了王导的尊重。一次，王导枕着周顗的膝盖，指着周顗的肚子说："此中何所有？"周顗回答："此中空无一物，然而，足以容纳像您这样的几百人。"王导也不认为是冒犯了自己。

如今的司马睿在渐渐打破原有的平衡。

作为御史中丞的周嵩注意到了这种苗头，他对司马睿上书称："王导、王廙虽然不如前贤傅说、管仲等人，但是，也是诸葛亮一般忠心耿耿的忠臣。您能够割据江东，虽然有您遭际天人之会，但是也是群臣共同努力的结果，怎么能是陛下您自己的力量呢？您不该受刁协等人的蛊惑，放逐旧臣。"对于周嵩的上书，哥哥周顗不可能不知道，况且，周嵩在奏疏的最后还表明："我们周氏兄弟受陛下恩遇，我之所以尽尽忠言，也是为了报答陛下。"从这一点看出，周嵩的上书也代表了周顗的立场，表明了群臣对刁协等人的不满。司马睿接到周嵩的上书以后，史称"帝感悟，故导等获全"。

但是，司马睿的"感悟"，并非发自内心，因为，随后的另外一名江南士族孔愉，也对司马睿建议王导有佐命之功，国事不论大小最好都与王导咨询以后再施行，司马睿看了非常不快，将他降职为司徒左长史。

二五　剑拔弩张

以周嵩那种张扬的性格上书，可以说，让人并不感到意外。

然而，政治斗争中，决定取舍的关键因素还不在于此，而在于利益。周嵩与王敦的亲哥哥王含，是儿女亲家，周嵩的女儿嫁给了王含的大儿子王瑜，王敦无子，将哥哥王含的二儿子王应过继给自己做儿子，因此，周家与王家也是姻亲关系。除此之外，也就是在周嵩嫁女的过程中（史书没有明言是否是此次嫁女），周嵩的门客切断道路，公然刀砍过路的老百姓，并在建康左尉前来维持治安之时，又将警官砍伤，时任御史中丞的刘隗严厉地弹劾了周顗，以哥哥身为大臣教导不力而免去了周顗的官职，可以说，周嵩与刘隗势不两立。而王含也曾经因为擅自超员增补下属，任用下属不当，被刘隗弹劾，史称"王氏深嫉之"，所以，在对付刘隗和刁协上，周家与王家是存在共同利益的。

实事求是地说，在这场与王氏的争斗中，是司马睿首先打破了原有的平衡。对司马睿的行为，王导等人十分不满（《晋书·王敦传》称，"导等甚不平之"），但因为王导身处建康，也只能忍耐。而王敦手握六州之兵，情况就有所不同了，他直接上书司马睿表达自己的不满，称："过去你曾经说过：'我与卿以及茂弘应该成为管仲和鲍叔牙那样的挚友。'我出外任职已经将近十年了，你给我的诸多教诲也忘掉了不少，但是，你说的这句话，却铭刻在心，我私下还寻思着，过去你给予的恩情不至于突然间就消失了。前一段，您委任王导，不仅任命他为扬州刺史，而且还录尚书事，并且还假节都督六军，世俗之人一定会有毁谤。但是，当今所谓的王佐之才，能够超过王导的，我真是还没有见过。并且王导辅佐您多年，尽心尽力，过去那些有作为的霸王之主，何曾不与重臣有始有终！以王导之才，怎能没有过失？只要对他要求不过分，用其所长，补其所短，一定能将功补过。并且王导性格缜密，尤其具有忍耐力，有文章才能，动静咨询，将会公私得所。”最后，王敦说，现在“天下荒弊，人心易动”，暗示自己可能会发动动乱。王敦的奏表送来以后，王导为了避免与司马睿的关系闹僵，又把奏表重新退回给了王敦，王敦接到后，又一次派人送来，交到了司马睿的手中。

虽说王氏与司马睿之间的矛盾已经弄得朝野皆知，但要兵向建康，毕竟是事关身家性命的大事，非同小可，不到万不得已，王敦也是不能走那一步的，况且，从技术层面上看也不是一件容易的事。这是因为，王敦驻守着武昌，当然可以轻松顺流而下，直至建康，可是，武昌北面的襄阳却还住着“远近悦服，智勇过人”、号称为“中兴名将”的周访，周访听说王敦有不臣之心，经常切齿痛恨，摩拳擦掌。除了周访以外，岭南还有能征惯战的陶侃，豫州还有忠义自诩的祖逖。一旦自己称兵东下，在司马睿的号召下，这些人保不准要抄自己的后路，因此，王敦开始的时候，也十分顾忌，对此非常苦闷。

王敦比王导和司马睿整整大了岁，面对如此复杂的朝局、北方沦陷的国土，再看看霜染的头发，王敦的内心应该是五味杂陈。据《世说新语》记载，每次喝酒后，王敦总爱吟诵曹操的乐府诗：“老骥伏枥，志在千里；烈士暮年，壮心不已。”边吟边用如意狠狠地敲打唾壶，把唾壶沿都打得坑坑洼洼的。

不过，到了太兴三年，也就是公元320年的八月，事情又了转机：六十一岁的周访因病去世了！

周访有两个儿子，大儿子周抚被司马睿留在建康做官，周访死后，袭爵，改任武昌太守，周抚到武昌以后，王敦把他引入自己的幕府，做了自己的从事中郎，自此周抚与邓岳一起成为王敦的爪牙；周访的次子周光，十一岁的时候去拜见王敦，王敦问，你们郡有谁堪当领兵大将？周光说，没有见能超过我的人，于是，王敦任命其为宁远将军，浔阳太守。周访一死，王敦来自后方的威胁在瞬间被化解掉了。

周访死后，作为上级的王敦，就临时任命自己的从事中郎郭舒北上襄阳，暂时监管襄阳的部队，这当然是王敦扩充自己实力的一个重要举措。司马睿自然不会坐视，不久，他就正式任命湘州刺史甘卓为梁州刺史，安南将军、假节、都沔北诸军，镇守襄阳，同时，征召郭舒为尚书右丞。司马睿此举一是为了抢夺地盘，二是意在瓦解王敦的阵营。王敦岂能不知？他拒绝执行司马睿的命令，强行留下了郭舒；而甘卓本非纯臣，再加上已经年老，梁州不再让王敦感到忌惮。

甘卓升任了梁州刺史，就空下了一个湘州刺史的缺。

在王敦看来，我顺利地让甘卓接任了梁州刺史，应该让我的人去做这个湘州刺史吧？因此，他上书司马睿，请求任命自己的亲信沈充担任湘州刺史，（《晋书·王敦传》称王敦想让自己的从事中郎陈颁去做，此处据《晋书·谯王承传》）司马睿找到谯王司马承，把王敦的奏疏交给司马承看，说："这些年来，给王敦的职位已经够多了，可是，他还贪心不足，这可怎么办呢？"

司马承说："陛下您不早做准备，大难就将要到了。"

司马睿说："湘州位居上游，是交州、广州和荆州三地的接合部，历来为用武之国，战略地位十分重要，叔父您去做湘州刺史，怎么样？"

司马睿的意思当然是为了牵制王敦。司马承表示从命，不过他说："湘州经过杜弢之乱，已经非常荒残，你留给我三年时间，我就可以率众为国效力，如果三年以内发生什么变故，恐怕是没有什么用处的。"于是，司马睿任命司马承为监湘州诸军事、南中郎将、湘州刺史，这无疑是在王敦的统治区里掺上一粒沙子、钉下一枚楔子，令王敦十分不快。

当司马承上任路过武昌的时候，他脱下戎装去拜见王敦。王敦在酒宴上对司马承说："大王一向是位文士，恐怕不是将帅之才啊！"

司马承回答："大人还是不了解我啊，难道说铅刀就不能一用吗？"

宴会后，王敦对自己的亲信钱凤说："此人不知道害怕，故意说出大话，这正是怯弱的表现，能有什么作为？"

王敦听任司马承到湘州去上任。司马承上任以后，厉行节约，十分称职。王敦担心会对自己不利，假称将要北伐，征召湘州境内所有的船只，司马承明白王敦的用意，只送去了一半。安排谯王司马承做湘州刺史，是司马睿瓦解王敦的第一步，当消息传来的时候，有人就嗅出了风雨欲来的前兆，当时的湘州主簿邓骞叹息着说："湘州的灾祸，大概就来源于此吧。"

在安排了湘州刺史司马承以后，第二年即太兴四年（公元 321 年）五月，也就是石勒刚刚攻下厌次、俘获段匹磾、平定河北后的一个月，司马睿下诏，将中原平民流落到扬州各郡为奴的，全部免除奴客身份，征召为兵，并取将吏的客负责运输粮草。

司马睿之所以这样做，实属无奈之举。这些北来流民依附于高门大族，正如《晋书·食货志》记载应詹的奏疏上所称："下及工商流寓童仆不亲农桑而游食者，以十万计。"这不仅使得中央的兵源严重短缺，而且，也造成了政府税收的大幅锐减。《文献通考》卷一百五十一《兵制》也称："元帝南渡，调兵不出三吴，大发毋过三万，每议出兵，多取奴兵。"相反，此时的王敦身为侍中，大将军，都督荆州、江州、扬州、湘州、交州、广州六州诸军事，力量却十分强大，形成了"枝强干弱"的局面。司马睿有了自己的心腹，也实行了所谓的"刻碎之政"，但是，要预防王敦叛乱，还远远不够，他就采纳了刘隗、刁协的意见，征发高门大族的奴客为兵。

与之相配合，司马睿颁发了占客之令，大幅度削减一品、二品官员的奴仆田客数量，相应地增加三品以下官员奴仆田客的数量，规定：一品、二品官可占佃客四十户，每低一品减少五户，而佃客按一定比例向主人交纳实物地租，不负担国家课役，佃客不自立户籍，他们的名数按规定要注入主人的户籍中。这一举措，当然直接侵害了高门大族的利益，不过，也没有拉拢住低级官吏，这是因为，东晋的户籍制度本不十分严格，官吏在规定的限额以外偷偷占有佃客的事情，也屡见不鲜，因此，这次大规模的清查活动，史称"众庶怨望之"。

紧接着，司马睿于同年七月，拜戴渊为征西将军，都督兖州、豫州、司州、冀州、雍州、并州六州诸军事，假节，司州刺史，加散骑常侍，以散骑常侍王遐为军司，将司马睿登基时候投书劝进的一千人招募为军官，调发扬州百姓家奴一万人组成部队，镇守合肥；以刘隗为镇北将军，都督徐州、青州、幽州、平州四州诸军事，青州刺史，镇守淮阴，命令应詹作为刘隗的军司。将两人调为外任，当然是以讨贼为名，不过，谁都知道，那是为了防备王敦。司马睿对二人寄予厚望，部队临出发的时候，司马睿亲自到军营里为二人饯行，犒劳将士，饮酒赋诗。

二六　祖逖逝世

戴渊与刘隗此行，不仅没有起到应有的作用，相反，却让一个人发愤而死，而这个人的去世，也使得王敦再无顾忌，加速了反叛的步伐。我们要说的这个人，就是大英雄祖逖。

史称，在祖逖到来之前，河南郡的太守赵固、司马越的前部将上官巳、司州刺史李矩（驻守新郑）、颍川郡太守郭默（驻守怀县）经常内斗不已，祖逖派出使者进行调解，说得大家心悦诚服，都表示愿意接受祖逖的统一指挥。祖逖不仅善于团结内部，而且还善于分化瓦解敌人。将石勒势力逼出浚仪以后，黄河沿岸还有一些小的坞主迫于石勒的威胁，不得不送其子弟到襄国为人质，祖逖十分理解他们的处境，有时，他派出小股部队，假装抄略这些坞堡，听任这些小坞主既服从石勒，又服从自己，这些堡主对祖逖十分感激，石勒军有什么军事行动，都提前告知祖逖，因此，祖逖的部队经常打胜仗。

祖逖还非常善于带兵，将士“其有微功，赏不逾日”，他的军队纪律严明，秋毫无犯。他一面强化军事训练，一面鼓励进行农业生产，囤聚粮草，时刻准备“推锋越河，扫清冀、朔”。祖逖本人性格十分平易近人，对待新归附的部众，不论贵贱，都一视同仁，他严于律己，不蓄私产，自己的子弟和战士一样参加农业生产，砍柴负薪。有一次，祖逖摆下酒宴，请老百姓做客，一些老人热泪纵横，将祖逖比作再生父母，在座上歌曰：“幸哉遗黎免俘虏，三辰既朗遇慈父。玄酒忘劳甘瓠脯，何以咏恩歌且舞。”

面对英勇的祖逖部队，石勒感到十分忧虑，他为了结好祖逖，命令幽州政府重新整修祖逖祖坟，并派了两家人专门守护祖逖家的墓园，这两家人不再向政府缴税，以赋税作为祭祀和护墓的费用。石勒还写信给祖逖，请求允许相互派遣使节，两地进行通商贸易。祖逖当然知道与敌人通信意味着什么，他不写回信，但却派了参军王愉与之谈判，对双方通商贸易睁一只眼闭一只眼，这一举措，仅豫州的税收都超过了田赋的十倍。史称“听互市，收利十倍，于是公私丰赡，士马日滋”。祖逖的牙门将童建杀了新蔡太守周密，投降了石赵帝国，石勒为了讨好祖逖，将童建斩首，把人头送给祖逖，说：“我最痛恨的就是那些叛官和逃将，将军痛恨的事，就是我所痛恨的。”对此，祖逖也十分感动，从此，对于后赵叛逃的人，祖逖也不再收容，并下令边境的将领不可随意进攻、掳掠石赵境内的居民，因此，边境一带的居民得到了暂时的休息。由于祖逖的功绩，在公元 320 年七月，司马睿加封祖逖为镇西将军。

不过，到了公元 321 年，也就是太兴四年的七月，戴渊与刘隗一起北出，戴渊就做了祖逖的顶头上司。在司马睿看来，祖逖一直与自己的思路不合拍，司马睿真正关心的是如何摆平王氏、实现乾纲独断的目标，而祖逖关心的是收复旧京、扫清夷狄。站在不同的位置，难免会有不同的想法，这十分正常。因此，司马睿一直对祖逖的北伐行动抱着隔岸观火的态度，而在祖逖看来，如今中原形势渐好，这都是自己披荆斩棘的结果，司马睿却派来了江南名士戴渊坐享其成，这让他十分郁闷。祖逖认为，作为江南名士的戴渊根本不可能像自己这个北方流民那样，对于故国的沦陷感同身受，也不可能同意自己组织继续北伐的行动。同时，他也耳闻司马睿与王敦之间已经剑拔弩张，国家不仅没有收复失地的可能，甚至马上面临内乱的危险，愤懑不已的祖逖因之一病不起。

曾经多次预测准确的术士戴洋预测：“今年九月，祖豫州当死。”当时，一颗妖星出现在豫州的分野，曾准确揭示孙皓“青盖入洛阳”含义的术士陈训对人说：“今年，西北大将将死。”祖逖也看到了那颗妖星，说：“这是为了我啊！将要平定河北，而上天却要杀我，这也是不再保佑我国的征兆啊！”病中的祖逖对后事做了妥善的安排，他将自己的家眷安置在汝州的大木山下的坞堡里，又组织人力营筑虎牢关，城池北临黄河，南接成皋，在加强前线防御力量的同时，他又担心豫州南部没有险阻，就派自己的侄子汝南太守祖济率领汝阳太守张敞、新蔡内史周闳在豫州腹地构筑堡垒。

堡垒还没有筑成，祖逖的病情就转重了，公元 321 年九月，壮志未酬的祖逖病死在他驻守的防地雍丘（今河南省杞县），终年五十六岁。豫州的老百姓闻听祖豫州逝世的消息，无不如丧考妣，痛哭失声，谯郡（今安徽省亳州市）、梁国（今河南省商丘市）的百姓纷纷自发为祖逖建立祠堂祭祀，司马睿追赠祖逖为车骑将军，并以祖逖的同母弟弟祖约为平西将军、豫州刺史，代领祖逖之众。

祖约，字士少，与祖逖十分友爱，在建康为司马睿的从事中郎，负责选举工作，由于祖逖的功绩，祖约也渐渐受到了司马睿的重用，被升为侍中。祖约在当时与阮孚齐名，阮孚是竹林七贤之一阮咸的二儿子，母亲就是那位胡婢，论辈分是阮籍的侄孙。《世说新语·雅量》记载，祖约爱财，阮孚爱搜集鞋子，人们无法判定他们的优劣。一次，有人去拜见祖约，祖约正在料理财物，客人到时，还剩下两个小竹篓没有收拾完，祖约赶紧侧身挡住，神态十分慌张；去见阮孚的时候，阮孚正在给鞋子上蜡，神态悠然地说着："不知道这辈子能穿破几双鞋子呀！"从此，两人的品位才分出了高下。不过，祖约还是深受王导的重视的，《世说新语》也曾记载了王导与祖约畅谈通宵的故事，这当然也有王导要拉拢祖约的意思。不管如何，为将者一旦爱财，就难以成为真正的名将。祖逖、祖约的同父异母哥哥祖纳，与祖约关系不好，在听说司马睿任命祖约为将以后，秘密上书司马睿，称祖约"怀有陵上之心，压抑着使用此人，还是可以的。如果给他大权，他将会有叛乱之心"。司马睿认为祖纳与祖约异母，是嫉妒祖约，就将祖纳的奏疏公开出来，祖约从此对祖纳恨之入骨，朝廷也因此排斥祖纳，祖纳自此闲废在家。不过，时间将证明，祖纳的断言绝不是空穴来风，即便是现在，祖约一到防地，下属们就看出了他与那位和士卒同甘共苦、辛勤做事的哥哥完全不同，没有安抚、统御下属的能力，完全是个阔少爷的气派，因此，不为下属心服口服。

《世说新语》引用过刘琨的话说，年轻时，祖逖深为王敦所重。《世说新语·豪爽》也记载："王大将军始欲下都处分树置，先遣参军告朝廷，讽旨时贤。祖车骑尚未镇寿春，瞋目厉声语使人曰：'卿语阿黑（原注：敦小字也）何敢不逊，催摄面去。须臾不尔，我将三千兵槊脚令上。'王闻之而止。"尊经阁本汪藻《考异》注曰："旧云'王敦甚惮祖逖'。或云王有异志，祖曰：'我在，伊何敢！'闻乃止。"可见，王敦对于祖逖是心存顾忌的。

等祖逖一死，王敦再无什么顾忌了，他密谋反叛的行动也真正纳入了议事日程。

二七 王敦之变（一）

刘隗虽然领兵万人去了淮阴（《晋书·刘隗传》记载为泗口），但是，朝廷大事司马睿都与之商量，王敦当然对此心知肚明。为了拉拢，也是试探，王敦写信给刘隗，说："近来圣上对阁下您眷顾有加，如今北方强贼未灭，中原鼎沸，我愿意与您以及周顗等人一起报效王室，共同扫平海内。如果能够顺利，帝业就此兴隆，如果不利，天下再无希望了。"刘隗是个心直口快的人，大约他对于王氏家族长期以来张扬跋扈早已怒火中烧，因此，他根本不理睬王敦投过来的橄榄枝，而是强硬地回信说："鱼儿一到大海，就相互忘掉了对方；人在道义面前，也忘记了彼此。我尽心竭力，报效国家，这是我志向。"意思是，我刘隗只忠于司马睿，尽忠报效国家，其他的事情，我就不知道了，也就是说，我刘隗不可能与你王敦做朋友。接到刘隗回信的王敦，不禁大怒。

让王敦更为愤怒的事情还在后面。

就在任命戴渊和刘隗为都督不久，司马睿于公元 321 年七月二十五日剥夺了王导骠骑将军的官职，加封其为侍中、司空、假节、录尚书事兼中书监。这当然是明升暗降之举，表面上看，王导的职务提升了，但是却被剥夺了军权。王敦再次上书，对司马睿陈述自古以来忠臣被皇帝怀疑，而小人从中煽风点火，想要感动司马睿，然而，这已经不是忠臣不忠臣的问题，而是司马睿的皇权与王导的相权之间不可调和的矛盾问题，仅凭一纸奏疏，怎能化解这一切？王氏不放弃权力，对于司马睿而言，一切都是空话，王敦所说的不仅不能感动司马睿，相反让司马睿更感威胁。为了安抚王敦，司马睿加王敦羽葆鼓吹，增加从事中郎、椽属、舍人名额各二人，以示尊崇。但是，这些表面文章，王敦怎能买账？

等到九月祖逖去世以后，王敦的叛乱行动就进入了具体的实施阶段。

首先，王敦上书朝廷，要求将自己部下在扬州的家属接到荆州。王敦的用意很明白：一是如果朝廷同意这一要求，自己就可以收买人心，并为自己下一步叛乱创造条件；二是如果朝廷拒绝，就可以借此煽动将士的不满，为起兵寻找借口。

这的确给司马睿出了一个难题。司马睿在接到了王敦的上书以后，与刘隗、刁协等人进行紧急磋商，最后认为王敦反叛之心已定，不如拒绝他的要求，以其部下家属为人质，拖延他的反叛时间。

王敦的第二步是：与自己的两位亲信钱凤和沈充秘密磋商，由沈充在吴兴（今浙江省湖州市）老家起兵，配合主力扫清建康东面。东晋建立以后，粮食供应主要依仗三吴，如果控制了三吴地区，将起到釜底抽薪之效。沈充，字士居，吴兴武康人，从小就以雄豪闻名乡里，吴兴沈氏与义兴周氏在两晋时期，都是江南的武力强宗，有所谓“江东之豪，莫强周、沈”的说法，沈充又是沈家的领袖，他的家境十分富裕，《晋书·食货志》记载：“晋自中原丧乱，元帝过江，用孙氏旧钱，轻重杂行，大者谓之比轮，中者谓之四文。吴兴沈充又铸小钱，谓之沈郎钱。”沈充还广蓄歌伎，本人所作的《前溪曲》七首，流传甚广，南朝时期，前溪成为歌伎习乐场所，因此，江南歌伎多出于此。开始的时候，王敦为了拉拢江南武力强宗，将沈充引为参军，后提拔其为宣城内史（今安徽省宣城市），沈充又将自己的知己钱凤介绍给了王敦，王敦任命为铠曹参军，负责部队的军械装备。作为一直被朝廷压抑着的江南豪族，两人对王敦感恩戴德，也企图通过王敦为自身攫取更大的权力，因此，对王敦非常忠诚。沈充奉命秘密回到了自己的老家，为起兵做着最后的准备工作，钱凤也趁着回家奔丧之机，秘密给沈充传达王敦的命令。

不过，在王敦集团内部，也不是没有不同的声音。

王敦的前参军熊甫看到王敦将有异图，从容劝说王敦要远离小人，王敦严肃地追问：“小人是谁？”熊甫不答，从此辞归；精于卜筮的郭璞被王敦引为记室参军，当时大将军椽陈述去世了，郭璞知道王敦将有逆谋，在吊唁陈述的时候，痛哭失声，边哭边说：“陈述啊，谁能知道这不是福气啊！”——郭璞本来是尚书郎，与后来写出《搜神记》的干宝是同僚，才学与温峤、庾亮相当，只是性情轻率，又贪酒好色，往往过度，干宝曾经劝他不要太过，可郭璞却说：“我命中能受用的是有限的，自己经常担心不能把命中该受用的享受完，你还担心酒色会为害嘛！”除了熊甫和郭璞，还有王敦的长史羊曼和谢鲲也都敏锐地觉察出王敦的图谋，因此，两人整天喝得人事不醒，不问世事。到了事变将要付诸实施的时候，王敦问谢鲲（谢安伯父）的意见，谢鲲却说："刘隗诚然是祸首，但是，城狐社鼠。"意思他就像是居住在城墙内的狐狸，不能用水去灌，以免城墙塌陷；像是祭坛中的老鼠，不能用火熏，以免发生了火灾，出兵的话，要顾及皇帝。王敦一听，终于憋不住了，大声叫道："你个庸才！你知道什么！"即使王氏家族内部也并非铁板一块，王敦的小叔王琛的儿子、豫章太守、广武将军王棱，看到自己的从兄王敦高傲刚狠，对皇上一点都不恭敬，经常劝说王敦，言语切直，王敦怀恨在心。我们知道，在荆州的民变头领王如投降王敦以后，王棱因为喜爱王如骁勇，就收到了自己的帐下，宠爱有加，后来，王如匪性难改，经常与王棱的部将斗射角力，王棱大怒曾经杖责过王如，王如深以为耻。王敦听说以后，就秘密让人激怒王如，劝令杀掉王棱。王如就去找王棱喝酒，酒宴中，王如请求把剑起舞为乐，慢慢近前，王棱看到情况不妙，连呼左右将王如拉出，可是，还没等卫士缓过神，王如已直前将王棱杀死，听到消息的王敦，假装十分吃惊，命人追捕王如，杀死了事。

王敦的第三步是解除后顾之忧。王敦起兵之前，曾派人与新任梁州刺史甘卓联络，甘卓答应率军与王敦一起，去建康"清君侧"，这让王敦一颗悬着的心落了地；对于南面湘州刺史司马承，王敦倒不太担心，这是因为湘州荒残，不足多虑，况且，王敦已经预先将司马承湘州的船只都征调到了武昌，即使司马承心有余也力不足，再者说，王敦只把矛头对准刘隗，并不损害你司马家什么，也许司马承不会有所动作吧？至于岭南的陶侃嘛，他向来对朝中事务采取隔岸观火的态度，似乎也不会怎么着。

看来，王敦射向建康之箭，已经不得不发了……

二八 王敦之变（二）

《南齐书·舆服志》记载："乘舆传国玺，秦玺也，晋中原乱，没胡，江左初无之，北方人呼晋家为白板天子。"《太平御览》卷六百八十二引《玉玺谱》也说："元帝东渡，历数帝无玉玺，北人皆曰司马家是白板天子。"所谓的白板天子，就是没有权威的天子。

如今，司马睿这个没有权威的天子，想要抛弃依傍多年的王氏家族，找回他自己的权威，就必须要找到足以与之对抗的另外的力量才行，其困难程度可想而知。他通过注籍制度，规定所有流民都要登记；通过给客制度，明确依附大族的门客数量；采取免除流民为奴，注入军籍，为戴渊、刘隗筹得了二万军队。然而，仅仅仰仗戴渊、刘隗这二万新兵去对抗王敦还远远不够，司马睿还需要寻找其他可以利用的力量。

他首先想到了江东豪族。

江东豪族的沈家投靠王敦，已无法利用，他又想到了江东的周家。可以说，周家与司马氏家族之间恩恩怨怨延续多年，从周处在讨伐齐万年时，被司马肜陷于死地为国捐躯，到周处的长子周玘受到南来大族的排挤、为刁协所轻视郁郁而终，再到周玘之子周勰密谋讨伐王导、刁协不果，失志在家，可以说，周处一门三代对司马氏皇族没有多少好感。如今，周氏辈分最高的只剩下周玘的小弟周札，此人缺点很明显：一是自以为是；二是阴险狡诈；三是十分贪财。连三定江南的大哥周玘都被刁协等人轻视，满身毛病的周札似乎更不在朝中大族的眼里，几年前的淳于伯事件中，刘隗还曾经把矛头对准了时任从事中郎的周莚（周札侄儿），这一切，也都让周札、周莚等周氏代表对于司马氏集团的感情十分复杂，立场模糊，因此，在司马睿起用周札为征虏将军、监扬州江北军事、东中郎将的时候，周札就以脚上有病为由固辞不上任。国难当头，司马睿也顾不了那么多，他指示有关部门要弹劾周札，周札不得已才去赴任，还未到任，司马睿又升任他为右将军、都督石头水陆诸军事，镇守台城外围的石头城，强拉硬拽地把周札拉到了自己的阵营里。

除了江东的周氏，司马睿还想到了利用流民帅。

当时的流民队伍很多与强盗没什么两样，因此，东晋政府把刘遐、蔡豹等流民帅都安置到了长江以北，不允许他们南渡，这些大大小小的流民帅对于维持淮河防线起到了巨大的作用，但如今，要让他们南下参与到对抗王敦的战斗中，在司马睿看来，就有引狼入室之嫌，心中多多少少还是有疑虑的，而就在司马睿左右为难之时，深为司马睿信任的尚书右仆射纪瞻却给司马睿提到了一个人：郗鉴。

郗鉴是八王之乱中扬州刺史郗隆的侄子。在司马冏起义讨伐称帝的赵王司马伦的时候，郗隆因为郗鉴等子侄身处洛阳而没有及时响应司马冏的号召，彷徨之间被下属所杀。洛阳沦陷后，郗鉴未立即南渡，与宗族乡党千余家保据峄山（邹山），受琅邪王司马睿委署为兖州刺史，三年之间众至数万。此时，泰山徐龛多次反复，后赵王石勒决心除掉徐龛，他派遣石虎进攻徐龛，并多次骚扰紧邻的郗鉴所部，在东晋内斗不已、无暇北顾的情况下，郗鉴的处境显得愈加艰难。虽然郗鉴的身份也是流民帅，但是，他与其他的流民帅不同的是，郗鉴本身是士大夫，在东晋名士心中具有一定的地位和影响力，这让司马睿有些许的放心，也让郗鉴南下成为可能。

纪瞻向司马睿上书称：郗鉴有将相之才，过去与戴渊同时被征召，如今，戴渊等人都为都督，以资历，郗鉴与戴渊一样；以官职，郗鉴与戴渊等都是部长级别的。最后，纪瞻还说："是以臣寝顿陋巷，思尽闻见，惟开圣怀，垂间臣导，冀有毫厘万分之一。"虽然纪瞻力荐郗鉴"补衮职之缺"，是希望郗鉴在王敦叛乱迫在眉睫之时，站在晋元帝一边，来抗拒王敦，但是却在篇末不忘提醒司马睿征求王导的意见，也充分显示了纪瞻精于世故之处。

纪瞻提出此议以后，司马睿又征询了其他人的意见。《世说新语·品藻》记载，司马睿曾问周顗："你与郗鉴比怎么样？"周顗回答说："郗鉴比我有修养。"而后来明帝问到郗鉴，周顗怎么样，郗鉴回答："周顗比我有国士门风。"（《世说新语》因版本不同将此处均写为元帝或者明帝同一人，是不对的。）而同节另一则故事中还记载，司马睿问周顗说："大家都把你与郗鉴相提并论，是吗？"周顗说："陛下无须把我拉来和他比。"不过，真正的郗鉴又是怎么样的一个人呢？多年以后，卞壶曾经这样评价郗鉴，他说：“郗公体中有三反，方于事上，好下佞己，一反；治身清贞，大修计较，二反；自好读书，憎人学问，三反。”（见《世说新语·品藻》）意思是说，郗鉴这人身上有三处比较矛盾的地方，一是对上司直来直去，可喜欢下属对自己吹捧；二是自身修养很好，但又喜欢计较别人；三是自己好读书，却嫉妒别人有学问——一个十分有意思的人。永昌元年（公元 322 年）七月，郗鉴奉命率众辗转南下，退保合肥，彼时，王敦第一次叛乱已经结束，但是，我们有理由相信，征召郗鉴南下应在王敦叛乱前后做出，而非王敦叛乱以后在王敦的同意下做出的。

虽然司马睿作出了依靠流民帅郗鉴南下帮助抵御王敦的决定，然而，时间不等人，转眼就是公元 322 年的新年，预测大师郭璞因为皇孙司马衍出生，而请求司马睿改元为永昌元年。就在人们还沉浸在新年的喜庆气氛中的时候，一月十四日，王敦在武昌（今湖北省鄂州市，江州刺史治所）却誓师出兵了！

他上书司马睿，历数刘隗的罪状：一是说刘隗谗邪，陷害忠良，这当然是指司马睿因之疏远王导之事；二是大兴事役，骚扰百姓，是指兴师北上之事；三是僭越过度，以黄门散骑侍郎为参军，不知何事；四是免良人奴；五是征发流人为兵；六是不同意我迎接诸将的妻子儿女；七是征发投刺王官之人为军官，造成民众愁怨；八是遥指朝廷，专权恣肆。在列举了刘隗的罪行之后，王敦接着说：自己备位宰辅，与国存亡，请求司马睿早点将刘隗杀掉，并表示，刘隗的人头早上挂在城头，我的部队晚上就退回武昌。然后，他还举出了伊尹放太甲、汉武帝被江充迷惑的故事，暗示司马睿现在是听信谗言的昏君，最后又说，在司马睿过江之初，政治修明，等到信任刘隗之后，朝政日非，大家都说像吴国将亡的景象。

王敦的说法冠冕堂皇，很能够迷惑住一些不明真相的人。当时，温峤就曾问周顗：“大将军此来似乎有要讨伐的人，应该不会滥杀吧？”周顗当即回答：“你还是年轻，没有经历过事情啊。君主不全是尧舜一般的，哪能没有过失？人臣怎么能举兵来胁迫君主！群臣共同推戴，君主继位还不过几年时间，突然就兴兵向阙，怎能说这不是叛乱？王敦刚愎自用，傲慢无上，他的意图哪能仅限于此！”

沈充也在吴兴起兵响应王敦，王敦任命沈充为大都督、督护东吴诸军事。听到自己的弟弟起兵的消息，王敦的哥哥、光禄勋王含逃出建康，投奔王敦。

双方矛盾虽然由来已久，日益尖锐，但刚过新年，王敦就起兵东下，还是显得有点突然。对于司马睿来说，他需要的是时间，一是戴渊、刘隗刚刚组建的新军，战斗力可想而知；二是司马承也在湘州刚刚立足；三是调发扬州流民为兵所引发的社会矛盾，还需要时间去平复；四是郗鉴的流民军尚未到来。可是，王敦恰恰选择了这个时机发难，使得这场对决的最终结果就变得更加扑朔迷离了……

二九 左右为难

面对来势汹汹的王敦，司马睿当然不能雌伏。

看到王敦的上书以后，他不禁大怒，正式下诏，做出要与王敦拼个你死我活的样子。诏书中说："王敦依靠宠信，却胆敢发狂，把我比作昏庸的太甲，想要幽禁。是可忍也，孰不可忍也！我要亲率六军，诛杀大逆不道之人，有杀王敦者，封五千户侯。"并征召戴渊、刘隗率兵到建康会师；加封周处之孙、周札侄儿周筵为冠军将军，都督会稽、吴兴、义兴、晋陵、东阳军事，率水军三千人去三吴讨伐沈充。

考察相关传记，司马睿并不是在听到王敦的起兵消息以后，就立即征召戴渊、刘隗，并派遣周筵去讨伐沈充的，这些事情都是发生在本年的三月份，《晋书·元帝本纪》更是把双方交战的时间记作四月份，据此推算，王敦应该是在三月份才抵达建康城下。那么，从一月到三月，王敦何以走了那么久？对比四十二年前的王濬在攻下江陵以后，顺流直下，用了不足一个月的时间就攻入了建康，灭亡了东吴，王敦从武昌而来，距离几乎少了近三分之一，为什么他迟迟不进呢？由于史书没有详细记载王敦大军在没有到达石头城之前究竟在何处滞留，因此，我们对王敦在此期间的具体行程尚不十分清楚。久经沙场的王敦不会不知道"兵贵拙速，未睹巧久"的道理，可以确定无疑的是，其间肯定是发生了重大的变故，从而迟滞了王敦的行动。

那么，又是什么让王敦满腹狐疑，放慢了东进的步伐呢？

问题就出在了甘卓的身上。

甘卓的曾祖是吴国名将甘宁，但是，甘卓却没有名将之风，他最大的缺点就是处事不果断，性格不刚毅。本来，甘卓与陈敏为儿女亲家，曾协助陈敏图霸江南，可等到周玘起兵以后，他又在顾荣等人的劝说下，背叛了陈敏，最终导致陈敏被杀。甘卓从湘州刺史改任梁州刺史以后，驻节襄阳，为政倒还简惠，一件突出的惠民政策就是将境内鱼池所收税款全部用来赈济贫民，深得当地民众之心。

而这一次，当面对王敦出兵建康一事的时候，甘卓首鼠两端的老毛病又犯了。王敦出兵之前，曾经派人约请甘卓一起东下，甘卓本来答应得好好的——当然，这也许是甘卓担心：如果拒绝，王敦会先北上讨伐自己。等王敦发布了讨伐刘隗的檄文，临到登舟出发的节骨眼上，甘卓却派来参军孙双劝说王敦停止行动！这玩笑的确是开大了，如今，给司马睿的奏疏已经送走，部队已准备出发，木已成舟，箭在弦上，你甘卓早做什么去了？

事已至此，王敦哪能听进去孙双的劝谏？他是又惊又气、又急又好笑，对孙双是脱口而出："你们甘老兄过去是这么对我说的？怎么现在又变了！甘兄难道是思量我王敦此行会对皇帝不利？我此行只是去除掉奸臣刘隗呀！你赶紧回去对甘兄说说，事成之后，我一定让甘兄做三公！"

王敦估计是让甘卓这老头给气疯了，几乎是语无伦次了。

孙双快马回到襄阳转达王敦的意思，甘卓思来想去，依然是举棋不定。

有人对甘卓献计说："先假装同意，等王敦兵到建康的时候，再起兵讨伐他。"

甘卓回答："过去陈敏之乱的时候，我也是先追随，后来相图，人们都说我是害怕被逼才图谋陈敏的。虽然我的真心不是这样，但是，行动却看起来像是这样，我的内心至今还常常有愧。今天如果还这样的话，以后，谁还能证明我的本心呢？"

看来，做了亏心事的人，虽然用别人的鲜血染红了自己的乌纱帽，但是，良心上总是过不去的。

其实，摆在甘卓面前最现实的问题，还是处于自己北面的顺阳（今河南省南阳市淅川县）内史魏该的态度。王敦起兵拉拢甘卓，是因为担心甘卓会在自己的背后插上一刀，甘卓同样担心，自己的取舍如果与北面的魏该不同，照样会被魏该从背后插上一刀。

过去，在陈敏之乱中，顾荣的态度就是甘卓的态度，如今，魏该的态度也就是甘卓的态度——因为，甘卓，他天生就是个没态度的人。

他派人把王敦的意思带给了魏该，看魏该是个什么意思。魏该，这个长期奋战在抵抗匈奴前线洛阳一泉坞的壮士，果断地回答："我率领我的本部人马离开贼人（指刘曜，魏该所部曾在部将马瞻的带领下投降过刘曜），目的就是忠于国家。如今王敦举兵向天子，我魏该是不会参与的。”

听了魏该的这一席话，甘卓下定了不跟王敦一起叛乱的决心，也不给王敦回话了。

三〇 谯王举义

甘卓虽然放弃了与王敦一起反叛，但是，并没有决定主动去讨伐王敦。

王敦开始的如意算盘是北面邀请甘卓一起东进，南面说服湘州刺史司马承，以刘隗专权为由，出兵讨伐，并请司马承做自己的军司，只要把司马承抓在手中，就再无后顾之忧了。在王敦看来，司马承乃一介文士，湘州残破不堪，原也不必多虑，因此，王敦只是在一切都决定下来以后，才派参军桓罴来到湘州说明来意。司马承见到桓罴后，将他晾在一旁，然后回过头来，长叹一声，说道："我要死了啊！州境荒芜，居民稀少，力量弱小，外援断绝。奔赴君王之难，这是忠；为国而死，这是义。我只为忠义，除此之外，还要什么呢？"此前，司马承就请湘州的大族虞悝做自己的长史，却正赶上虞悝的母亲去世，虞悝因而没有答应。

事情紧急，司马承也顾不了许多了，他不惜纡尊降贵，前往虞悝的家中吊唁，并对虞悝说："我受皇帝指派，前往这里做刺史，就是为了防备王敦作乱。今天王敦果然发动叛乱，我作为一方大员，想率众讨伐王敦，可是，兵少粮缺，并且，我刚刚到任，上下还不熟稔。你们兄弟是湘州的豪杰，王室如今危若累卵，请你节哀，为国效忠，如今起兵，兵器够用吗？"

司马承以皇叔之尊前来吊唁，这令虞悝兄弟十分感动，兄弟二人异口同声地说："大王您不以我们兄弟身份低微，而屈驾亲临吊唁我的母亲，我们怎敢不出死力！然而，湘州荒凉破败，舟船缺乏，粮食兵器都少，还没有能力主动去讨贼，建议先固守长沙，然后，向四方发出檄文，这样，王敦要防备的地方就多了，备多则力分，如此，可以取得成功。"

得到虞悝兄弟的承诺以后，司马承将桓罴逮捕，任命虞悝为长史，以虞悝的弟弟虞望为司马，主管军事，并联络零陵太守尹奉、建昌（今江西省奉新县）太守王循、衡阳太守刘翼、舂陵（今湖南省宁远县）令易雄等，向全州发出檄文，要求一同举兵抗拒王敦，约定进军到巴陵（今湖南省岳阳市）。零陵太守尹奉第一个响应号召，出军营阳。湘东太守郑澹是王敦的姐夫，拒绝服从司马承的命令，司马承派虞望率军先期进入湘东郡，将郑澹杀掉，传首四境。

在紧锣密鼓地集结湘州军力的同时，司马承没有忘记前湘州刺史、现任梁州刺史的甘卓。他派遣主簿邓骞前往襄阳试图说服甘卓，邓骞对甘卓说："刘隗虽然骄傲，失去人心，但他的目的不是要去祸害天下。大将军以私人恩怨，就向京师举兵，现在正是忠臣义士尽忠报国之时。大人你为一方大员，讨伐叛逆，可以立下齐桓公、晋文公一样的功业啊！"

甘卓大笑，回答："齐桓公、晋文公那样的功业，我的能力达不到。不过，我也志存报国，我们再仔细想想该怎么办。"

甘卓的参军李梁对甘卓说："不如暂时按兵不动，如果大将军成功了，肯定还会委大人以重任；如果朝廷胜利了，必定会让您代替大将军的位置，还担心什么呢？"他还举出东汉初年窦融保河西的事情来。

邓骞反驳道："那时候是东汉光武帝刘秀创业之初，因此，隗嚣和窦融二人割据一方，可以从容观望。今非昔比，如果大将军取胜，回到武昌，增加石城的守军，断绝来自荆州和湘州的粮草，您该怎么办？何况身为人臣，国家有难，坐视不救，内心就不会受到道义的谴责吗？"

邓骞看甘卓还是满腹狐疑，继续劝说道："大人现在既不听命朝廷发动义举，又不接受大将军的指挥，灾难肯定会到来，这一点，不管是聪明人还是傻瓜，都看出来了。现在反对的人，主要是因为大将军强而我方弱。如今大将军身边的兵力不过一万多，留守武昌的不会超过五千，而将军你现有的部队就是他的一倍了。并且，将军是以顺讨逆，留守武昌的王含怎是你的对手？王敦部队已经顺流而下，现在再逆流而上非常困难，无法自救，因此，将军您拿下武昌，易如反掌。武昌一旦拿下，利用他的粮草武器，镇服荆州江州，像吕蒙攻下关羽的江陵那样，安抚王敦部队的家属，将会使王敦部队土崩瓦解，纷纷归附。"

谯王司马承举义的消息，不仅让湘州同仇敌忾，而且，也激励了其他州的忠义之士。属于荆州的宜都（今湖北省宜都市）内史周级还没有接到司马承的檄文，但却听到了司马承举义的消息，他让自己的侄儿周该偷偷南下，带去自己愿意站在勤王军一边的消息，司马承与周该相见以后，不禁大喜。

三一 扑朔迷离

后方不稳，这让王敦骑虎难下。

从王敦到达建康的时间分析，梁州刺史甘卓拒绝一起东下、湘州刺史司马承正式举义以后，王敦当时停军在江州某地。这一段时间，应该是王敦有生以来最为艰难的时刻，因为，假如甘卓继续观望，甚至被司马承拉拢过去，那么，离开巢穴的自己立即陷于东西夹击的窘境；即便是东面朝廷的部队采取守势，没有逆流而上主动打击自己，假如甘卓顺汉水而下，直接占领自己的根据地武昌的话，势必会出现军心涣散、覆亡立待的结局。而目前，讨伐刘隗的檄文已经发出，吴兴的沈充也已经行动，长久地待在长江之上，随着时间的推移，一旦朝廷在最初的慌乱中安定下来，形势将越来越不利。

建康方面的形势，要求自己迅速东进，一战而定胜负，而后方的局势又让自己不敢放心大胆地东下，焦头烂额的王敦又该如何抉择呢？

王敦在权衡利弊以后，果断作出了两项决策：一是，面对犹豫中的甘卓，他再次派遣自己的参军乐道融前往襄阳，为说服甘卓做最后的努力，并恳切说明自己此次东下，只是为了家族的生存而除掉仇隙，别无他意；二是，派遣自己的姨家表弟、南蛮校尉魏乂，带着将军李恒、田嵩等，率军二万转兵南下，去进攻长沙，企图在司马承初起之时迅速将其扑灭。

王敦的这一措施，有其自身的合理性。

一、谯王司马承作为东晋宗室，对司马睿与王氏家族之间的矛盾十分清楚，也明白王敦此次东下绝非剪除一个刘隗那么简单，实际上是将矛头直接对准了司马睿的皇权，因此，司马承以讨伐叛逆为名，高举义旗，这直接击中了王敦的要害，双方之间绝无妥协的可能。如果任其发展下去，不仅时刻威胁到自己的后方安全，而且，也将使不少采取观望态度的官员倾向于司马睿一方，王敦必须趁其弱小之时，迅速将其消灭。

二、甘卓作为江南豪族，本没有多少忠君之心，加上此人总是首鼠两端，如今已经垂垂老矣，因此，虽然他的兵力比谯王司马承强大，但还有进一步说服拉拢的余地。况且，在起兵之初，此人也曾同意一起东下，现在即使不一同东进，只要能够保持中立就行。目前，只要后方没有威胁，以自己所部人马直扑建康，由王导等人在内接应，迅速控制司马睿，应该不成问题。一旦拿下建康，其他的事情都好解决。当然，王敦此举带有很大的冒险性，成功与否就在于与甘卓之间的赛跑：能否在甘卓等人攻下自己的老巢武昌之前，攻下司马睿的老巢建康。

这就是王敦的如意算盘。

然而，却事与愿违。

王敦派往襄阳的使者乐道融却有“国士之风”，他虽然身为王敦的幕僚，但是素怀忠义之心。当乐道融抵达襄阳以后，不仅没有说服甘卓与王敦结盟，相反，却极力劝说甘卓要效忠朝廷，乘虚进攻武昌。他还针对王敦起兵的借口逐一进行了批驳，他对甘卓说：“圣上亲统万机，并非像王敦所说的那样专任刘隗一人。如今，圣上担心有汉代的七国之乱，才割湘州给宗室，以削弱诸侯，但是，由于王氏家族专权太久，突然被分权，就感觉自己被夺权了一样。王敦这样忘掉圣恩，举兵伐主，显然是叛逆行为！朝廷对待您很厚，如果您与王敦一同反叛，岂不是有负大义！活着被人指为逆臣，死后将变成愚鬼，永远成为宗族的耻辱！大人应当假装听命于王敦，同意与其一起东下，然后趁其不备掩袭武昌，一旦拿下武昌，王敦之众闻讯以后，一定会不战自散，这样，大勋就可以建立了。”

在乐道融和邓骞两位义士的说服下，甘卓终于表示同意，他说：“这才是我的本意啊！”

然而，事情却一波三折。

甘卓还是没有完全听懂乐道融的话，他没有迅速南下，偷袭武昌，而是公开发布了讨伐王敦的文告。接到他的文告以后，巴东（今四川省奉节县东）监军柳纯、南平郡（今湖北省公安县）太守夏侯承、宜都郡（今湖北省宜都市）太守谭该（此处据《晋书·甘卓传》，而《晋书·忠义传周该传》则称宜都内史为周该之叔周级，不知何故）等十余地方官联名声讨王敦，并各自率领本部人马东下讨伐王敦；甘卓另派参军司马赞、孙双一起携带奏章，前往朝廷报告；又派遣罗英到广州约请广州刺史陶侃，同时进军。甘卓的举动似乎要增加反对王敦的力量，但却恰恰忽略了兵贵神速的道理，这一大张旗鼓的举动也让王敦加快了处理司马承和东下建康的步伐。

甘卓这一举动可以说足以改变整个战局。

广州的陶侃接到了甘卓的书信，也命令参军高宝领军北上；听到甘卓即将南下的消息，王敦巢穴武昌的军民大为恐慌，四散奔逃。当时驻守合肥的征西将军戴渊首先看到了甘卓的奏章，立即快马转呈给司马睿。看到甘卓的奏章，司马睿大喜过望之余，立即下诏加封甘卓为镇南大将军，侍中，都督荆州、梁州诸军事，荆州牧，保留原来梁州刺史；加封陶侃以本官（广州刺史、平南将军、加都督交州军事）代理江州刺史；建康的大小官员也是一片欢呼，似乎胜利在望了！

三二　怒火中烧

而此时身在朝中的司空王导，处境却更加艰险。

他率领自己的堂弟中领军王邃（《晋书》无传，称为王舒的弟弟，前节表中缺）、左卫将军王廙（王正长子）、侍中王侃（王琛二儿子，长兄王棱被王敦所杀）、王彬（王廙的二弟，他们家老三王旷就是王羲之的爸爸）等王氏家属二十多人，每天清晨就排列在皇宫门外等待受到处罚。司空府的属官们也都惶惶不可终日，想安慰一下自己的老上级吧，又怕说错了话，引起不必要的麻烦。大家找到那位顾和先生，顾和拿起笔就写："王光禄远避流言，明公蒙尘路次，群下不宁，不审尊体起居何如？"（见《世说新语·言语》）含蓄地表达了对王导的关心之情。

其实，真正关心他的人还是仁厚的周顗。

只有周顗最清楚，这场事变就是司马睿与王氏家族之间关于是否继续"共天下"的对决。周顗作为仅次于刘隗、刁协、戴渊等人被司马睿信任的重臣，有着三人无法企及的名望，司马睿要想安顿建康内部，需要的就是像周顗这样能够被各方都认可和接受的人，因此，他多次征召周顗进宫商量军国大事。这一次，周顗进宫的时候，王导在宫门前向他呼喊："伯仁（周顗的字），我一家老小一百余口的性命都交给你了！"周顗连看都不看王导一眼，就径直进宫了。周顗进宫以后，竭力在司马睿面前保证王导的忠诚。司马睿对于前景也难以把握，是彻底与王氏决裂还是留有余地？周顗最终说服了司马睿。

周顗在宫中与司马睿喝完酒，又喝得酩酊大醉，一摇一晃地走出宫门，而此时的王导一家还在宫门外等待处分，他再度向周顗呼喊，想询问结果。然而，再次出乎王导意料的是，周顗不仅不予理睬，反而谈笑自若地对自己的侍从们说："今年，要诛杀掉那些叛臣贼子们，换来斗大的黄金印，挂在胳膊肘后头！"提心吊胆的王导看到昔日的老朋友竟翻脸不认人，从此对周顗恨之入骨。周顗回到家中，仍然担心司马睿对王家的态度会动摇，他又趁热打铁给司马睿写上奏疏，言辞恳切地说明王导的无辜，请求司马睿在王敦与王导之间划清界限，不要牵连所有的王氏子弟。

后世的人们对周顗当时的态度作出种种的猜测。有人说，周顗是为了能使司马睿与王导君臣全始全终，不让王导觉察出是自己的劝说，而要归美于司马睿；也有人说是周顗当时喝醉了，没有听到王导的招呼。其实，这些推测似乎都不太贴切。平心静气地还原当时的场景，我们也许能够得出较为准确的结论：王导、王敦为首的王氏家族作为江左的第一大族，是司马睿提高皇权的最大障碍，也是前此司马睿一系列部署的矛头所向。王敦因愤怒而起兵反叛，作为乱臣贼子的亲属，王导以及在京师的王氏子孙命在须臾。只是因为司马睿“雄武之量不足”的缘故，司马睿在没有十分的把握的情况下，还下不了与王氏整个家族彻底翻脸的决心：是彻底与之决裂，拼个鱼死网破，还是留下王导，从而留下一点回旋余地？这两种截然相反的做法，看起来各有利弊。因此，让司马睿迟迟难以决定。而历来以仁厚、睿智、善于协调各方的周顗的意见就起到了至关重要的作用。那么，为什么周顗在宫门外两次置自己的朋友和上司王导于不顾呢？

这正是周顗的精明之处，也是处于矛盾旋涡中慌乱无措的王导应知而未知的地方：试想，此时的司马睿正处于矛盾之中，如果周顗在宫门外与王导勾勾搭搭，一旦司马睿得知，那么，周顗再去劝说司马睿，言辞还能有多少说服力呢？况且，欲诛杀王导家族的刁协、刘隗等人，哪一个不比周顗与司马睿更为亲近？他们的耳目众多，只要周顗与王导之间有只言片语传到司马睿的耳中，那么，周顗不仅无法营救王导，而且，周顗自己乃至周氏整个家族也有可能与王氏同归于尽——这绝不是危言耸听，以周顗的二弟周嵩与王含、王敦的姻亲关系和种种无礼于司马睿、刁协的言行，一旦司马睿决心大开杀戒，这一切都不是没有可能。此时的周顗只能凭借着长期以来自己在司马睿心目中树立的美好形象，凭借着危难之中显示出的忠心，凭借着与王导划清界限而表现出来的公心，才能够取得在司马睿面前的话语权——其实，周顗此时是最艰难的，他既要解救自己的朋友，又要自保，还想在这场突如其来的变故中保护好司马睿。然而，我们从王导的举动中可以看出，此人在灭顶之灾即将到来之时，早已方寸大乱，虑不及此：是朋友，势必会救你；不是朋友，说了也不会救你，还用你在宫门外面、众目睽睽之下呼救吗？如果王导足够聪明和镇定，应该在看到周顗进出宫门的时候，依然跪地，故意与自己的老朋友保持应有的距离，以免引起弄巧成拙才是……

我们从周顗走出宫门、故意不理睬王导并大声说了那番要英勇杀贼的话以及他回到家以后，为了避免司马睿思想出现反复而紧接着上书这一系列举动来看，走出宫门时的周顗并未神志不清，而这一切举动的背后都隐含着中智之人难以企及的深意。也许，周顗在内心正为王导的愚蠢着急，同时，又以他的仁厚，原谅了王导在此境遇中的愚蠢表现，也许，此时此刻的周顗会更加确信，自己的肚子里真的能装下几百个像王导此类智商的人吧？

然而，周顗的举动，却引起了王导的刻骨仇恨：他忍让了司马睿数年的紧逼，他冷眼旁观了多次刁协、刘隗等人的嚣张，他似乎对朝廷的疏远坦然处之，如今自己整个家族命悬一线，但是，仿佛所有的人都抛弃了自己，这位历来如此儒雅、大度，王家对其有恩（周顗在上任荆州刺史伊始，就被杜弢击败而投奔王敦，继而回到建业）的周顗，此时竟然也翻脸不认人，要把屠刀伸到自己家族的脖子上了！他能不怒火中烧吗？！

三三　一波三折

在甘卓的一再迟疑中，王敦的南蛮校尉魏乂已经逼近长沙。

当时的长沙城墙修建尚未完工，粮草也十分缺乏，人心惶惶。手下建议司马承南逃到零陵郡（今湖南省永州市）或者桂阳郡（今湖南省郴州市），暂避魏乂的风头。司马承回答："我举起义旗，就为以死报国，怎能苟且偷生，做望风而逃的败将！即使不能成功，我也要让百姓们知道我的忠心！"他下令绕城修筑堡垒，严密防守。等到甘卓好不容易下定了决心，他想将司马承派来的邓骞留作参军，与其一起南下，不过邓骞却以家中尚有老母为由谢绝了，甘卓派邓骞与参军虞冲一起回到了长沙，给司马承报信，请求司马承继续坚守，并声称自己将出兵沔口（汉水注入长江处），断绝王敦的归路，这样，长沙之围自然就解除了。此时，魏乂应当已经抵达到了长沙城下，司马承给甘卓回信回顾了中原板荡、中兴草创的艰难，不想恶逆竟然出于宠臣。接着，他笔锋一转，说出湘州上下数千部众同仇敌忾的决心，只是仓促之间，没有船只，突然被魏乂、李恒包围，所以，北上讨伐叛逆的志向没有实现。然后，司马承慷慨地说，如果你能够命令士兵卷起铠甲，像闪电一般来解围，湘州可能还有救；如果你仍然满腹狐疑的话，那你就到死鱼铺子里去找我去吧。末尾，司马承写道："书不尽意，绝笔而已。"这八个字显示了当时长沙的危急情况，透露出了司马承对甘卓的失望和谴责，也浸透了他视死如归的决心和勇气。

王敦的心情越来越焦躁，长沙的战况也越来越惨烈。

魏乂带领的是两万精锐甲士，而司马承身边的多为从湘州各郡赶赴的义从，缺乏训练，没有铠甲兵器，城内军粮也不足。然而，板荡识忠臣。春陵令易雄带来了数千义从，与敌人奋战，"士卒死伤者相枕"；从湘东赶回的虞望，身先士卒，率众第一个登上城墙，与敌人肉搏，英勇战死。

司马承看到形势已经到了千钧一发的危急关头，他让从事周崎与前来联络的宜都内史周级的侄儿周该，一同越城向周级求救。不幸的是，两人在城外都被魏乂的巡逻兵抓获，魏乂命人用大刀架在两人的脖子上，想问出他们究竟是去何处求救，周崎回答：“司马承让我们去外面求救，本来就没有固定的地方，让我们俩自己决定。”

魏乂根本就不相信，他把周该暂且关押下来，接着，又对周崎说：“你替我给城内传话，就说大将军已经击败了刘隗、戴渊，甘卓还住在襄阳，与大将军不再有异议，三江州郡，万里安宁，长沙外援已经断绝。如果你这样说，我答应留你活命。”

周崎点头答应。

魏乂率众牵着周崎来到长沙城下，周崎看着自己熟悉的长沙城，大声呼喊道：“王敦军在于湖惨败，甘安南已经攻克武昌，马上就要派遣大军前来解救长沙之围，大家努力坚守，贼人很快就失败了！”

周崎看着魏乂惊恐的眼神，看着蓝天，笑了。

恼羞成怒的魏乂慌忙把周崎拉回军营，残忍地将其杀掉。然后，他又回过头来严刑拷打周该，但是，一直把周该打死，也没有说出叔叔响应湘州的事情，因此，周级在事后未被牵连。

湘州似乎已经胜券在握，而襄阳的甘卓却真的南下了。甘卓军一直前进到猪口（今湖北省仙桃市），到达此地以后，年老的甘卓却命令大军停留在猪口，等待各军会合以后，再一同出击，可是，来自荆州各地的部队有远有近，一时间无法全部到齐，所以，甘卓就在猪口整整停留了几十天之久。猪口距离沔口不远，武昌感到的压力也愈来愈真切。被逼无奈的王敦只好选择了孤注一掷：一是，他将在自己军中做参军的甘卓的侄子甘卬派回，让甘卬前去劝说甘卓，甘卬带给甘卓的话是这样的：“您这样做，是在尽一个臣子应尽的职责，我绝不会责备你。我家里人危在旦夕，我不能不出此下策。我私下想请您能回军襄阳，我们捐弃前嫌，重新结好！”

这些根本不可能实现的话，竟然让甘卓的内心又一次发生了动摇。也许我犯不着与王敦为难？在等待其他部队的日子里，武昌近在咫尺，甘卓竟然想着回师襄阳！乐道融苦苦相劝，他说：“将军您起义兵，却半途而废，将成为败军之将，实在是不应该的啊！如今将军率军而下，将士们都有利可图，一旦回师，恐怕全完了！”

王敦采取的第二个措施，就是决心冒着后方被占领的危险，迅速扑向建康。

决心已下，王敦即刻命令大军顺江直下，很快就到达建康西面的芜湖，在芜湖，王敦又上疏指斥刁协的罪状。史书没有留下王敦的奏疏原文，但是，我们大抵可以揣测出，不外乎把刁协专权恣肆，借酒无礼，制定的所谓“刻碎之政”又给抖露一遍。不过，说到刁协的借酒凌辱他人，以致众臣侧目，的确不乏其例，不仅《晋书·刁协传》有所记载，而且《晋书·熊远传》还举了一个例子：尚书郎卢綝将要进宫值班，在大司马门外与刁协相遇。当时，刁协喝醉了，让卢綝回避，卢綝公务在身，当然不可能就此回家。醉酒中的刁协就命令护卫上前，将卢綝从马上拖了下来，一直拉到刁协的车前才放掉。这当然只是刁协使酒无礼的无数例子之一，从中我们可以看出，刁协虽然一心崇上抑下，但刁协的所作所为不仅让高门大族侧目而视，而且，也让几乎所有的官员不满。

王敦来了，那么，等待着他的又将是什么样的结局呢？

三四　兵临石头

建康，今江苏省南京市。西通荆湘，东带三吴，北凭两淮，地理位置十分重要。

建康本身“前据大江，南临重岭，凭高据深，形势独胜”。诸葛亮曾称：“金陵，钟山龙盘，石头虎踞，帝王之宅也。”孙吴建国，遂以为都，城周二十余里，东傍钟山，南枕秦淮，西倚大江，北临后湖（玄武湖），处天然屏障之内。建康稍远，东北尚有幕府山，南面有土山，东北和正东沿长江南岸还有摄山、华山、高丽山等崇山峻岭；秦淮河自南向北，从建康的西面迤逦注入长江。东晋南朝时期，将城区范围扩为东西南北各四十里，中心为宫城（台城），北面构筑白石垒（白下）、宣武城、南琅邪郡城，西面在秦淮河入江口处的石头山上构筑石头城，台城西南还有冶城、西州城，东南有东府城，南面还有丹阳郡城。建康西南依次还有新亭、新林、牛头山、板桥、三山以及江中的白鹭洲等重要地理坐标，再往上游，就是姑孰（当涂），附近有著名的采石矶，采石矶对面隔江就是横江渡口，此处江面狭窄，是北方势力渡江的理想选择，江北设置历阳重镇防守，而姑孰则依凭采石矶、东梁山二处险要，阻止上游荆湘之敌；建康沿着长江往东分别为直渎戍、罗落桥、江乘、竹里等重要地理坐标，往东百余里就是京口（今江苏省镇江市），京口对面隔江是广陵瓜洲渡，是北方势力南下的又一个重要渡口，但是，此时，京口江面宽阔，江水滔天，并且，京口地区地广人稀，河道纵横，猛兽出没，不利于北方铁骑作战，然而，对于南方势力来说，京口却是建康连接三吴地区的交通枢纽，从三吴地区的粮食沿运河转京口源源不断地往建康输送，地理位置十分重要。

建康的东南面分别有小河西向流入秦淮水、东向流入丹阳运河，这两条小河源头之间，就是破冈。为了避开粮船入江的风险，孙权赤乌八年（公元245年），“校尉陈勋将屯田及作士三万人，凿句容中道，自小其至云阳西城，通会市，作邪阁”，称作破冈渎，连接两端小河，使吴会船只自丹阳运河不必往京口，西行就能直接入秦淮水，再北上直接到达建康。《读史方舆纪要》卷二十五引《舆地志》，谓破冈渎“上下各七埭。梁太子纲讳忌之，废破冈渎，别开上容渎。……陈复埋上容，修破冈渎。至隋平陈，并废。盖六朝都建康，吴会转输，皆自云阳迳至都下也”。由于有三吴粮草源源不断的供给，才使得建康经济逐渐繁荣起来，《隋书·地理志》称：“小人率多商贩，君子资于官禄，市廛列肆，埒于二京。”

因此，我们说过，王敦此时以沈充在吴兴起兵，切断三吴对建康的粮食供应，可谓是釜底抽薪。不过，从上游而来的王敦，要想攻下建康，第一个需要解决的就是屏蔽建康西边的军事重镇——石头城。同治年间的《上江两县志·山考》载：“自江北以来，山皆无石，至此山始有石，故名。”石头城以清凉山西坡天然峭壁为城基，周长七里一百步，为现在的六里左右，南开二门，东、西各开一门，城内设置石头仓库，用来储备军粮和兵器，它北缘大江，南抵秦淮河口，环山建筑，易守难攻。

建康城内，自南往北，是一条土干道，称为御道，秦淮河南面为长干里，有大小长干、东长干等名称，是建康最繁华的商业区；秦淮河上是朱雀桥，又称大珩（大航），在此，秦淮河以半月形包裹着建康城，在朱雀桥的东侧、东长干里的北面秦淮河岸是著名的乌衣巷，为王谢大族的住所，再往东去，是丹阳郡城；过了朱雀桥，就是朱雀门，沿着御道继续往北，两侧分别为太庙、太社和百官府舍，东侧稍远处为骠骑将军府。沿着御道再往北，就是宫城的正门宣阳门，进入宫城。建康宫城分为三层，外围宫墙长约四公里，外层宫墙内是第一层，驻扎着驻军和一般机构；次一层，为中央官署，里面才是真正的宫城，前部为皇帝处理政务的部分，建有太极殿；后面是皇帝的后宫，建有式乾殿、显阳殿等，再后是华林园。宫城北面为覆舟山、偏东为钟山，东面出建春门、东阳门，过清溪桥，可达东府城；西面出西明门，可达石头城。赵翼《二十二史札记》卷八“建业有三城”条称：“六朝时，建业之地有三城，中为台城，则帝居也，宫殿台省皆在焉。其西则石头城，尝宿兵以卫京师……台城之东则有东府，凡宰相录尚书事兼扬州刺史者居之，实甲常数千人。”

王敦起兵以后，刘隗与戴渊相继率兵入卫京师。

司马睿还晋封戴渊为骠骑将军，与右卫将军郭逸一起在朱雀桥御道的两侧，构筑工事，依托秦淮河，护卫建康城的南大门。刘隗率军返回京师以后，百官夹道迎接，刘隗把头上的头巾和官帽高高戴起，露出前额的头发，意气风发，谈笑自若，司马睿让其率兵驻守在建康南面的金城（今江苏省南京市江宁区北）。

永昌元年（公元 322 年）三月，王敦所部抵达建康附近，双方的对决即将展开，那么，双方还会采取什么样的策略，去对付敌人呢？

三五 决策宫中

刘隗抵达建康以后，面见司马睿，他与刁协二人一起向司马睿进言，要求将王导一族全部诛杀，以绝后患，然而，司马睿却拒绝了这个建议。

司马睿没有选择与王氏家族彻底决裂，其原因固然与其和王导君臣之间长期的感情、与王导一直以来表现出的忠心不无关系，但是，也似乎与司马睿对于局势的走向没有把握有一定的关系。

第一，王敦发动叛乱以后，王导没有像他的从兄王含那样选择逃跑，而是一直以一名罪臣家属的身份，带领全体成员每天到宫门外等待处罚。这首先就是一个态度问题，也说明了王导还是对司马睿忠心的，起码在表面上是这样的。留下王导，即使事情出现意外，身为家长的王导也可以充当制约工敦的一件武器，使之不致走得太远。

第二，处罚整个王氏家族面临现实的困难性。王氏家族过江以前就是琅邪的高门大族，过江以后，更是一等一的豪门，经过王导等人的苦心经营，已经俨然是一个王氏帝国。史称，仅王导自家就有田六十余顷，有田就需要有人耕作，那么，部曲、门客、奴婢等不在少数。况且，在王氏家族内部不少人虽然对刁协等人的做法十分反感，但对于王敦的忤逆行为也是不认可的。除此之外，王导以宰相的身份控制朝廷多年，势力盘根错节，在宫门外的王导时时让司马睿感到沉重的压力。如果在王导等人态度很好的情况下再予以严肃处理的话，将缺乏正当性，会把整个王氏家族甚至包括倾向于王氏家族的其他大族推向王敦一边，这极有可能激发出建康的内乱。

第三，司马睿对中央的兵力是否能够战胜王敦并没有十足的把握。戴渊、刘隗的部队毕竟刚刚建军半年，与王敦训练有素的部队当不可同日而语；建康城内的兵力也不很充足，宿卫六军（据《晋书·职官志》记载，六军是指：中领军，中护军，左、右卫将军，骁骑将军，游击将军）十分薄弱，《晋书·刘超传》就曾记载，刘超入为射声校尉，“时军校无兵”，超以其为义兴太守时的“义随”为宿卫禁军；《晋书·孔坦传》，也记载，朝廷使吴兴内史孔坦募江淮流民为军，这两件事虽是晋明帝、晋成帝之时的事情，但元帝时宿卫六军的情况应有过之而无不及。王氏家族在宿卫六军中也是很有势力的，如王廙就是左卫将军、王邃为领军将军等。另外，王敦所部人数似乎也绝非邓骞对甘卓说的那样稀少，同时，发奴为兵已经引起了普遍的不满，而甘卓、陶侃均在千里之外，远水救不了近火，因此，朝廷未经战阵的军队与王敦的虎狼之师相遇，究竟能否取胜，尚属未知。如果此时与王氏彻底决裂，以后将没有一丝的回旋余地。

第四，激起王敦之变，当然是司马睿为了提高皇权，不过，司马睿采取的办法是利用刁协等人，来分割王氏家族的权力，这说到底，还是一个君主利用大臣之间争斗搞的一种平衡。如果把王氏家族斩草除根的话，司马睿势必面对一个刁协、刘隗一支独大的问题。刁协、刘隗就一定比王导更加忠心吗？当下二人的忠心，难道就没有一点与王导争权夺利的私心驱动吗？毕竟，司马睿与王导相知多年，与刘隗、刁协二人的亲近还是几年前的事情。即使是战胜了王敦，留下受到重创的王导作为刘隗、刁协二人的掣肘，亦无不可。

在刘隗回师建康之前，在周顗的极力斡旋下，司马睿就已经拿定了继续利用王导的决心，因此，在刁协、刘隗二人向司马睿建议诛杀王氏家族的时候，司马睿断然否定了这个意见。刚才还在群臣面前谈笑风生的刘隗陡然感到了极大的不安，不过，他还是顺从地接受了司马睿的命令，率部前往金城驻守去了。

送走了刘隗，司马睿命人将王导上缴的朝服退还给了王导，并在宫中予以接见。走进宫中，王导顿首谢罪说：“乱臣贼子，哪个朝廷没有啊？我没有想到今天竟然出现在臣下的家族里！”——记住，王导对司马睿的这番话，是给王敦的行为定了性的，即王敦是乱臣贼子，而王导内心深处真的就是这么想的吗？从以后发生的事情上，我们就会知道答案的。

而此时，司马睿表演得更是出格，在传召王导进宫到王导走到跟前的这段时间里，司马睿能穿上鞋子，再脱下几十遍，但是，他不，而是在见到王导进屋、并听了王导这番话以后，他才慌里慌张地光着脚从床上跑下来，将王导扶起，像朋友一样亲昵地称呼着王导的字，说：“茂弘啊，我正要把建康城方圆百里人民的身家性命，都拜托给你呢，瞧你说的这是啥话啊！”——好像过去剥夺王导权力，试图杀掉王氏家族，都与他毫无关系似的。

接着，司马睿下诏，任命司空王导为前锋大都督，以尚书令刁协出督六军，加封周顗为尚书左仆射，王邃为尚书右仆射，建康附近的地方官全部加军号。至此，司马睿的部署业已全部完成：戴渊领兵扼守建康朱雀桥，负责建康城的正面防卫；刘隗前突至金城，迎击敌人；右将军周札驻守建康西面门户石头城，护卫建康的西面；太子右卫率周筵火速赶往了三吴去平定沈充，同时，司马睿也正式下诏命令甘卓、陶侃领兵攻击王敦的背后。

面对着司马睿的部署，王敦又将如何应对呢?

三六　台城陷落

为了进一步拉拢王导，司马睿下诏说："王导大义灭亲，请将我当安东将军时朝廷曾经颁发给我的节，交给王导。"除了纡尊降贵地安抚王导以外，司马睿还派遣王导的堂弟，也是司马睿的姨家表弟、左将军王廙前往王敦军中，企图劝说王敦退兵。

这当然是司马睿的一厢情愿。

不过，在司马睿看来，我没有杀掉王氏一门，现在最佳的选择是能够说服王敦退兵，这样，双方都能体面地下台阶。而能够充当此任的最好人选，非王廙莫属：虽然王廙本人没有什么实际才能，但是，名气很大，个人才艺，比如书法、音乐等造诣很深，《历代名画记》说他"善属文，攻书、画。过江后，为晋朝书、画第一。音律众妙毕综。"而且，司马睿一直对王廙宠爱有加，因此，在司马睿的眼里，王廙特殊的身份是担当这一重任的不二人选。可是，司马睿大大低估了王敦的决心，局势已经到了这个地步，还幻想双方真的能够言归于好，的确有点天真。王廙到达王敦的军营以后，就被王敦扣留不放，王廙反而向王敦透露了建康各处的兵力部署，替王敦出谋划策。

看到王廙迟迟不回，司马睿终于意识到难免一战了，为了鼓舞士气，他亲自穿上铠甲，在建康郊外检阅部队。

我们还记得在五年前，杜弢叛乱被平定以后，杜弢的部将杜弘投降了王敦，深得王敦的赏识，此时，杜弘也随着王敦一起来到了建康地面。王敦最初的打算是直接进攻驻守在金城的刘隗，但是，身经百战的杜弘对王敦建议说："刘隗手下的壮士很多，不容易迅速击败，不如先进攻石头城。周札此人对下属刻薄少恩，部队不愿意为他卖命，如果前去进攻他，肯定能够一举攻下。一旦周札被击败，前突在金城的刘隗自然退却。"

王敦采纳了杜弘的建议，任命杜弘为先锋官，率领先头部队，前去攻击石头城。按理说，石头城十分险要，但是，当时石头城的城墙可能不是太高，梁末，王僧辩驻守石头城，陈霸先命令大将侯安都领兵掩袭王僧辩，当时，因为石头城城墙不高，侯安都的士兵竟然能将侯安都举着，扔进了石头城内，从而奠定了胜局。我们不能以多年以后的事情逆推如今的情况，但是，此时的石头城的防卫大约也不十分牢固。在杜弘士兵的攻击下，跟从周札驻防此处的奋威将军侯礼战死，周札见势不妙，大开城门投降了王敦军，石头城被王敦所部顺利占领了。王敦军拿下了石头城，建康的西门洞开，谁都知道，攻陷建康只是迟早的事情，王敦登上石头城，俯瞰着建康，他掩饰着内心的喜悦，不禁叹息一声，说道："从今往后，我再也做不成让后世赞扬的大事了。"——意思是，攻下石头城，这是自己与皇帝的军队第一次短兵相接，自己的忤逆行为成为现实，这肯定会遭到后世的唾骂。在王敦身边的谢鲲不失时机地劝慰道："哪能到那种地步呢？只要从今开始，大家忘掉过去，（重新开始）就行。"

丢掉石头城以后，司马睿变得又惊又气，举动失常。他命令京师的所有部队全部出动，发誓要夺回石头城。各路部队开始向石头城发起进攻，刁协、刘隗、戴渊各自率领部队与王敦军接战，均被打得大败；接着，王导、周顗、郭逸、虞潭等悉数出战，也均遭败绩，建康城能用之兵几乎损失殆尽。太子司马绍听说以后，不禁怒火中烧，想要率领卫士亲自出战，太子中庶子温峤拉着马笼头死死劝谏，说："殿下，您是国家的继承人，怎么能不顾自身的安危，而不顾天下呢？"抽出宝剑将套马的皮带斩断，司马绍才停了下来。

建康就这样轻易地变成了无防之城。

司马睿失败得有些突然，也有点蹊跷。各种史书对此都是一笔带过，对于当时的细节没有做出过多的描述，这大约出于历史上为尊者讳的传统吧。然而，即便如此，我们也深切地感觉到，当时的建康守军并不卖力，建康民众也是袖手旁观。究其原因，大约是司马睿的发奴为兵确实是"士庶怨之"吧？另外，指挥这次战斗的都督王导，本身就不愿意看到己方的胜利，因为，如果司马睿胜利的话，也许王氏家族会变得更加危险，反之，不仅能够除掉异己，而且，王氏等大族的利益还能得到有效的维护。史书没有透露王导在后面做了什么样的手脚，我们不好断言，不过，千载而下，我们设身处地的想想，大约也能够揣测到一二吧。

王敦高居在石头城上，并以此为据点，纵兵大掠建康城，百官全部逃散。只有安东上将军刘超率领部下宿卫宫中，另外还有两位侍中陪伴着司马睿。刘超是琅邪国的故人，对司马睿忠心耿耿，他本来在服父丧中，因为王敦之变，司马睿特意下诏夺情，让刘超赶回。败退以后，戴渊率领亲随百人回到宫中，等待司马睿的下一步命令；刁协、刘隗一起入宫，与司马睿在太极殿的东殿相见，司马睿看到两位忠臣，不禁悲从中来，他痛哭失声，劝令二位赶紧各自逃难。

刁协说："臣当守在此，等待被杀，不敢有二心！"

司马睿看着这位倔强的老人，哭着说："现在事情太危急了，怎能不逃跑啊！"命令手下给刘隗与刁协两位大臣准备马匹，让他们各自逃命。

刁协年事已高，骑不了马，如今树倒猢狲散，招募来的随从走到半道，也是一哄而散，逃之夭夭，只剩下刁协一人，走到江乘，被人所杀，传首王敦。王敦听任刁协的家人将其收葬，司马睿对刁协之死十分痛惜，他秘密派人将杀死刁协之人捕杀；刘隗则逃到了淮阴防地，却遭到北中郎将、兖州刺史刘遐的袭击［此时的刘遐正准备从防地彭城（今江苏省徐州市）南下，以躲避石虎咄咄逼人的攻势］，刘隗带领家属、亲随共计二百多人逃往石勒，被石勒任命为从事中郎、太子太傅，后死于石勒的赵国。

三七 王敦专权（一）

司马睿在与王敦的对决中彻底失败。

他失去了自己最亲信的两位大臣，几年来苦心经营收回皇权的一切努力也付之东流，更重要的是，他失去了身为皇帝的尊严，看着在京畿之地到处抢劫、无法无天的王敦士兵，司马睿脱去了戎装，换上了朝服，无比愤怒，又无可奈何，他对身边的人无奈地说："想得到我的皇位，你王敦何不早说！至于这样残害百姓吗！"愤怒之下，他派人给王敦传话："你如果还心怀本朝，现在就下令停止军事行动，维持过去共天下的局面；如果再不停止，我马上回我的琅邪国，不挡你的道儿！"接着，司马睿让百官去石头城拜见王敦，这当然是司马睿的主动示好，也为了探探王敦的底线。

王敦见到戴渊，说："前天会战，尚有余力吗？"

戴渊没有对王敦谢罪，而是直面回答："怎敢留有余力，只是力量不足而已。"

王敦接着说："我今番举动，天下人又会怎么看我？"

戴渊回答："只看到表面的人，会说这是叛逆；体会到您内心的人，会说这是忠义。"

其实，这是戴渊在委婉地拍王敦的马屁，王敦一听就笑了，说："你真会说话。"

转眼看到周顗，王敦劈头盖脸就说了句："伯仁，你对不起我！"

周顗没有像戴渊那样，而是直面答道："大人兵车犯上，下官亲率六军，然而自己无能，使王师失败，因此对不起您。"

周顗的话，不卑不亢，义正词严，一时间说得王敦张口结舌，无从回答。

王敦私下拉着王导，埋怨王导说："过去你不听我的话，非要立这位做皇帝，你看看，差点我们王家遭到灭门之祸！"

百官们见过王敦以后，司马睿为了争取主动，又下诏任命王敦为丞相、都督中外诸军事、录尚书事、江州牧，封武昌郡公，司马睿知道王敦历来对太常荀崧十分敬重，所以，就派荀崧亲自去石头城“就拜”——而不是让被拜官的人到朝廷这里接受官职，可见，此时的司马睿是多么的屈辱。然而，即便如此，傲慢的王敦余怒未消，他似乎是想狠狠地刺痛司马睿的心，让皇帝的尊严全部扫地，因此，没有接受司马睿的妥协，坚决拒绝了官职。（而《晋书·元帝本纪》的记载与此有异，称：四月，“敦乃自称丞相，都督中外诸军事，录尚书事，封武昌郡公，邑万户”。）司马睿虽然给王敦送上了和平的橄榄枝，但是，王敦并没有接受，这令司马睿对自己的处境十分担忧。他看到朝臣们从王敦那里回来，就将周顗召到广室中，试探着询问事态可能的走向，他说：“目前发生的大事，两宫无恙，大家也都平安，大将军已经满足了吗？”周顗回答：“两宫的情况确实像圣上所说，但是，臣等的安危，就不好说了。”

周顗也许已经意识到自己可能要大祸临头。不过，当护军长史郝嘏（此时周顗加护军将军）劝周顗避避王敦的风头，他没有选择退缩，而是慨然回答道：“我辈位朝廷大臣，朝廷失败，我怎可在荒草中求活，或者外逃依附于胡越呢？”

王敦当然要牢牢地控制住朝廷大权，他在打败了中央军以后，首先做的事情是，大赦天下。在王敦军进攻建康的同时，沈充自吴兴郡正进攻吴国，杀掉了吴国内史张茂。（《晋书·张茂传》记载张茂为吴兴内史，错误，因为，根据《晋书·孔愉传》的记载，孔愉因向司马睿建议王导忠诚，而被司马睿疏远，“累迁吴兴太守，沈充反，愉弃官还京师”，说明了当时的吴兴太守是孔愉，沈充起兵以后，因为孔愉弃官而逃，所以，顺利地拿下了吴兴，接着，才进攻东北方向的吴国）张茂，字伟康，是会稽人，与同郡的孔家孔愉（字敬康）、丁潭（字世康）齐名，号为“会稽三康”。张茂年少的时候，曾经做过一个梦，梦见了一头大象，他向一名占梦家万推询问吉凶，万推回答：“你将为大郡的郡守，只是不能善终。”张茂问原因，万推说：“象是大兽，兽是守的意思，由此而知君当做大郡的太守；不过，大象会因为象牙而被捕杀，为人所害，由此知道，不能善终。”至此，果然被沈充所杀。此时，曾经弹劾过刁协的熊远，为会稽内史，沈充加熊远为将军，但是熊远拒而不纳，只是保境安民，采取了中立立场——一向以正直闻名的熊远没有站在司马睿一边，也证明了王敦以讨伐刘隗、刁协为名的策略取得了成功——周莚率领那三千水军还没有整军出发，就听说了自己的叔叔周札献出石头城，导致台城陷落的消息，忠义的周莚不禁大怒，愤恨不已。王敦首先所要做的就是赶紧安抚住各种的异己势力，稳定住局势。

第二，在大赦的同时，王敦没有忘记剪除司马睿的羽翼。如今，刘隗、刁协死的死，逃的逃，剩下的能够分割王氏家族权力的就剩下了戴渊和周顗了。王敦的参军吕猗，曾经做过尚书郎，性格十分奸谄，戴渊当时为尚书，对此人非常厌恶，因而吕猗一直怀恨在心。当王敦接见了诸位大臣以后，吕猗趁机对王敦进言："周顗、戴渊，这两个人都有很高的名声，足以迷惑群众，两人见您时说的话，没有一点愧疚之意，大人如果不除掉此二人，还让他们执政的话，恐怕还要麻烦您再次起兵，留下将来之患。"

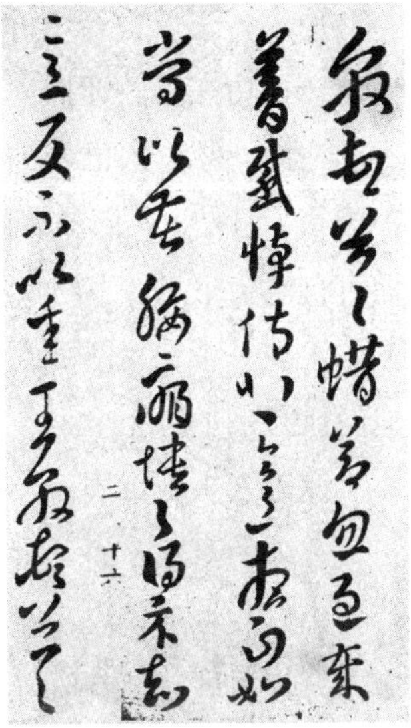
王敦蜡节帖

王敦本来就对二人之才很忌惮，也赞同这种说法，不过，这两个人一个为南人之望，一个是北人领袖，对此二人的处理确实比较棘手。王敦试探着询问王导说："戴渊和周顗是南北两地的人望，请他们做宰相级的职务［三司：司马（晋为太尉）、司徒、司空］，应该可以吧？"

王导沉默不语。

看到王导不语，王敦意识到王导是不同意，他接着问："那么，不让他们做三司，难道说只能让他们做尚书令、尚书仆射？"

王导依然装聋作哑，不做答复。王敦想了想，最后说："如果这也不行的话，那只有杀掉他们了。"

王导还是没有吱声。

王敦派遣部将邓岳、缪坦前往逮捕戴渊和周顗。在绑赴石头城的刑场途中，路过御道旁边的太庙，周顗大声呼喊着："贼臣王敦，颠覆朝廷，枉杀忠良，神明有知，请赶快诛杀奸贼！"

押送的军士用长戟猛刺周顗的嘴巴，周顗的嘴巴被长戟戳穿，鲜血从脸上一直流到脚面，然而，周顗还是那么从容，那么镇定，路人见之都落下了眼泪。

周顗与戴渊二人均被杀害于石头城南门外的石头之上，周顗死时年仅五十四岁。

周顗和戴渊的被杀在当时引起了不小的波澜。

原来，王敦曾经告诉谢鲲，自己打算任命周顗为尚书令、戴渊为尚书仆射的事情，正巧在王敦逮捕周、戴二人的当天，王敦问谢鲲近来人心怎么样，谢鲲还不知道周、戴二人已经被王敦逮捕，他趁机建言说："虽然大人此次行动志在保护国家，但是，人们却议论大人在大义上似乎有些缺陷，如果能重任周顗和戴渊，谣言自然会平息。"

王敦一听，暴跳如雷，说："你是粗心还是怎么的？那二人不行，我已经把他们抓起来了。"

谢鲲素来敬重周顗，听了这话，竟愣在了那里。

王敦的参军王峤（太原王浑的祖孙）苦谏王敦，王敦大怒，要斩杀王峤，一时间无人敢表示异议，谢鲲说："大人发动这么大的行动，没有诛杀一人，今天却因为王峤进言，就要以他的鲜血染红您的战鼓，不是太过分了嘛！"王敦才没有杀掉王峤。

司马睿派王敦的堂弟王彬（王廙的二弟、王羲之的二叔）去慰劳王敦，王彬一向与周顗关系很好，他到石头城以后，先去城外吊唁周顗，痛哭之后，才进城去见王敦。王敦看到王彬满脸泪光，感到奇怪，就问出了什么事，王彬老实回答："刚才先去哭了伯仁，情不自禁。"

王敦说："伯仁他是自取其祸。况且，人家只是把你看作平常之辈，你对人家又有什么好哭的？"

王彬回答："伯仁是一个宽厚的长者，也是你的亲友。在朝中虽然没有经常发表正直的言论，但是，从不结党营私，却在大赦以后被杀，所以我才伤心啊！"然后，愤怒地责备王敦说："哥哥你起兵冒犯陛下，杀害贤良大臣，图谋不轨，将要给我们整个家族带来灾祸啊！"

说着说着，眼泪又流了下来。

王敦闻言大怒，他狂呼着说："你竟然疯狂到如此地步，你以为我不敢杀你嘛！"

当时，王导也在座，生怕王敦盛怒之下真的杀掉王彬，赶忙起来解劝，让王彬给王敦认个错，赔个礼。

王彬说："自从我患了脚病以后，见到天子我都不想下跪，这会儿怎么会跪？而且，我说这话，有什么好道歉的！"

王敦冷冷地说："你跪下来脚痛，总比脖子痛要好些！"

可是，王彬却一点也不惧怕王敦的威胁。

三八　王敦专权（二）

王敦要做的第三件迫在眉睫的事，就是劝返甘卓军。

甘卓驻军在猪口，乐道融苦苦相劝，请求甘卓趁机攻下武昌，甘卓就是不听，乐道融忧愤而死。即便如此，甘卓的数万大军驻扎在武昌附近，总让王敦一直心神不宁。因此，在控制了朝廷以后，王敦立即想起了在整个晋代屡试不爽用来止兵的“驺虞幡”，他命人从皇宫中取出了“驺虞幡”，立即西上，命令甘卓退兵。

此时，甘卓已经听到了周顗与戴渊被害的消息，他对着自己的侄儿甘印哭着说：“我所忧虑的，正是今天之事。过去，每次得到朝中人士的书信，都只关注胡人的进犯，不想我们朝中竟然出现了内乱。好在皇上身体还好，太子无恙，我驻守在王敦的上游，他也不敢恣意危害朝廷。我如果直接占领了武昌，王敦走投无路，肯定会挟持天子，让四海失望。不如暂时回到襄阳，再作打算。”

当即，就命令回师。

都尉秦康劝说甘卓：“现在分兵攻击王敦并不难。只要切断彭泽（今江西省湖口县西），那样，王敦上下游的部队就被切为两段，自然败散，一战就能拿下他。将军既然举起了义旗，如果半途而废，成为败军之将，追随将军的部队也都各自西返，恐怕守也是守不住的啊。”

甘卓为人历来比较宽和，谁知突然之间却变得十分强硬，一句劝谏的话都听不进去，直接率军就回了襄阳。

回到襄阳后的甘卓更像中了邪一般，听到有人劝谏，就勃然大怒；家中也出现不少不详之事，他自己照镜子的时候，竟突然之间看不见了脑袋。主簿何无忌、功曹荣建，包括甘卓的家人都劝说，要加强戒备，以免遭到王敦的暗算，但甘卓就是不听，反而解散军士，让士兵们从事农业生产。襄阳太守周虑等人为了讨好王敦，密谋刺杀甘卓，他们趁着甘卓熟睡之际，对甘卓的护卫亲兵们谎称湖中鱼很多，让大家都去捕鱼，然后，率众把甘卓杀死在卧室的床上，将首级传给了王敦，并将甘卓的三个儿子悉数处死。

这是永昌元年五月间的事，也就是在王敦攻下石头城后不足一个月，甘卓内部就发生了内乱。甘卓死后，王敦任命自己的亲信、原梁州刺史周访的长子周抚都督沔北诸军事，接替甘卓的位置。

第四件是议废太子。

太子司马绍已经二十四岁，是一个成年人了，司马睿被打得颜面扫地，彻底投降服输，但是，这个成年的太子却让王敦寝食难安。因为，司马绍年少的时候，以聪明闻名，长大以后，更是“神武明略，为朝野所钦服”。《世说新语·豪爽》记载一件事，足以说明：“晋明帝欲起池台，元帝不许。帝时为太子，好养武士，一夕中作池，比晓便成。今太子西池也。”从这一条中，我们起码可以得知以下两个信息，一是，司马绍性格果敢、执着。一旦他认准要做的事，即使身为皇帝的父亲不同意，自己也会坚决地做下去。二是，司马绍身边有一大群效忠自己的力量。这股力量可以在一个晚上，开挖出一个不大不小的池塘，自然不可小觑。当然，那晚开挖池塘的肯定不局限于司马绍个人身边的武士，应该也包括司马绍能够调动的所有效忠于自己的大族奴婢，但这件事情本身，就足以说明司马绍的力量。从司马绍在听到六军败绩之时，要奋不顾身与王敦拼命一事来看，王敦深知，不借口废掉司马绍，自己乃至王氏家族的将来都没有可靠的保障。

我们知道，因为司马氏得国不正，因此，在晋代最为崇尚的道德标准是孝，而不是忠（孝，就要求听命于自己的长辈，逐渐发展成为“一个人可以不对皇帝尽忠，但要对自己的家族尽忠”的畸形价值观，而这种所谓的孝也恰恰符合大族维护自己利益的愿望），这时，王敦就想以司马绍不孝为名予以废黜。

王敦控制建康以后，把太子中庶子温峤任命为自己的军司，所以，王敦大庭广众之下说出司马绍种种的不孝行为以后，最后总忘不了加上一句：“这是温太真说的，温太真过去是东宫率，现在是我的军司，他对此十分清楚。”

不一会儿，温峤来了，王敦厉声问道：“皇太子为人怎么样？”

温峤回答：“身为小人的我无法揣测出君子的作为。”

王敦看到自己的图谋没有得逞，还不甘心，想让温峤顺着自己的意思回答，于是，继续声色俱厉地追问：“太子有什么好？”

温峤从容回答：“太子才学广博渊深，这的确不是我这个见识浅陋的人所能窥测，但是，太子他能够以礼侍奉双亲，确实是个孝子。”

聪明的温峤装作不明就里，轻松地驳斥了王敦想要诬陷司马绍不孝的言论。温峤此言一出，在座的大臣们也都纷纷表示同意，王敦无奈，只得暂时把废黜司马绍的事情放在了一边。

王敦所要做的第五件事，是“宠树亲戚”，夺回并扩大王氏家族在朝中的权力。

如前所述，王敦虽然没有接受司马睿的丞相封号，但是，却自称丞相，都督中外诸军事，录尚书事，封武昌郡公，邑万户。这里面当然与王敦的刚狠个性有关，不接受你封的，是让你司马睿心里更难受，可是，对外我还得做你给的这个官，要不然，我没法工作。他除了任命太保、西阳王司马羕为太宰以外，又把架空了的司空王导，加尚书令的职务；任命自己的亲哥王含为卫将军；任命从弟王廙为都督荆州、梁州二州诸军事，平南将军，荆州刺史，领护南蛮校尉，去看护自己的上游和后院，在王廙死后，任命王舒为鹰扬将军、荆州刺史、领护南蛮校尉、监荆州沔南诸军事；任命王邃为征北将军，都督青州、徐州、幽州、平州诸军事，徐州刺史，镇守淮阴，代替北逃的刘隗的职位；任命王彬为前将军、江州刺史，处于建康与武昌之间的联系地带等等。其次，任用能与王氏家族合作的人士。邓攸，字伯道，有高名，从李矩那里逃到江东以后，曾被司马睿任命为吴郡太守，为官十分清廉，去吴郡上班是用船从家里满载着自家的粮食去的，只喝吴郡的水，此人既清廉，又谦和，还善于与士大夫们周旋，和刁协、周顗关系都很好，但是，却对权贵们既恭敬又献媚。王敦用这样的人放心，就任命其代替死去的周顗的护军将军职务。

对于南士，一则王敦不敢放心使用，二则这些人不想厕身于矛盾旋涡。纪瞻是常年称病，规避矛盾；王敦任命顾众为吴兴内史，顾众也不愿意过多掺和王敦与司马氏之间的纠葛，王敦起兵的时候，顾众为鄱阳太守，在王敦的一再催促下，才率军赶来。此时，顾众当然知道吴兴是沈家的老巢，因此坚决推辞，举荐了尚书郎桓彝；桓彝门第低微，自然也不敢火中取栗，此事就不了了之；还有虞潭也是“以疾告归”。不仅如此，一些倾向于司马氏的人士也都采取了辞官告归的态度，如应詹作为刘隗的军司，自然属于王氏的异己，因此，应詹“以王敦专制自树，故优游讽咏，无所标明”。诸葛恢在太兴初年做过会稽内史，因为符合司马睿的执政理念，“政清人和”，政绩曾经被考核为全国第一，王敦之变的时候，诸葛恢因为在家服母亲的丧事而躲过了此难，等王敦得志以后，任命诸葛恢为丹阳尹，但是，诸葛恢却“以久疾免”。

除此之外，王敦还要安排好另外一个人，那就是刚刚从邹山南撤回来的流民帅郗鉴。

郗鉴南下本来是司马睿对付王敦，联合北方流民帅的一步棋，因此，征召郗鉴时，司马睿给予郗鉴的职务很重要——领军将军。然而，王敦之变来得如此突然，结束得这样迅速，等郗鉴率众渡过淮河以后，王敦已经迅速控制了建康，建康形势大变，郗鉴不敢贸然再南下，就率众暂时停留在了合肥。王敦当然不会让一个流民帅去做中央军的领军将军，于是，改任郗鉴为尚书。离开自己的部曲只身前往建康做官，郗鉴当然不愿意，对于任何一个流民帅来说，失去了自己的部曲将士，自己就什么也不是了，况且，以一个流民帅的身份，直接被任命为尚书，也非寻常之举，因此，郗鉴以生病为由予以了拒绝，王敦只好给其加了一个安北将军的名号，让其带着自己的部队暂时屯驻在合肥，接管原来戴渊的防地。

以防万一，王敦不仅要任命自己的亲信把持朝廷大权，还要从制度上牢牢地控制住朝廷。据《晋书·良吏传附邓攸传》记载：“初，王敦伐都之后，中外兵数每月言之于敦。”也就是说，每个月，朝廷的领兵将领必须要向王敦汇报各地，尤其是朝廷部队人数增减，这一招似乎十分厉害。

三九　王敦专权（三）

王敦最后要做的就是诛杀异己。

赶走了刘隗、杀掉了刁协，诛杀了周顗、戴渊，暗杀了甘卓，王敦对于曾经追随甘卓起兵反对自己的将领，也开始反攻倒算。首先是巴东监军柳纯，柳纯是蜀郡人，老爸柳伸曾经做过诸葛亮的从事，柳纯曾历任巴郡、宜都、建平太守，西夷、长水校尉，巴东监军，一直防守着东晋的西大门。就在王敦攻下建康后一个月，也就是晋元帝永昌元年（公元 322 年）的五月，成汉帝国趁着晋国内乱，派将军李龙进攻巴东，柳纯还出军将其击败。但是，这仍然不足以消除王敦的怨恨，到了第二年，即晋明帝太宁元年（公元 323 年）四月，王敦派人将其杀害。其次是南平太守夏侯承。夏侯承是夏侯湛的侄儿，而夏侯承的一个姑姑夏侯铜环则是司马睿的妈妈，另外一个姑姑是王廙的妈妈，因此，夏侯承与王廙、司马睿都是姑家表兄弟关系，而王廙与司马睿则是姨家表兄弟关系。看到自己的从兄王敦一定要杀掉夏侯承，王廙是苦苦哀求，在王廙的哀求之下，王敦终于放过了夏侯承，改任为散骑常侍。最后，就是要处理谯王司马承了。

在王敦攻陷台城以后，湘州刺史司马承率部依然在长沙苦苦支撑。

继司马虞望战死之后，衡阳太守刘翼也战死了，然而，苦苦等待甘卓援军的长沙守军没有等到援军，却等来了建康陷落的消息。王敦在攻下建康以后，除了使用“驺虞幡”让甘卓退军之外，还让朝中大臣给长沙城中司马承和其他将领写信，告知建康已经陷落的消息，以瓦解长沙守军的军心。果然，在坚守了近百日之后，长沙军民终于得知了建康陷落的消息，都感到没有了希望，很快地，长沙城就被魏乂大军攻破。

魏乂将司马承打入囚车，送往武昌，司马承身边的佐吏四散奔逃，只有主簿桓雄、西曹韩阶、从事武延变服为奴，跟随囚车陪护着司马承。与司马承一起被俘的还有春陵令易雄、司马承的长史虞悝。虞悝弟弟虞望曾杀死了王敦的姐夫湘东太守郑澹，因此，虞悝自知难逃一死，当被魏乂处死的时候，虞悝慷慨地说："人生都有一死，全家能成为忠义之鬼，死而无憾！"被魏乂所杀的还有司马承的主簿桓雄，魏乂看到桓雄进退有礼，觉得此人绝非奴仆，生怕出现意外，也将桓雄就地诛杀。似乎还没有将司马承送到武昌，王廙就按照王敦的指示，命人将司马承杀死在半道上，司马承死时五十九岁。

韩阶和武延将司马承的尸首收殓好，一直护送到建康，埋葬完毕才回到长沙。只有春陵令易雄被送到了武昌，王敦派人将司马承起兵时易雄书写的檄文拿给易雄，责备易雄。

易雄回答："这都是真的。只是我易雄职位小，力量不足以解救国难。王室毁坏，我活着还有什么意思！今天杀了我，我可以做忠魂，这是我的心愿！"

王敦当时没有杀掉易雄，而是把他放了，亲戚朋友们都向易雄道贺，易雄笑着说："昨晚我梦见我坐着车子，车子旁边挂着肉。有肉必有筋，筋就是斤。车旁有斤，那就是斩啊。我将要被杀了吧！呵呵……"

不久，王敦真的派人将易雄杀掉了。

湘州刺史司马承被杀以后，就空出了一个湘州刺史的位置，司马睿下诏让陶侃接任，但是，王敦不同意。

陶侃在王敦之变中，被司马睿任命为江州刺史，并派高宝出兵帮助朝廷，然而，高宝所部直到长沙陷落也没能抵达长沙，其观望态度可见一斑。此时，司马睿想让陶侃从岭南进入岭北，这让王敦很不放心，在王敦的要求下，朝廷只好让陶侃继续做他的广州刺史，不过为了安抚他，给他加了一个散骑常侍的虚衔。而湘州刺史的位置，大约由王敦给了南蛮校尉魏乂。魏乂拿下长沙以后，到处派人寻找邓骞的下落，邓骞的家人都为此感到担心，可邓骞却说："他新得到湘州，多杀忠良，正想以我来满足安抚大众。"邓骞就主动去见魏乂，魏乂任命邓骞为湘州别驾。

在处理了这些事情以后，王敦就回到了武昌。屈指算来，王敦四月攻下石头城，（《资治通鉴》称王敦是三月攻下石头城，四月就回到了武昌）大约在建康待了仅仅一个月左右，在此期间，性格高傲的王敦始终没有朝见司马睿，就回到了武昌。

为什么王敦不需要继续待在建康呢?

合理的解释是，朝廷已经完全被王氏家族所控制。

那么，又是什么原因能让王敦这么快地控制了朝廷呢?

其实，在王敦的一系列举措后面，我们似乎都能隐隐约约地看到另外一个人的影子，那个人就是——王导。之所以能够造成这个结果，此人的作用应该不可小觑。

《晋书・王导传》在记述王敦攻下石头城以后，只说到王敦曾经埋怨王导当初没有听从自己的话，另立他人，而这时，史书对王导的话却没有做具体的描述，仅仅说了四个字“尤持正议”。在如此重大的事件中，一位首席大臣的言行仅仅四个字就一笔带过，这的确不同寻常，难道在政权跌宕起伏的这几个月里，一直处于矛盾旋涡中的王导真的就消失了吗？还是总以沉默来表达自己的主张呢？我们从《晋书・王彬传》里，可以看到，王导先生并没有消失，因为在周顗被杀于石头城南门外的时候，这位先生正与自己的堂兄王敦安坐在石头城内。我们知道，王导后来长期作为宰相，也许很多重要的史实都被“消化”掉了吧？

很久以后，王导在整理中书省的档案资料时，才发现周顗当初为了营救自己而写给司马睿的奏疏，直到此时，王导才意识到自己错怪了老友。他把奏疏拿在手里，哭着说：“吾虽不杀伯仁，伯仁由我而死，幽冥之中，负此良友！”——当时，王导想借刀杀死周顗，似乎也是真的；后来的悔恨之情，似乎也是真的；而用这句话将自己应负的责任推给王敦，似乎也不假。

四〇　惨痛代价

这次永昌元年年初的王敦之变，影响甚巨。

王敦之变导致了王氏家族权力空前膨胀。史称，王敦得志以后，更加骄横，四方贡献多入王敦府邸，地方大员都是王敦的私人，王敦以沈充和钱凤为智囊，以诸葛瑶、邓岳、周抚、李恒、谢雍为爪牙，相反地，东晋皇权则降到最低点，司马睿真正成了孤家寡人。到了这一年的闰十一月十日，毫无实权的司马睿忧愤成疾，被王敦活活气死了，终年四十七岁。临死前，司马睿留下遗诏，请求王导辅政。

除此之外，这场事变还在很多方面影响了东晋一朝的政治走向。

一是，奠定了整个东晋时代皇权不振、重臣掌握大权的基础。王敦以讨伐刘隗、刁协为名与皇帝直接发生冲突，并打赢了这场战争，这使得晋元帝颜面扫尽，让司马睿企图打压门阀政治、恢复皇权的努力，付之东流，也让司马氏皇家艰难树立起来的尊严荡然无存。这种皇权不振、门阀统治的情况成为东晋一朝的特色，然而，“君子之泽，三世而斩”，各个家族随着时代的发展而呈现出兴衰更迭的状况，门阀统治的最大弊病，不仅在于这些大族往往从自身的利益左右政治，还在于各个家族之间拉帮结派，明争暗斗，在彼此实力消长的时候，极易引发出大的矛盾和冲突。

二是，丧失了北伐的大好时机、让偏安江东逐渐成为现实。我们还记得司马睿刚刚登基的时候，四方诸侯纷纷上表劝进的盛况，当时刘琨虽然失去了并州，但是，幽州的段氏、冀州的邵续、平州的慕容傀甚至青州的曹嶷都表示归附，这些人的归附虽出于各自不同的原因，但也说明了北方各统治区内老百姓的民心。然而，从公元318年司马睿登基以后，就与王氏家族开始了持续不断的明争暗斗。从民族大局来看，有一个强有力的权力中枢和高效率的官员体系，当然比一个政出多门、对高门作奸犯科熟视无睹的政治体制，对推进北伐事业有益得多。然而，身为宰相的王导却忘记了刚过江东“新亭对泣”时的豪言壮语，根本不再关心北伐事业，致使北方的民心士气一点点地丧失。关于王导的历史功绩，历来争论很多，近代的一些史学大家似乎倾向于对王导做肯定性的评价，他们认为，似乎没有王导，就没有了东晋的存在，甚至更是上升到了没有中华文化的地步。这的确很是离谱。我想说的是，王导的近似于“无为而治”的执政理念，在大动荡的时代，只能作为司马睿刚到江东时的权宜之计，彼时起到了一定的积极意义，但是，等司马睿在江东逐渐站稳脚跟以后，再施行这一政策，已经不再是为了维护皇权，而是为了维护以王氏家族为代表的大族的利益，且这种利益也是“得过且过”的利益。王导的所作所为，如果放到一个大一统的朝代，我们不仅不会将其作为名臣对待，甚至是会被理所当然地视为奸臣。也有人说，王导的苟安是审时度势之举，理由是：当时北方胡人很强，南方又不稳定，没有北伐的条件。这其实是以果为因的说法，而没有详细地考察当时的具体情况。我们以太兴元年司马睿登基为基点一年一年地探究：在此之前，虽然司马睿没有组织北方行动，但是，司马睿和王氏兄弟在积极地采取一系列行动，稳定并扩大统治区：除掉华轶，吞并江州；讨平杜弢，收获湘州；剪除杜曾，全取荆州。到了公元 318 年司马睿登基称帝，可以说，形势一片大好：北方刘聪死亡，靳准叛乱，刘汉帝国瞬间灭亡。此时，北方势力中，只有石勒稍强，但是，也并非如几年以后那样强大——即使在数年之后，祖逖以一旅之众尚收复豫州大片土地，使石勒不敢兵窥河南。如果此时，司马睿、王导君臣上下齐心，尤其是王导舍小家，为大家，以身作则，以北伐为号召，并在北伐的旗帜下，树立起皇帝的权威，则不仅恢复故土有望，而且，内部矛盾（所谓的内部矛盾其实还是王氏兄弟一手造成的，在王敦之变中，我们可以清楚地看到，不论是南人还是北人有很多的忠君爱国者）也会消弭于无形，也就没有了后来的胡人越来越强的局面。然而，可叹的是，东晋君臣在太兴年间，把宝贵的四五年时间白白浪费掉用于内斗（而这四五年间，石勒却在马不停蹄地在逐次剪灭敌对势力，安抚民众，赢得民心）——归根结底，还是王导的私心在作祟，还是王氏兄弟拒绝交出本该属于皇帝的权力，才造成了这场内斗，使统一的可能化为泡影。从这一点来说，王导是无法望萧何、张良、诸葛亮等名臣项背的。《晋书·王导传》通篇不见多少经国奇策，倒像是一王氏家谱，而史臣最后竟将其比作诸葛亮，对于这一评价，历代不少史学家都表示了不同的看法，本人也实难苟同。

三是，造成了绵延整个东晋时代的“荆扬之争”。荆州作为扬州的上游，既是北伐的出发地，又是威胁建康的巢穴。江南政府要阻止北方势力南下，稳定江东地区，就要重兵集结荆州要地，可是，正是这种看重荆州的做法，又会造成外重内轻的局面，这与东晋特有的门阀政治结合，就造成手握荆州重兵的大臣时常威胁中央的格局，对于东晋政府来说，这的确是一个两难的选择。自王敦以后，东晋一朝屡屡出现荆州强藩威胁朝廷的事情，而王敦此举就开了一个很坏的先例。这既是门阀政治的附属物，也是荆州地区地广兵强所致，更与王敦之变的示范效应不无关系。

四一 元帝去世

我们上节说过，公元322年闰十一月，也就是在王敦攻下建康仅仅半年以后，东晋第一位皇帝司马睿就去世了。

史书对于司马睿的死语焉不详，我们再无法确知详情，第二天，即永昌元年闰十一月十一日，时年二十四岁的皇太子司马绍继位，是为东晋第二位皇帝，史称晋明帝。晋明帝司马绍继位以后，即大赦天下，并尊自己的亲生母亲荀氏为建安君。

司马睿时代就此结束，在司马睿入主江南的十五年间（自司马睿公元307年被任命为安东将军到去世的公元322年），登基之前（公元307年到公元318年）的十一年间，皇位是别人的，司马睿作为藩镇一直在忙于巩固江南属于自己的统治区；登基以后（公元318年到公元322年）的五年里，司马睿的身份发生了质的变化，在过去虽然自己是乱世中的藩王，但是，在名义上，与王导、王敦等其他下属都还是晋怀帝、晋愍帝的臣子，虽有主从，但双方之间存在着共事关系，也很正常。到了司马睿成为皇帝以后，他突然发现与王氏等大族之间的关系，应该也有一个质的变化，于是，双方围绕着是否继续“共天下”展开了长达数年之久的内耗，浪费了宝贵的时间。

不过，对于江南的内政问题，司马睿并没有因为与王氏家族的内耗而无所作为，比较著名的，就是在江南设置侨郡，安置北方的流民，这一政策在东晋以后的皇帝执政时期，也继续保持了下来，直到桓温进行“土断”为止。《晋书·地理志上》记载：“元帝渡江，亦侨置司州于徐，非本所也。”《宋书·州郡志一》也称：“自夷狄乱华，司冀凉青并兖豫幽平诸州一时沦没，遗民南渡，并侨置牧司，非旧土也。”《隋书·食货志》称：“晋自中原丧乱，元帝寓居江左，百姓之自拔南奔者，并谓之侨人。皆取旧壤之名，侨立郡县，往往散居，无有土著。”正如多年以后，郗鉴在逊位表中所称的那样，当时的北人“或逼迁徙，或是新附，百姓怀土，皆有归本之心”，由此可知，当时北方的流民南下并非如我们今天想象的那样自觉，安土重迁的古老传统，使得中国下层的普通百姓只要能勉强生存，一般是不愿意离开自己祖祖辈辈居住的桑梓之地的，而不管统治者是张三还是李四，所以，也有不少流民是被逼迫而南下的，因此，对于要尽可能多地占有劳动力和兵员储备的统治者来说，要稳定住外来流民，既要让他们能够安居乐业，生活改善，又要减少与土著居民的矛盾，就要专门为他们设立经济特区——侨郡，这些特区按照流民的原居住地设置，对于侨郡里的居民政府不征发兵役和户调。元帝太兴三年，司马睿在建康侨立怀德县，以安置渡江的琅邪国人，这是东晋政府为侨户设立郡县的开始，其后，又侨置了徐、兖、幽、冀、青、并、司诸州郡于长江南北，晋明帝继承了这一政策，据《晋志》徐州后序称：“明帝又立南沛、南清河、南下邳、南东莞、南平昌、南济阴、南濮阳、南太平、南泰山、南济阳、南鲁等郡以属徐、兖二州。”谭其骧先生将永嘉之乱以后流民南下，称为第一次流民南下活动。（见谭其骧《晋永嘉丧乱后之民族迁徙》）这一优惠政策，无疑极大地吸引了北方人民南下，造成北方的士庶人等“奔迸流移，不可胜数”的局面。（见《晋书·食货志》）

司马睿去世了，在朝臣们给死去的皇帝议定庙号的时候，怀有刻骨仇恨的王敦对死去的司马睿仍不放过，不愿意给予司马睿很高的称号，他派来使者对大家说：“目前，还是豺狼当道，梓宫未返，祖和宗的称号，就免了吧！”据《晋书·李矩传》的记载，刘汉帝国靳准之乱的时候，司马睿曾经派遣太常韩胤去迎接晋怀帝、晋愍帝的棺材，但是，“未至而准已为石勒、刘曜所没。”由此可知，当时，实际上虽有奉迎之举，但并没有迎接回来，此时，王敦就是说的这件事。

王敦的意见遭到了朝中正义大臣们的反对，太常荀崧以为：“根据礼法规定，祖是有功，宗是有德。元皇帝开启中兴，功过汉宣帝，因此，应上尊号为中宗。”大家没有采纳王敦的意见，直接为司马睿上尊号为中宗。

荀崧给王敦写信说：“元皇帝为中兴之主，死后进入太庙，怎么能随着世数，牌位要迁毁呢！因此，我征求了朝野人士的意见，由于时间紧迫，没有再次征求您的意见，就擅自上尊号为中宗了。有什么专擅之罪，听候你的发落。”

王敦本来对荀崧很敬重，原打算加封其为司空，看到荀崧对司马睿这态度，他心里很窝火，可木已成舟，又不好说什么，只能听之任之了。以牙还牙，王敦提议晋封荀崧司空的事，也就不再提了。

四二 曹嶷之死

我们不知道，王敦对司马睿的突然去世是否感到意外，一方面，司马睿的去世，让世间少了一位在他看来忘恩负义的人，这让王敦十分宽慰；另一方面，也使另一位王敦更觉威胁的太子司马绍成为皇帝。如果已经甘心雌伏的司马睿还是皇帝的话，王敦尚有机会寻找借口将那位雄心勃勃的年轻人废黜太子之位，可是，司马睿却很快死去，司马绍顺理成章地成了当今的皇上。废黜一个太子与废黜一位皇帝的难度，那是不可同日而语的。王敦还将与司马绍展开什么样更加激烈的角逐呢?

不过，我们还是暂时将东晋的内耗放在一边，放眼看一看，这段时间里，北中国又发生了哪些剧烈的变化吧。

我们从司马睿登基为帝的太兴元年，即公元 318 年为起点，回过头来梳理一下其间石勒取得的一系列战绩就能清楚地看出，在江东政权忙于内斗的情况下，南北实力此消彼长的脉络：公元 318 年，刘琨被杀，北方抗胡的一面大旗倒下；青州曹嶷既投降东晋，又与石勒结好；刘汉帝国发生靳准之乱，石勒借平乱之机，占领原属于刘汉帝国的并州大部、司州一部，势力延伸至河东地区。公元 319 年，石勒与刘曜交恶。公元 320 年，石勒趁刘曜西进讨伐路松多之机，派遣石生掳获刘曜驻扎在洛阳的宋始军，洛阳居民全部逃归李矩，原属于刘曜占领的洛阳地区成为无主地带；生擒邵续；与祖逖在浚仪作战失利，退回河北。公元 321 年，攻陷厌次，生擒段匹磾；也就是在这一年，北方与石勒为敌的拓跋鲜卑，发生宫廷政变，郁律（沙漠汗小儿子拓跋弗之子）被其伯母惟氏所杀。

我们知道，沙漠汗三个儿子分别为拓跋猗㐌、拓跋猗卢和拓跋弗。老二拓跋猗卢时代统一三部（另外两部分别是叔叔拓跋禄官一部和拓跋猗㐌一部），实力强盛，但是，六修之乱拓跋猗卢被杀，老大拓跋猗㐌之子普根旋即杀了六修，继承代王之位，王位从老二猗卢一支转到了老大猗㐌一支。好景不长，普根很快死去，普根之母、猗㐌之妻惟氏又立了普根的儿子，普根之子也很快死去，于是，各部大人又推选了拓跋弗的儿子郁律为王，政权又从老大一支转移到老三拓跋弗这一支，这是公元316年的事。拓跋郁律与石勒为敌，隐然有问鼎中原之志，他继位五年以后，惟氏突然发动政变，杀死了郁律，立自己的儿子、普根的弟弟贺傉为主，惟氏专权，政权又从拓跋弗这一支回到了老大拓跋猗㐌这一支。这种内耗使统一的拓跋又一次走向了分裂，《北史》称"以诸部人情未悉款顺，乃筑城于东木根山，徙都之"。由于实力转弱，惟氏改变了与石勒为敌的政策，主动派遣使节与石勒和好，石勒方面称为"女国使"。

而就在这一年，王敦与司马睿的矛盾已经白热化，对局势深深忧虑的祖逖也含恨去世。祖逖的死不仅使王敦再无顾忌，也让石勒再无顾忌，更叫人痛心的是，还让驻守新郑的郭默再无顾忌了。王敦于祖逖去世仅仅三个月后就发动了叛乱，我们不再多说。石勒也在攻陷徐龛以后，将郗鉴赶到了江南，于是，"徐、兖间诸坞多降于后赵，后赵置守宰以抚之"，后赵军队像一把匕首伸向淮北地区，已将青州的曹嶷完全包围，切断了曹嶷与东晋的陆路联系，石赵军队既能北上威胁青州的曹嶷，又可以西向攻击豫州的祖约，还能南下威胁东晋的淮河防线。而由于祖逖的死，继任豫州刺史的祖约不善于安抚部众，西边的郭默竟然也起了劫掠祖约所部的念头。郭默与李矩商量此事，李矩坚决不同意，但是，郭默却一意孤行，偷袭祖约，反被祖约所败。雪上加霜的是，到了公元322年，也就是在王敦攻陷建康前后，石勒的后赵部队又向祖约驻守的豫州地区，屡屡发起攻势，相继攻占了襄城和城父，又切断了祖约与李矩之间的联系，继而，石赵军队又包围了祖逖最初的根据地谯郡。豫州刺史祖约无法抵抗，打算退屯寿春（今安徽省寿县）。

曾经与祖逖并肩作战的谯国内史桓宣劝谏祖约，祖约不听，于是，祖约所部于公元322年下半年退到了淮河南岸的寿春，祖逖生前千辛万苦得来的北伐成果在其死后不足一年时间里全部丧失，东晋自淮河流域插向中原腹地的通道被堵死，形成了单纯防御淮河沿线的被动态势，而孤悬于新郑的李矩和郭默被灭，也只是早晚的事情了，史称"后赵遂取陈留，梁、郑之间复骚然矣"。

我们知道，在太兴三年（公元320年）的时候，刘曜弘农太守尹安、振威将军宋始，还有宋恕、赵慎四军屯驻洛阳。由于洛阳处于石勒、李矩、刘曜三方交会地带，四将之间相互猜疑，李矩与郭默各派一千骑兵前去洛阳，与四将所领之兵相持。刘曜因路松多之乱无暇顾及洛阳，于是，四将同谋投降石勒，石勒闻讯就派遣石生率领骑兵五千前往洛阳，李矩、郭默退回了新郑。不久，四将又不愿跟随石勒，请求李矩派兵迎降。郭默又派了五百步兵前去接应，四将的计划也隐约传到了石生的耳中，于是，石生裹胁着宋始一军北渡黄河，离开了洛阳这一是非之地；而剩余三军以及洛阳居民也担心石赵的报复，东去依附新郑的李矩，自此，洛阳成了一座空城。

其后，石赵帝国的石生与李矩部将郭诵，多次展开摩擦，双方互有胜负，战争形态为石生进攻，李矩防守，再无公元317年赵固、郭默那样主动进攻之事了，李矩本人对此也忧心如焚，常常慨叹兵少，不足大用。兵员缺乏，这也许就是郭默在祖逖去世以后，想要抄略祖约部众的真正原因吧。

在西线与李矩、郭诵拉锯的同时，石勒把主要兵力用在了东线战场，继公元322年拿下徐龛，占领泰山郡；他赶走郗鉴全取兖州以后，石赵帝国不断蚕食青州、徐州效忠东晋的郡县，在力量十分悬殊的情况下，不少原来属于东晋的郡县相继被攻陷，投降了石赵，如琅邪郡太守孙默就是如此。第二年初，也就是东晋明帝太宁元年（公元323年），石赵主力进攻徐州的州治所在地彭城和南面的战略要地下邳，徐州刺史卞敦（卞壶堂兄）与征北将军王邃从淮河北岸退到南岸的盱眙。自此，黄河以南、淮河以北地区，除了一些零星的据点之外，大的势力仅剩下东面的曹嶷和西面的李矩属于石勒的异己。看到东晋政府依然矛盾重重，无力渡过淮河展开进攻，石勒在完成了对盘踞在山东的曹嶷战略大包围，逼退卞敦、王邃不久，就命令中山公石虎率领步骑四万，对曹嶷发起了总攻，青州郡县纷纷投降，很快地，石虎大军就包围了曹嶷的老巢广固（今山东省青州市），在万般无奈之下，曹嶷率众投降。石勒、石虎残暴的一面凸显了出来：曹嶷被送到襄国以后，为石勒所杀；石虎将曹嶷投降的部众，坑杀了三万余人。石虎还想把曹嶷的降众杀尽，被石虎新任命的青州刺史刘征说："您如今留下我做青州刺史，是让我来治理人民的，你把人都杀光了，我治理谁？我不干了！"听了刘征的话，石虎才勉强给刘征留下了七百名百姓，让其镇守在广固。

由此，我们可以清楚地看出，祖逖的死、东晋初年本不该有的内耗，负面影响是多么大：它让石勒从容地逐次剪除北方各个异己势力。有这些势力的存在，是对石勒的掣肘；没有了这些势力，东晋政府将面临一个相对统一的石勒政权的巨大威胁，偏安之局也因为东晋君臣主观错误，转化成为客观现实。至此，石勒才算真正地强大了起来。

四三　祸福难料

虽然如此，石勒却一直十分小心地处理与周边各个势力的关系，以免陷于被围攻的境地。拓跋鲜卑主动结好自己，让石勒喜出望外；幽州的段氏是自己坚定的盟友，自不待言。段氏北边的慕容部日渐强大，引起了石勒的高度关注，他在主力南下打击曹嶷的同时，北上派出使节，请求与慕容廆和好，但是，慕容廆却拒绝了石勒，并把石勒的使者押送到了建康。虽然石勒结好慕容部的打算没有得逞，但是，我们还是能够体会到其人敏锐的观察力和灵活的手腕，因为，石勒早已把长安的刘曜作为下一步打击的对象了。

那就让我们顺着石勒的目光，投向身在长安的刘曜吧。

公元 320 年刘赵帝国的游子远顺利地平定了句渠知之乱，并收降了以虚除权渠为头领的大批氐羌部众，刘汉帝国的势力越过陇山，伸向秦州，也就是在此前后，氐人蒲洪率众归降了刘曜，被封为率义侯。如今，关西地区尚有凉州的张氏、仇池的杨氏割据一方，在粗定统治区以后，刘曜确定了先易后难、由近及远的策略，决定先打击仇池的杨氏，彻底安定陇西地区，为将来平定凉州扫清障碍。于是，在晋元帝永昌元年，刘曜决定率领大军彻底消灭仇池的杨氏，收降秦州尚未归附的各族民众。

我们知道，杨茂搜死后，长子杨难敌与弟弟杨坚头分领部众，杨难敌驻扎在下辨（今甘肃省成县西），杨坚头驻扎在河池（今甘肃省徽县西）。六年前，杨难敌曾经盘踞汉中地区，被汉中民众张咸等人驱逐，六年后，杨难敌所部的战斗力依然不强。面对刘曜的大军，杨难敌出兵迎击，却被刘曜军前锋击败，只好撤出下辨地区，逃往仇池台地。下辨地区的氐羌部众纷纷投降刘曜。刘曜深知仇池台地有三十六回羊肠盘道，易守难攻，而如今的杨难敌已成惊弓之鸟，不足为虑。于是，刘曜亲自率领大军西上，进攻盘踞在南安（今甘肃省陇西县东北）一带的司马保旧将杨滔。

南安，是陇山（六盘山）以西的一个重心。秦汉时期为陇西郡，明代为巩昌府。《读史方舆纪要》称其“翼蔽秦陇，控扼羌戎”，自古为用武之国，可以东上秦陇，南下武都、成县，扼断益州、梁州咽喉；西上兰州，控制黄河、湟水津要。要巩固关中，就必须控制陇右，要保证陇右的安全，就必须拿下南安！

面对刘曜气势汹汹而来的大军，杨滔无力抵抗，与陇西太守梁勋等人全部投降了刘曜，被刘曜封为列侯，刘曜命令侍中乔泰率领甲士五千人，将杨滔等人以及陇右地区的豪族大户共计一万多户，全部迁到了长安，然后，留下征西将军刘贡率军驻守在那里。

在兵不血刃稳定了秦州西部地区以后，刘曜又回师仇池，准备将杨难敌彻底拿下。

然而，恰恰就在此时，刘曜却突然生病了！不仅如此，更糟糕的是，军中开始流行传染病，于是，刘曜与众臣商议班师，可他又担心在撤军的途中被杨难敌追击，思来想去，刘曜决定以尚存的兵威，去招降杨难敌。

刘曜任命能言善辩的尚书郎王犷为光国中郎将，出使仇池，在王犷的说服下，杨难敌派出使者，表示归降称藩。刘曜喜出望外，立即加封杨难敌为使持节，侍中，假黄钺，都督益州、宁州、南秦州、凉州、梁州、巴州六州及陇上、西域诸军事，上大将军，益宁南秦三州牧，领护南氐校尉，宁羌中郎将，武都王，并将杨氏子弟十五人封为公侯、列将和二千石。

一切都进行得出乎意料的顺利。然而，一个人却使事情发生了意料之外的逆转。

此人就是陈安。

据《太平御览》记载，陈安，字虎侯，成纪平庄人，历代农民，小时候，陈安说：“大丈夫当乘坐高车，执掌节钺，怎能总与锄头打交道呢？”于是，就游学洛阳，读《魏书》而仰慕三国许褚之风，因许褚被曹操称为虎侯，陈安也将自己的字改为虎侯。史称陈安：“骁勇果毅，武干过人，多力善射，奔及驰马。”陈安作为刘赵帝国的秦州刺史，当然也参与了刘曜的所有军事行动。不过，陈安作为司马模、司马保的旧将，如今又割据陇上，与刘曜的心腹不可同日而语。

刘曜病重的消息作为最高军事机密，只有近臣才能知悉，但世上没有不透风的墙，陈安也隐约得知刘曜生病的消息，于是，他假装以商议大事为由，请求觐见皇帝，却遭到了刘曜的拒绝。当时，陈安南面的杨难敌、西面的杨滔都是刚刚归降，而陈安此时居心叵测，因此，刘曜不愿意让其知悉自己病重的消息，尤其是不愿让陈安看到自己的真实病况，当然，也可能是因为刘曜的病体确实无力接见。

刘曜此举却让陈安恼羞成怒。好在我是秦州刺史，连觐见你的资格都没有？继而，陈安更加确信刘曜本人已经死亡。

回营以后的陈安，立即部署部队，大肆劫掠刘曜的辎重等，并率众逃回了自己的老巢上邽（今甘肃省天水市）。

此时的刘曜的确病情严重，大臣们将他安置在马车上，大军随之快速往长安方向撤退，只留下大将呼延寔在后面带着辎重部队，慢慢回师。逃回上邽的陈安知道，刘曜精兵撤退以后，肯定会有辎重在后。于是，他亲自率领精锐骑兵扼守住呼延寔的必经之路，呼延寔前无救兵，后无退路，与长史鲁凭一起被陈安俘获。

陈安对呼延寔说："刘曜已死，你还要去辅佐谁呢？我与你一起干，一定能最终平定天下。"

呼延寔骂道："你这个狗！你受人高官厚禄，深受别人的信任，可是，你前面背叛司马保，今天又背叛主公。你自己想想，你能比过主公吗？！我担心的是：不久以后，你的人头将悬挂在上邽城头，还说什么平定天下！速速杀我，把我的人头悬挂于上邽东门，让我看到主公的大军是怎么入城的！"

陈安听了，不禁大怒，斩杀呼延寔，任命鲁凭为参军。

在截获了刘曜的辎重部队以后，陈安又派遣自己的弟弟陈集和将军张明率领两万骑兵（《资治通鉴》称三万，此处据《晋书》），全力追击刘曜东去的大军。刘曜的主力部队在卫将军呼延瑜的率领下，奋力还击，阵斩陈集，将这两万骑兵全部俘获。这一战，陈安得到了刘曜的大批辎重，但却失掉了两万骑兵，可谓先胜后败，得不偿失。

听到陈集的两万骑兵全部被刘曜俘获的消息，陈安害怕刘曜军趁势西进，赶忙驰还上邽。回到上邽以后，为了确保安全，他很快命令部将刘烈、赵罕袭击汧城（今陕西省陇县南），将汧城拿下。

汧城，位于陇山的东侧，它东临千阳，南接陈仓，汉代曾在此设置陇关，是关中西上的交通要道。陈安攻陷汧城以后，陇右地区的氐羌部众都归降了陈安，于是，陈安士马精强，共有部众十多万人，遂自称使持节、大都督、假黄钺、大将军、雍凉秦梁四州牧、凉王，以赵募为相国，领左长史。

看到陈安有僭越之心，鲁凭对着陈安大哭，边哭边说：“我不忍心见到陈安之死啊！”

陈安大怒，命左右牵出斩之。鲁凭临死前，说：“死，自是我的本分，把我的头悬在秦州的大路上，好让我看到赵国是怎么杀掉陈安的。”

刘曜听说鲁凭被杀，悲恸地说：“贤人是天下的希望。杀害贤人，是在伤害天下人的感情，即便是太平之君尚且不敢不顾臣下之心，何况是伤害天下人的感情呢！在今天招贤纳士的时代，陈安反而去杀害君子，断绝天下的希望，由此可知，其必败无疑！”

晋元帝永昌元年（公元 322 年），不仅是遥远的司马睿的关口之年，也是刘曜备受磨难的一年。陈安叛变不说，刘曜本人还身染重病，差点死在前线。回到长安以后的刘曜慢慢康复了，但是，自己心爱的皇后羊献容却因病去世了。对于刘曜而言，这一年，大约属于相术中的“不死自己，就死家人”的灾难之年吧？虽然失去了妻子，但病愈之后的刘曜并没有因此而荒废政事，在这一年里，他相继作出以下禁令：一是，不允许没有官职的人乘马；二是，俸禄在八百石以上的官员妻子才允许穿锦绣衣服，除此之外，均只许穿粗布衣服；三是，秋收以后才能喝酒；四是，除非国家宗庙祭祀，其他场合一律不得宰杀耕牛。违反上述四条的，一律格杀勿论。为了选拔人才，刘曜还亲自到太学，主持考试，把考试成绩优异的学生直接提拔为郎中。

显然，刘曜还是一个十分重感情的人，他念念不忘死去的妻子，除了给羊献容上献文皇后的谥号以外，他还决定给死去的父亲和妻子在粟邑修筑规模宏大的坟墓，刘曜本人亲自驾临粟邑，查看地形，选址，设计陵墓周长两里，发动长安民众夜以继日的干活，造成民怨沸腾。游子远劝谏，但刘曜一点都听不进去，他还让自己的大将刘岳率一万骑兵去太原迎接父亲和弟弟的棺椁，将自己的父亲安葬在永垣陵，亡妻羊献容安葬在了显平陵。

这件事做完以后，刘曜也心知自己耗费了人力物力。为了补偿天下民众，刘曜下令大赦境内，除了必须要处死的人，在押犯全部释放回家；给全体老百姓普遍赏赐两级爵位；鳏寡孤独、生病不能自理的，都派出官员赏赐衣物和粮食。

四四 易动难安

公元322年，刘赵帝国皇帝刘曜亲征杨难敌，虽然收降了氐王杨难敌、司马保旧将杨滔和梁勋，稳定了秦州的南部和西部地区，但是，却将陈安激变，可谓有得有失。

不过，在刘曜大军曜兵陇上之时，也带来了一个副产品：处于更西边桑城的匈奴休屠王石虎表示了对刘曜的归顺。桑城，我们并不陌生，司马保占据秦州的时候，先据上邽，后奔南安，再奔桑城。据洪亮吉的《十六国疆域志》认为，桑城就是南安的桑壁，约在今甘肃省陇西县境内；有人认为，桑城在今甘肃省临洮，也有人认为在今甘肃省卓尼县东北。自汉武帝将原本处于武威的休屠王部众，内迁到黄河以南五郡之地安置以后，秦陇地区就成为屠各匈奴分布最广的地区，对此，唐长孺先生的《魏晋杂胡考》做过详细的论证，而刘曜也属于屠各匈奴，屠各（休屠）石虎的归顺也在情理之中。陈仲安先生的《王真保墓志考释》一文，更是推测，此石虎，应姓王，墓志中的“晋龙骧将军、宁夷校尉、赵显美侯”应为王石虎的官爵，这个王石虎极有可能在司马保迁往桑城期间或者以前，接受过司马保的官爵。

刘曜将南安之地的司马保残部迁往长安，当然是稳定秦州西部局势的需要，然而，始料不及的是，紧接着，上邽的陈安就发动了叛乱，同时，由于司马保旧将杨滔等人的覆灭，南安地区霎时变成刘曜的属地，这让凉州地区的张茂垂涎欲滴，他也想趁火打劫，派遣将军韩璞率军渡过黄河，占领了陇西和南安之地，设置了秦州。由于陈安背叛和张茂南下，立即让驻守在南安的刘赵帝国征西将军刘贡，处于孤悬于外的不利境地，面临来自东面的陈安和西面韩璞军的双重威胁，处境十分险恶。在秦州地区出现如此复杂局面的情况下，休屠王石虎选择了投降本族的刘曜，对于刘曜而言，这无疑是雪中送炭。有王石虎在，不仅可以在上邽的西部牵制陈安，而且，也是打入凉州势力南下的一枚棋子，刘曜闻讯不禁大喜，立即任命王石虎为使持节，都督秦州，陇上杂夷诸军事，平西大将军，秦州刺史，封为酒泉王。

说到凉州，我们不得不对于久违的凉州张氏家族这几年来的情况，做一个简要的补叙。

我们知道，张轨于公元 314 年五月去世以后，长子张寔于同年十月，被晋愍帝晋封为都督凉州诸军事、凉州刺史、西平公，那一年正是石勒袭杀晋大司马王浚之年；张寔继承父亲衣钵之后，到了公元 320 年，司马保受到陈安的逼迫而逃到桑城，司马保还想要继续逃往凉州，而张寔认为，司马保作为西晋宗室，如果来到凉州，必将威胁到自己的统治，遂派遣部将阴监率军前往司马保驻地，对内声称是去迎接司马保北上，其实是去阻止。正巧司马保被部将张春等人所杀，追随司马保的民众逃往凉州的有万余人之多，这让张寔悬着的心一下子就落了地，他自恃所居险远，便开始自高自大起来了。然而，好景不长，当时在甘肃省武威城南五十公里处的天梯山，客居着一个叫刘弘的京兆人，在那里传道，信徒有一千多人，张寔的手下也都信奉刘弘。张寔的亲兵队长阎沙和牙门将赵仰与刘弘是老乡，刘弘对二人说："上天赐予我神玺，我将在凉州称王。"阎沙与赵仰听了，都十分相信，于是，二人就与张寔的十几个帐下亲兵密谋杀掉张寔，立刘弘为主。张寔早已预感到刘弘可能会威胁到自己的统治，就秘密派人将刘弘暗杀了，但在城内的阎沙等人却并不知情，仍然按原计划行动，在夜里将张寔杀死在卧室。张寔共在位六年，与司马保在同年均被部将所杀。

张寔死后，张寔的儿子张骏年幼，凉州文武共同推举张寔的弟弟张茂暂时照管州事，大家推举他做大都督、太尉、凉州牧，但张茂只接受了使持节、平西将军、凉州牧的称号，并任命张寔的儿子张骏为抚军将军、武威太守、西平公。史称，张茂"雅有志节，能断大事"。张茂即位以后，很快就将阎沙的党羽数百人逮捕诛杀，大赦境内。除此之外，他主要还做了以下三件事。

一是，抑制豪强，消弭可能威胁到统治的潜在威胁。贾家是凉州的大姓，贾摹是张寔的内弟，权倾武威，当时，凉州有谣言称："手莫头，图凉州。"显然是指贾摹而言，张茂信以为然，设计诱杀了贾摹。此举让凉州的大族都提心吊胆，张茂也从此树立了自己的威信。

二是，建筑灵钧台，显示统揽天下，励精图治的决心。武威的灵钧台，从名字上暗合“天子立灵台以揆乾度，诸侯设观台以望云物”的意思。不过，从以后张茂对别驾吴绍的言语中，我们可以隐约地看出，灵钧台大约也不是一般的祭祀亡兄之类的建筑，而是为了防备突发事件的防御性建筑，类似邺城的“三台”，平时是可以在此居住的。按《西域考古记》引《十六国春秋》称：“太兴中，张茂筑灵钧台于端门内。”更是说明了这一点。不过，在公元321年，张茂第一次计划建设灵钧台的时候，一个叫阎曾的武陵人趁夜敲张茂的门，大呼说：“你死去的父亲张轨让我来，叫我问你，为什么要劳动百姓，去给你修这个高台？”

手下人以此人妖言，请求将此人杀掉，张茂却说：“我是真的劳动了百姓了。阎曾说的是亡父的命令，怎么能说是妖言呢？”

这时，主簿马魴（曾与北宫纯等人一起保卫过洛阳，并曾建议张轨亲自领兵直捣平阳）趁机劝谏说：“如今大难没有平复，不应大修宫室台榭。这些年来，我感觉政府比以往慢慢奢侈了，每每决策多多少少都偏离了正常的轨道，实在不是凉州百姓对您的期望。”

张茂连声道歉说：“我错了，我错了。”就停止了工程建设。

到后来张茂在击退了刘曜的进攻以后，还是大规模地重修武威城池，并捎带着又把自己一直念念不忘的灵钧台纳入了建设规划，别驾吴绍又一次劝谏，这次张茂却说：“我亡兄去世，就是变起仓促，即使是忠臣义士有尽节之心，也无能为力。你说的都是太平盛世的话，在这个乱世中不适用。”坚持大发民众，用了一年的时间，将武威城重修，并把灵钧台建了起来。

三是，出兵南安，设置秦州。张茂看到南安空虚，就出兵南安，由此开始，南安重镇，成了三方角逐的战场。张茂的这一举措，当然是加深了凉州的战略纵深，扩大了统治区域。不过，这一主动走出凉州，把手伸向秦州之举，也使得各方觉察出张茂不仅仅满足于苟安一隅的企图，将直接导致其在不远的将来，与刘汉帝国展开一场生死攸关的大战……

四五 陈安覆亡

我们知道，南安是河西势力南下的必由之路，又是秦陇势力确保自身安全的关键节点，刘贡屯兵在此，时刻威胁着自己的背后，因此，陈安绝不会坐视。

在袭占陇山东面的关隘汧城以后，陈安于东晋明帝太宁元年（公元 323 年）初，即率军西上，将刘汉帝国征西将军刘贡包围于南安城。

为了解南安之围，休屠王石虎没有选择从桑城直接去南安救援刘贡，而是采取了“围魏救赵”之计，从桑城的大本营出发，舍近求远，长途奔袭陈安的上邽城。休屠王石虎之所以这样做，是有其合理的理由：陈安大军倾巢出动，势在必得，而刘贡和自己所部都比较弱小，如果直接救援南安，势必与陈安大军展开血战，弄不好会让陈安“毕其功于一役”，一举将二人同时击败；而陈安全军西进，老巢势必空虚，长途攻击其所必救，在运动中调动敌人，如果陈安全师回撤，自然就解了南安之围；如果陈安兵分为二，那么，也给予了刘贡反击的机会。

果不其然，陈安听到休屠王石虎率军偷袭上邽的消息以后，不禁大惊，他赶紧东撤，陈安先率领精锐骑兵驰回。

双方在瓜田相遇，一场大战即将爆发。

休屠王石虎寡不敌众，逃奔到司马保旧将张昌的故垒，坚守待援。陈安引军包围了石虎军，他跃马大呼：“叛逆胡奴！我这次一定要活捉此奴，然后，再回头去杀了刘贡！”

陈安把石虎军围得水泄不通，石虎军凭借着堡垒顽强坚守。

与此同时，南安的刘贡却抓住了战机，全力打击撤退中的陈安断后部队，俘获斩首一万多人。陈安闻讯，又匆忙从张春故垒撤围，回师援救，越战越勇的刘贡军在打垮了陈安的后卫部队以后，正面迎击陈安前来的主力，又将拖得筋疲力尽的陈安军击败。陈安小败之后，又重新整顿部伍，准备继续迎战。

可是，就在这时，休屠王石虎的骑兵却黑压压地从后面上来了。

早无战心的陈安在刘贡、休屠王石虎两路大军的夹击下，迅速溃散，他收拾残余八千多骑兵，逃奔陇城（今甘肃省张家川县）。陇城是陈安的发迹之地，在做司马保大将的时候，因张春的谗言，陈安最初就是逃往陇城，然而，今非昔比，逃回陇城的陈安再无翻身之日。

刘贡在击败陈安以后，命令休屠王石虎负责后勤供应和后续部队的管理，自己亲率大军跟踪追击，接连击败出城挑战的陈安，将陈安牢牢地堵在了陇城城内。

这一年，又是一个大灾之年。关陇地区一直下着连绵不断的大雨，刘曜听说陈安被围的消息，不顾持续的大雨，决定倾巢出动，亲征陈安。

在陇城城下，猛将陈安并没有屈服，他多次出军挑战，但总被刘曜大军击败，先后被杀、被俘有八千多人。

在围攻陇城的同时，刘曜又命令右军将军刘干，率军攻陷陇城西北的平襄（今甘肃省通渭县），于是，陇上诸县全部投降。刘曜曲赦（赦令的一种，只赦免一定地域的人）陇右除了必须要诛杀的罪犯以外的全部罪犯，只有陈安和陈安的相国赵募除外。

然而，陇城城内的陈安却并不知晓这一切。

眼看困守穷城，总不是办法，他留下部将杨伯支、姜冲儿等人守卫陇城，自己亲率数百骑兵，突围而出，想集合上邽和平襄的部队，前来解陇城之围。

可是，等到陈安杀出了陇城，才知道上邽已经被围，而平襄也已经投降，于是，只好率领这几百骑兵南逃到陕中山区。

看到陈安突围而出，刘曜命令猛将平先、丘中伯率劲骑穷追不舍，多次打败陈安率领的这支小部队，共俘斩四百余人。陈安的身边死伤殆尽，只剩下十余骑壮士还紧紧地追随着，在陕中的群山中，在大雨滂沱中与平先的追兵苦战。

陈安世称骁将，他左手持七尺长的大刀，右手挥舞丈八蛇矛，左右分别挎着弓箭，敌人近前，则大刀与蛇矛一齐奋击，一下就能杀伤五六个追兵；敌人距离远点，就拿出双弓，在马上左右驰射，十分英勇。

而刘曜的猛将平先也是壮健绝人，勇捷如飞，两位勇士一见就是一场恶战，看着平先策马追上，陈安停了下来，二人大战三回合，平先将陈安的蛇矛夺去，就败退了下来。

此时，天已经黑了，而大雨却倾盆而下，越下越大。

看着平先退去，陈安丢下马匹，与五六个亲信壮士徒步翻山越岭，往深山密林中逃窜，躲藏在山洞之中。

等到第二天，追兵再次搜索，可是，却怎么也找不着。

又过了一日，陈安命令自己的部将石容下山侦察，却被刘赵辅国将军呼延青人捉住，呼延青人用酷刑威逼石容供出陈安的藏身之所，但是，石容就是闭口不言，呼延青人只好将石容斩杀。

等到雨过天晴，呼延青人仔细追踪陈安逃跑时留下的蛛丝马迹，终于找到了陈安藏身的那个山洞，将陈安斩杀在山洞。

陈安被杀后，陇城城内的守将杨伯支斩杀了姜冲儿，出城投降，而上邽守将宋亭也斩杀了相国赵募，投降。刘曜命令将秦州大姓杨氏、姜氏各族二千余家迁往长安，秦州氐羌全部随之归顺了刘曜，送上了人质。也就是在此时，赤亭（今甘肃省陇西县西）的羌族（东汉烧当羌后裔）首领姚弋仲［此时已经迁至榆眉（陕西省千阳县）］也投降了刘曜，他比氐族的蒲洪晚归降四年，但被刘曜加封的职位却比蒲洪高——刘曜加封姚弋仲为平西将军、平襄公。

史称，陈安“善于抚接，吉凶夷险与众同之”，因此，深得部下的爱戴。

得知陈安被杀的消息以后，刘曜大悦。然而，陇上的百姓却对他十分怀念，他们编出《壮士之歌》来纪念陈安，歌词曰：“陇上壮士有陈安，躯干虽小腹中宽，爱养将士同心肝。蹑骢父马铁瑕鞍，七尺大刀奋如湍，丈八蛇矛左右盘，十荡十决无当前。战始三交失蛇矛，弃我蹑骢窜岩幽，为我外援而悬头。西流之水东流河，一去不还奈子何！”其后，刘曜听到这首哀伤的歌谣，出于惺惺相惜的原因，也不禁感伤起来，命令宫廷乐府学习、传唱。

四百多年后，祖籍陇西的唐代大诗人李白，写下了一首著名的《司马将军歌·代陇上健儿陈安》，借赞美陈安，表达自己渴望建功立业的襟怀：“狂风吹古月，窃弄章华台。北落明星动光彩，南征猛将如云雷。手中电曳倚天剑，直斩长鲸海水开。我见楼船壮心目，颇似龙骧下三蜀。扬兵习战张虎旗，江中白浪如银屋。身居玉帐临河魁，紫髯若戟冠崔嵬。细柳开营揖天子，始知灞上为婴孩。羌笛横吹阿亸回，向月楼中吹落梅。将军自起舞长剑，壮士呼声动九垓。功成献凯见明主，丹青画像麒麟台。”

四六　收复张茂

几乎与后赵帝国石虎坑杀山东曹嶷同时，刘曜诛杀了陈安。这也许是一种巧合，刘赵和石赵帝国分别剪灭了各自的一个劲敌。在石勒的目光逐渐从东部移向中原的时候，刘曜却把注意力转向了更西的凉州。

从史料上看，当时的秦州地区大致有几个势力：一是陈安势力主要控制在陇东地区；二是陇西各据点由刘曜与张茂分别占领，并且，由于刘曜主力集中在讨伐陈安的前线，张茂势力甚至渗透到陇中地区；三是仇池地区的氐王杨难敌势力；四是遍布于秦陇地区的氐羌各族势力。

如今，刘曜收降了阻险盘踞的仇池杨难敌，消灭了深得民心的陈安势力，招抚了羌族酋长姚弋仲、休屠王石虎，并使秦陇地区大大小小的氐羌匈奴部众归附于己，剩下的就是要扫清张茂安插在秦州地区的各个据点。不过，刘曜真要进攻凉州，尚有很多不利因素。一是，关东压力。由于刘曜采取先西后东的战略，即先安定陇上的大后方，然后，再东向争天下，所以，这两年以来，他一直把注意力集中在秦陇地区，而关外的河东、洛阳地区兵力薄弱，越来越感到来自石赵的巨大压力。二是，帅老兵疲。经过连续数月的激战，刘曜虽然取得了巨大胜利，消灭了陈安，但是，在连绵不断的大雨中连续作战的部队，其实已成强弩之末。三是，新附的各族民众，人数虽多，但是刚刚归附，只是惧怕兵威臣服，而恩信未洽。一旦战斗失利，或者旷日持久，实难保证不会临阵叛逃。四是，张氏盘踞在凉州已历二世三主，威震西土，凉州虽然偏远、贫瘠，但是士马精强，如果硬攻，胜负难料。

刘曜深知这一点，因此，他内心早已确定了扫清秦陇，威服凉州的计划，这一计划的核心就是：确保秦州完全掌握在自己手里，从而，保证关中核心统治区的安全；至于遥远的凉州，只要羁縻，不与我为敌即可。

为了实施这一计划，刘曜在消灭了陈安以后，就立即投入了组织对凉州张茂的威服计划。

一是，攻取秦州张茂的各个重要据点。公元 323 年秋，刘曜派遣部将刘咸攻击盘踞在冀城（今甘肃省甘谷县南）的韩璞，呼延寔进攻桑壁（今甘肃省陇西县南，胡三省注称：应在南安东）的宁羌护军阴鉴。

二是，刘曜本人亲率二十八万五千人从上邽（今甘肃省天水市）西上，直抵黄河岸边。

刘曜大将刘岳率军先期到达了黄河岸边，与凉州部队相持。刘曜抵达以后，大军在黄河岸边列营长达一百多里，军中钟鼓之声沸河动地，凉州地区从未见过军旅如此之盛。与此同时，在刘曜大军的威慑下，秦州地区原来依附于凉州张茂的郡县，如临洮（今甘肃省岷县）人翟楷、石琮等也驱逐张茂任命的县长，纷纷响应刘曜。张茂设置在黄河两岸的堡垒，完全崩溃，士卒纷纷回撤。

刘曜对外宣布，将要兵分一百路，同时俱发，渡过黄河，直捣姑臧（今甘肃省武威市，凉州治所），然后，再回师收拾韩璞。一时之间，凉州所在的河西地区人心顿时惶恐不安。

张茂召开军事会议，商议对策。参军马岌劝张茂亲征，长史氾祎发怒说："你一个亡国之人，还想乱了大事，应该杀了马岌，以安百姓。"

史书没有言明马岌的身份，司马光估计也不明白，所以，在《资治通鉴》中，把氾祎说的前段话删掉了。不过，从当时的情况推测，马岌极有可能曾是司马保的属下，在司马保覆灭以后，随着那一万多部众逃到了河西。氾祎身为长史，面对如此危急的情况，还想不出一个好计策，你一个外来人员却来抢我的风头？

可是，马岌并没有被氾祎所吓倒，他不卑不亢地反唇相讥："氾公不过是书生中的糟粕，只会伤害别人，根本不懂国家大计。朝廷因为北方贼寇已经多年忧虑，如今大贼自至，不烦我们出师，远近民众，都密切关注着您的一举一动，在这种情况下，您不可能龟缩在武威城内，不亲征来犯之敌。要用您的实际行动来证明您对晋王朝的忠心，不可使秦陇的民众失望。"

张茂回答："你说得对。"

于是，张茂集结部队出屯武威城东，准备迎敌。

不过，张轨父子的真实意图还是偏安一隅，割据凉州。在马岌正义凛然的言语下，张茂不得不作出与刘曜决战的姿态，这属于政治层面的事情。张茂深知，以凉州之众与刘曜二十八万大军血战，即便不是以卵击石，那也会两败俱伤，兵连祸结。他私下询问参军陈珍：“刘曜率领三秦之众，养兵多年，部队善战，如果以精锐骑兵瞬间攻陷南安，再席卷河西地区，乘胜长驱西进，直抵武威城下，我们该怎么办？”

陈珍回答：“刘曜虽然挟战胜之威，但是，其恩德并没有深结于下；关东地区又怀有二心，内患未除；刘曜大军人数虽然不少，但是，精锐不多，大多是刚刚新附的氐羌乌合之众。因此，他必然不会丢下关东于不顾，增加陇上的部队，与我进行旷日持久的战争。如果刘曜二十天不退兵，陈珍我愿率数千老弱残兵，为明公生擒刘曜。”

张茂一听大喜，任命陈珍为平虏护军，率领一千八百骑兵去援救韩璞。陈珍另外招募凉州的氐羌之众，收复了南安，张茂拜陈珍为折冲将军。

初战胜利，为张茂下一步的谈判增加一点筹码。对此，刘曜也心知肚明，因此，当手下大将纷纷请战，要求渡过黄河的时候，刘曜却说：“吾军旅虽盛，但是，超不过魏武帝曹操东进的时候。因为害怕我军的声威而来的，有三分之二。我们的中军宿卫经过连续作战，已经疲惫不堪，不能再用了。张氏因为我新平陈安，部队人数众多，仅从表面上看，的确不是他河西五郡能够抵抗的。因此，一定会因为害怕而投降，受制称藩，只要能达到这个目的，我还要求什么呢？不信，大家试试看，不出中旬，张茂的降表不来的话，我算是骗了大家了。”

此时的刘曜知己知彼，头脑清醒，量力而行，这大约是一年前轻松收降杨难敌的经验，使他深深地体会到了“不战而屈人之兵”的奥妙。

果然，经过左思右想，张茂还是决定撕下维护晋王朝的面纱，派遣使者表示臣服，向刘曜称藩。他献上一千五百匹马，三千头牛，十万只羊，三百八十斤黄金，七百斤银，二十名女伎以及珍宝珠玉、地方土特产不可胜数。

刘曜大悦，派大鸿胪田崧封张茂为使持节、假黄钺、侍中、都督凉南北秦梁益巴汉陇右西域杂夷匈奴诸军事、太师、领大司马、凉州牧、领西域大都护、护氐羌校尉、凉王。

大难过后，必有后福。与狼狈的去年相比，今年的刘曜可谓如鱼得水，数月间就轻松平定了陈安、羁縻了张茂。

顺风顺水的刘曜，让仇池的杨难敌感到非常恐惧。他担心自己也会遭遇陈安的下场，遂率众离开仇池，逃往汉中，并给成汉帝国送去人质，投降了成汉。听说杨难敌叛逃的消息，驻守在后方的刘汉帝国镇西将军刘厚立即组织追击，截获杨难敌辎重甚多，士女六千余人。刘曜提拔大鸿胪田崧为镇南大将军、益州刺史，镇守仇池，并加封刘岳为侍中、都督中外诸军事，封中山王。

不过，虽然张茂已经称臣，但是，张茂依然占领着秦州部分城市，张茂势力并没有因此而撤离秦州西部，这也许是刘曜为了显示大度所作出的一种让步。张茂以称臣为代价，换取了两点好处：一是，双方不再兵戎相见；二是，保有已经占领的黄河南部地区（即秦州西部）。

刘曜留下了这点尾巴，在以后的岁月里，还将带来不少的麻烦。但是，目前的刘曜还顾不了那么多，他需要休养生息，更需要面对即将到来的与石赵帝国不断升级的摩擦。

四七　让国于人

在羊皇后的长子刘熙立为太子之前，刘曜已经有了中山王世子刘胤。

史称，刘胤年十岁的时候，就身高七尺五寸，长相俊美，善于应对。当时，刘汉帝国的第二任皇帝刘聪见到刘胤，非常喜爱，他要求刘曜立刘胤为世子，而将刘胤的哥哥刘俭另封为东海王。在靳准之乱的时候，住在平阳的刘胤流落到了黑匿郁鞠部。到了此时，刘胤才说出了自己的身世，郁鞠一听大惊，连忙将刘胤礼送给了刘曜。

父子相见，悲从中来。再看眼前的刘胤，身长八尺三寸，发与身齐，虽饱经磨难，但依然风骨爽朗，多力善射，相形之下，现任皇太子刘熙却儒雅谦谨，因此，刘曜与多数朝臣都想让刘胤做皇太子。

刘胤回来后不久，刘曜就召开了御前会议，商议对刘胤的安置问题。刘曜首先表达了在乱世中应立年长的刘胤的意愿，以太傅呼延晏为首的众多朝臣也都表示同意。

但是，左光禄大夫卜泰、太子太保韩广等人却提出了异议，死不奉诏。卜泰，还是刘胤的舅舅，在靳准之乱中，正是他促使靳明杀掉了靳准投降刘曜，为刘曜立了大功。此时，卜泰从维护帝国根本的大局出发，反对刘曜再改立太子，刘曜听了二位的话，一言不发。

见此情形，刘胤上前哭着说："慈父应像《诗经·尸鸠》上说的那样，对诸子都一视同仁，怎么能让我去代替弟弟刘熙呢？如果陛下一定要这样，我请求死在这里，以明我心。况且，如果陛下真的认为我还有些许的能力，我难道就不能好好辅佐弟弟吗？"

刘曜想想，又想起了刚刚过世的羊皇后，也不忍将刘熙废黜，这件事也就不了了之了。

为了补偿刘胤，刘曜一是追谥刘胤之母、前妻卜氏为元悼皇后；二是对卜泰公而忘私的行为，表示赞赏，拜其为上光禄大夫、仪同三司、领太子太傅；三是封刘胤为永安王，署侍中、卫大将军、都督二宫禁卫诸军事、开府仪同三司、录尚书事，领太子太傅，号曰皇子；四是命刘熙对刘胤行家人之礼。

过了不久，刘曜继承了刘汉帝国“胡汉分治”的办法，又任命刘胤为大司马，进封南阳王；又在渭城设置单于台，拜其为大单于，置左右贤王已下各官，以胡、羯、鲜卑、氐、羌豪桀分别担任。

无独有偶。在成汉帝国，也上演了类似的一幕，这一幕还与杨难敌兄弟逃到汉中，有一点点小小的联系。

我们知道，自公元314年，成汉帝国基本上控制了益州、梁州大部和宁州部分地区。在中华大地狼烟四起的时候，那里相对平静。其间稍微大一点的事情是：公元315年，成汉主李雄立任氏为皇后；公元318年，成汉传奇丞相、百岁老人范长生去世，李雄以范长生之子范贲继任丞相；在东晋元帝时代，成汉帝国与东晋政府之间虽有小的摩擦，但是，总体上双方都保持着克制，然而，到了晋明帝太宁元年（公元323年），也许是看到东晋内乱不止，李雄命令自己的叔父、太傅李骧和镇南大将军任回率兵进攻台登（今四川省冕宁县），东晋将领司马玫战死，越巂（今四川省西昌市东南）太守李钊、汉嘉（今四川省雅安市）太守王载都投降了成汉帝国。李钊投降以后，李雄对其十分关爱，成汉帝国的朝廷礼仪等全部都由李钊指定。

在扫清了金沙江以北的东晋帝国残余据点以后，到同年夏天，李雄命令李骧等人渡过金沙江，从小会（今云南省会泽县北）继续向宁州腹地进发。我们知道宁州刺史王逊，虽然在永嘉元年（公元307年）就被任命为宁州刺史，但是，直到永嘉四年（公元310年）才历经千辛万苦，到达州境，在他的领导下，遥远的宁州还维持着晋帝国的统治。当听说李骧来犯的消息以后，王逊立即命令将军姚岳等人率军迎击。双方在螗蜋（今云南省会泽县）展开激战，当时，天下大雨，成汉军队被打得大败而逃，姚岳等人一直往北追到金沙江边，成汉军队一片混乱，争先恐后地上船逃命，光被淹死的就达一千多人。姚岳不敢渡江再行进击，就率领得胜之师凯旋而归了。本来这也没什么，可是，迎接姚岳的，不是美酒，而是皮鞭。王逊这倔强的老人却以为，姚岳没能渡过金沙江，穷追不舍，取得完胜，不禁大怒，他拿出皮鞭就将姚岳痛打了一顿。

打着骂着，骂着打着，越打越气，王逊竟头顶破裂，气绝身亡！王逊死后，宁州大小官吏共同推举其子王坚代理宁州刺史，东晋明帝鞭长莫及，只好顺水推舟，任命王坚为正式的刺史。

也就是在此时，氐王杨难敌、杨坚头兄弟率众仓皇逃到了汉中地区。他们来到葭萌关下（在剑门关东北二十公里处，亦称汉寿、晋寿），请求臣服于成汉。镇守在此的是成汉帝国安北将军李稚。李稚是李雄二哥李荡的二儿子，二杨给李稚送上大量的金银财宝，因此，李稚并没有把二杨作为人质，送到成都。等到杨氏兄弟听说刘赵帝国刘厚的大军退去以后，他们又请求李稚让其率众再返回老家武都（今甘肃省成县）、阴平（今甘肃省文县）。可是，等到杨氏兄弟率众回到武都以后，就翻脸不认人，拒绝接受成汉帝国的领导。

受到愚弄的李稚感到无地自容。

他连连上书叔叔李雄，请求发兵讨伐二杨。成汉帝国群臣都以为，成汉军队在南方刚刚失败，不宜再北上讨伐恃险不服的二杨，况且，此时的刘赵帝国田崧还镇守在仇池，即使击败二杨，得其地不足以富国，还势必与刘赵帝国发生摩擦，甚至会引火烧身，但是，在李稚的一再要求下，李雄最终还是决定发兵北上。

他派遣中领军李琀（李稚的哥哥）率领将军乐次、费佗、李乾等与弟弟李稚一起从白水桥（今四川省广元市）方向，进攻下辨（今甘肃省成县西）；征东将军李寿（李骧之子）都督李琀的弟弟李玝进攻阴平。杨难敌先攻击李玝所部，致使李玝无法前进。与此同时，李琀、李稚一军却如入无人之境，长驱直入下辨。

李琀与李稚所部虽然深入敌境，但是，却没有援军，也找不到敌人。

就在他们彷徨不定的时候，杨难敌已经阻击住了南路李玝，很快又分兵切断了李琀、李稚军的归路，从四面包围了成汉军队，一举歼灭了这支部队，将李琀与李稚悉数活捉，杀数千人。

听到前线全军覆没的消息，李雄十分哀伤，几天不吃不喝。李雄皇后任氏无子，只有庶子十五人，可李雄却偏偏想立自己死去的二哥李荡的儿子，他对李琀这个侄儿十分看重，一直想立其为继承人，这下一切都泡汤了。

不过，李琀死后，五十一岁的李雄决定立李琀三十六岁的弟弟李班做太子，但是，朝中文武都认为应当立李雄的亲生儿子做太子。也许是“手不释卷”、喜爱读书的李雄特别偏爱李班这个“敬爱儒贤”的侄儿，也许是性格宽厚的李雄对于惨死在战场上的哥哥李荡，出于报恩的心理，总之，李雄力排众议，最终还是坚决立李班做了太子。(《资治通鉴》将此事系于晋明帝太兴二年，即公元324年，而《华阳国志》则称为永昌元年冬，即公元322年。今从《资治通鉴》。)

李雄的叔叔、太傅李骧回到家中，哭着说："国家就要大乱了啊！"

四八　密谋篡位

与西北刘赵帝国的刘胤和西南成汉帝国的李雄不同，东晋帝国却有一个人在密谋篡位——不过，下这个结论，似乎也还有进一步商榷的余地。

公元322年闰十一月十日，司马睿去世了，第二天，新君司马绍继位。根据《晋书·王导传》的记载，司马睿遗诏，王导辅政。这里有两点疑点：一是，一般说来，辅政大臣仅在幼主的时候才存在，而如今的司马绍已经二十四岁，司马睿在临终之前，为何将王导任命为辅政大臣？二是，如今，王敦是朝廷中的第一号人物，司马睿这样安排，又有什么玄机？

我们知道，在王敦公元322年攻陷台城、诛杀异己、控制朝廷以后，他很快就回到了武昌。我们推测，这里一方面有稳定后方的意图；另一方面，似也与王敦本人的个性有关。王敦素来以名士自居，性格洒脱，在建康期间，他一直拒绝与司马睿相见，这也是他傲视一切的一种表现，但是，在完成了既定任务以后，王敦即率军迅速回到了武昌，也兑现自己起兵之初“清君侧”的承诺，让天下人消除了疑虑。

王敦退去之后，司马睿还试图做一些反抗，比如，决定让陶侃顶替司马承的湘州刺史的职务等，但均被王敦拒绝，诏书下发以后，又不得不再次收回。此时，所谓的共天下的格局，东晋皇室的权力已经极度缩小，司马睿形同傀儡，终于郁郁而终。史书没有给出司马睿是否在临终遗诏中对王敦做什么安排，这有两种可能：一是，司马睿的确没有这样做；二是，司马睿对王敦做了安排，但是，被后人删掉了。如今，我们只能按照第一种情况，去揣测司马睿的用意。王敦之变让自己颜面扫地，当然在临死之时，不可能再托孤于王敦；当然，这里有拉拢王导的意思，也许，还有一层意思，那就是留下给儿子司马绍做文章的余地。

在司马睿看来，司马氏家族与王敦已不可能言归于好，平复裂痕，这是基于他对刚狠的王敦和对同样果决的自己儿子司马绍性格的了解。那么，要保存住司马氏家族的皇位，只有进一步分化王氏家族，依靠王导，孤立王敦。此时，如果将王敦与王导同时任命为辅政大臣，那么，以辅政大臣的特殊身份，王敦更能为所欲为，甚至轻而易举地做出废黜皇帝的举动；而王导毕竟对司马绍有恩，正是王导、周顗二人的一再劝说，才保住了司马绍的太子之位。在临终之前，司马睿环顾四周，除了抱住王导这棵救命稻草，以期唤醒王导内心的良知，促使王导尽心辅佐新君，再无他法。现在，把"丞相"王敦放在一边，而将司空王导任命为辅政大臣，就是要将你王导推到前台，一旦王敦有进一步的忤逆行为，看你王导还如何含糊！

在考察这段历史的时候，很多人认为，王敦一开始就有取司马氏王朝而代之的想法，这一点，在《资治通鉴》也称："敦谋篡位，讽朝廷征己。"其实，这里是有许多疑问的，以后，我们还会慢慢提及。我们不知道，在王敦的内心，最终想要让王氏家族走向何方，不过，在王敦还在建康、司马绍尚是太子的时候，他的确想采取行动，将太子司马绍废黜，但却因为王导的反对而没有实施。至于王导为什么反对，那倒不是其真的多么忠于司马氏，而是王导基于对现实情况的研判：王氏家族已经杀掉刁协、周顗、戴渊，逼走刘隗，如果再废黜太子，这显然超出了"清君侧"的范围，那样以来，将使江东各个势力对王氏家族侧目而视。在王敦试探性地在群臣面前提及此事的时候，温峤盛赞司马绍，大家随即也都随声附和，由此，王导也看出了人心所向，因此，在王导看来，王敦此举只需扫清异己，也就万事大吉，怎好一下子将事情做绝？

然而，树欲静而风不止，恰恰就在此时，司马睿却气死了。

司马睿的死，让司马绍的继位成为现实，这一点，肯定是王敦所不愿看到的。因为，废黜一位皇帝与废黜一位太子，不可同日而语，同时，在王敦看来，拥有鲜卑血统的、果决的"黄须儿"司马绍根本不可能放过自己，双方之间也根本无法实现和解，这是其一；其二，司马睿的遗诏，将王导任命为辅政大臣，没有王敦什么事，这明显等于把自己的"丞相"职权给收回去了。

那么，王敦又该这么办呢？

由于史料的缺乏，王敦与其幕僚钱凤等人究竟是如何密谋的，尚无法得到答案。有学者推测，在司马绍继位以后，当时的王敦最有可能的想法，当是：要保住王氏家族的利益，就必须将司马绍废黜，而另立一位年幼的皇帝。

那么，问题的关键是立谁呢？从以后王敦言行的蛛丝马迹，我们也许可以推测出：被封为东海王世子的司马冲将是一个不二的人选。

司马冲，字道让，是司马睿的第三子，母亲是石婕妤。说到司马冲，就必须提及西晋太傅司马越和他的妻子裴妃。司马越作为西晋末年最后一位权倾内外的权臣，江东臣下很多都出自司马越的幕府，司马睿之所以能被任命为安东将军，继而开创东晋王朝，与西晋太傅司马越和裴妃密切相关，而王敦也是被司马越任命的扬州刺史，因此，包括司马睿和王氏兄弟都对司马越有一种道义上的故主之情，对于司马越不能不心存感激。

司马越之妻裴妃在中原丧乱中被掠卖给吴氏，在太兴年间渡江。裴妃过江后，执意为丈夫司马越举行了招魂葬，虽然司马睿下诏不许，但裴妃一意孤行，司马睿也无可奈何。除此之外，为了不至于使司马越绝后，司马睿又以自己的第三子司马冲，过继给生死不明的东海王司马越世子司马毗为子，作为司马越的孙子。

因此，此时，王敦要立司马冲为君有以下合理性。一是，要确定自己的权威，就必须另立新君，唯其如此，自己才有拥立之功。二是，虽然司马绍与司马冲为同父异母兄弟，但是，从法理上讲，现在两人继承的是两个截然不同的家族：司马绍是继承的司马睿，而司马冲则是继承的司马越。废掉司马绍，就可以将帝系从司马睿一支转移到司马越这一支。三是，立司马冲，也报答了司马越。从某种程度上说，司马睿的江东政权其实是司马越幕府的一种延续，既然如此，与其让司马睿另起炉灶，孰若让司马越的“后人”承继呢？

目标已经确定。

紧接着，王敦又将采取什么样的行动呢？而身居建康的晋明帝司马绍又将如何应对呢？

四九　移镇姑孰

王敦本来在建康就留有驻京办事处，在他离开建康之前，还规定在他离开建康以后，每月都要对其报告中央军的人数变化，以防发生意外，然而，王敦还是感觉自己身在武昌，鞭长莫及，于是，在太宁元年（公元 323 年）正月，也就是晋明帝司马绍刚刚登基一个多月，王敦就暗示朝廷，将自己征召回建康。

司马绍很听话，亲笔写下诏书，请王敦回来。

太宁元年二月，晋明帝司马绍将父亲司马睿埋葬在了建平陵，为了不给王敦抓住把柄，司马绍显示出充分的孝心，他赤脚哭着一直从宫中走到陵墓。

在安顿了父亲的后事以后，到了四月，司马绍就接着老爸给自己留下的空白，继续做文章：他给王敦加黄钺、班剑（均为皇家仪仗）；奏事的时候，不用传报姓名；入朝见君的时候，不用快步小跑；上殿的时候，不用解下佩剑，也不用脱下木屐。这当然是新君为了实现和解给予王敦的恩赏。

与此同时，王敦也将自己的将军府从武昌迁到了姑孰（今安徽省当涂县），将军直属部队的大营就设在当涂县南的于湖。为了更好地控制京畿地区，王敦又将王导由司空提拔为司徒，剥夺了王导扬州刺史的官职，由自己亲自担任扬州牧。这可能就是这两个堂兄弟之间嫌隙的开始，此时的王敦也许对王导有一丝的不满，那就是：你究竟是和我王敦一心，还是站在司马睿一边？明明司马睿遗诏让我很没面子，你竟毫不推辞地就做了辅政大臣了。

仔细探究起来，王敦此人的性格其实颇为有趣。一言以蔽之，就是喜欢作秀，史书上称其“务自矫历”，是一个十分爱面子的人，事事不愿落到人后。这一点在王敦的身上表现得十分突出：他曾纵情声色，别人劝谏后，他立即将后门打开，让姬妾们各奔东西；他从小就有“乡巴佬”的外号，方言还很浓，却又特别喜欢清谈，嘴里从来不说钱财和女人的事，然而，他的手下却都是趋利之徒，“四方贡献多入其府”；他的威名震于千里之外，可是自己的中军帐下却总是熙熙攘攘，毫无规矩，王敦即使大声呵斥，也没人在意；他还特别在意自己与别人的比较，过去曾经见到周顗都满脸流汗，即使大冬天的都会因紧张而情不自禁地扇扇子，可是，随着地位的提高，过江以后，王敦再见到周顗，不再忸怩不安了。发现了自己的这点进步，王敦又开始夸夸其谈：“是我进步了，还是周顗退步了？”杀了周顗之后，王敦在大庭广众之下，曾叹息地说：“姓周的从来都没有做过三公啊！”有人就说：“只有周顗只差一步。”王敦说：“我与周顗在洛阳相识，初见面就畅所欲言。世事变迁，如今竟然到了这种地步！”说着就流下了眼泪（见《世说新语·尤悔》）；在建康之时，当谢鲲建议其入宫拜见司马睿，王敦却又担心遭到司马睿的暗算，可是，离开建康以后，却又感觉无法有效的控制朝廷……

就是这样一个奇妙的、只有在魏晋时期才可能出现的人。

安抚这样的人，一方面就是要尽量满足他的虚荣心；另一方面还是要做好应变的准备工作，对此，年轻的晋明帝司马绍了如指掌，因此，在王敦屯驻在于湖期间，晋明帝还是十分注重搞好与王敦之间关系的。《晋书·庾亮传》就曾记载，此时，明帝派遣自己的内兄庾亮主动去王敦那里，商议朝廷大事。庾亮此人长相俊美，口才很好，还喜欢庄老，被当时的人比作夏侯玄、陈群一类的人物，这是很高的评价了。庾亮的全部特性恰恰让王敦神迷，一见之下，王敦不知不觉从自己的席子上移到庾亮的席子前，侧耳倾听，送走庾亮后，他不禁叹息说：“庾亮比裴頠要强多了啊！”我们知道，裴頠在中朝名士中有“武库”之称，对庾亮的这一评价出自王敦之口，含金量那是非常高的。《世说新语·品藻》“王大将军下”条记载的那段故事，当属两人此时的对话：“王大将军下，庾公问：‘闻卿有四友，何者是？’答曰：‘君家中郎（庾敳），我家太尉（王衍）、阿平（王澄），胡毋彦国（胡毋辅之）。阿平故当最劣。’庾曰：‘似未肯劣。’庾又问：‘何者居其右？’王曰：‘自有人。’又问：‘何者是？’王曰：‘噫！其自有公论。’左右蹑公，公乃止。”这段对话生动地体现了王敦自视甚高，又不愿自己说出的矫情个性。随后，王敦就上表建议司马绍任命庾亮为中领军，后又加中书监。（见《太平御览》卷二百二十）

除了安抚王敦之外，晋明帝司马绍却一刻也没有忘记加紧应变的准备工作。他首先并没有想到自己的辅政大臣王导，而是流民帅郗鉴。司马绍不会不知道郗鉴率众南下，是先父与纪瞻用来制约王敦的一步棋。自郗鉴北来以后，被王敦任命为安北将军的名号，暂住在合肥。司马绍想继续走父亲的那步棋，让郗鉴作为自己的外援，正式镇守在合肥，于是，他拜郗鉴为安西将军、兖州刺史、都督扬州江西诸军事、假节。至此，淮河的防线自西向东：祖约在寿春，苏峻在临淮（今安徽省凤阳一带），王邃、卞敦在盱眙，刘遐在泗口，郗鉴的这一职务，等于指挥淮河地区大部分的流民部队。

这当然是王敦所不愿看到的。

他上疏司马绍，请求改任郗鉴为尚书令，将他征召到京师。郗鉴在进京路过姑孰时，与王敦相见。两人似乎从未谋面，如果说郗鉴与王敦有一点渊源的话，那就是王敦的发迹来源于司马越，而郗鉴也是司马越所敬重的人：司马越曾经征召郗鉴为主簿，但因当时郗鉴老家的兖州苟晞与司马越为敌，所以，郗鉴拒绝了司马越的征召。王敦与郗鉴见面以后，两人相谈之下，王敦说："中朝名士中乐广不过是个庸才罢了。后来的人们以讹传讹，认真考察起来，他怎么能胜过满奋呢？"

郗鉴回答："评价一个人，必须要以道德为先。乐广为人处事平淡冲合，身处危朝，不与人搞亲亲疏疏；在愍怀太子被废的时候，他的所作所为可以说是软弱，但还能够坚守正义（是指贾南风废黜愍怀太子的时候，乐广作为河南尹，释放了为愍怀太子送行的官员一事，其时，王敦也在送行之列）。可是，满奋却是失节之人（指满奋逮捕送行官员，并在司马伦称帝的时候，亲自送上玉玺），他怎么能和乐广相提并论呢？"

王敦还不服输，接着说："愍怀太子被废的时候，危机四伏，大多数的人又有谁能以死守节呢？以此说来，满奋明显不比乐广差。"——其实，王敦已经有点屈服了。

但是，郗鉴却并没有罢手，他回答："大丈夫既然已经洁身效忠皇帝，怎么能屈身偷生，愧对苍天大地！如果危难降临，自然要竭尽全力去报效！"

说不过郗鉴，王敦大怒，将郗鉴扣留下来，却不再与之相见。

王敦身边的人不断说郗鉴的坏话，试图让王敦将其杀掉，但郗鉴却举动自若，毫不害怕。

王敦的亲信钱凤就曾经建议杀掉郗鉴，可王敦却说："郗鉴是儒雅之士，名气很大，怎么能杀掉！"

于是，他最终将郗鉴放回京师。到本年冬十一月，王敦以自己的哥哥征南大将军王含为征东大将军、都督扬州江西诸军事，接替了郗鉴的位置。

从王敦上表建议让司马绍的亲信、内兄庾亮担任中领军，让郗鉴顺利回到京师等方面看，王敦最初似乎只是要大权独揽，而并无处心积虑地要颠覆政权，正如吕思勉先生说的那样："王敦乃一妄人……敦之为人，盖残贼而傲狠，……实非夙有叛志，不过傲狠之习，为其君所不能堪，君臣之间，因生嫌隙；嫌隙既生，既不肯屈己求全，又不能急流勇退，遂至日暮途远，倒行逆施耳。"

五〇 诛杀周氏

虽然王敦、王导兄弟二人都在不同的场合表示了对杀害周顗的痛惜，但是，我们却不能太当真。

王敦将周顗杀死以后，曾派人假惺惺地去吊唁周顗，周嵩回答："亡兄是天下人，他被天下人所杀，吊唁什么！"王敦对此一直耿耿于怀，只是担心打击面太大，所以，当时并没有加害周嵩，还将他引为自己的从事中郎。周嵩对哥哥的死也一直不能释怀，因为自己与王含是儿女亲家，周嵩曾在众人之中再次大放厥词说："王应不应该统兵。"我们知道，王应是王含的二儿子，过继给了王敦，周嵩这样说，明显就是跟王敦过不去。

从永昌元年四月王敦移营姑孰到这一年年底之间，王敦与朝廷之间大体上没有出现很大的波澜，王敦的所为也基本上属于专权的范畴和布局的阶段。与此同时，北方青州的曹嶷和西北秦州的陈安则分别被石虎和刘曜所灭，而属于东晋的偏远交州，也进行着剪灭割据的军事行动。早在晋愍帝建兴三年（公元 315 年）的时候，交州刺史顾秘去世，顾秘的儿子顾寿被推举为代理刺史，但是，却被帐下都督梁硕所杀，陶咸被梁硕迎立为刺史。当时，王敦曾想利用窃据广州的王机，将梁硕平定，但却没有结果。陶咸死后，梁硕又迎立前刺史修则的儿子修湛为交州刺史，割据一方。到了永昌元年（《晋书·王谅传》记作永兴三年，永兴年号为西晋司马衷的年号，且只有两年，误，今从《资治通鉴》），也就是在王敦拿下建康以后，王敦任命自己的亲信武昌太守王谅为交州刺史。

临行之际，王敦对王谅说："修湛和梁硕都是国贼，你去了以后，就杀掉他们。"

王谅入境以后，修湛就退到了九真（今越南境内）。广州刺史陶侃派人将修湛骗去见王谅，王谅命令修湛的随从不得入内，遂将修湛逮捕。

当时，梁硕也在王谅的屋内，梁硕说："修湛是前刺史的儿子，即使有错，也不至于要诛杀。"

王谅说："这不关我的事，是上峰的命令。"

当场将修湛斩杀。

梁硕大怒而去。

王谅还想就势杀掉梁硕，派出刺客前去追杀，却被梁硕杀掉。

虽然王谅是朝廷派来的官员，但是，毕竟是初来乍到，而梁硕在交州专权多年，于是，梁硕派兵将王谅围在了龙编（交州治所，今越南河内东）。陶侃闻讯派兵解救，但陶侃的援军未到，龙编已经被梁硕攻陷。

梁硕抓住王谅以后，逼着王谅交出朝廷的符节，王谅紧攥符节，就是不给。

梁硕拔出佩刀，一刀下去，就将王谅的右臂连同拿着的符节一起砍下。

王谅忍着剧痛，说道："我死都不怕，砍下我的胳膊，又有什么！"

十几天以后，王谅才死去。

不久，陶侃派遣大将高宝率兵前往交州平叛，一举击败梁硕军，将梁硕诛杀。朝廷下诏任命陶侃兼交州刺史，并晋封号为征南大将军、开府仪同三司，封陶侃的次子陶夏为都亭侯。

在安定了交州以后，王敦又将矛头对准了江南的豪族周氏。

周札在王敦之变中，开石头城迎降王敦，为王敦拿下建康立下了大功，王敦得志以后，将周札任命为光禄勋，很快又转为尚书，接着，又恢复其右将军的职务，转为会稽内史。当时，周札的亡兄周靖之子周懋为晋陵太守、清流亭侯，周懋弟周莚为征虏将军、吴兴内史，周莚弟周赞为大将军从事中郎、武康县侯，周赞弟周缙为太子文学、都乡侯，周札兄周玘子周勰为临淮太守、吴程公。周家一门五侯，在江南士族中贵盛莫比，王敦深为忌惮。周莚的母亲去世的时候，送葬的人士多达千人，并且，周氏子弟多行不法，刚狠强暴，周莚的弟弟周缙在建康的乌衣巷中公然抢夺孔氏奴婢；尤其是周莚还是元明二帝的心腹，在前一年前，曾被元帝倚重，要率领三千名水军去三吴打击沈充。种种原因，让王敦觉得周氏是一支实力很强的异己势力。

然而，还没等王敦下决心去收拾周氏，到了公元 323 年的下半年，王敦却生病了。

王敦的亲信钱凤与沈充是铁哥们，如今，义兴周氏的风头肯定是盖过了沈家，这让钱凤感到十分不安。要想让沈家出头，就必须赶在王敦病死之前，依靠王敦之力尽快诛灭周氏，他对王敦说："国家执政者的危害从来都是来自强宗的逼迫，自古以来的灾难大都来源于此。江东豪强没有比周氏和沈氏强的了，大人万世之后，这两族的人肯定会兴风作浪的。周氏比沈氏强，并且有才能的子孙也多，应该先考虑消灭了他们，只有这样，您的后代才能平安，国家社稷才能稳定。"

王敦深以为然。

当时，有一个叫李脱的道士，从中原一直云游到江东，为人治病疗疾，自称已经八百多岁了，号为李八百（佛图澄仅称百岁），信奉他的人很多，他的弟子李弘在潜山招徕信徒，自称应符能够称王。于是，王敦指令庐江太守李恒告发周札叔侄、周嵩与李脱交通，图谋不轨。

周嵩此时是王敦的从事中郎，周莚是王敦的咨议参军，虽然二周毫无关系，但王敦还是将二人在营中逮捕，与李脱、李弘一起斩杀。周嵩精于事佛，临刑之时，口中还在不断的念佛。同时，王敦还命令参军贺鸾去沈充那里，掩杀周札在吴兴老家的侄子们，然后进军会稽，袭击周札。周札本人贪财好利，专事聚敛，沈充、贺鸾之兵突然来袭，周札的兵器库中有大量的精甲利刃，周札却舍不得发给士兵们用，只给大家分发一些破弊的兵仗，然后，带着手下数百人出城迎敌，结果，一遇到沈充、贺鸾之军，大家都四散而逃，周札也被沈充、贺鸾所杀。

自此，自周处以来一直为江东豪族的周氏，被灭族了。

周氏覆族，是太宁二年正月的事情。

我们很难看出，这件事与王敦将要废黜皇帝有什么必然的联系，恰恰相反，如果王敦想要行大事的话，江东周氏正是自己应该加以利用的一股力量，而此时的周莚又恰恰在自己的手中，周札也曾经为自己第一次进入建康立下了汗马功劳。虽然周莚是周氏家族中的一个特例，但就周氏家族整体上来看，对司马氏并不亲近，因此，王敦此举，尚不能说是为了给自己登基称帝扫清道路，却更多地透露出了王敦一贯专权跋扈的意味，他的目的似乎还是我们说过的要大权独揽。

五一 密谋讨敦（一）

然而，王敦想要继续大权独揽，还要经过一个人的同意，那就是晋明帝司马绍。

为了防备可能的危险，增强自己家族的实力，病中的王敦除了让自己的哥哥王含接替郗鉴的职务，还将在朝中任廷尉的从弟王舒任命为荆州刺史、鹰扬将军、领护南蛮校尉、监荆州沔南诸军事，接替王含的职务；任命一直规劝自己的从弟王彬为江州刺史、前将军。此时，王氏一门掌控着荆州、江州、扬州、徐州、江西，沈充把持着三吴地区，在王敦看来，王氏家族可谓是磐石之固。

可是，王氏家族内部的人意见却并不一致。

我们相信，在太宁元年上半年王敦没有生病的时候，的确与亲信讨论过废黜晋明帝的事情，因为，史书很多证据都指向了这一点。王敦对从弟王彬透露了兵向京师的打算，但是，王彬却苦苦相劝，王敦以眼神示意左右，要拿下王彬，王彬正色说道："前年你杀了哥哥王棱，今年你还要杀害弟弟嘛！"

王舒的二儿子王允之，十岁左右，王敦以为这孩子像自己，就把他留在身边，出门同车，睡觉同床——王敦自己没有孩子，好像特别喜欢小孩。一次，王敦夜里与亲信喝酒，王允之也喝了点，先进屋睡下了。王敦与钱凤在外面谋划废立大事，此时，王允之已经睡醒，两人言语都传进了王允之的耳中。但是，王允之担心王敦怀疑自己听到，就假装酒醉呕吐，吐得脸面被褥上一塌糊涂。钱凤走后，王敦果然进屋，用灯照视，发现此情，以为王允之真的大醉熟睡，才放下心来。当时，王舒刚刚拜廷尉，王允之给王敦请假，请求回建康看望父亲，王敦答应了。回到了建康，王允之就将王敦的阴谋告诉了王舒，王舒与王导一起将这一情报报告给了晋明帝。

这就是著名的王允之装醉脱险的故事。

然而，对于这个故事，不同的人有着不同的解读。比如，柏杨先生在他的《白话资治通鉴》中，就提出了质疑，理由是：一个十岁左右的小孩，是不可能理解谋反谈话的意义的，因为，所有的谋反言辞，都不会是赤裸裸的谋反词汇，而是充满了义愤填膺的控诉，如果一个十岁的小孩子理解不了伯父成功之后，自己将前途似锦，那么，也不会担心伯父会杀人灭口。并且，如果王允之能够听到王敦与钱凤的谈话，那王敦与钱凤就听不到王允之的呕吐声？因此，柏杨先生以为，这是一场彻头彻尾的骗局。由此，柏杨先生得出结论是：在王允之回到京师以后，王舒、王导二人教导王允之这番说辞，以表示对皇家的忠心。王敦如果成功，王导等人自有一番荣华富贵，且告密之事了无痕迹。如果王敦失败，此招不仅可以免祸，而且，天下皆知自己忠义千秋。说来说去，就是一个官场老混混的小动作而已。

这也可作一种解释。

不过，关于此事，我们还有进一步探索其真实性的必要。

第一，在王允之告密的时候，王允之的真实年龄是多少？

首先，总角之年可指八九岁到十三四岁，年龄跨度有五年之久，一个八岁小孩与十四岁少年的理解能力，当不可同日而语。其次，我们查阅了《晋书·王舒传附王允之传》发现，王允之去世的时候，是四十岁。而在王允之去世的时候，还有一件事情，可以确定他去世的时间段。史书记载，当时，王导死后，王导的儿子王恬服丧期满，被庾冰任命为豫章太守，而此时王允之是江州刺史，听到这个消息以后，王允之以为，王恬作为前丞相的儿子，不应该被派往边远的郡县做官，就对执政大臣庾冰提出辞职，庾冰听了以后，感到很惭愧，就改任王恬为吴郡太守，王允之为卫将军、会稽内史，在上任的路上就去世了。王导是公元 339 年即晋成帝咸康五年去世的，王恬如果服丧三年的话，就到了晋成帝咸康八年即公元 342 年，而庾冰则是晋康帝建元二年（公元 344 年）十一月去世的，那么，王允之的去世时间应该在公元 342 年到公元 344 年之间，至迟当不会超过庾冰去世的公元 344 年。由此，我们可以确定：结合王允之的享年四十岁，即便是考虑古人按照虚岁计算年龄的因素，则王允之的出生之年当在公元 303 年到公元 305 年之间。我们再对照《晋书·王舒传》，王舒是太宁初被任命为廷尉的，到了太宁元年十一月就被任命为荆州刺史了（此据《资治通鉴》），而王允之从王敦于湖大营逃回建康，也应在太宁元年，即公元 323 年，《资治通鉴》也将此事系于此年。那么，这一年的王允之已经是十七岁到二十岁之间的青年人了。

由此，我们再回过头来看《晋书·王允之传》的原话，“总角，从伯父敦以为似己，恒以自随……”然后，说了王允之偷听之事。我们就明白了史书中说的意思是：王允之在总角时期就被王敦抚养在身边，“总角”只修饰前一句话，并不代表在太宁元年偷听王敦与钱凤谈话的时候，王允之还是处于“总角”的年纪！很多人包括柏杨先生对此故事，都存在一定程度的误读，以此去说明王允之的年少聪明。而且，故事本身中说王允之和王敦、钱凤一起喝酒的这一情节，也不像是一个小孩所能做出的事情。

第二，王舒、王导等人为什么将此事向晋明帝司马绍告密？

从各种史料分析，此事当发生在太宁元年王敦将大营移驻于于湖以后。而王敦移营于湖本身，已经让司马绍如芒刺在背，此时的司马绍为了防备王敦，也为了拉拢流民帅，就曾任命郗鉴为安西将军、兖州刺史、都督扬州江西诸军事、假节，镇守合肥。在王导看来，果决的年轻人司马绍绝非其父司马睿可比，如果王敦再次入京，自己将不会再有上次免于被杀的幸运。因为，毕竟王导与司马睿同年，并共事多年，存有旧恩，而司马睿本人又“雄武之量不足”，即便如此，王导家族也是差一点面临覆族的危险。如今，只有向新皇帝表示忠心，才能免遭厄运。据此，我们认为，王允之告密之事应当确有其事，至于王导、王舒将此事密报司马绍的原因，大概就是柏杨先生分析的那样吧？

第三，告密一事究竟发生在王允之身上还是王羲之身上？

据《世说新语·假谲》有“王右军年减十岁时，大将军甚爱之，恒置帐中”条，却有另外一种版本，内容大致相同，但是，却把此事说成是王羲之不足十岁的时候发生的。另外，《世说新语·轻抵》“王右军少时甚涩讷”条也记载，王羲之“在大将军许，王、庾二公后来，右军便起欲去，大将军留之，曰：‘尔家司空、元规，复可所难？’”此条也透露出了几点信息：一是此事当在王敦第一次东下建康以后发生的事情；二是王羲之小的时候比较口笨、害羞，听说有人来，就要躲避；三是似可对告密之事为小时候所为，做一个很好的补充。

五二　密谋讨敦（二）

太宁元年下半年到太宁二年年初，京师建康一直笼罩在一种诡秘的平静之中。

任何一点举动都牵动着每个人紧绷着的神经，江东周氏瞬间灭族，病中的王敦很快完成了一件司马睿想做而没有做的事情，与此同时，官员们的职位也随着司马绍和王敦的思路，走马灯地变幻着。

王敦已经将自己的亲信任命为各地的大员，牢牢地控制了建康外围，他还要进一步控制天子脚下，他正在思考的是：谁是丹阳尹的合适人选。

首先他想到了诸葛恢。

诸葛恢，字道明，琅邪阳都人，诸葛恢的姑姑虽然是司马睿的奶奶，论辈分，晋明帝司马绍应该问诸葛恢叫表爷的。但是，由于诸葛恢的爷爷诸葛诞被司马昭所杀，诸葛恢的爸爸诸葛靓与司马氏誓不两立，逃奔魏国的敌国吴国，吴国被灭后才回到琅邪，因此，诸葛家族对司马氏家族并不存在天然的亲近。恰恰相反，诸葛恢与王导却关系很好，两人也经常开玩笑，因为两家都是琅邪的高门，王导对诸葛恢说："大家提到我们两家的时候，都说王葛，没人说葛王的。"那意思是说，我们王家在前面。

诸葛恢回答："大家也都说驴马，而不说马驴，难道说驴比马强？"

说得王导哑口无言。

当时，颍川的荀闿字道明、陈留蔡谟字道明，与诸葛恢被称为"中兴三明"，人们说："京都三明各有名，蔡氏儒雅荀葛清。"在王导拜为司空的时候，指着司空官帽对诸葛恢说："你也会带这帽的。"在王敦看来，诸葛恢是丹阳尹的不二人选，可是，京师诡异的政治气氛，让诸葛恢感到还是远远地躲开为好，他借口有病而长期不理政事，结果被罢免。

王敦又想到了温峤。

我们知道，温峤，字太真，是刘琨的外甥，刘琨是温峤的姨夫。温峤南来以后，就主动与王导“深自陈结”，而王导也“厚相酬纳”，两人关系很融洽，温峤对王导有“江左管夷吾”的评价，视为江左的管仲。史称，温峤“风仪秀整，美于谈论，见者皆爱悦之。”因此，温峤不仅与王氏家族关系密切，而且，与明帝为“布衣之交”，与明帝的内兄庾亮也关系很好。《世说新语·任诞》记载，温峤地位不高的时候，经常与扬州、淮河之间做生意的赌博，每次赌博，总是输。有一次，下了很大的赌注，结果又输了，人家不让他走，于是，温峤从船上对庾亮大呼：“你去赎我！”庾亮就跑回家拿钱把温峤赎出来，这种事情发生过多次。另一条记载也反映出庾亮、温峤二人关系很铁，说的是，温峤喜欢说些傲慢无礼的话，而卞壸却是礼法之士，两人去庾亮家谈论，温峤又说些不中听的话，庾亮却慢条斯理地说：“温峤终日没说什么粗鄙的话。”

当时的人们都认为温峤属于南渡名士第二流中的上品，因此，每当人们在品评第一流人物，将要说完的时候，温峤怕自己不能跻身第一流人物，不禁就会大惊失色。这多少与温峤南渡之前，不听母亲之言，执意南下有关，这就是“温峤绝裾”的故事，我们曾经说过。南渡之后，负责定品的朝廷官员常常借此贬低温峤的品级，孔愉此时正是太常，就以温峤母亲去世，不回北方埋葬为由，降低温峤的品级，由于有这个礼教方面的污点，以后，朝廷每次给温峤加官进爵，在诏书中都要特别说明理由，给温峤回护一番。

说到温峤，索性再提一个他的故事，让我们再看看这个鲜活的人物：《世说新语》记载，温峤丧妻以后，从姑刘氏家只有一个女儿，美丽且有文才，也流落到江南。姑姑让温峤给女儿找一个好女婿，温峤回复：“好女婿实在不好找，不过，像温峤这样的，咋样？”姑姑说：“乱世流离，能马虎着过、让我老来有个依靠就行了，怎敢指望找个像你这样的？”过几天，温峤回报姑姑：“已经找好了，门第还行，名气和职务和我差不多。”并送下玉镜台作为订物。姑姑大喜，结婚以后，表妹（《晋书·温峤传》记载温峤后妻为何氏，但据2001年在南京北郊郭家山发现的温峤墓墓志记载，温峤共有三位夫人，分别为原配高平李氏，继配琅邪王氏、庐江何氏，此女不知为王氏或者何氏）用手分开盖头，拊掌大笑说：“我本来就怀疑是你这个老奴，果然不假！”原来，那个玉镜台是温峤做刘琨长史的时候，在与刘聪交战缴获的战利品。

对于这样一个聪明俊美、左右逢源的名士温峤，自然是司马绍与王敦竞相拉拢的对象。明帝即位以后，就任命温峤为侍中、中书令，参与一切机密大事、文书起草，成为晋明帝的得力助手，可是，王敦不乐意了，就把温峤从明帝身边调离，让其做自己的左司马。温峤在劝说王敦争取与明帝和解无果的情况下，采取了韬光养晦的策略，虚与委蛇，假意为王敦出谋划策，尽心尽力做好大将军府的工作。温峤被世上公认为有“知人之明”，他为了不让钱凤说自己的坏话，故意与钱凤接近，对钱凤称赞有加，称钱凤为“钱世仪精神满腹”。要知道钱凤作为江南的二等士人，被温峤这样的大名士品名，并且评价还不低，这当然是件十分荣耀的事，因此，钱凤听说以后，心里十分舒服，也对温峤十分感激。

此时，丹阳尹空缺，温峤主动对王敦说：“丹阳尹位置重要，大人您应该自己委派得力人物去当，如果是朝廷派的人，恐怕不一定尽如您的意。”

王敦问：“那谁适合呢？”

温峤回答：“我认为钱凤合适。”温峤知道，王敦不可须臾离开钱凤这个智囊，十有八九不会派钱凤去的；如果真的派了，那钱凤离开了王敦，王敦逆谋也不好实施，并且，钱凤深陷京师，也会自投罗网。

果然钱凤推辞了，并推荐温峤去当，温峤假装推辞。王敦不听，执意上表推荐温峤做丹阳尹。

温峤知道，当时钱凤推荐自己，是出于礼节，因此，他仍然担心钱凤头脑清醒以后，会提醒王敦，阻挠自己去建康上任。于是，在临别酒会上，温峤起身劝酒，走到钱凤跟前，还没等钱凤举杯，温峤假装喝醉，耍起酒疯，用随身携带的记事木板把钱凤的头巾敲掉，恼怒地说：“钱凤是算老几？我温太真行酒，你敢不喝嘛！”

这下弄得钱凤很没面子，两人在王敦面前争执起来，王敦起身把二人劝开。

第二天，到临走的时候，温峤涕泗横流，从王敦住所出来，又再三回去，郑重话别，然后，才上路。

温峤走后，钱凤对王敦说：“温峤和朝廷之间关系很密切，与庾亮也是铁哥们，此人未必可信。”

王敦说：“太真昨天喝醉了，对你是稍微失态了点，怎么能因此就对人家横加诬陷呢？”

这样，温峤才得以顺利回到朝廷，并把王敦的阴谋报告了晋明帝，请晋明帝早做准备，并与庾亮一起秘密策划讨伐王敦的计划。

五三　密谋讨敦（三）

太宁二年（公元 324 年），晋明帝司马绍继位已经整整一年了。

这一年来，对于司马绍而言，过得并不轻松。不过，到了这一年年初，于湖方面却传来了一件令人喜悦的消息：王敦的病情似乎加重了。这当然是司马绍派遣侍中陈晷等人问疾以后的报告。

一个人的健康情况也许会直接左右人的心理变化。此时的王敦，似乎已经开始考虑自己身后的事情了，所有的举措都集中在一点上：那就是要确保自己死后家族的安全。他一方面在这一年的五月，矫诏任命自己的继子王应担任武卫将军，作为自己的副手；加封哥哥王含为骠骑大将军、开府仪同三司。另一方面，还是担心禁卫军人数较多，下令将禁卫军一分为三，轮流值班；并将晋明帝司马绍的亲信常从督公乘雄和冉曾设计诛杀。这一切举动都是为了防患于未然。

钱凤询问病中的王敦下一步该怎么做。

王敦回答："非常之事，不是常人能够做的。且王应年少，怎能担当大事！我死之后，不如放下武器，解散部队，归身朝廷，保全家族，这是上策；退还武昌，收兵自守，但是对朝廷的贡献依旧，这是中计；趁着我还活着，带领全体部队，万一侥幸，这是下策。"

不过，树欲静而风不止。

钱凤和司马绍二人都在摩拳擦掌，似乎非要拼个你死我活不可。钱凤对自己的亲信说："大人说的下策，才是真正的上策啊。"

而建康城的晋明帝司马绍也在加紧与郗鉴、温峤、庾亮等人密谋主动讨伐王敦。参与谋划的还有一直不见经传的较低士族桓彝，《晋书·桓彝传》记载，桓彝，字茂伦，谯国龙亢人，桓彝在过江以前，就与庾亮是深交，元帝时为尚书吏部郎。在东晋时期，只有二等士族子弟才去做郎官的，但是，吏部郎除外。此时，桓彝做吏部郎已经是得到了重用。不过，也许是因为桓彝与庾亮走得很近，所以，王敦专权时候，桓彝被迫辞职。明帝将要讨伐王敦，就拜桓彝为散骑常侍，“引参密谋”。

晋明帝可资利用的力量有以下几个。

一是宿卫六军。不过，我们说过，宿卫六军兵力有限，因此，晋明帝命令自己的亲信，如刘超招募义从，加入军队。

二是流民帅。如今驻屯在淮河以南的流民帅，自西向东依次为祖约、苏峻、刘遐等，稍南还有合肥的郗鉴部队。东晋朝廷在元帝时期一直对流民帅又怕又爱，不敢放心大胆的使用，但此时也顾不了许多了，将召集流民军的任务交给了郗鉴。

三是江东士族。明帝注意到江东士族对王敦的不满，因此，他对如今的江东士族领袖纪瞻十分重视。《晋书·纪瞻传》记载，一天，明帝将纪瞻一个人召到广室殿，满面忧愁地说：“社稷之臣，还不足十个人，这可怎么办？”接着伸出手指，指着纪瞻说：“君是其中之一。”

纪瞻谦虚地推辞。

明帝说：“正要与您说真的，你辞让什么呢？”

纪瞻素来严肃刚毅，宿卫六军都敬畏他，于是，司马绍任命他为领军将军。对此，《北堂书钞》卷六四引王隐《晋书》也明确记载：“纪瞻受领军（将军），会钱凤作逆，诏上殿参定谋策事。”

在纪瞻的感召下，江东大族如陆晔、虞潭等人都站在了司马绍一边。

同时，司马绍还派遣沈充的老乡沈祯去说服沈充，并承诺事成之后，给沈充司空高官。可是，沈充却说：“三司高位，怎是我能做的？自古至今，厚币言甘，都是人们所畏惧的。并且，大丈夫共事，当自始至终站在一条阵营中，怎能半途背叛，那样谁还能容我？”

沈祯说：“不对。抛弃了忠和顺，没有不灭亡的。大将军阻兵不朝，赏罚由己，五尺小孩都知道他有异心。此次他来肯定要行弑君篡位之事，怎能与前年之举一样？因此，疆场诸将纷纷前来，内外人士都愿意效死，这是因为大家身怀大义，都不愿意北面对其称臣，为何要受到不义之责，与他一起作乱呢？朝廷坦诚，即使是王敦一党还蒙宽恕，何况你见机归顺朝廷呢？”

但是，沈充没有接受。

虽然晋明帝说服沈充的计划失败了，但是，其对三吴地区其他江南大族的说服工作却一直没有停止。

时间就这样慢慢地流逝。

从公元324年的五月到六月，司马绍讨伐王敦的准备工作已经基本就绪，他召见应詹问计，应詹回答："陛下应该发赫斯之威，我们做臣子的拿着戈矛前驱，依靠祖宗之灵，肯定会有征无战。如其不然，王室必然危险。"听了应詹的话，司马绍才下定了决心。

下定决心以后，年轻的司马绍做出了一件非同寻常的事：一天，他骑着一匹巴滇骏马（《世说新语》称为巴赍马，即巴地赍人所养之马），神不知鬼不觉地从建康宫中溜出，一直跑到于湖王敦的大营附近侦察敌情。此时，王敦正在睡午觉，梦见太阳环绕自己的城池，突然惊起说："这肯定是黄胡子鲜卑奴来了。"

这时，王敦大营的士兵也感觉司马绍不是常人，来向王敦报告，王敦立即命令五位骑兵前去追赶。

司马绍一看大营中五位骑士冲自己奔来，也飞马狂奔而去。

路上马匹大便以后，司马绍就用水将马粪浇凉，司马绍看见路边卖小吃的老婆婆，就将自己的七宝马鞭交给了老婆婆，说："后面有骑兵追来，就把这个鞭子交给他们。"

一会儿，追兵赶来，问老婆婆前面骑马人的踪迹，老婆婆说："前面那人已经走远了。"并把七宝马鞭交给他们看。

普通士兵从来没有见过这么好的马鞭，五人依次传看，耽误了很长时间，又看到地上的马粪已经变冷，就相信了司马绍已经走远，才折返不追了。司马绍这次冒险，差一点被王敦抓住。

回到建康的司马绍，开始将讨伐行动付诸实施了。

五四 讨伐王敦

由于王敦不同意发兵建康，所以，钱凤与沈充约定，等到王敦死后，再一起进攻建康。也许，在钱凤和沈充看来，已经借王敦之手把江南周氏灭门，如今，正是江南沈家的出头之日，也是江南士族控制朝廷的绝好机会。

司马绍当然不明白钱凤等人的心思，但是，他只是感到王敦咄咄逼人的架势，让人忍无可忍，于是，在做好了各项准备工作之后，司马绍于太宁二年，即公元324年六月二十七日，加授司徒王导为大都督、假节兼扬州刺史；任命丹阳尹温峤为中垒将军、都督东安北部诸军事，统领禁卫军中垒营与右将军卞敦驻守石头城；任命光禄勋应詹为护军将军、假节、都督前锋以及朱雀桥以南诸军事；任命尚书令郗鉴代理卫将军、都督从驾诸军事（郗鉴以所加的军号，没有实际意义，坚决推辞不接受）；任命中书监庾亮兼左卫将军；任命尚书卞壶代理中军将军。司马绍另派使者到纪瞻家中，对纪瞻说：“卿虽然有病，但为我卧护六军，好处很大。”

据《北堂书钞》卷六四引《晋起居注》，晋制：“领军闲无上直之劳，可得从容养疾。”司马绍还赏赐给纪瞻千匹布帛，纪瞻就地分赏给禁卫军的将士们。司马绍另外征召平北将军、徐州刺史王邃，平西将军、豫州刺史祖约，北中郎将、兖州刺史刘遐，奋武将军、临淮太守苏峻，奋威将军、广陵太守陶瞻等流民军入卫京师。司马绍出宫，就住在建康台城宣阳门外的中堂大本营。并于同日正式下诏，讨伐钱凤，由于担心士庶将士害怕王敦，就对外宣称王敦已经死去。

在诏书中，司马绍首先肯定了王导、王敦过去的功劳，他说，先帝中兴，王导忠心辅佐，所以，才给予王敦专讨之权，都督五州。接着，又指出刁协、刘隗在朝不公，所以，王敦上次起兵，虽然是以下犯上，但是，情有可原，对王敦上次起兵表示了谅解。其实，这些话都是说给王导听的。说完这些，笔锋一转，诏书接着说，可是，上次事情解决以后，一是王敦却放兵大肆劫掠；二是大赦以后，还诛杀大臣；三是不朝见先帝就走。说了三条罪过。然后，司马绍又说到自己登基以后，王敦盛夏前来，天官私授；杀掉周嵩；灭门周札；擅自立儿子做自己的副手，自古以来，从未见过继任丞相不经过皇帝允许的；擅自调拨冶铁工匠和军粮船只等等，指出，国家社稷危在旦夕！不过，上天有灵，王敦却病死了。如今，以司徒王导率领中央军三万，十道并进；以平西将军王邃率精锐三万，水陆齐势；皇帝本人率左卫将军庾亮等人领兵三万，讨伐钱凤之罪。现在只杀钱凤一人，有能送上钱凤人头的，封五千户侯，赏布五千匹。对于王敦的爪牙冠军将军邓岳和前将军周抚，既往不咎，还将重用；其他将佐一无所问；王敦将士，独生子的，都遣散回家，永远不再调发，其余的给假三年，也像禁军一样轮休。并特意下诏严令："敢有舍王敦姓名而称大将军者，军法从事。"

在司马绍的授意下，王导不得不为王敦发丧。（《晋书·王导传》为了褒扬王导，称王导听说王敦病重的消息，"辄"发丧，给人的感觉是王导自行做主发丧；但是，《晋书·王敦传》记载的十分明确，是晋明帝发现王敦病重以后，为了鼓舞斗志，而命令谎称王敦已死，这在讨伐钱凤的诏书中也说得很清楚。因此，王导为王敦发丧的行为，只是司马绍整个部署的一个组成部分，而且，这种大事也不是王导一个人做得了主的事情。）王氏家族为王敦的发丧行动，进一步验证了司马绍诏书中王敦已死的消息，京师的人们都认为王敦已死，士兵们个个也都斗志旺盛。

然而，王导本人却深知王敦并没有死亡。

当王敦听说这个消息以后，尤其是听说自己放在建康里的棋子温峤竟然背叛以后，怒不可遏，他说："我竟然让这个小东西欺负到这种程度！"接着，就给王导写信，说："太真别来才几天，竟然做出这种事！"并上表皇帝，要诛杀以温峤为首的奸臣，发誓活捉住温峤，当亲自拔下温峤的舌头！看来，温峤从王敦处回京以后，力劝司马绍讨伐并为之出谋划策，这都是真实的。但是，问题是，这些隐秘之举，又是谁向于湖的王敦透露的呢？史书没有言明，可是，从王敦给王导信中的语气，大约可以判断出那封书信应该是封回信吧。

其实，仔细推究起来，晋明帝司马绍对外宣称王敦已死，除了鼓舞士气之外，似乎还有另外一种深意：王氏家族盘根错节，矛头直指王家，将使很多人顾虑重重。而如今仅仅将矛头指向钱凤，可以团结更多的人，一是北方大族力量，把钱凤描述成图危社稷的奸臣，让南渡的北方士族意识到以钱凤为代表的南方势力，有可能对整个北方侨民大族产生威胁，从而将灭王敦的行动转化成为北方大族捍卫朝廷主导权的举动；二是团结南方文化士族，历来南方文化士族与南方豪族之间矛盾重重，像周氏一门被王敦剿灭，就没有多少人对其同情。东晋朝廷一直对于南方文化士族如顾家、陆家、孔家等比较放心，而对于豪门周家、沈家比较冷落，渲染钱凤、沈充密谋倾覆朝廷，直接会威胁到南方文化士族的既得利益，争取同情和支持。

因此，司马绍此举可谓是一箭双雕。

五五　兵向建康

兵来将挡。

听到朝廷讨伐自己的消息，让王敦怒火中烧，病情更加严重了。这一次，不同于上次，此次先出手的是朝廷方面，而不是自己！这让历来自以为是的王敦暴跳如雷，他本来只是要维护着自己的既得利益，以为出牌的应该是自己，然而，如今朝廷方面竟敢先出手了！他实在是咽不下这口气。盛怒之下，王敦决定再次发兵建康，为了占卜进兵的吉凶，他想到了预测大师郭璞。

此时的郭璞充任王敦的记室参军，他的名气很大，还在建康的时候，他曾经给一家人寻找墓地，晋明帝司马绍微服去墓地相看。晋明帝乃文武兼具之人，也略通相术，明帝看后，对那家主人说："郭璞怎么让你家墓地葬在了龙角？按照阴宅之法，此种葬法，家族将遭灭族之灾。"

主人回答："郭璞说这不是葬在龙角，是葬在龙耳上，三年之内一定能招来天子。"

明帝一听，大惊失色，失口问道："要出天子吗？！"

主人回答："招来天子询问。"

听罢，晋明帝心里一块石头这才落下，并对郭璞预测的精准暗暗称奇。

在此之前，温峤和庾亮就王敦生死私下让郭璞占卜，郭璞沉默不语，二人又让其占卜自己吉凶，郭璞回答："大吉。"

温峤、庾亮私下说："郭璞不回答，是不敢说，或许上天要夺取王敦的魂魄。如今，我们要与朝廷一起共举大事，郭璞说大吉，我们的事情一定能成功。"这件事情应该是在庾亮来于湖探望王敦之时，抽空与温峤找郭璞占卜的，而且，极有可能是在此时，温峤与庾亮商量了如何脱离王敦之计。

如今，正好有一个姓崇的人要陷害郭璞，他给王敦打小报告，说郭璞给温峤和庾亮算了卦，于是，才有了王敦让郭璞占卜一事。郭璞占卜之后，直截了当地说："成功不了。"

王敦本来就怀疑郭璞和温峤、庾亮穿一条裤子，此时，又听说卦凶，心中愠怒，更加坚信郭璞是受温峤、庾亮之托阻挠自己进兵，他强忍着火气，又问："你再占卜一下我的寿命？"

郭璞回答："回想刚才的卦象，大人如果兵向建康，必定灾祸在前。如果兵回武昌，肯定寿不可测。"

其实，这一结论与理智中的王敦的中策，如出一辙。然而，此时的王敦早已不是能冷静思考的王敦了。

他冷冷地追问："你的寿命多少？"

郭璞回答："命尽今日正午。"

王敦大怒，立即命人将郭璞绑赴南岗。

过去，郭璞与桓彝很要好，两人之间十分随便，有些时候，郭璞正和妇人在一起，桓彝登门便入，毫不顾忌。郭璞对桓彝说："你什么时候来都可以，只是有一点你要记住，你来的时候，到我房间哪里找我都行，就是不可以到厕所去找。那样将对你我都会带来灾祸。切记！"一次，桓彝喝醉了酒去找郭璞玩，正巧郭璞上厕所，桓彝推开厕所去看，只见郭璞浑身一丝不挂，披头散发，嘴里噙着一口刀，在那里做法事。郭璞一见大惊失色，敲着自己的心口痛心地说："我经常对你说这里你不能来，你反而还要这样！不但会伤害到我，你自己也不会免祸啊！"停一会儿，又无奈地说："是老天这样安排的啊，我还能埋怨谁呢！"郭璞在并州的时候，就曾对卜栩说过自己祸在江南，并且免不了做公务员，而且经常说："杀我者山宗。"大家都不理解是什么意思。晋元帝司马睿时期，郭璞一次路过越城（在建康秦淮河南），遇到一个人，郭璞当即就说出了那人的姓名，并把自己的衣服赠予他。那人不接受，郭璞说："你尽管拿着，以后就知道了。"而此时，正是那人行刑。

临出牢门的时候，郭璞对那位刽子手说："去哪里？"

刽子手回答："南岗头。"

郭璞说："肯定在两棵并生的柏树之下。"

走到那里，真是如此。

郭璞又说："树上应有一个大雀巢。"

大家找了半天没有，郭璞平静地让众人继续寻找，果然，在重重叶子覆盖之下，真有一个雀巢。

一代预测大师郭璞就这样被斩杀，死时年仅四十九岁。

郭璞不仅是位杰出的预测大师，而且是一位东晋著名的学者，他曾注释过《周易》《山海经》《楚辞》等古籍；他还是一位文学家，他的辞赋被誉为“中兴之冠”；他花了十八年注解了《尔雅》，为后世的我们留下了宝贵的精神财富。从他身上也让我们看出了预测学本身的无奈，精通预测如郭璞尚无法利用预测学改变自身的命运，更何况其他！为了纪念郭璞，晋明帝在玄武湖边建了郭璞的衣冠冢，名为“郭公墩”。

尽管郭璞给王敦指出了方向，尽管王敦本人已经病到不能统率军队，但是，他还是决定放手一搏与建康方面拼命。他命令钱凤、邓岳、周抚等率领三万部队，向建康进发。这时，王敦的哥哥王含说：“这是咱们家的家事，我应该亲自走一趟。”于是，王敦任命王含为元帅，统领这支部队。

与此同时，他还命人通知远在吴郡的沈充一起兵会建康；并派遣苏峻的哥哥去盱眙，对苏峻说：“坐在家里不动，富贵就能到手，为何前来送死？”

但是，苏峻没有听从，他还是听从了尚书令郗鉴的召唤，与刘遐一起率兵南下救援京师。

临出发，钱凤征求王敦的意见说：“胜利之时，天子如何处置？”

王敦回答：“他司马绍还没有进行郊祭大典，如何能称作天子？便纵兵随便去做，只要保护好东海王司马冲和裴妃就好。”此时的王敦已经决定要废掉甚至杀掉司马绍，另立司马冲为帝了。

东晋明帝太宁二年（公元 324 年）七月二日，王含率领自己的合肥之军与钱凤、邓岳等军和水路混合部队五万，挺进到建康城外江宁县的秦淮河南岸。

六月二十七日，司马绍下诏要讨伐钱凤，七月二日，王含的大军就来到了建康城下，可谓神速。王敦的打算就是：趁勤王之师尚未抵达建康，采取速战速决之法，迅速解决建康守军，只要把司马绍拿住或者杀死，那么，前来救援的流民军自然会群龙无首，土崩瓦解，作鸟兽散。

一场大战将一触即发。

五六 建康之战

虽然司马绍的诏书中，说到将要率领近十万大军去讨伐钱凤，其实，那都是虚辞。不说征召的流民军尚未到来，即使加上流民的部队，建康总兵力也超不过五万之众。面对气势汹汹而来的王敦五万大军，建康城内是一片混乱。

历史似乎将要重演两年前的那一幕了：对于叛军而言，利在速战；而对于朝廷而言，却最好等援军到来之后再战。

此时，王导给堂兄王含写信，信上大意是说：近来，听说大将军病情加重，还有传言说大将军已经过世，内心悲不自胜，接着，就听说了钱凤率军将要叛逆，朝中上下都十分痛恨。上个月的二十三日，我得到了驻屯于淮阴的堂弟征北将军王邃的书信，说刘遐、苏峻等人也都深怀忧虑，有保卫建康的决心。（自此可以看出，司马绍外引流民帅的举动，在朝中并没有让王导觉察，王导还是从王邃那里得知的；另外，此点也透露出了王氏家族其间频繁的书信来往。）接着，王导劝说王含，兄这次前来，想与大将军上次一样吗？当年刘隗、刁协佞臣在朝，人心不宁，就像我这样的人，内心也想得到外面的支持。如今的情况大变。大将军屯兵于湖以后，逐渐失去了人心，将死之时，委任王应，王应断奶没多久，又缺乏威望，就能做上宰相？自古以来，有几个小孩做宰相的？人人皆知是想行禅代大事，这不是人臣所应做的。先帝中兴，人怀感恩；今上聪明，德施朝野。此举都是钱凤一人的鬼主意，至于邓岳、周抚，朝廷将要委以重任，完全可以放心。（这一段的前半部分，大约是王导本来的想法，透露出了其在上次王敦入京之时的真实心境，由此也看出了当司马睿赤脚扶起他的时候，他对司马睿说王敦为奸臣之语，完全不是真话；而该段的后半部分，则完全与司马绍诏书中的字句相符，不能不让人怀疑：此信是在司马绍的授意下所写。）书信的第三段，王导表明了自己的态度，那就是“宁忠臣而死，不无赖而生”。并进一步劝说王含杀掉钱凤一人，归顺朝廷。最后，王导却十分奇怪地把朝廷军队人数报得清清楚楚："导所统六军，石头一万五千人，宫内后苑二万人，护军屯金城六千人，刘遐已至，征北（王邃）昨已济江一万五千万人。"云云。按常理分析，王导此信大约是经过了皇帝的审定，如果是这样的话，那么，王导的信的结尾报上的朝廷军队数字，不一定就是实数；而假如此信纯属私信，那王导的态度就十分可疑了。

当时，朝廷中有人向司马绍建议："王含和钱凤的兵力是朝廷军队的百倍，苑城（即台城）小而且不很坚固，应在敌人立足未稳，皇帝亲自率军出去迎战。"

但是，久经沙场的老将郗鉴却说："这伙贼寇横冲直撞，其势不可当，只能以计取胜，不能硬拼。王含等人号令不一，军纪不整，百姓有鉴于往年的灾祸，都人自为守。我们顺着人心，所向必克！况且贼寇并无长远的打算，就寄希望于一战，旷日持久，一定会唤醒忠臣义士之心，使我们的计划得以实现。如今以此等弱力去和强寇硬碰，将在瞬间定出输赢，一旦失败，即使有申包胥那样忠义的人，又有什么用呢！"

可能与此同时，甚至在此之前，温峤率领本部兵马从石头城赶回，并将城外通往建康城最重要的朱雀桥烧毁，以切断叛军攻进城内的要道。晋明帝闻讯大怒，温峤说："如今宿卫寡弱，征召的援军还没有到达，如果敌人像野猪一样奔突，会危及社稷，陛下何惜一桥。"

王含的部队到达以后，果然被隔在了对岸。

这是《晋书·温峤传》的记载。

不过，关于"温峤断桥"的故事，尚有另外一个截然相反的版本。《世说新语·捷悟》记载的却是完全相反，说的是：叛军将要抵达朱雀桥，晋明帝命令温峤断桥，可是，温峤却因故没有及时截断。司马绍知道以后，不禁大怒，身边的属下都吓得噤若寒蝉，不敢吱声。司马绍立命大臣全部到齐，温峤到来以后，却并不谢罪，只是请求赏点酒和烤肉再去受死。过了一会儿，王导也来了，他光脚下席，向司马绍谢罪说："圣上满脸都是怒气，不容温峤谢罪。"温峤就此谢罪，晋明帝也就释然了。无论如何，我们起码从中知道了两点信息：一是，在叛军到来之前，朱雀桥被温峤烧毁了，此举有效地阻止了敌人的进攻；二是，为断桥之事，司马绍曾经大怒过。开始的时候，年轻气盛的司马绍的确想亲自率军给予叛军迎头痛击，因此，温峤烧桥，使司马绍无法出军，由此而发怒，这一说法似乎较为可信，《资治通鉴》也采纳了这一观点。从此，原朱雀桥改用浮桥。《读史方舆纪要》卷二十称："自是以泊船为浮航，航长九十步，广六丈，每有警，则撤航为备。"

不过，即便如此，司马绍仍然想以帝王之师，挫挫叛军的锐气。就在叛军到达秦淮河南岸的第二天（七月三日）深夜，司马绍就命令将军段秀（为段匹磾之弟），中军司马曹浑，左卫参军陈嵩、钟寅等甲卒千人渡水，趁着敌人没有防备发起突袭。这支突击部队于七月四日凌晨，抵达叛军暂时驻扎的越城（秦淮河南。《读史方舆纪要》引《图经》称：在江宁县南三里秦淮水南）。朱雀桥被朝廷主动烧毁，所有的人都以为这是朝廷胆怯的表示，并且，有秦淮河阻隔，南岸的叛军也都松懈了下来，谁知在黎明时分却遭到偷袭，慌乱中叛军被打得大败，前锋将领何康也被乱军所杀。

初战告捷，极大地鼓舞了京师的士气，稳定了民心。而身在于湖，时刻关注前方战事的王敦，闻讯愤怒地破口大骂："我这个哥，就是个下贱的老婢女，家要败了啊！兄弟中才兼文武的，世将（王廙）、处季（未详）皆早死，现在完蛋了啊。"他对身边的参军吕宝说："我要硬撑着去前线督战。"想要努力起身，可是身子没有一点力气，就是起不来，只好又躺了下来。王敦又对自己的舅舅羊鉴（那位曾经讨伐徐龛而战败的统帅，蔡豹成了他的替罪羊）和儿子王应说："我死以后，王应就立即即位，先设立朝廷百官，然后再埋我。"

不久，王敦就被气死了，时年五十九岁。

王应秘不发丧，将王敦的尸体用席子包裹，外面涂上石蜡，埋在听事堂里，而王应自己与亲信诸葛瑶等人只是纵酒淫乐——关于这一点史书的记载，其实是十分可疑的，仔细分析下来，起码有以下三点疑问。

一是不合逻辑。王敦生病以后，本无与朝廷兵戎相见之心，只是在司马绍要讨伐他的时候，才发兵进攻建康。这也是王敦听到温峤冲在讨伐最前线震怒的一个原因。如果说在王敦得胜以后这样做，多少还容易让人接受。在王含初战失败、王敦发出家族将要衰亡的哀叹，并明知自己将死的时候，王敦还叮嘱王应做这种明目张胆的谋反行动，不是给司马绍以口实又是什么呢？

二是没有必要。王应匆匆即位当皇帝，设置百官，对于战局起不到任何有利的影响，相反，会引起人们的一致反感。而从王敦的哀叹中，也可以看出王敦对王应是充分了解的，他既没有威望，又没有多少资历，正像王导给王含的信中所说的那样"刚断乳不久"，以此人为宰相的继承人，王导就以为不可，王敦能不知道？

三是没有事实。这一说法只是王敦对羊鉴和王应所说，但是，王敦和王应都已经死亡，在当时也是无法考证的，而这句话的来源极有可能出自羊鉴之口。至于羊鉴为什么要这样说，我们稍后再做进一步的研究。现在要说的是，不管王敦生前是否说过这些忤逆之言，在王敦死后，王应毕竟没有设置百官，没有自立为帝。认定王敦叛逆的最重要的证据，就来自王敦将死之前的这段话了。这更让人怀疑，是否有这样一种可能，即：司马绍出于政治和为父报仇的需要，逼迫羊鉴编造出王敦生前所谓的这种安排，以达到妖魔化王敦的目的，而羊鉴为了保命起见，也只能如此，从而让即将到来的对王敦乃至整个王氏家族的惩罚更显合理，而真实的情况十有八九是王敦生前根本就没有说出此段话。

关于这一点，随后我们还会探讨。

现在，暂且回到瞬息万变的建康前线吧。

五七　击败叛军

叛军初战失利以后，“凤等至京师，屯于水南。帝亲率六军以御凤，频战破之”。然而，就在此时，吴兴的沈充率领三吴叛军先于朝廷的援军抵达了建康。沈充拒绝了司马绍的拉拢，而最终决定和钱凤站在一起，当他率兵北上的时候，对自己的妻子说：“大丈夫不在车子后面竖上豹尾旗子（意为做大将），此行我再不还家。”

沈充带来了一万多人的三吴子弟，陡然之间，让接连战败的叛军恢复了元气，并于七月十日在陵口（今安徽当涂北）构筑工事。

这时，沈充的司马顾飏建议：“今天举大事，可天子已经卡住了我们的咽喉，军锋受挫，士气低落，如果再犹豫下去，相持时间一长，肯定要失败。现在，如果我们破坏掉堤防，将玄武湖的水放出来，水淹皇城，我们则乘着水势，发挥水军的作用，用舰队攻击，这就是所谓的不战而屈人之兵，这是上策；凭借着刚到的锐气，与王含的西路军一起，分为十路，同时进攻，我众敌寡，超过一倍多，按照常理，也一定能够取胜，这是中策；为了转祸为福，把失败变成成功，召钱凤前来商量军情，杀掉他投降，这是下策。”

沈充一个也没接受，顾飏发现失败在即，就偷偷逃回了吴国（今江苏省苏州市）。

七月十七日，兖州刺史刘遐、临淮太守苏峻等人率领一万多精锐的流民军，抵达建康。望眼欲穿的司马绍十分高兴，当天深夜就召见二人表示慰问，并犒赏将士。说实话，当时的建康是危如累卵，烧掉朱雀桥，固然迟滞了敌人的进攻，但是，朱雀桥南地区正是建康的居民区和繁华区，有所谓的大小长干里、南塘、乌衣巷等等，把朱雀桥南全部让给了叛军，等于是把半个建康城拱手让人，只留下居住着皇帝、设置政府部门的台城。并且，秦淮河也并非不能飞渡，一旦人数占优的叛军，渡过了秦淮河，形势随时就可能发生逆转。

刘遐、苏峻这支生力军的到来，同样引起了叛军的高度关注。钱凤与沈充商议："北军新到，疲惫不堪战斗，击之必克。如果再犹豫的话，以后就更难进攻了。"

他们要利用刘遐、苏峻部队远来疲惫、立足未稳之际，对台城发起总攻。

七月二十五日夜，沈充和钱凤率军从竹格渚（朱雀桥西、秦淮河南岸）渡过了秦淮河。护军将军（军事总监）应詹率领建威将军赵胤等将领兵抵抗，初战失利，退入台城，沈充、钱凤部队一直进抵台城南门宣阳门外。当叛军正在清理城外的栅栏工事，准备组织攻城的时候，黑暗中，就在叛军的侧背方向的南塘（秦淮河南岸），突然出现了刘遐和苏峻的流民军。苏峻亲率其将韩晃与刘遐一起在南塘横截敌军，这支生力军如入无人之境。而应詹与赵胤等又从城中杀出，将激战半天的沈充、钱凤联军打得大败，阵斩敌将杜发，被逼走投无路而跳入秦淮河淹死的叛军，就有三千人，共斩首数千级。刘遐继续率军往东追赶，又在建康城东的青溪再次击败了沈充。

到第二天，王含得知部队大败，赶紧烧毁大营，趁夜逃亡，沈充也烧营而退。

又过了一天，即七月二十七日，晋明帝司马绍从大本营回到了皇宫，并宣布大赦，只是王敦的党羽不在赦免之列——仅仅一个月前，司马绍的讨伐钱凤的诏书中还清清楚楚地写着："罪止一人（指钱凤），朕不滥刑。"王导给王含的信上也写道："唯取钱凤一人。"

言犹在耳，但是，诛杀的范围就从钱凤一人扩大到了王敦的所有党羽。

看到王含、钱凤叛军全线退却，晋明帝立即组织追击，逐一捉拿叛军的各个头目：任命温峤都督刘遐所部追击王含、钱凤；又任命庾亮为都督东征诸军事，假节，都督苏峻所部追击沈充。苏峻请求吴郡大族陆家的吏部郎陆迈（《全晋文》有陆迈碑，称其字功高，吴郡人，当是陆晔、陆玩兄弟一族）一起随军东征。流民军虽然骁勇善战，但是，军纪却不好。刘遐所部随丹阳尹温峤渡过秦淮河以后，刘遐看到南塘之地富庶，于是放兵掳掠。温峤说："天道助顺，因此，王含才被剿灭，你可不能因乱为乱啊。"刘遐赶紧解释道歉。无独有偶，《世说新语·规箴》也记载，当苏峻的流民军将到吴郡（今苏州）的时候，苏峻密令左右，让人在苏州西门放火示威。陆迈知道苏峻的用意，就说："吴郡太平不久，必将有变乱。如果要制造乱阶，那就从我们陆家开始吧。"苏峻一听，这才停了下来。

五八 讨平余党

与建康的战斗相呼应，北自淮南，南到会稽，也都掀起了驱逐王敦所任命的官吏的浪潮。

祖约从谯郡南撤，一方面是因为遭到了石勒、郭默的夹击；另一方面，也是接到了晋明帝勤王的诏书，只是由于祖约距离较远，没有赶上建康的战斗，而是在其退到寿阳以后，就驱逐了王敦任命的淮南太守任台，晋明帝就势封祖约为五等侯，进号为镇西将军，使屯寿阳，防御北境。宣城内史钟雅，本为王敦所任，但却心向朝廷，被明帝加为广武将军，率众屯在青弋，广德县人周玘起兵帮助钱凤，钟雅退据泾县，收合士庶，将周玘叛军剿灭，后被朝廷征拜为尚书左丞。前年，前吴郡太守张茂被沈充所杀，张茂之妻陆氏散去全部家产，招合张茂的旧部，跟随苏峻军一起进攻吴兴的沈充，等到沈充败亡以后，陆氏亲自到建康上书，朝廷追封张茂为太仆。义兴人周蹇也杀了王敦所署的太守刘芳。

三吴之地是建康的后院，（此处的“三吴”，采用唐代梁载言《十道四蕃志》的说法，以吴郡、吴兴、义兴环太湖地区为三吴，后所谓的三吴也泛指吴兴、吴郡和会稽等东南地区。）而会稽则又是三吴的后院，会稽大族有虞氏、丁氏、贺氏、孔氏等，我们知道，虞潭为会稽余姚人，是孙吴经学大师虞翻的孙子，此时，虞潭正告病在家，当他听说沈充叛军北上建康以后，虞潭当即招合宗族和郡中大姓，共起勤王军，人数达到一万之众，自称明威将军，率军推进到上虞。晋明帝手诏封虞潭为冠军将军兼会稽内史。虞潭受命以后，前来的义众更多，他派遣长史孔坦领前锋渡过浙江，紧追沈充身后，而虞潭则屯军西陵，作为后继。沈充被杀以后，虞潭被征拜为尚书，补右卫将军，加散骑常侍。东南地区的义军，有力地牵制了沈充的后方，也间接地改变了建康两面受敌的不利态势，对整个战局的好转起到了积极的推动作用。

周访的两个儿子，长子周抚，次子周光，如今都在王敦手下，周抚为沔北诸军事、南中郎将，而周光为浔阳太守。此次之变，周抚率二千人马随钱凤出战，而周光率一千多人后到。周光抵达于湖以后，去拜见王敦，当时王敦已死，王应推脱父亲病重不见。周光疑惑起来，自忖："我风尘仆仆远来至此，而见不到王公，难道他真的死了吗？"他赶紧去见哥哥周抚，开口就说："王公已死，哥哥难道还要继续与钱凤一块儿做贼吗？"周抚和身边的众人闻言都瞠目结舌。

当天晚上，前线就传来败讯，部队全部逃散，钱凤逃到阖庐洲（长江中一险要的岛屿），周光率兵追击，将其斩首，送到朝廷自赎罪愆，因此，未被追究。

周抚与邓岳一起准备逃亡，周光虽然给哥哥准备了船只和盘缠，但却暗中想等邓岳来到以后，再逮捕邓岳立功，周光给哥哥说了自己的打算以后，周抚大怒说："我和邓伯山一起逃亡，为什么不先杀我请赏！"

两兄弟正说话间，邓岳的船到了，周抚余怒未消，出门对西阳太守邓岳大喊："还不快走！现在骨肉兄弟之间还想相残，何况他人！"

邓岳赶紧回船，周抚也上船西去，两人一起投奔西阳（今湖北省黄冈县东）蛮族头领向蠶。不久以前，邓岳任上还曾经密谋讨伐蛮族，因此，这里的蛮族都想杀掉邓岳、周抚二人，向蠶却说："邓府君走投无路，才投奔到我这里，我岂能忍心杀掉他们！"于是，两人就避难在蛮中，等到第二年晋明帝死后，朝廷下诏赦免了王敦一党，邓岳和周抚才从深山中出来，到朝廷请罪，朝廷下诏将二人禁锢，但是，在王导的斡旋下，两人均被招为王导的从事中郎，这是后话，暂且不提。

沈充败归老家吴兴以后，慌不择路，竟然误入自己的旧将吴儒之门。当时，朝廷悬赏能够捉拿到沈充的，赏三千户侯。于是，吴儒将沈充骗到内宅，锁上重门，然后，在外面笑着对屋内的沈充说："哈哈，三千户侯到手了！"

沈充情知中计，他在屋内说："封侯不值得贪恋啊。你以义气为重，将我放掉的话，我的宗族必定会重重地报答你。如果你一定要杀掉我，你的一门要灭族了！"

吴儒不听，执意把沈充杀掉，将首级送到建康请赏。

沈充的儿子沈劲当诛，被同乡钱凤一家的钱举藏匿得免，后来，沈劲果然将吴儒一家诛杀；沈劲因父亲死于不义，一直发誓要立功朝廷，报效国家，一雪家族前耻，很多年以后，他在与慕容恪许昌之战中被俘，壮烈牺牲，沈劲也因之被收入《晋书·忠义传》中。

我们再回过头来，看看元帅王含和他的儿子武卫将军王应的下场。

王敦由于生前没有儿子，把王应作为继子以后，对他十分看重。《世说新语·赏慕》就记载，王敦曾称赞王应“其神侯以欲可”。大致是说，王应精神状态比较可人。此时，年过六旬的王含与儿子王应商量去哪里逃难。王含打算投奔做荆州刺史的王舒，王应却打算投奔做江州刺史的王彬。

王含反问：“你说大将军平时与王彬关系怎么样，你还要投奔他？”

比他父亲有头脑的王应回答：“这正是要投奔王彬叔叔的原因。王彬叔叔在大将军强盛的时候，还能够当面提出异议，这种敢于担当的气魄，不是一般人所能做到的。如今，王彬叔叔看到我们衰败了，必定会心生怜悯之情。而王舒叔叔却是个循规蹈矩之人，怎能做出出人意料的事情呢？”

王含不从，于是，父子二人一起西上投奔王舒。王舒听说两人前来，果然派出部队将二人拿获，投入江中淹死；而王彬听说堂兄王含和堂侄王应要来投奔自己，已经提前秘密准备下了接应的小船，但是等了很久，王含父子二人却没有来，王彬深为遗憾。

对王敦余党的诛杀还在继续之中。

到了本年（公元 324 年）的十二月，那位曾经给沈充出谋划策的顾飏奋起抗争，在武康造反，攻烧城市，但是，随即就被郡县捕杀。半年之前，当顾飏看到沈充不采纳自己的建议之后，就脱身潜回了家乡，而且，彼时就曾经建议沈充杀掉钱凤投降，那么，在半年以后，政局已经稳定下来的情况下，他岂不知此时反叛，无疑是飞蛾扑火。按照常情，以顾飏对沈充献计所表现出的精明，他决不会在半年之后，独自起兵做没有任何希望的反叛的。唯一的答案就是：虽然晋明帝在十月曾经下诏，对于王敦的群从一无所问，但是，在这长达半年时间里，东晋各地官员为了邀功，对王敦的次要亲信以及钱凤、沈充等人亲信的追捕一直就没有停歇，而顾飏的短暂叛乱，可能不过是被逼无奈之举而已。

五九　劫后余波（一）

经过温峤、郗鉴的努力，朝廷将流民帅苏峻、刘遐召来助战，建康之战终于有惊无险，顺利地取得了胜利。

胜利之后，晋明帝司马绍论功行赏，晋封：司徒王导为始兴郡公，邑三千户，赐绢九千匹；丹阳尹温峤建宁县公，尚书卞壸建兴县公，中书监庾亮永昌县公，北中郎将刘遐泉陵县公，奋武将军苏峻邵陵县公，邑各一千八百户，绢各五千四百匹；尚书令郗鉴高平县侯，护军将军应詹观阳县侯，邑各千六百户，绢各四千八百匹；建威将军赵胤湘南县侯，右将军卞敦益阳县侯，邑各千六百户，绢各三千二百匹。到这一年的十月，又加司徒王导为太保、领司徒，太宰、西阳王司马羕领太尉，应詹为使持节、平南将军、都督江州诸军事、江州刺史，刘遐为散骑常侍、监淮北诸军事、北中郎将、徐州刺史、假节，代王邃镇淮阴，庾亮为护军将军。王导坚决推辞，不敢接受。

而其时，为晋明帝司马绍最为亲昵的却是这些人以外的两个人：一个人是西阳王司马羕的弟弟南顿王司马宗，由骠骑将军转为左卫将军；另一个人则是元帝的正室夫人虞氏的弟弟虞胤，也就是法律上明帝的舅舅，被拜为右卫将军，这两个人直接负责皇帝的宫廷侍卫。

有赏必有罚。

王敦举兵进京，自然是忤逆行为，这没有丝毫异议。但是，这件事放在东晋初年就有一点小小的问题。此次钱凤举兵进京，与上次王敦进京的借口一样，仍然是打着“清君侧”的口号，矛头直指温峤。上次清君侧以后，王敦很快就退回了武昌，晋明帝在讨伐钱凤的诏书中，虽然对上次王敦起兵颇有微词，但总体上讲，也没有过多责备，而是把原因归结到刁协和刘隗的身上。即使在王导给王含的信中，也说出了“使大将军桓文之功不遂”的话。反过来理解，在钱凤出兵进京之前，不管司马绍内心的真实想法，起码在表面上，朝廷对于王敦的评价基本上还是肯定的。那么，照这个逻辑推演下去，就会得出这样一个结果：那就是司马绍主动起兵讨伐，是破坏了“共天下”的权力格局，在东晋初年特定的历史条件下，从情理上来说似乎缺乏合理性。

如何让王敦遗臭万年，那就必须在他的头上扣上一个谋反的罪名，但是，晋明帝要给王敦定下谋反的罪名，还必须有相应的证据，只有这样，才顺理成章，让人口服心服。紧接着，就出现了前面我们说过的对于王敦临死前让王应登基的话题。据《晋书・羊鉴传》记载：“及王敦反，明帝以鉴敦舅，又素相亲党，微被嫌责。”史书记载得很含蓄。羊鉴在讨伐徐龛之战中畏缩不前，致使覆军杀将，最后由于元帝平衡各种利益关系而没有杀掉他。也就是说，羊鉴是一个有历史污点的人，而羊鉴本人又与王敦关系很亲近，因此，在这种情况下，“微被嫌责”的羊鉴为保全自己的身家性命，极有可能为司马绍提供给王敦谋反定性的口实。

在一切准备工作做好以后，有关部门上书晋明帝，称“王敦滔天作逆，有无君之心，应该比照齐景公戮崔杼之尸、曹魏戮王棱之尸的例子，刨棺戮尸”。司马绍表示同意。于是，东晋朝廷扒开了王敦的坟墓，将王敦的衣冠焚毁，把王敦尸体拉出，让其跪在地上，然后斩首。在同一天，将王敦和沈充的头颅悬挂在朱雀桥南。王敦的首级悬挂以后，没有人敢去收葬，尚书令郗鉴对司马绍上书说：“过去朝廷对王莽、董卓、王凌、徐馥、杨骏等逆贼的处理，也都允许其家族私下埋葬。王诛加于上，私义行于下。我认为还是允许王家埋葬，这样，在大义上说比较厚道。”于是，司马绍听任王家将王敦尸首重新埋葬了。

处理了王敦，摆在晋明帝司马绍面前亟须解决的问题就是：如何妥善处理王氏家族的有关人员。经历了王敦的两次动乱，晋明帝对王氏家族当然是充满了戒备之心。不过戒备归戒备，表面文章还是要做的。王导就不用说了，被朝廷视为“大义灭亲”的典范进行封赏。但在政事中，晋明帝却明显地表现出亲近庾亮、疏远王导的倾向。据《太平御览》卷五百九十三引裴启的《语林》记载了一件事，就很能说明问题：“明帝函封诏与庾公，信误致与王公。王公开诏，末云：‘勿使冶城公知。’导既视，表答曰：‘伏读明诏，似不在臣，臣开臣闭，无有见者。’明帝甚愧，数日不能见王公。” 冶城公，就是指王导。明帝写给庾亮的信，却误送给了王导，信的末尾还特别注明，别让王导知道了。王导看后的心情可想而知，不过，王导倒也幽默，上表回答：“这诏书好像不是给我下的，我看了又封好，我什么都没看见。”

《世说新语·尤悔》“温峤、王导俱见明帝”条，大约就发生在此时。

当时，晋明帝召见王导和温峤二人询问西晋兴亡原因，温峤还没回答。王导说：“温峤年少还不清楚，我给陛下说说。”

王导详细叙述了司马懿创业之初，诛杀名族、拉帮结派以及司马昭末年诛杀高贵乡公的故事。

晋明帝听到这儿，以脸着床，说：“真像公所说，国祚如何能长久！”

王导抢先说话，也许是不想让温峤说出其所知道的西晋灭亡的原因：空谈误国、诸王争权、大族骄恣等等，而在暗示明帝不要像司马懿那样心狠手辣，诛杀名族吧。因为，此时，有关部门正上疏晋明帝，称：“王彬和安成太守王籍之等是敦之亲族，皆当除名。”

司马绍下诏：“司徒导以大义灭亲，犹将百世宽恕，何况王彬等人是王导的近亲呢？”

晋明帝没有诛杀以王导为首的王氏家族，除了策略上的考虑以外，另外是因为没有法律依据，这是因为，自永嘉元年当时的西晋太傅司马越废除了族诛之刑以后，东晋法律也无此条。曹魏初年，族诛包括全家男女，西晋惠帝年间，曾有不及妇人之议，到永嘉元年，司马越上表废除了三族之刑，其实，并未完全禁绝。司马睿为丞相时，“朝廷草创，议断不循法律，人立异议，高下无状”，元帝即位以后，曾经讨论过恢复肉刑，这当然是刑罚的倒退，在王敦的反对下，才没有施行。鉴于王敦再叛的教训，为了加重对谋反罪行的惩罚，提高企图谋反者的成本，并可以借机消灭大族，晋明帝司马绍决定恢复株连之刑，公元325年的二月，他正式下诏，恢复过去施行的诛杀三族之刑，唯不及妇人。晋明帝恢复了三族之刑，此事虽经温峤反对，但晋明帝却拒绝采纳，于是，株连三族之刑在整个南朝时期就延续下来了。晋明帝的这一举措应该是针对所有的大族而言的，当然也对王氏大族敲响了警钟——这样不株连你们的皇恩，以后再也不会有了。

随后，晋明帝就对王氏家族人员重新进行了调整，把王氏家族成员从实权岗位上撤换下来。其实，这种调整在公元324年十月就已经进行了，在晋位王导为太保的同时，晋明帝罢免了王导从弟王邃徐州刺史的职务，而改任刘遐为监淮北诸军事、北中郎将、徐州刺史，镇守淮阴；征召江州刺史王彬为没有实权的光禄勋，又转为度支尚书，一个管后勤的出力不讨好的职务，任命应詹为使持节、都督江州诸军事、平南将军、江州刺史。

而对于荆州刺史王舒的处理，就稍微有点麻烦。首先，毕竟王舒将王含父子沉于江中（其实，这也是一个无头案），属于功臣系列；其次，荆州毕竟处于上游，且实力较强。因此，如何妥善把王舒拿下，确实需要动动脑筋。晋明帝打出了一系列的组合拳：首先，他论功行赏，晋封王舒为都督荆州诸军事、平西将军、假节；其次，他由近及远，先弱后强，先把王彬从江州拿下来，并给予新任江州刺史应詹以“使持节”的最高权力，防备上游的王舒；最后，在部署完毕以后，到了公元 325 年五月，司马绍下令将陶侃与王舒的防地对调。他任命征南大将军陶侃为征西大将军，都督荆州、湘州、雍州、梁州四州诸军事，荆州刺史，改任王舒为安南将军、都督广州诸军事、广州刺史，将其发配到岭南。此时，王舒的下游有应詹，前来接替自己的是大名鼎鼎的陶侃，即使王舒再生叛心，也难以作为。于是，王舒开始说自己有病，推托不愿去岭南上任。经过王导的斡旋，最终就近改任王舒为都督湘州诸军事、湘州刺史，而让原来的湘州刺史刘顗（史书缺传，里贯不详）去了广州。虽然司马绍没有把王舒赶到远远的岭南，但是，毕竟顺利地把王舒从荆州重地拿了下来。

六〇 劫后余波（二）

王敦二次叛乱被平定以后，王氏家族受到了空前的打击。如今，王氏家族成员在方面大员中只剩下王舒一人，这让晋明帝司马绍暂时放了一点心。

除了对王氏家族的处理，再就是对于王敦原有幕府人员的处理。

晋明帝司马绍开始的打算是，对于王敦幕府“纲纪除名，参佐禁锢”。纲纪，是指“综理府事者”。也就是幕府中的高级属员，总之，晋明帝的初衷是打算将曾经在王敦手下任职的全部排斥，这一举措，显然打击面过大。因为，在王敦一手遮天的时候，一方面基于与朝廷争夺人才；另一方面，也是为了消除可能产生的对立面，他把很多人士都拉入了自己的幕府，史称“王敦既与朝廷乖贰，羁录朝士”。而这些人之所以到了王敦的幕府中，往往是出于不得已，内心并不一定愿意与朝廷为敌，甚至还可能是王敦的异己。这些人大致可以分为几类。

一是可能的对立面。在第一次王敦之乱中，会稽内史熊远，不接受沈充加给的将军称号，也不给沈充军输送粮食，只是保境安民，王敦因为“惮其正而有谋，引为长史”。熊远的弟弟熊缙也曾是王敦的主簿。

二是江东大族。熊远死后，王敦又请吴郡大族陆晔之弟陆玩为长史，在王导刚到江东之初，就曾经想与陆玩结为亲家，却被拒绝，然而，此一时彼一时，王敦以军令限期逼迫陆玩上任，陆玩不得不去。

三是王氏亲族。即使是王氏家族的亲属，在王敦手下工作也不一定就是王敦的同党，比如，何充，他是西晋时期讨伐匈奴刘猛的统帅何桢的曾孙，是王导的外甥，又是庾亮的妹夫，与晋明帝司马绍是连襟。王含在庐江任职，贪污成性，弄得郡县一片狼藉，一次，王敦在众人中称赞自己的哥哥王含：“家兄在郡里干得一定不错，庐江人都夸他呢。”何充是王敦的主簿，当时也在座，当即回答：“我何充就是庐江人，耳闻的却与此不同。”说得王敦很没面子，贬其为东海王文学。

四是王敦的朋友。比如，从北方邵续那里回到江东的刘胤，曾是王敦的好朋友，王敦“甚钦贵之”，被王敦请为右司马。刘胤知道王敦有不臣之心，一直卧病在床，啥事也不管，被王敦出为豫章太守。

五是地位较低的人才。如郭璞被王敦“起为记室参军”，因反对王敦而被杀。再如袁瑰，为王敦的咨议参军。即便是后来与王导互相瞧不起的蔡谟，此时，也做过王敦的从事中郎。

六是名士。郭璞当然也算名士，不过，这里仅指那些清谈家，如一直跟着王敦的谢鲲，在王敦第二次叛乱之前就去世了；再如，被称为兖州八伯之一的“黯伯”羊曼（其他七人为陈留阮放为宏伯，高平郗鉴为方伯，泰山胡毋辅之为达伯，济阴卞壶为裁伯，陈留蔡谟为朗伯，阮孚为诞伯，高平刘绥为委伯），也被王敦任命为右长史。而羊曼“知敦不臣，终日酣醉，讽议而已”。

最后，当然也有王敦或者王氏家族的亲党了。比如，那位一直追随王导的顾和，曾被王敦请为主簿，王导为扬州刺史，又被升为别驾。

在这种情况下，温峤上疏晋明帝，称：“王敦刚愎不仁，忍行杀戮，亲任小人，疏远君子，朝廷也拿他没办法，骨肉亲戚也不能说服他。在当时的情况下，人人自危，道路以目，当时的确是贤人君子无计可施、韬光养晦的时候。并且，在王敦图谋不轨之日，拘录士人，这些人都是没有办法才去的，比如，陆玩、羊曼、刘胤、蔡谟、郭璞等人就经常和我提到内心的痛苦，因此，我知道得比较详细。如果真是本心凶悖，那是罪有应得；如果是被迫进入奸党，则应从宽处理。像陆玩等人忠心耿耿，陛下也是知道的，却受到贼人一般的处罚，实在辜负了这些人。陛下仁圣，胸怀博大，一切遵循中庸，办事公平；请求陛下裁断。”温峤本人也曾经被招为王敦的下属，因此，温峤对此有亲身体会。

而郗鉴则说：“古代的圣王重视对君臣规范的教化，对因忠义而死的气节，最为推崇；只有昏庸将要亡国的君主，才特意施恩，进行宽恕。王敦的下属虽然大多数都是被王敦所逼迫，但是，身居逆乱之朝，进不能制止他叛逆的阴谋，退又不能脱身远逃，失去了起码的操守，按照古代的规定，应该以大义进行谴责。”

晋明帝最终听从了温峤的意见，郗鉴又上奏，称钱凤的母亲已经八十岁了，应该免除处罚，晋明帝也同意了。

处理了王敦集团，晋明帝继续他的拨乱反正之路。

到了第二年，也就是太宁三年，即公元 325 年的二月，晋明帝命令朝廷大臣商议追赠被王敦所杀的谯王司马承、甘卓、戴渊、周顗、虞望、郭璞、王澄等人的官爵，给这些人平反昭雪。经过商议，司马绍下诏追赠谯王司马承为车骑将军，谥号为闵；追赠甘卓为骠骑将军，谥号为敬；追赠戴渊为右光禄大夫、仪同三司，谥号为简；追赠周顗为左光禄大夫、仪同三司，谥号为康，祭祀以少牢；追赠虞悝为襄阳太守、虞望为荥阳太守，祭祀以少牢；追赠郭璞为弘农太守。趁此机会，曾经是王澄部下、如今为佐著作郎的桓稚上书，要求追赠王澄。朝廷研究后追赠王澄恢复原有荆州刺史的官职，谥号为宪。

这些人都顺利地被平反昭雪。晋明帝通过追赠死者，目的还是为了安慰生者，最大限度地团结一切可以团结的力量。

然而，对刁协和周札这两个人的追赠问题，却令朝廷十分棘手，围绕这一问题，朝廷上下又展开了一轮激烈的争论，这争论直接关乎对王导过去所为的定性问题，也直接会影响到以后王导的政治前途，因此，斗争更显激烈。

六一 显赠周札

事情的起因来源于周札故吏为周札鸣冤。

周札如果没有在王敦第一次进攻建康的时候，开门延敌致使朝廷大败这一节，那么，追赠周札一门那是顺理成章的事情。正是由于周札开门延敌，致使王敦第一次进攻建康得手，使得追赠周札一事变得复杂起来，因为，这直接涉及一个核心问题，那就是：王敦第一次进攻建康的定性问题，即当时王敦进攻建康，是志在匡扶社稷、清除佞臣的“清君侧”的正义之举，抑或一种犯上作乱的忤逆行为？如果王敦第一次进攻建康是正义之举，那么，周札开门投降的行为也就是正义的，而且，对于刘隗和刁协过去的定性，即“立朝不允”（晋明帝讨伐钱凤诏书语）、“佞臣乱朝”（王导给王含信中语），就没有翻案的可能。相反，如果认定王敦第一次进攻建康也是叛乱，那么，周札自然不可能被追赠，而接下来的结果就是：曾与王导对立的刁协、刘隗就是忠臣，刘隗外逃自不必说了，而死去的刁协当然要予以追赠，同时，更为可怕的后果将是：王导当时就“心思外济”（王导给王含信中语），与有王敦同谋行为，那么王导也是谋反的共犯。事情一旦发展到这个地步，即便是王导在第二次讨伐钱凤的军事行动中，如何大义灭亲，但他的头上就罩着一个随时可以落下的谋反的帽子，结合刚刚颁布的株连三族之刑，晋明帝司马绍随时可以因此将王导乃至王家彻底打入十八层地狱。因此，追赠周札这个看似简单的问题，看似孤立的事情，却戏剧性地与王导和王氏家族未来的命运联系在了一起，使他不得不竭尽全力坚持追赠周札。更何况，天威难测，如今晋明帝司马绍已经将王邃的徐州刺史拿下，又让应詹去了荆州眼皮底下的武昌，谁也不知道司马绍的下一步棋子要落在何处。此时，已经不是一个简单的追赠问题了，而直接关乎王导乃至王氏家族将来政治生命、家族命运的大问题了。

晋明帝似乎也意识到了这个看似简单的问题的严重性，他召开高端会议，延请各部尚书以上的高级官员进行充分的讨论。

尚书卞壶首先认为：周札在石头之役中，开门延寇，致使贼人王敦得手，这是周札的责任。再追赠他，我感觉心里不安。至于周懋、周莚兄弟，则应该追复本位。卞壶想得很简单，也很直接，并且，直接给当时的王敦扣上了一个“贼人”的帽子，他就事论事，没有太多的花花肠子，也没有说出太多的道理，就这，事情很明白，他周札开门让王师败绩，现在追赠，我感觉不妥。

司徒王导意识到问题的严重性，他长篇大论起来，主要内容有以下几点。一是，他先凭空假设“札在石头，忠存社稷，义在亡身”。这其实都是空话，然后说：“至于往年之事，自臣等有识以上，与札情岂有异！”意思是：当年周札在石头城的时候，我们大家其实都和周札一样。二是，王导又说，当时大家的心态和周札一样，这其实皇帝您也明白，然后，王导反戈一击，说，现在发议论的人，看到王敦后来的奸逆行为，便想以此倒推过去王敦第一次进攻建康就有觊觎之心，（是不合理的）说到这儿，王导似乎也感到有点理屈词穷的味道，于是，他接着说：退一万步说，即使当时王敦就有了忤逆之心，那像我和周札等诸大臣们当时也没有认识到这一点。等到我们认识到以后，周札和臣等便以身许国，死而后已，周札很快也被王敦所杀了。三是，大事既定以后，便把周札视为逆党。我认为没有根据，应该和周顗、戴若思等一样被追赠。

其实，王导的说法显然是强词夺理的。首先，司马绍追赠是针对什么样的人？当然是忠于朝廷之人。而王导说周札在石头城“忠存社稷，义在亡身”，可是最后的行为却是开门延敌，哪有这样忠于朝廷的？其次，第一次王敦之乱是“清君侧”之名，但是，不要忘了，在王敦起兵以后，对手却是朝廷，即司马睿，司马睿正式下过诏书讨伐王敦。在这一点上，周顗、戴渊等人是与你王导的立场根本不同：周顗就曾经对温峤说过，君主哪能都是尧舜，没有一点过错，做臣子的难道都可以兵向君王吗？这不是反叛又是什么呢！王导暗中与王敦勾勾搭搭，如今，王导你怎么好意思说稍微有一点认知能力的大臣们都与你和周札一样的呢？周顗还当着你的面，大声说过“杀贼取金印，系肘大如斗”的话，你忘记了吗？虽然刁协、刘隗等人不服众不合群，周顗、周嵩等大臣与之有矛盾，但是，那种矛盾的存在岂能代表他们就与你的私心相同？最后，周札被杀，并非是“以身许国”而被杀，即便是你王导在第二次讨伐钱凤之役中真的“大义灭亲，以身许国”过，那也与周札不相干，怎能扯在一起？

尚书令郗鉴，虽然是流民帅出身，但是，自小“博览经籍”，主要是他渡江晚，没有那么多的历史包袱，他上书反驳王导的谬论：首先，他提出“褒贬臧否，宜令体明例通”。周顗、戴渊是为国而死才被追赠；周札却因为开门延敌，如果他被追赠，双方的事迹完全相反，赏赐却一样，这太滑稽了。接着，郗鉴顺着王导的思路，以子之矛攻子之盾，他说：如果真的像司徒王导说的那样，“往年之事自有识以上皆与札不异”，那说明，当时谁是正义谁是邪恶十分清楚，那么，谯王、周顗、戴渊就要受到追随邪恶的处罚，那为什么还要追赠呢！如今，已经对这三人褒奖追赠了，因此，很明显，周札当然要受到贬责。

王导不甘心失败，他再次辩论。

这次，他避开直接与郗鉴交锋，而是又提出了一个新的观点，他说：你们说周札开门延敌，那只是人们传来的谣言，就一定是实际情况吗？以此立论以后，他得出一个奇怪的逻辑：“便以风言定褒贬，意莫若原情考证也。”就是说，与其依靠传来的事实定论，倒不如咱们推究人心来进行考察——把这一明白的事情引入虚无缥缈的心理确认上。接着，顺着这个思路，王导继续往下说：“论者谓札知隗、协乱政，信敦匡救，苟匡救信，奸佞除，即所谓流四凶族以隆人主巍巍之功耳。”以“论者”这一莫名其妙的称呼，提出论点，意思是，议论的人们这样认为：周札是知道刘隗和刁协乱政，相信王敦是来匡扶社稷的，所以说，周札是忠于社稷。等到后来王敦忤逆，周札一门又没有与之同流合污而被诛杀，因此，是为义而死。再往下，王导又一次把死人搬了出来，他说“夫信敦当时之匡救，不图将来之大逆，恶隗、协之乱政，不失为臣之贞节者，于时朝士岂唯周札邪！若尽谓不忠，惧有诬乎谯王、周、戴。”也就是说，王导暗示，（他不敢明着说了）有这种想法的人，即相信王敦当时是匡扶社稷之举，但没有料到其后他竟然叛乱，岂止是一个周札？（暗示谯王、周顗、戴渊也是，这就是一派胡言了）然后，王导开始与郗鉴比学识，他搬出春秋齐桓公即位前，召忽死，管仲不死；又举出汉朝吕后时期，吕后封吕氏为王，周勃听从，而王陵廷争，以此来说明虽然行为不同，但都是尽忠的道理。

面对王导漏洞百出的言论，郗鉴再次上书，他一针见血，直接严厉驳斥道：王敦的逆谋，不是一天两天的事情，正是因为周札的开门，才导致王师失败。如果王敦往年之举，“义同桓文”，那么，你们要将先帝司马睿置于何地！先帝是周幽王和周厉王这样的昏君吗！？

王导绕来绕去，把郗鉴给绕恼了，不得不抛出大家都不敢说，也不愿说的这最后的焦点问题。话说到这个地步，王导也无话可说了。

从这场针锋相对的论战中，司马绍看出了郗鉴的水平和学识，自此，对郗鉴尊崇有加，特许郗鉴的奏表用草书就可以了，并在本年五月调整王舒荆州刺史以后，于七月，任命郗鉴为车骑将军，都督徐州、兖州、青州三州诸军事，兖州刺史，镇守广陵，开始了郗家在广陵、京口达数十年的统治。

但是，此时，让司马绍操心的还不是给不给周札追赠一事，他也不想因此而引出更深层次的矛盾和纠纷，因为，这时，他还没有去动王舒荆州刺史的位置。如果在动王舒之前，朝廷中就惹出轩然大波，进而把王导逼得走投无路，激起整个王氏家族变乱的话，将使自己的整个布局功亏一篑，得不偿失。于是，晋明帝下诏听从了王导的意见，追赠周札为卫尉，遣使者祠以少牢。至于死去的刁协，司马绍采取了等等看的策略，既没有如此前自己的诏书中那样认定为佞臣，也没有给予追赠，理由当然也十分好找——司马绍置老爸让刁协逃亡于不顾，以刁协没有坚守岗位，出逃在外而被杀为由，（而不是以其为“佞臣”为由）不予追赠。

六二 重整朝纲

在太宁二年（公元 324 年）平定王敦之乱之后，太宁二年的下半年和太宁三年（公元 325 年）的上半年，晋明帝除了清除王敦余党、拨乱反正、调整权力格局之外，针对东晋建国以来的种种弊端，他还于太宁三年三月，立五岁的司马衍为皇太子，并大赦天下，还于四月专门下诏，征求全体大臣直言，显示出了巩固国本、与时俱进的雄心壮志。

晋明帝的诏书是这样写的："大事初定，其命维新。命令太宰、司徒以下官员，到京师研讨治国之道，有什么需要改革的事项，要务必说透。"此诏下去以后，司马绍还担心大家言不尽意，再次下诏说："大家一定要明白我的真正意思是：想听到直言，引用正直阳光的人。我虽然无知，但是，我还是不会拒绝逆耳之言的。你们要像唐虞时期的贤臣稷和契那样，希望大家一起努力！"

其实，关于正本清源、维新政治之议，在去年刚刚平定王敦以后、任命应詹为江州刺史的时候，就已经纳入到了晋明帝的视线了。在应詹临上任之前，就曾给司马绍上书建议：一是崇尚信义。移风易俗，明辨是非。二是选人用人。改变过去举荐者无责任的做法，以后，官员有能无能，举荐者一同受到褒贬。（类似同时追究组织部门、用人领导的责任）三是加强督查。借鉴汉朝刺史做法，改变以中书郎等下去督查，提高督查级别，以黄门侍郎、散骑侍郎等下郡县督查。四是严格赏罚。对于称职的地方官，可以直接升为中央部长；对于不称职的，直接降为平民。五是改变赏罚标准。不能再以对一个人平时表面看法为标准，而应该依照工作实绩。六是明确降职尺度。对于二千石的官员免官，三年以后才能重新任用；长史要六年，所在郡县人数多的，可以折半，距离远的，要加一倍处罚。七是鼓励农业生产。都督负责种田二十顷，州刺史十顷，郡太守五顷，县令三顷，督促下属耕种，不得扰乱百姓；中央官员能减则减，都去务农，然后，再增加官员的俸禄，让俸禄足以代替耕种。最后，应詹恳切地建议：大事过后，远近百姓都想听到朝廷有新的举措，但是，却还没有施行，应该早做规划，以符众望。

在司马绍的号召下，大臣们纷纷上书言事，温峤上书建议：

一是重视寿阳。祖约退守寿阳，有将来之难，如今，我们防守淮河上游的寿阳和下游的淮阴，组织起淮河防线还容易一些，因此，对于淮河和泗水的都督要竭力给予支持。选拔名臣良将，征兵五千人，并配一名偏将，配兵二千人，帮助祖约防守寿阳。

二是鼓励农耕。一夫不耕，必有受饥的人。司徒设置负责农耕的官员，督查农耕。

三是施行军屯。郡将兵和非战时部队进行屯田。中央军也可以分出二军，在沿江上下良田进行屯垦。

四是裁减冗官。合并官职，减少官员指数，这样才能高薪养廉。

五是设立宫廷祭祀供应官。宫廷祭祀用度，设官自给自足，改变临时到市场采购，杜绝漏洞，减少浪费。

六是重视老少边穷地区。越是边远的地区，越是需要合格的官员治理，才能传播皇帝的恩德。改变目前用品级较低的人去充任的现状。

七是除去三族之刑。罪不相及，古来之制。应该像过去那样废除三族之刑。

温峤的上书，大多被晋明帝所采纳。至于其他官员比如王导等人是否上书言事，史书上没有记载。但是，从应詹、温峤上书的内容上看，其论调与王导等人宣扬类似“无为之政”，是不同的，相反，几乎与几年前刘隗、刁协的“察察之政”如出一辙，核心就是“经国实用”。

与此指导思想相配合，司马绍重用了一批肯干事的人。如卞壶，史称其“干实当官，以褒贬为己任，勤于吏事，欲轨正督世，不肯苟同时好。”“明帝深器之，于诸大臣而最任职。”由于卞壶勤于做事，并且没有所谓的“名士风流”，因此，被当时的名士鄙视。

丹阳尹阮孚（阮咸与胡婢所生子，阮修之弟）就经常对卞壶说：“你看你整天工作起来没有一点闲暇的时候，嘴里就像经常咬着石头瓦片，不是太辛苦了吗？”

卞壶不以为然地说：“你们大家都以身怀大道大德、风流潇洒自居，干这种在你们眼中卑下实物的，我卞壶不做，谁来做？”

当时，贵族子弟们都以谢鲲和王澄的风流放诞为榜样，而当时的所谓风流又是什么样的呢？《抱朴子·疾谬篇》曰：“轻薄之人，迹厕高深。交成财赡，名位粗会，便背礼叛教，托云率任。才不逸伦，强为放达。以傲兀无检者为大度，以惜护节操为涩少。于是腊鼓垂，无赖之子，白醉耳热之后，结党合群，游不择类，携手连袂，以遨以集。入他堂室，观人妇女，指玷修短，评论美丑。或有不通主人，便共突前，严饰未办，不复窥听。犯门折关，逾垝穿隙，有似抄劫之至也。其或妾媵藏避不及，至搜索隐僻，就而引曳，亦怪事也。然落拓之子，无骨鲠而好随俗者，以通此者为亲密，距此者为不恭。于是要呼愦杂，入室视妻，促膝之狭坐，交杯觞于咫尺。弦歌淫冶之音曲，以誂文君之动心。载号载呶，谑戏丑亵。穷鄙极黩，尔乃笑（此句疑脱一字）。乱男女之大节，蹈相鼠之无仪。然而俗习行惯，皆曰此乃京城上国公子王孙贵人所共为也。”

针对此种风气，卞壶在朝中厉声说道：“违背礼教，损害道德，搅乱社会风气，这里的罪过是最大的了！西晋之所以覆亡，完全就因为这！”要下狠手坚决刹一刹此风，被王导和庾亮拒绝。虽然卞壶此议没有通过，但是，听说的人也就此稍微收敛了一些。

再如，司马绍还任命邓攸做尚书右仆射，邓攸，我们过去说过，就是邓伯道。《晋书》将其收入良吏传中，也是一位实干家。邓攸过去曾是石勒“右侯”张宾的邻居，没入石勒以后，赖张宾解救免死，后投奔李矩，继而投奔许昌荀组，最后逃到江南，被任命为吴郡太守，临离开吴郡的时候，吴郡千余百姓攀着船头不让离去。邓攸逃往江南的时候，因追兵很急，将儿子丢弃，到江南以后，纳了一个小妾，十分宠爱，时间久了，问询之下，竟然是自己的外甥女，邓攸历来十分注重自己的名誉和德行，从此不再纳妾，因此，一生没有儿子。当时的百姓说“上天无知，竟然让邓伯道绝嗣！”

邓伯道在朝中无根无基，又与周顗、刁协相好，所以总是有人诬陷诽谤，明帝在平定王敦以后，去进行郊祭大礼，当时邓攸生病不能参加，明帝路过邓攸家的时候特意探望，听说皇帝亲自来家，邓攸拖着病体勉强走出家门，拜在路旁。于是，就又有人说了，你说你有病不能参加大典，可是却能拜在路边，免了太常之官。但是，明帝还是一直念念不忘这位老人家，不久就任命他为尚书右仆射（《晋书·明帝本纪》称为左仆射，今从本传）。

在晋明帝司马绍的领导下，东晋政府呈现出一派蒸蒸日上的新气象。

六三　明帝之死

天不佑晋。

正当晋明帝要大干一番事业的时候，在太宁三年，即公元 325 年的闰八月，一向身体健康的晋明帝却突然生病了！

这一年的二月，晋明帝恢复了三族刑；三月，立了皇太子；四月，接连下了两道诏书征求治国之策；五月，顺利任命了陶侃为荆州刺史；六月，改任王舒为湘州刺史；七月，任命郗鉴为都督青州、兖州诸军事；卞壶为尚书令；并在该月和下一月连下三道诏书，要求举荐功臣子弟和吴国大族子弟，并对祭祀山川之礼作出指示。甚至在闰八月初，还提拔尚书左仆射荀崧为光禄大夫、录尚书事，邓攸为尚书左仆射。一切似乎都在按部就班地进行着。可是，二十七岁的司马绍怎么就突然病了，而且是一病不起了呢？

这的确是个不解之谜。由于我们说的这段是中国历史，史料的缺乏，让后人无法看清其间的一些曲折，因此，后人也作出了种种的猜测。大致说来，不外两种：一是正常死亡，即病死；另一种是非正常死亡，即被人下毒而死。

不管是何种原因死亡，在说到这件事情的时候，我们都无法忽略一个名不见正史的人物——绝世美女歌伎宋祎。

沈约《俗说》记载：宋祎是石崇妾绿珠弟子，“有国色，善吹笛。后入晋明帝宫，帝疾患危笃，群臣进谏，请出宋祎。时朝贤悉见，帝曰：‘卿诸人谁欲得者？’众人无言，阮遥集时为吏部尚书，对曰：‘愿以赐臣！’即与之。宋祎死后，葬在金城山南，对琅邪郡门。袁山松为琅邪太守，每醉，辄乘舆上宋祎冢，作《行路难》歌。”

《世说新语·品藻》记载，宋祎曾为王大将军妾，后属谢镇西。镇西问祎：

"我何如王？"答曰："王比使君，田舍贵人耳。"镇西妖冶故也。

由上可知，宋祎曾是西晋石崇的爱妾绿珠的弟子，为一世间绝色女子，善吹笛。石崇死后，归王敦所有。后纳入晋明帝司马绍的宫中。在司马绍病危之时，群臣置国家大事于不顾，请求皇帝将宋祎送出宫。这里有几个问题，令后世学者十分困惑。

一是宋祎在东晋时期的年龄。

石崇是公元三百年的八月被杀，在石崇被杀之前，绿珠就如落花一般做了"金谷坠楼人"了。因此，有人说如果当时宋祎二十余岁妙龄的话，那么，到了此时，也已经四十余岁的半老徐娘了，因此，质疑此事的真实性。其实，这里存在着两个误区：一、弟子，不一定非要当时就是二十岁的妙龄，尤其是歌伎，一般从小就拜师学艺了，宋祎有可能四五岁就跟着绿珠学习，假如是这样的话，到今天的公元 325 年，她的年龄也在三十岁以下。二、弟子，可以翻译为徒弟之意，但是，也可以翻译为"弟弟之子"。如《后汉书·应劭传》："弟子瑒璩，并以文才称。"《世说新语·德行》："邓攸始避难，於道中弃己子全弟子。"都是指弟弟的儿子之意。在古代，弟有时也指女弟，是指妹妹；而子，有时也可指女儿。如果这样能够成立的话，宋祎是绿珠的弟弟或妹妹的女儿，同样不存在到东晋时期年龄偏大的问题。

二是宋祎怎么就到了晋明帝的宫中？

《世说新语·豪爽》记载："王处仲，世许高尚之目。常荒恣于色，体为之弊，左右谏之，处仲曰：'吾乃不觉尔。如此者甚易耳！'乃开后阁，驱诸婢妾数十人出路，任其所之，时人叹焉。"史料没有交代，王敦将几十个美妾驱逐出去的时间，也没有交代被驱逐的美妾中是否包括这位宋祎，但如果真有此事，宋祎应在其中。我们结合沈约《俗说》中称的（宋祎）"后入晋明帝宫"，大约王敦驱逐美妾的时候，是在晋明帝登基前后。那么，这里面就有一个值得深思的问题，那就是：王敦驱逐美妾的行动，是否是其与钱凤阴谋的一部分？天下人都知道，宋祎在王敦的手上，王敦借口驱逐美妾这一行动，将国色天香的宋祎也一并驱逐，然后，由中间人神不知鬼不觉地向晋明帝称赞宋祎的美丽，从而，将宋祎送进宫中。如果事情真的如此，那么，宋祎是否是王敦埋在晋明帝身边的一枚钉子？或许，只是想让妖艳的宋祎掏空司马绍的身子？

三是为什么在晋明帝临终的时候，朝中重臣不言其他，单说送出宋祎呢？

沈约《俗说》的原文是："群臣进谏，请出宋祎"，并非晋明帝为了保护宋祎或者怜香惜玉而主动提出给其找个下家，从中可以看出，晋明帝的病肯定与宋祎有关。这里似乎可以排除宋祎下毒的可能，因为，如果是这样的话，其性命不保，更不要说送出宫了。

与此同时，在晋明帝病重期间，东晋宫廷内同时还发生着另外一场激烈的斗争。《晋书·南顿王宗传》称："与虞胤俱为帝所昵，委以禁旅。宗与王导、庾亮志趣不同，联结轻侠，以为腹心，导、亮并以为言。帝以宗戚属，每容之。及帝疾笃，宗、胤密谋为乱，亮排闼入，升御床，流涕言之，帝始悟。转为骠骑将军。胤为大宗正。宗遂怨望形于辞色。"《晋书·虞胤传》称："胤，敬后弟也。……转右卫将军。与南顿王宗俱为明帝所昵，并典禁兵。及帝不豫，宗以阴谋发觉，事连胤，帝隐忍不问，徙胤为宗正卿，加散骑常侍。"《晋书·庾亮传》称："及帝疾笃，不欲见人，群臣无得进者。抚军将军、南顿王宗，右卫将军虞胤等，素被亲爱，与西阳王羕将有异谋。亮直入卧内见帝，流涕不自胜。既而正色陈羕与宗等谋废大臣，规共辅政，社稷安否，将在今日，辞旨切至。帝深感悟，引亮升御座，遂与司徒王导受遗诏辅幼主。加亮给事中，徙中书令。太后临朝，政事一决于亮。"由此可以看出，当时的虞胤和司马宗分别为左、右卫将军，主管禁卫军，两人一个是皇帝的舅舅，一个是宗室，虞胤想要维护太后虞家的权势，而司马宗则为了维护皇室权威，与被打击以后的王导和皇后家族庾亮发生了严重的冲突。在晋明帝司马绍还未生病的时候，双方的矛盾已经不可调和，为此，庾亮和王导多次对司马绍说过二人的坏话，但是，司马绍并没有接受，反而对二人更加亲近，宫门钥匙都交给二人掌管。等到司马绍病重以后，不愿见大臣们，庾亮深夜派人向皇帝送奏表，派人向司马宗要宫门的钥匙，司马宗斥责庾亮派来的人，说："这是你家的大门嘛！"庾亮听了回话，心中十分恼火。庾亮怀疑司马宗和虞胤二人将有废黜大臣的阴谋，瞅个机会，直接进入皇帝的卧室内，上到皇帝的床榻之上，流泪不止。这当然不是庾亮此行的目的，等哭完了，庾亮收起泪水，严肃地说司马羕和司马宗等人要阴谋废黜大臣，两人企图辅政。《晋书》各传均说是司马宗、虞胤、司马羕真有废黜庾亮、王导等大臣的阴谋，而《资治通鉴》则说是庾亮怀疑有这种事，不管司马宗等人是否真有这种阴谋，按照封建社会新旧皇帝接力之间的敏感时期总会发生激烈的权力争斗的传统，司马宗等人借此打击对立面，也不是没有可能。不管怎样，"善谈论"的庾亮终于说动了病中的司马绍，我们想，庾亮不外乎站在小皇帝司马衍的角度来打动司马绍，因为，从皇太子司马衍的角度来看，如果司马绍去世，只有他的妈妈皇后庾文君和这个舅舅庾亮与他的关系最亲最近，而司马宗也好、虞胤也好，虽然与你司马绍关系很近，但是，从你儿子的角度看，还是要倚重我庾亮等人啊！史书称，庾亮当时"辞旨切至"，也许就在于此吧？

那么，让我们还回到原初的问题，即当司马绍接见群臣的时候，为什么大家要建议送出宋祎呢？

第一种可能是，病重中的司马绍依然住在宋祎的房中，或在司马绍的身边，庾亮见到以后，感觉正是这个宋祎让司马绍走到了这步田地，另外，也正是宋祎使得自己比皇帝大两岁的妹妹皇后庾文君失宠；第二种可能是由于司马绍经常与宋祎在一起，虞胤、司马宗如果有阴谋的话，极有可能是利用便利条件，通过宋祎的枕头风来实施的，而宋祎站在司马宗一边，这让庾亮等人十分恼火。

四是晋明帝将宋祎赐给阮孚是什么时候？

根据上述史料，应该确认是在庾亮说动晋明帝以后不久。

史书记载，晋明帝是在公元325年闰八月十九日，召集太宰司马羕、司徒王导、尚书令卞壶、车骑将军郗鉴、护军将军庾亮、领军将军陆晔、丹阳尹温峤共七人受遗诏辅政，轮流率兵进入皇宫值班，又撤销了虞胤、司马宗的左、右卫将军的职务，而让虞潭补左卫将军，拜卞壶为右卫将军，庾亮为中书令，陆晔录尚书事。到了八月二十四日，向外公布遗诏，八月二十五日，司马绍去世。

那么，在八月十九日，七位大臣接受遗诏的时候，《晋书·阮孚传》记载，当时丹阳尹温峤入宫前，去找阮孚，邀请他一起去，等到上车以后，温峤才对阮孚说："主上将要不行了，江左危弱，实在需要众位贤士，共同辅佐。你是名望所归之人，想委屈你一起去接受顾命。"阮孚不吭声，坚决要求下车，温峤拉住不放。车子快到宫门的时候，阮孚对温峤说，要小便，要求暂时下车方便，可是一下车，阮孚头也不回，步行就回家了。有这样一个经过，可以说明两件事情：一、阮孚接受宋祎的时候，是在八月十九日大家接受顾命之前；二、八月十九日阮孚之所以坚决不接受顾命，也许是因为，在他纳了美人宋祎之后，知道了太多的宫廷内幕，阮孚不愿意面对一个马上就要充满血腥的政治旋涡。阮孚明白，此时的顾命是在排斥了虎视眈眈的司马宗等人才出现的，后续还会发生什么情况，谁能知道呢？三、在庾亮排闼入阁与八月十九日群臣接受遗诏之间，群臣至少进宫一次，其间阮孚得到了宋祎。

五是晋明帝是否是被人毒死？

虽然史书中只有八月十九日、八月二十四日和八月二十五日这三个关键日期，但是，从史料中，我们发现，晋明帝其实在八月十九日之前已经病了不短的时间，这期间发生了司马宗等人隔绝内外、庾亮排闼入阁、明帝遣送宋祎等一系列事件，并且，在司马绍的遗诏中，明确说明："朕枕疾已久，常虑忽然。"因此，从明帝生病到去世起码有十几天以上的时间，应该说被人下毒的可能性很小。有人认为，如果真是有人下毒，王氏家族的可能性最大，因为，司马绍将王敦挖坟斩尸、招招逼得王氏家族喘不过气来，而且，按照司马绍的性格，不出几年，也许还会进一步打击王氏家族。而司马绍的死，除了经过斗争才登上执政中心的庾亮外，最大的受益者就是王氏家族了。也有人认为，晋明帝与庾文君的关系并不和谐，尤其是在宋祎入宫以后，因妒成恨的庾文君极有可能对自己的丈夫下毒。不过，《晋书·明穆皇后传》记载，庾文君"仁慈，美姿仪""以德行见称"。因此，感觉下毒一说似乎都是空穴来风吧。

不管怎么说，司马绍在位仅仅两年十个多月的时间就死掉了，在短短的不足三年的时间里，英武的晋明帝司马绍做了很多大事。而就在他正要重振司马氏家族雄风的时候，在他的仇敌王敦死后一年，他也驾崩了，死时年仅二十七岁。他留下了虚岁五岁的儿子司马衍和二十九岁守寡的皇后庾文君。

接下来，东晋政局还将发生什么样惊天动地的大事呢？

第二部 庾氏临国

六四 刘赵交恶

我们把东晋即将发生的事情暂时放下来，回过头来，看看在晋明帝统治的这短短的三年之中，北中国又发生了哪些变化。

晋明帝即位之初的太宁元年（公元 323 年），北中国的刘赵帝国和石赵帝国分别消灭了各自的心腹大患——陈安和曹嶷。由于刘曜和石勒的注意力都在别处，因此，刘曜威服张茂以后，对西凉采取了羁縻的政策。虽然张茂表示臣服，可等刘曜退兵之后，还是依然故我；而石勒也同样如此，他也是对盘踞在北方的慕容部派去了和平使节，想要给自己统一中原一个相对安定的北方环境，然而，也是事与愿违，慕容廆拒绝了石勒的请求，并将石勒的使者送到建康。

如今的石勒依然居住在襄国，而中山公石虎则住在邺城。石勒已经任命石虎为车骑将军，统军五十四营，石赵帝国的对外征伐事宜，几乎全部由石虎主导。如果不能结好北方，石勒就不敢派石虎主力大举南下，消灭东晋政权，只能派出偏师清剿豫州、徐州等地心向东晋的残余势力，而在祖约退屯寿春之后，目前在中原硕果仅存的忠于东晋的势力，就只剩下了李矩和郭默了。

我们知道，截至晋明帝太宁二年（公元 324 年），即晋明帝讨伐王敦之前，东晋淮北尽失，祖约、卞敦、王邃、苏峻、刘遐相继退守淮河南岸，依托淮河抵御石勒的进攻，与此同时，石勒在初定徐州、青州、兖州之后，又命令部队由北往南、由东往西开始了对豫州（今河南省）地区的争夺。

四年前（公元 320 年），刘赵驻屯洛阳的四将反复无定，导致了石赵的司州刺史石生与东晋的安西将军李矩围绕着洛阳地区的控制权展开了一场争夺，最终的结果是，石生将宋始一军虏获，北渡黄河，而洛阳的居民也都一起依附了新郑的李矩，洛阳成了一座空城。在随后的几年中，原来刘赵的四将之一尹平似乎并没有投降李矩，又被刘曜任命为河南太守，其间，三方势力围绕着黄河南部地区展开了旷日持久的角逐。黄河北岸的石生不甘心李矩坐享其利，多次渡过黄河攻掠河南诸县，一次，他亲率四千骑兵进攻李矩外甥郭诵的营垒，刚一接战，石生就退屯塄坂（今河南省登封市东南）。郭诵率五百精兵在磐脂故亭追上了石生的部队，大破石生。然而，随着时间的推移，尤其是在祖约南撤以后，李矩的侧翼完全暴露，李矩、郭默的形势开始恶化起来，这也许是郭默恼怒之下，擅自出兵打击祖约的另外一个原因吧。

等到太宁二年，李矩、郭默完全就像汪洋中的一叶孤舟，漂浮在中原的大海中。

就在这一年春，屯驻于黄河以北的后赵司州刺史石生再次举兵南下，向西攻击退屯新安（今河南省渑池县）的刘赵帝国河南郡太守尹平，将尹平斩杀，攻克了十几个坞堡，并掳掠当地五千多户居民。自此，刘赵帝国与石赵帝国开始兵戎相见，在两国交界地带的河东地区（今山西省西南部）和弘农地区（今河南省西北部）一带相互攻击，那里的人民遭受到兵灾，难以生活。

在洛阳的东南面，是由驻屯于阳翟（今河南省禹州市）的晋扬武将军郭诵、驻屯于新郑的李矩、郭默和驻屯于南边许昌的鲁潜组成的铁三角。这个苦苦支撑的铁三角屏护着广大的荆州地区，地理位置十分重要。

石勒多年以前曾经与李矩交战过，深知李矩善于用兵，不过，可幸的是，李矩虽然不失为智勇双全的名将，却兵力稀少，处境艰难，因此，石勒决心趁机彻底消灭黄河以南的这个隐患。因此，他在石生斩杀了尹平、消除了侧翼威胁之后，就立即命令石生发起对李矩和郭默的进攻。

石勒命令石生从洛阳东的延寿关（今河南省巩义市南）向东南进攻，直到许昌地区，掳获一万多人，招降二万多人，石生所部攻陷了康城（今河南省禹州市西北）。接着，石生又乘胜进攻东南面的阳翟。驻守在阳翟的郭诵与石生已经不是一次较量，也不是一次取胜了，而这一次，同样地，郭诵大败石生，斩首一千余级。石生收集残兵败将，退守康城。后赵汲郡内史，石勒养子石聪听说石生战败的消息，立即率领骑兵火速前来救援，击败晋颍川太守郭默，俘获男女二千多人。郭默感到无力支撑，打算投降刘曜，派遣参军郑雄去李矩的营地商量，李矩坚决不同意。紧接着，石勒又派遣将军石良率精兵五千偷袭李矩，在突然被袭的情况下，李矩逆战不利。

此时，郭诵的弟弟郭元也被石赵军队俘虏，石赵军队派遣郭元给李矩送上石勒的书信，信中说："我去年东平曹嶷，西面招抚了拓跋部，你李矩难道是个死硬的牛角，何不快快投降？"

李矩将石勒的书信拿给郭诵看，郭诵回答："过去，王陵的母亲被敌人抓获，仍然不会变节，更何况是弟弟！"

石勒还给郭诵送上名士用的麈尾和将军的马鞭，表示殷勤厚意，但是，忠勇的李矩和郭诵都没有一点投降的意思。

然而，中原的局势继续恶化。

晋明帝太宁三年（公元325年）初，驻守许昌的都尉鲁潜投降了石赵。鲁潜的投降，让李矩、郭默、郭诵的控制地区完全处于石赵的包围之中了。此时的石生就屯兵在洛阳，三天两头，不断东向进攻李矩等人，李矩等人没有粮草，连连战败，几乎濒临绝境。这时，郭默旧话重提，请求李矩投降刘曜，在走投无路的情况下，李矩终于决定投降刘曜。

几乎与此同时，石赵帝国还从并州地区向刘赵帝国进行渗透。北羌王盆句除归附刘赵帝国以后，被封为安国将军，石赵将领石佗从雁门（今山西省代县）出兵，经过上郡（今陕西省韩城），对盆句除的部众进行奔袭，俘获三千余帐篷，牛羊马牲畜一百多万头，大胜而归。上郡距离长安不远，石赵在自己眼皮底下掳掠自己的臣民，那还了得？刘曜闻讯不禁大怒，挥起袖子就站了起来，当即上马出军，当天就率军赶到了渭城，并派遣堂弟刘岳率领精锐骑兵全力追击。刘曜本人则率后卫部队进驻富平，遥为声援。刘岳大军很快在黄河岸边追上了得胜而归的石佗，双方立刻投入战斗，刘岳阵斩石佗，斩杀石赵甲士一千五百级，投河而死的有五千余人，将被抢去的臣民、牲畜全部夺回，全胜而回。受到此次胜利的刺激，并州的石赵西夷中郎将王腾诛杀了石赵并州刺史崔琨、上党内史王昚，投降了刘赵帝国。

而就在此时，刘曜迎来了李矩派来投降的使者。李矩暂降刘曜，当然是为了让刘曜与石勒火并，因此，他请求刘曜速速发兵进攻在洛阳的石生。洛阳本属于刘赵帝国所有，刘曜一直对尹平被杀、洛阳易手耿耿于怀，如今接到李矩的降书，他立即配给刘岳近郡甲士五千，宿卫精兵一万，攻击孟津渡口；另派镇东将军呼延谟率领荆州、司州的部队（此处的荆州司州当属刘曜在自己的统治区内设立的州名）从崤山和渑池（均在今河南省洛宁县北），向东攻击前进，企图与李矩、郭默等部合力，包围石生。

战役初始阶段，刘曜军进展顺利。刘岳攻陷了孟津和石梁两处坞堡，斩杀俘虏石赵士兵五千多人，然后，刘岳回师将石生包围在金墉城内。

当石勒听说刘曜大举进攻的消息，就命令邺城的石虎亲自率军四万，从成皋关（即虎牢关，今河南省荥阳市汜水镇）西上。于是，战场情况立刻发生了逆转，石虎大军与刘岳军在洛阳西郊展开激战，刘岳寡不敌众战败，刘岳本人也身中数箭，退保东面的石梁坞堡。石虎进军将石梁团团围住，外面设置层层的围栅、拒马，并挖掘深深的壕沟，完全断绝了刘岳军内外的联系。坞堡内的万余名刘岳军，很快就断粮了，士兵们只好把战马杀死吃掉。刘赵帝国的呼延谟率军前来救援，又被石虎击败，呼延谟临阵被杀。

前方接连失败的消息传来，刘曜亲率大军前来救援，然而，石虎毫不惧怕，他留下一万士兵继续包围石梁的刘岳，自己亲率三万骑兵前去迎击。刘赵帝国的前锋猛将刘黑遭遇前来迎战的石聪，双方在河南省新安县东的八特坂展开激战，刘黑大破石聪。刘曜这次似乎要一下子吃掉石虎这支主力军团了。

得胜之后的刘曜部队进逼石崇曾住过的金谷，一场大战即将爆发！

然而，意想不到的情况却发生了。就在刘曜进驻金谷的当天晚上，刘曜军营无缘无故地发生了令人恐怖的夜惊。全军一片惊慌，纷纷逃散，刘曜只好退往渑池。退往渑池的当天夜里，相同的事情又一次重复发生，士卒悉数奔溃，没有人能够阻止得了。这次，大军一直往西逃回了长安。奔归长安的刘曜预感到刘岳会全军覆没，他在长安城外一直不肯入城，对着东方痛哭了七天，才穿着白色的孝服狼狈地进入长安。恼怒、无奈、痛苦，一直萦绕着他，使他一病不起。

刘曜此次救援行动，竟然如此戏剧性地收场了。

等到六月，刘岳以外援不至，终于投降了石虎，石虎将刘岳及其属下将领、参佐八十多人，并有氐羌三千多人，全部送到襄国，将下余的一万六千余名士兵全部活埋。

得胜以后的石赵军又派遣石聪进攻郭默，郭默再次战败。此时，李矩投靠刘曜以解燃眉之急的打算也泡汤了。郭默深感忧惧，他解下印绶交给参军殷峤说："李使君对我太好了，我今天离他而去，再没脸见他，三天之后，再去给他报告我走了。"于是，郭默率众南逃阳翟。

殷峤报告李矩之后，李矩勃然大怒，立即派遣郭诵等人带给郭默书信，并申斥郭诵说："你明白唇亡齿寒的道理吗？过去，是你让我迎接郭默，如今，他临难逃走，你必须给我留下他。”郭诵一直追到襄城，才终于追上了郭默，郭默自知对李矩有愧，抛弃妻小，单人匹马南奔。郭诵将其部众全部带回，李矩并没有因此惩罚其妻小，还和以往一样善待他们。郭默过江以后，被晋明帝封为征虏将军。

这是太宁三年五月的事，距离晋明帝去世仅仅只有两个多月。

郭默南逃事件，对于李矩部众的心理影响很大。李矩的士兵们也有不少人厌倦了战争，想投降石勒，这一情绪迅速蔓延到整个部队，李矩明知，但法不责众，无力制止，于是，李矩只好选择放弃，他带领着部众开始往南撤退，想要渡江投奔东晋朝廷。然而，安土重迁的北方士民，在半道中纷纷逃亡，只剩下郭诵、参军郭方、功曹张景、主簿苟远、将军骞韬、江霸、梁志、司马尚、季弘、李瑰、段秀等百余人抛弃家眷，只身追随李矩。留下的二百多人跟着李矩的长史崔宣投降了石赵，从此，司州、豫州、徐州、兖州全部纳入石赵帝国的版图，石赵帝国与晋帝国以淮河为界。

英雄末路，依然不失民族气节。

此时的许昌已经为石赵所有，他们选择了在豫西南的崇山峻岭中艰难地穿行。

一行人行进到鲁阳县，李矩不小心竟从马上摔了下来，摔死在山谷中。人们将李矩的遗体一直送到东晋境内，把李矩埋葬襄阳的岘山之上，与西晋名将羊祜同眠。

从晋怀帝永嘉初年即公元307年开始，一直到晋明帝太宁三年即公元325年，在将近二十年间，李矩率领中原军民不知打退过多少敌人的进攻，保护了多少生灵免遭胡人的涂炭，他没有刘琨显赫，也没有祖逖名高，但是，他坚守的时间比他们都长，他所遭受的苦难也更深、更重，让我们记住这位难得的、智勇双全的、在我看来身无瑕疵的英雄吧！

他的名字——李矩。

史书称其“契阔丧乱之辰，驱驰戎马之际，威怀足以容众，勇略足以制人，乃保据危城，折冲千里，招集义勇，抗御仇雠，虽艰阻备尝，皆乃心王室。而矩能以少击众，战胜获多，遂使玄明愤恚，世龙挫衄。惜其寡弱，功亏一篑。方之数子，其最优乎！”

六五　祸不单行

与石勒的蒸蒸日上相反，近来的刘曜却祸不单行。

除了洛阳之战以如此叫人欲哭无泪的方式惨败之外，还有另外两方三人让刘曜添堵。

一方的两人就是张茂、张骏叔侄。我们还记得两年前的晋明帝太宁元年，即公元323年，当时的刘曜可以说是要雨得雨、要风得风：诛杀陈安、臣服张茂、惊走杨难敌。然而，就在刘曜大军退回长安以后，张茂就依然故我了。当年下半年，他就命令大修姑臧城（今甘肃省武威市），这既是其长期以来的夙愿，也不能不说是为可能发生的战争做准备工作。到了第二年即公元324年的五月（《晋书·张茂传》记作公元325年即太宁三年），张茂因病去世。张茂临死前，握着侄儿张骏的手，哭着说："过去我们老张家的前辈以孝友被世人称道。自汉初以来，世世代代都坚守忠顺之道。如今，华夏虽然大乱，皇帝南渡，可你仍然要遵守臣子之节，不可掉以轻心。我遭逢乱世，继承先人，暂时代管凉州，只是为了活命，对上不想辜负晋王朝，对下想保黎民百姓。但是，我的官职和爵位均非晋帝任命，只是为做事而为的权宜之计，怎能以此为荣！等我气绝之时，给我戴上平头百姓所戴的白帽，身穿百姓之衣入棺，来表明我的心迹。"张茂死时四十八岁，没有儿子，由其兄张寔的儿子张骏继位。

此年，张骏十八岁，算上张骏，张氏统治河西凉州已历三世、四君：张轨、张寔、张茂和张骏。晋愍帝被俘以后，黄门侍郎的史淑逃到了姑臧，张骏即位以后，凉州的左长史氾祎、右长史马谟等为了让其获得一定的合法性，也为了让凉州政权脱离刘汉帝国，暗示史淑，让其拜张骏为使持节、大都督、大将军、凉州牧、领护羌校尉西平公，于是，张骏接受了"晋"的这个官职。但刘曜也派人拜张骏为凉州牧、凉王。

听说张茂去世、幼主嗣位，也就是在东晋明帝平定了钱凤之乱之后，公元324年的十二月，遥远的凉州也发生了叛乱，原凉州将辛晏占据枹罕（今甘肃省临夏附近），不服从新主子张骏的领导。

快到新年了，张骏在闲豫堂宴请众官，得知消息以后，当即就要派遣将军窦涛等人领兵讨伐，从事刘庆劝谏说："霸王不以高兴或者愤怒而兴师，必须天时、人事相得，然后才出兵。辛晏父子凶狂安忍，很快就会灭亡；为何非要在境内饥荒的时候大举出兵，在隆冬时节让士兵攻城呢？过去的周武王和曹操都曾经静待敌人的亡期，为什么只有您会以撤军为耻辱呢？"年轻气盛的张骏听说以后，就停止了。

新年将至，张骏派遣参军王骘去长安，与刘曜通好，刘曜问："贵州和好的诚意，你能保证吗？"

王骘回答："不能。"

刘曜的侍中徐邈问："你是来结好的，但是，却说不能保证，为什么？"

王骘回答："昔日，齐桓公的贯泽之盟的时候，他为国事操劳而忧心忡忡，因此，诸侯不召自至；而在葵丘之会的时候，他却沾沾自喜，背叛他的就有九个国家。如果赵国的政治修明，一直像现在这样的话，我当然可以保证；如果赵国的政治衰败，连眼前的变化都视而不见，何况我们遥远的凉州呢？"

刘曜说："这是凉州的君子，选择他做使节很合适啊！"

于是，回赠了厚礼，将王骘放回。

其实，我们从刘曜与王骘的对话中，已经窥出了凉州的变化了。本来张茂是称臣于刘曜的，因此，刘曜的口气也是对于一个羁縻地方政权的口吻，但是，王骘却引用了一个春秋时期齐桓公的例子，实际上，把两个国家放在了一个平等的位置上了，并且暗示双方还有一个"共主"，对此，刘曜不可能品味不出弦外之音。不过，世易时移，就在这一年的年初，石赵石生将河南太守尹平斩杀，双方已经交恶，刘曜正准备东击石赵，实在无力西顾。因此，只好忍下了这口气。

与刘曜一样，事实上，张骏也不想真的与刘曜翻脸，刘曜操心的是东面的石勒，而张骏也头痛眼皮底下的辛晏。张骏继续交好刘曜，让辛晏也感到没有了靠山，于是，过年之后，又主动投降，张骏没费一兵一卒，又收回了黄河以南的土地。

不过，张骏脱离刘曜的行动还在继续。就在晋明帝太宁三年年初，也就是王骘从刘曜那里修好后两三个月，晋元帝死亡的消息才刚刚传到了凉州，凉州对外还一直沿用晋愍帝的年号，但此时，为了表示自己依然忠于晋室，巩固人心，张骏还是发布讣告，举行哀悼活动，哭泣了三天。此时的凉州与刘汉帝国已俨然敌国，恢复到了两年前的情况了。

而另外一个给刘曜添堵的就是仇池的杨难敌兄弟。我们说过，刘曜在前年把杨难敌兄弟吓跑以后，杨氏兄弟投靠了成汉帝国，可是，等到刘曜大军撤退以后，两兄弟在成汉帝国转悠了一圈，又回到了老家，并将成汉帝国军队打得大败。在占领了仇池台地外围据点以后，杨氏兄弟又于这一年即晋明帝太宁三年（公元325 年）袭击仇池，仇池是杨氏兄弟的老巢，一切都是熟门熟路，很快就打败了刘汉帝国的驻军，并将刘曜留在此地的镇南大将军、益州刺史田崧抓获。

杨难敌的手下让田崧行拜见礼，田崧大骂："氐狗！哪有天子的地方大员向你这个贼奴才拜见的道理！"

杨难敌耐着性子，请求田崧说："子岱（田崧的字），我将要与你一起共定大业，你既然能够尽忠于刘氏，难道就不能尽忠于我嘛！"

田崧厉声大骂："你个贼奴才！怎敢有非分之想！我宁愿成为为国尽忠之鬼，怎能做你的臣子，何不速杀我！"

说完，退到旁边的卫士，抢来一把宝剑，上前就朝杨难敌刺去，没有刺中，反被杨难敌所杀。

就这样，截至刘曜洛阳惨败之前，刘曜在公元 323 年所有胜利果实几乎全部失去，凉州、仇池又恢复了原状。

六六　福无双至

与刘曜相比，石勒这几年当然是顺风顺水，但是，除了我们眼见的洛阳大捷，兵进淮北、河南这些好事之外，石赵帝国也暴露出了丝丝的隐忧，也让人深感不安。

第一个不好的消息，就是一个人的去世。此人就是大名鼎鼎的右侯张宾。

张宾自从追随石勒以后，立下了汗马功劳，尤其是葛坡对策，明确了北上冀州、依托刘汉、渐取天下的策略，实践证明，这一策略十分成功。因此，石勒对张宾一直十分敬重，称“右侯”而不称名字，但是，到石勒称赵王以后，在石赵帝国统治集团里又出现了一颗冉冉升起的政治新星：程遐。此人十分嫉妒张宾，更由于程遐手下的长史张披，本来与程遐关系很亲密，可是张宾却提拔张披为别驾，这在程遐看来，无疑是挖墙脚的行为。因此，开始与张宾结怨。他指使石弘的母亲、自己的妹妹徐氏给石勒吹枕边风：“张披与张宾都接纳游侠，每天登门拜访的人多达百人，如果民众都归心于他们两个，那将对国家十分不利，应将张披除掉，防患于未然。”石勒同意了。

有一次，石勒紧急宣召张披进宫，但是，张披没有及时赶到，石勒借此将其杀死。张宾意识到幕后的黑手是程遐，矛头所向其实在于自己，因此，也不敢向石勒求情。

很快，张宾就因此而去世了。石勒亲临祭奠，痛哭流涕，追赠张宾为散骑常侍、右光禄大夫、仪同三司，谥号景。临下葬的时候，石勒一直送到襄国的正阳门，望着逐渐远去的柩车，石勒说：“老天爷不想让我成功呀？为何这么早就夺去了我的右侯！”

张宾死后，石勒任命程遐为右长史，总理朝政，自此，朝廷大权都入程遐之手。这是晋元帝永昌元年（公元 322 年）左右的事。程遐继任右长史以后，石勒经常与之讨论军国大事，遇到意见不统一或者程遐提不出好建议的时候，石勒总是叹息、流泪，勾起他对张宾的思念，说：“右侯抛下我离去了，让我与这类人一起共事，岂不是太残酷了嘛！”年届五十的石勒常因此流泪一天。

从史书记载上看，张宾的死，对石勒的打击是巨大的，甚至影响到了这位摸爬滚打多年的人的雄心。

这还没有完。

我们说过，石勒在晋明帝太宁元年曾经派遣使节结好慕容部，但却遭到了拒绝。这让石勒十分恼火，但是，自己的主力部队正与刘曜帝国、新郑的李矩等争夺中原，实在分身乏术，无力北上。于是，石勒采取了“以夷制夷”的策略，石勒知道，六年前的“四国交战”，宇文部头领宇文悉独官被慕容部打得大败，虽然自此屈服于慕容部，但是，宇文部为了自身的安全，并没有停止发展，四国之战后，宇文部头领宇文逊昵延就结好拓跋部。此时，石勒就想到了利用宇文部去打击慕容廆。

他加封宇文部新头领宇文乞得归（宇文逊昵延之子）官爵，让其出兵进攻慕容部。

此时的慕容部已经威服段氏，而昔日十分强盛的拓跋氏也因为内乱而日渐衰落，到此年国主贺傉才刚刚亲政不久，并且各部各自为政，虽然贺傉的奶奶惟氏在四年前与石勒结好，但是，在慕容部的威逼下，只得听从慕容部的指挥，去打击宇文部。于是，在晋明帝太宁三年即公元 325 年初，宇文部与慕容、拓跋、段氏联军又展开了一场激战。

慕容廆命令自己的世子慕容皝领兵出战，以辽东相裴嶷为右部都督，率领拓跋部为右翼，以小儿子慕容仁从平郭（今辽宁省盖县）向柏林（不详）进击，为左翼。宇文乞得归领兵凭借浇水（今西拉木伦河），阻击慕容皝，另派侄子宇文悉拔雄抵抗慕容仁。慕容仁进击宇文悉拔雄，临阵将其斩杀，接着，慕容仁乘胜与哥哥慕容皝合兵一处，进攻宇文乞得归，又大破宇文军。宇文乞得归只身弃军而逃——与六年前的四国交战惊人的相似！

不过，这次宇文部落输得更惨。

慕容皝和慕容仁一直打到宇文部的国城，并使轻兵穷追宇文乞得归，从其国都又追了三百余里才回，缴获资产上亿，掳获宇文部众数万户。

这次大败，给宇文部以空前沉重的打击，为宇文部的最终灭亡埋下了伏笔，也让石勒以宇文部灭亡慕容部的如意算盘落了空。

北方的局势让石勒忧心的，还不止于此。

就在浇水之战前后，一直是石勒盟友的段氏头领段末柸也去世了，段氏由段末柸的儿子段牙继任为头领。其实，在段末柸没死之前，段氏已经听命于慕容氏了，浇水之战段氏跟随慕容氏就是一个例证。在段末柸死后，段氏更是与慕容氏好上加好，不过，段牙继位半年以后，慕容氏命令段氏迁都，估计应该是让段牙往北迁，便于慕容氏进一步对其进行控制，国人都不愿意离开令支（今河北省迁安市），于是，段疾陆眷的孙子段辽以此作为段牙的罪状，于同年十二月发动政变，将段牙斩杀，并接管了段氏政权。

除此之外，让石勒忧心的还有萧墙之间。

步入老年的石勒开始为自己的后事做一些安排，瞅准了石勒心思的程遐，开始不断给石勒进言，要提高世子石弘的声望。然而，让程遐最为担心的人就是石虎。我们知道，在石勒即位赵王以后，基本上主要靠石虎外出征战，而石虎虽然御军甚严，但是，却战无不胜，攻无不取，取得了很大的声望，并且石虎长期盘踞在邺城，于是，石勒与程遐密谋，在邺城建筑邺宫，让世子石弘代替石虎去镇守。

据《十六国春秋》记载，邺城的三台于晋成帝咸和元年即公元 326 年八月开始建筑，到十月，世子石弘镇守邺城，石虎只能离开。他当然不愿意离开，但是，又没有办法。更让石虎愤愤不平的是，石勒命令车骑将军石虎统辖的所有五十四营的野战军全部划归石弘指挥，另外又给石弘配备了一万禁卫军，又任命门臣祭酒王阳做石弘的辅佐，协助治理邺城的所有少数民族。

愤怒的石虎对于自己的叔叔石勒不敢怎样。但是，他对程遐的报复却迅速而下流。等到石虎回到襄国以后，他派自己的数十名亲信随从，趁夜闯入程遐的私宅，将程遐的妻子、女儿全部奸污，并将财物洗劫一空，然后扬长而去。

石虎的愤怒其实才刚刚开始发泄。

六七　庾氏临朝

公元 325 年晋明帝司马绍去世的时候，东晋王朝其实才建立仅仅八年，在这短短的八年中，东晋政权内部经历了太多的事情，以致让我们感觉时光已经走了很久。在这八年之中，一条主线就是围绕着皇权与相权的争夺，司马氏家族拼掉了两位皇帝，终于取得了初步的胜利，东晋初年那种“王与马共天下”的现象，也就此画上了句号。

我们如果上溯到司马睿做安东将军的公元 307 年，那么，“王与马共天下”的政治格局可以说勉强维持了十九年之久。司马绍去世以后，虽然王氏家族并没有从政治舞台上消失，也仍然是一等的高门，但是，那种王氏家族在各个士族中一家独大的情况，亦不复存在了。而自此以后，虽然在有些时候，皇权也参与其间，但是，总体来说，东晋一朝持续不断的内乱，均来自各大族之间的争权夺利。

司马绍死了，他留下了诸多的遗憾。

不过，尽管如此，他还以魏晋人特有的旷达，在诏书中首先说：“自古有死，贤圣所同，寿夭穷达，归于一概，亦何足特痛哉！”对于过早降临的死亡，他坦然面对。然后，他接着说出了自己的遗憾：“大耻未雪，百姓涂炭，所以有慨耳。”这个大耻，当然是指北方沦陷了，有晋一朝，虽然偏安江左，但是，从来不与刘、石政权通使，表现出了起码的民族气节，这与南宋政权不可同日而语。然后，司马绍交代了后事，首先他遵从晋朝从宣帝司马懿立下的规矩，施行薄葬，“敛以时服”“务从简约”。接着，又拳拳托孤，要求众臣不分内外，齐心协力，辅佐幼主，“百辟卿士，其总己以听于冢宰”，即朝廷的最终决定权有太宰、西阳王司马羕负责。司马绍在托孤的时候，一方面，将庾亮引到自己的御床之上，以示尊崇；另一方面，又命令将来的幼主，对于司马羕给予特殊的待遇，即依照西晋初年，安平献王司马孚的规矩，在大殿之上设置专门的床帐，皇帝亲自迎拜。司马绍的这一安排，自有他的考虑，幼主继位，舅氏庾亮权力很大，而由皇室元老司马羕代表皇室加以掣肘，也是一种权力的平衡。但是，让司马绍意想不到的是，在他去世后不久，这种平衡就被打破了。

公元325年闰八月二十五日，司马绍去世，第二天，即二十六日，虚岁五岁的皇太子司马衍继位，这就是历史上的东晋成帝。到九月九日，朝廷将司马绍埋葬在武平陵，庙号肃祖。司马绍，这位有可能具有鲜卑血统的东晋皇帝，就像一颗划过夜空中的璀璨的流星，带给我们瞬间的夺目的光彩，我们还记得他“日远日近”的机警回答，还记得他一夜挖出一池湖水的唐突，还记得他单人匹马侦察敌营的勇敢，还记得他与天下第一美人的缠绵，也还记得他壮志未酬身先死的遗憾，还有很多很多。

在这匆忙的十五天内，东晋宫廷除了埋葬晋明帝，还进行着一场激烈的权力角逐。史书没有明确说明，但是，我们从史书上记载的事件上，似乎可以看出一点端倪。

八月二十六日，当带着白色孝帽的小皇帝司马衍面对着百官，准备举行即位大礼的时候，第一件不和谐的事情就发生了。身为司徒的王导在这样一个十分重要的典礼上，却借口生病，请假了！王导称病请假，自有他自己的道理：作为先朝的丞相，却在皇帝的遗诏中没有政事的最高决定权，这让王导内心十分不满。另外，司马绍生前对王氏家族咄咄逼人的攻势，也让王导记忆犹新。当群臣准备向新皇帝送上玉玺以表示效忠的时候，王导仍然没有现身。此时，一向正直无私的尚书令卞壸在朝廷之上严肃地厉声说道：“王公难道能被人称为是社稷之臣嘛！大行皇帝的灵柩还停在朝堂之上，皇太子还没有继位，难道说此时是臣子称病请假的时候嘛！”卞壸义正词严的话很快就传到了王导的耳朵里，如果王导再不来的话，仅此一点，无限放大的话，也许会弄得偷鸡不成蚀把米的。于是，他赶紧坐车前来参加典礼。

如今，按照司马绍的遗诏，司马羕成了群臣之首。而庾亮却与司马羕的弟弟南顿王司马宗势同水火，因此，只有架空司马羕才能真正把权力控制到自己手里。庾亮本人与王导本来关系就不错，庾家在西晋时期并非第一等的士族，我们还记得庾亮的叔伯辈颍川庾敳非要“卿”琅邪王衍的故事，最终攀上了王衍这个粗腿。而庾亮在渡江之前就和王衍的儿子王玄王眉子关系很好，在过江之初，也曾赞叹说：“托付在王家的屋檐下，能让人忘掉寒暑！”（《世说新语·赏慕》）——

说到这，补充一点：王衍的弟弟王澄与王玄互不欣赏，王澄说王玄“志大其量，终死坞壁间”，而王玄却说他这个叔叔“哪有名士整天胡说八道的！”（分别见《世说新语·识鉴》和《轻抵》）在永嘉之乱中，王玄代替褚翜为梁郡太守，因为杀掉了手下十分骄横的将领耿奴，而被耿奴的余党所杀，果如王澄所说，而褚翜随后也渡江南下了。另外，《世说新语·言语》“孙齐由、齐庄二人小时诣庾公条”及注引《孙放别传》，庾亮问孙放（齐庄）何故不慕仲尼而慕庄周，放对曰：“仲尼生而知之，非希企所及；至于庄周，是其次者，故慕耳。”庾亮很赏识孙放的回答，也说明庾亮“外玄内儒”的思想，与一般的名士不同，同时，他在司马绍做太子的时候，反对司马睿提出的崇尚法家治国的理念，这都与王导的思想有一定的共同之处，这些因素，都促使了王导与庾亮的走近。

还有更为关键的是，如今宗室司马宗等人已经将矛头对准了自己和王导，这就加快了王导与庾亮之间的合作。

对于王导而言，王敦之乱刚刚被平定一年，王氏家族自顾不暇，这一方面来自朝廷自上而下的压力；另一方面，还来源于在王敦专权过程中，司马氏皇族与王氏家族形成的难以调和的仇怨。《世说新语·仇隙》就记载：“王大将军执司马愍王，夜遣世将载王于车而杀之，当时不尽知也。虽愍王家亦未之皆悉，而无忌兄弟皆稚。王胡之与无忌，长甚相昵。胡之尝共游，无忌入告母，请为馔。母流涕曰：‘王敦昔肆酷汝父，假手世将。吾所以积年不告汝者，王氏门强，汝兄弟尚幼，不欲使此声著，盖以避祸耳！’无忌惊号，抽刃而出，胡之去已远。”“应镇南作荆州（当为江州），王修载、谯王子无忌同至新亭与别。座上宾甚多，不悟二人俱到。有一客道：‘谯王丞致祸，非大将军意，正是平南所为耳。’无忌因夺直兵参军刀，便欲斫，修载走投水，舸上人接取，得免。”《世说新语》记载的这两件事，说的是：在第一次王敦之乱中，被王敦、王廙所杀的谯王司马承的儿子司马无忌，从小就与王廙的儿子王胡之关系很好，司马无忌的妈妈因为王敦家族的势力很大，也不敢告诉儿子，一次，王胡之又来找司马无忌玩，妈妈才将实情说了，听到自己的好朋友竟然是杀父仇人的儿子，司马无忌抽刀狂呼，出门就要杀掉王胡之；又一次，就在前不久应詹去江州做刺史的时候，群臣都到新亭送别，司马无忌和王胡之都去了，但是，因为人多相互没看到，谈论中，一个人说：“司马承被杀其实并非王敦的主意，那是王廙自作主张。”司马无忌此时也看到了王胡之，抽下卫士的腰刀，上前就去杀王胡之，王逃到水中被船上接走，才逃脱。本传也记载有类似的事情。这都说明了司马氏皇室与王氏家族不可调和的刻骨仇恨。如果司马羕、司马宗等人得势，那么，不仅庾亮等人日子不好过，王氏家族更是大难临头。

在庾亮和王导的运作下，群臣上表称，天子年纪还小，皇太后庾文君应该依照汉朝邓太后临朝承制的故事，请求皇太后庾文君临朝听政。这种要求冠冕堂皇，司马羕没有意识到其中的深意。庾文君经过了四次假意的推让，不得已接受了群臣的劝进，临朝听政。九月一日，庾文君正式临朝听政，行使皇帝的职权。按：此处，史书将癸巳日误记为癸卯日，历代史家以此认为庾文君临朝承制，应在埋葬司马绍以后的癸卯日，即十一日，但是，根据当时宫廷内争的情况，似乎应该庾文君先以九月初一的癸巳日匆忙承制为妥，史书将此条放置在埋葬司马绍之前，正确。

庾文君行使皇帝职权以后，情况立即发生了让司马羕预料不及的变化。

当天，她就置先皇司马绍的遗诏于不顾，而任命王导为录尚书事，即"录公"，让王导成为政权中的最终决定者，并与自己的哥哥中书令庾亮两人参辅朝政，而把司马羕等人晾在了一边。这当然是王导与庾亮之间交易的结果，不过，为了安抚司马羕一家，她又给了被免职的司马宗一个荣誉称号骠骑将军，晋升汝南王司马祐为卫将军，任命被免职的右卫将军虞胤为大宗正。

帝国的核心统治权又回到了庾亮和王导的手中，但是，在内斗中失败的司马羕等人能善罢甘休吗?

六八　诛杀亲王（一）

《宋书·职官志》记载："魏、晋江右领、护各领营兵；江左以来，领军不复别置营，总统二卫骁骑材官诸营，护军犹别有营也。领、护资重者为领军、护军将军，资轻者为中领军、中护军。"

在禁卫军中，左、右卫将军的地位十分重要，直接负责保护皇帝。因此，将虞胤和司马宗从左、右卫将军的位置上拿下来，就意味着二人已经失宠。不过，在晋明帝弥留之际，安排的左、右卫将军分别是虞潭和卞壶，当然，这两人都是临时过渡性质的，当一切恢复正常之后，庾亮和王导分别任命褚翜为左卫将军、赵胤为右卫将军。褚翜，字谋远，他的堂弟褚裒，是以后成为康帝的成帝弟弟司马岳的岳父。而褚翜本人又是庾敳的亲外甥，在永嘉之乱中，颍川庾敳将自己的家属全部都托付给了褚翜，因此，褚翜与庾亮之间是关系稍远一点的表兄弟。褚翜在永嘉之乱时，曾单马去许昌见到当时的司空荀藩，被任命为振威将军、梁州内史，后渡江投靠司马睿。在元帝时期，曾历任散骑郎、太子中庶子、淮南内史，在王敦第一次叛乱中，受戴渊之命，率五百名士兵参加建康保卫战。明帝继位以后，因为褚翜与庾氏的特殊关系，又担任屯骑校尉、太子左卫率，负责保卫太子。此时，太子继位，褚翜由太子左卫率升任为左卫将军，也在情理之中。而赵胤，他的父亲就是赵诱，赵诱原在郗鉴的伯父扬州刺史郗隆的手下为主簿，郗隆在司马冏举义之时被杀以后，赵诱还家；等到王敦任左将军时，被王敦任命为参军，一直追随王敦，我们还记得，在建武元年（公元 317 年）八月王敦讨伐杜曾的女观湖之战中，赵诱等将悉数被杜曾所杀。其后，赵胤为报父仇，跟随周访平定了杜曾，为报父仇，将杜曾心肝吃掉。大约在周访死后，王导将赵胤引入自己门下，拜为从事中郎。在晋明帝讨伐王敦之时，赵胤被加为建威将军，参加了保卫建康的战斗。虽然赵胤是一员亲临过战场的猛将，但是，任用赵胤为右卫将军，可以说是出于王导的意思。

褚翜和赵胤分别接替司马宗和虞胤担任左、右卫将军，直接显示了王氏家族和庾氏家族对皇权的控制。

在司马师刚刚下葬后不久，庾亮和王导就以迅速动作，顺利地完成了对皇权的牢牢控制，这是缺乏谋略但不缺乏野心的司马羕、司马宗等人所始料不及的，看到皇权似乎咫尺之遥，突然之间，就远隔万里，并且，代表皇帝行使职权的庾文君竟然不顾先帝遗诏，瞬间就剥夺了司马羕这位辅政大臣之首的决策权，而把与司马氏家族多少有些恩怨的王氏家族代表王导推向了前台，这不能不令丧失权位的司马羕等人感到不满。司马羕、司马宗和司马祐三王都来自司马亮这一支，是南渡诸王中实力最大的一支，将这一支打压下去，可以说，司马氏皇族就失去了强有力的支撑，从维护皇族利益的角度，也不容三人坐视。

而庾亮也绝不是弱者。

五岁的外甥刚刚继位，庾亮就与自己的妹妹皇太后庾文君合力，将司马羕、司马宗、虞胤等人打了个晕头转向。那么，庾亮又是何等样人呢？我们说过，庾亮，字元规，他与温峤十分相像，既英俊，口才又好，但是，与温峤不同的是，庾亮少了那么一点名士们的放纵，他不像温峤那样有时还喜欢说些胡话，而且，庾亮本人又十分注重仪表。《世说新语》称其“风仪伟长，不轻举止”，以致当时的人们都以为他的举动有点作秀，后来，大家看到他的长子庾彬也是如此以后，才都感到庾亮天性如此。

晋明帝在考察庾亮的时候，曾经问过两个人，一位是谢鲲，另一位是周顗。谢鲲的回答是：“端委庙堂，使百僚准则，臣不如亮；一丘一壑，自谓过之 。”而大名士周顗的回答几乎与谢鲲如出一辙：“萧条方外，亮不如臣；从容廊庙，臣不如亮 。”两人都认为，庾亮是群臣的榜样，在从政方面要高过自己。事实上，撇开治国才能不谈，单就一副端严俊整的仪表也足以威服众人。

然而，庾亮绝非如此简单。

虽然此时在庾亮的心中，与司马宗、司马羕的争斗依然是一条主线，在这一点上，庾亮是毫不含糊的，与王导的立场是一致的。但是，即便是在这种情况下，庾亮也没有忘记敲打敲打王导。从理论上讲，王导为录尚书事，庾亮为中书令，卞壶为尚书令，王导是庾亮和卞壶的上级，但是，由于庾太后的存在，庾亮的地位其实是这个小团体的核心。卞壶素来以忠直闻，与庾亮“对直省中，共参机要”。而庾亮虽然过去并不倡导用法家治国的立场，但是，地位改变以后，却改变了王导宽和施政的做法，而“任法裁物”，要严肃纲纪，这一点与卞壸恢复礼教、崇上抑下的主张有了一定程度的接近。而如今诡异的政坛走势，王导深知，此时的王氏家族风光不再，因此，他以退为进，对朝廷请了长期病假，但是，私下里，却一直没有停止活动。一方面，王导千方百计地招募自己的力量，大量接纳王敦的旧部，比如杨朗，《世说新语》里多处记载王敦、王导兄弟称赞杨朗之处。杨朗本是王敦的下属，规劝王敦不果的情况下，全力辅佐王敦进攻京师，王敦死后，被明帝下狱，然而，一年多以后，等明帝死后，还没有处斩，被释放出狱，并进入王导的幕府，这里面王导肯定是做了很多工作；再如，丹阳人陶回，史称“大将军王敦命为参军，转州别驾。敦死，司徒王导引为从事中郎，迁司马”。还有刚刚说过的赵胤和以前提到过的邓岳、周抚等人，除此之外，王导还精心选择在前朝中失意的人士，如孔坦，也引为自己下属。同时，新的政局也促使王导寻找新的外援——郗鉴。郗鉴曾在是否追赠周札一事上与王导发生过激烈的冲突，但是，在劝说明帝允许收葬王敦遗体、免除钱凤母亲死刑等方面，也表现出了成熟政治家和儒家人士的仁心，这种人以理行事，交往起来也比较令人放心，而且，郗鉴作为流民帅的领袖人物，如今手握重兵镇守广陵，是王氏家族不可多得的外援。而作为南渡不久的郗鉴，虽然在消灭王敦之役中立了大功，步入权力中枢，但是，王氏家族也是自己在朝廷中理想的伙伴，就这样，王导和郗鉴自然而然地走到了一起。郗鉴办完了朝中的事情以后，去广陵上任，对朝廷称病的王导亲自为其送行。这种行为，在过去散漫的氛围中，也算不了什么，然而，如今对于急于树立政府新班子威信的庾亮和卞壸而言，无疑难以忍受。卞壸上奏称，王导“亏法从私，无大臣之节”，同时，御史中丞钟雅“阿挠王典，不加准绳，并请免官”。此事虽然不了了之，但是这一突如其来的弹劾行动，也显示了新的领导班子不同的风格，起到了敲山震虎的作用。王导后来一直对此耿耿于怀，曾称“卞望之（壸）之岩岩，刁玄亮（协）之察察，戴若思（渊）之峰岠”，把卞壸与刁协、戴渊相提并论，视其为新的刁协。

卞壸的上书将钟雅也牵扯进来，钟雅立即意识到自己御史中丞职责的重要，他开始上书弹劾尚书梅陶，在国丧期间在家举办女子歌舞表演，“无大臣忠慕之节，家庭侈靡，声妓纷葩，丝竹之音，流闻衢路，宜加放黜，以整王宪。请下司徒，论正清议。”虽然庾太后依然没有追究，但是，更让人感到风声鹤唳。

不过，让大家更为触目惊心的事情，就要发生了！

六九 诛杀亲王（二）

除了中央错综复杂的形势以外，地方上的情况也不容乐观。

荆州刺史陶侃、镇西将军祖约两人都以为自己不管是论资历，还是论名望，不在卞壶和郗鉴之下，可是，辅政大臣中却没有自己的名字，都以为是庾亮把两人的名字给划掉了，对此心怀怨望。而在此前后，朝中和地方上的重臣不少纷纷谢世：领军将军纪瞻去世、江州刺史应詹去世、广州刺史刘顗去世、北中郎将刘遐去世。平定王敦以后，纪瞻提出辞职，晋明帝不许，纪瞻仍坚决辞职，晋明帝硬是派使者在纪瞻的家中拜其为骠骑将军、侍中，并特许其不用上班，以家代官府，但是，这些仍然没有留住这位七十二岁老人的生命；应詹被任命为江州刺史，当时是为了防备王舒，如今陶侃代王舒当了荆州刺史，而晋明帝也撒手人寰，临死前的应詹仍然对国家的安危念念不忘，他听说陶侃对没有被委以顾命大臣耿耿于怀，在临死之前，应詹还给陶侃写信晓以大义，他说："如今神州未夷，四方多难，足下年德并隆，功名俱盛，宜务建洪范。"并劝谏陶侃"虽休勿休，至公至平，至谦至顺，即自天祐之，吉无不利。人之将死，其言也善，足下察吾此诚"。应詹死时五十三岁。

应詹死后，庾亮为了防备苏峻和陶侃，重修石头城，并任命丹阳尹温峤接任江州刺史；温峤走后，朝廷让吏部尚书名士阮孚阮遥集接任，得到绝世美人宋祎的阮孚再也不想在暗藏杀机的京师待了，他对自己的亲戚说："如今江东政权虽然经历了三代，但是其实建立政权才几年，目前，主幼时艰，而庾亮年少，德信未被大众所接受，将要发生大乱了。"

恰巧广州刺史刘顗也去世了，阮孚不当首都首长，而申请去遥远的广州，王导等人也认为阮孚名气虽大，却不是势力中人，就任命阮孚为都督交、广、宁三州诸军事，镇南将军，领平越中郎将，广州刺史，假节，于是，阮孚就带着宋祎去上任了，但是，还未到任，就病死在路上。阮孚去后，庾亮任命自己的好友羊曼接替丹阳尹。（史称：“温峤、庾亮、阮放、桓彝同志友善，并为中兴名士。”）

羊曼是西晋太傅羊祜的侄孙。《世说新语·雅量》记载了“羊曼待客”的故事，说的是：当时羊曼当丹阳尹以后大家都来祝贺，客人来得早的吃好的，来得晚的吃剩饭，不论贵贱，羊曼此举在崇尚简单、通脱、真率的时代风气下，反而受到了大家的一致赞誉。《世说新语·企羡》还记载一件羊曼真率的事：王导为了显示自己，总是对众人说自己当时在洛阳的时候，与大名士们在一起如何如何的事情，听得人们都腻味了，但是，大家又都不敢说什么。羊曼却直来直去对王导说：“大家很久都相信了你的这话，你总还说个不停做什么！”

王导赶紧给自己打圆场，说：“不是我非要这样说，只是想着再回到当时，已经不可能了（才怀念不已）。”

阮孚死后，美人宋祎后来又做了谢鲲之子谢尚的妾。

谢鲲死在公元323年，即王敦死前，而谢尚是公元308年出生的，在谢鲲死的时候谢尚才十五岁，宋祎归于谢尚的具体时间不详，但她的年龄应当比谢尚大。谢尚风流倜傥，对宋祎说：“我和你的前夫王敦相比咋样？”谢尚之父谢鲲常年在王敦幕府，谢尚小时候当然见过王敦，这样说不过是男人的心理作怪，与刘曜问羊献容的心态是一样的——谢尚还没有与司马绍和阮孚比，对司马绍是不敢，对阮孚大约是不必——宋祎的回答也与羊献容的回答异曲同工，她说：“王敦和你比，那他就是个乡巴佬。”宋祎死后，袁崧为琅邪太守，“每醉，辄乘舆上宋祎冢，作《行路难歌》。”——这位绝世美人一人与六位两晋名士攀上了关系：石崇、王敦、司马绍、阮孚、谢尚、袁崧，可谓神奇。

其实，阮孚求任广州刺史，并非单独行动，而是与家人充分商量以后作出的决定。与阮孚被派往广州刺史同时，阮孚的族爷但年龄相仿的阮放也申请做交州刺史。于是，阮放被任命为监交州军事、扬威将军、交州刺史。阮放走到宁浦的时候，正遇到陶侃的旧将高宝平定交州的梁硕叛乱返回，阮放不知出于什么目的，设宴将高宝杀死，高宝余众攻击阮放，阮放逃脱，到交州以后不久，就发病而死。阮孚这样安排，应该是打算在岭南建立自己的王国，但是，却并没有成功。不过，虽然如此，广州、交州地区作为一个理想的避难场所，在以后的日子里，依然对阮氏家族具有很大的吸引力，不断有阮氏家族的人做交、广两州的地方官，此后，也许如今越南的阮氏与此有一定的关系。

刘遐是公元324年十月，在晋明帝刚刚平定了王敦之乱，作为削弱王氏家族势力的一个举措而被任命为北中郎将、徐州刺史，代替王邃职务的。其后，晋明帝在公元325年七月，又任命了郗鉴都督徐、兖、青三州诸军事，兖州刺史，作为刘遐的上级和后盾。然而，刘遐却于晋成帝刚刚即位之初的咸和元年（公元326年）六月就去世了，朝廷将刘遐的北中郎将的职位让给刚刚南渡的郭默，而把徐州刺史的位置让郗鉴兼任。

在乱世之中，没有部曲就没有力量，而郭默虽然是中原坚守多年的勇将，但是孤身一人南渡，如今朝廷让他接管刘遐的部曲，可以说是天上掉下来的馅饼。庾亮之所以这样安排，就是看准了刘遐死时，刘遐的儿子刘肇还年幼，不能长了部曲世代沿袭的制度，这也是庾亮将流民帅纳入中央统一管理的第一步。但是，此举刘遐的亲属旧将则很不乐意，刘遐的妹夫田防和刘遐的部将史迭、卞咸、李龙等人合谋，共举刘肇为主，不服从朝廷的命令，庾亮遂命令郭默、赵胤率领附近州郡的部队前去讨伐。

刘遐的妻子，那位巾帼英雄邵氏却头脑十分清醒，她深知田防等人的作为无疑是以卵击石，自取灭亡，但是，邵氏劝阻不了这些人，只好偷偷将军中的铠甲兵器全部烧毁。郭默率领的部队还没出发，临淮太守刘矫率领几百将士突然袭击了刘遐的大营，当时就将田防、卞咸诛杀，史迭、李龙夺路北逃，刘矫又派兵追到淮北的下邳，将史迭、李龙斩杀，传首京师。

庾亮将刘遐的妻子、老母和其他部将都迁到了京师建康，刘遐生前原有部队顺利地交给了郭默。

七〇 诛杀亲王（三）

顺利地处置了田防事件，让庾亮信心大增，他的目光再次投到了南顿王司马宗的身上。

这位南顿王司马宗“结联轻侠”作为心腹，这里的“轻侠”就有流民帅苏峻，史书称司马宗与苏峻关系很好。我们知道，王导和庾亮就此曾多次提醒过司马绍，但是，司马绍反而更对司马宗亲昵了。这又是什么原因呢？王导和庾亮的劝说无非是担心司马宗和虞胤会危及皇权，当然，这是表面上的理由，其实，还是担心自己的权力受到威胁。如果晋明帝对司马宗等人交结“轻侠”的做法，不仅不担心，反而很放心的话，那么，就是说司马绍对司马宗等人这样做的目的是十分清楚的，其行为不会威胁到自己，当另有所指。我们甚至可以做出以下大胆的推测：司马宗等人的结好流民帅苏峻，培植势力的所为极有可能就是晋明帝本人一手策划的！

在平定王敦以后，晋明帝的一系列作为都是围绕进一步巩固皇权所做的铺垫，而矛头所指就是王导。但是，晋明帝在褒赠周札一事中发现，王导的势力还非常大，他牢牢把握着行动的节奏，没有贸然行动，在表面上继续安抚王家，暗中则试图依靠流民帅，一劳永逸地把王家处理掉。考察《晋书·苏峻传》，平定王敦之后，在论功行赏的时候，晋明帝给予苏峻的赏赐是：使持节、冠军将军、历阳内史，加散骑常侍，封邵陵公，食邑一千八百户。这一职位非同小可：一是持节中的最高权力——使持节，可以诛杀郡官；二是历阳内史。我们知道，历阳（今安徽省和县）就在建康西北长江北岸，可以说是建康的北方门户，非最亲近的大臣无法担当此任，回想当初郗鉴被晋明帝任命为合肥都督的时候，王敦就曾十分警惕，而合肥尚在历阳之北，可想而知历阳对于保卫建康的极端重要性。因此，司马绍将苏峻安排在建康附近，让司马宗等人扩张实力，并以刘遐代王邃为徐州刺史等人，其核心就是要依靠皇族加流民帅来巩固自己的地位。

然而，晋明帝司马绍的突然死亡，使南顿王司马宗立刻失去了靠山，被庾亮、王导等人玩弄于股掌之间。庾亮早就想要诛杀司马宗，而司马宗也不甘心失败，他结交苏峻，企图要杀死庾亮、王导等人。

不过，还是庾亮先下手。

晋成帝咸和元年（公元 326 年）十月，御史中丞钟雅率先上书揭发，南顿王司马宗企图谋反，得到奏疏以后，庾亮立即命令右卫将军赵胤派兵前去捉拿，司马宗领兵拒战，被赵胤所杀。

接着，朝廷贬司马宗一家为马氏，司马宗的三个儿子司马绰、司马超、司马演都废为百姓；免去太宰西阳王司马羕，降封为弋阳县王；将大宗正虞胤贬为桂阳太守，秩中二千石，以后还多次平调到琅邪、卢陵做太守，以示惩罚。司马羕和司马宗的侄子汝南王司马祐，事变前几天就去世了，受到此事的牵连，司马祐的儿子司马统也被废黜。然后，赦免百里以内被判五年以下有期徒刑的罪犯。

司马宗被杀，给东晋司马氏皇族一个沉重的打击，整个司马氏皇族都以为庾亮是在削弱皇室。

司马宗的亲信卞阐逃奔苏峻，而此时的苏峻也满腹牢骚。晋明帝不明不白的去世，让苏峻可能受到重用的机会丧失，如今的执政大权落到了庾亮和王导的手中，而原来自己投靠司马宗，就是为了成为皇帝的亲信，可无形中却成了庾亮的潜在对手，因此，在新朝中，庾亮根本不会重用自己。因此，苏峻在历阳一直招兵买马，扩充自己的实力，军饷粮草全部由朝廷供给，稍不如意，就破口大骂。苏峻怨恨的原因，也许在于庾亮等人仍然以流民帅看待自己，又由于苏峻与司马宗是一党，所以在粮饷方面有所克扣吧。

此时，庾亮命令苏峻将卞阐送归朝廷处理，但苏峻将其藏匿，拒不交出。这让庾亮更是耿耿于怀，也埋下了将来要处置苏峻的伏笔。

司马宗被杀、司马羕被废，年仅六岁的晋成帝司马衍并不知情。事情过去很久，一次，司马衍问庾亮："往常那个白头老爷爷，现在在哪里？"庾亮称南顿王司马宗已经因谋反被杀。幼小的司马衍当时就哭了，他边哭边说："舅舅你说人家谋反，就杀掉人家；别人说你谋反，又该怎么办！"听了小皇帝的话，庾亮的脸色当时唰地一下子就变白了。

对此，《困学纪闻》卷十三引殷芸《小说》有着更精彩的描述：诸庾诛南顿王宗，帝问“南顿何在？”对曰：“党（苏）峻作贼，已诛。”帝知非党，曰：“言舅作贼，当复云何？”庾后以牙尺打帝头云：“儿何以作尔语？”帝无言，唯张目熟视。也就是说，当成帝说出这句话以后，站在一旁的母亲庾文君，拿着一把牙尺，上来就照皇帝的头上打了一下，怒气冲冲地斥责道：“孩儿，你怎能说这样的话？”幼小但倔强的小皇帝司马衍含着眼泪，默默地忍受，只是用眼睛直直地注视着自己的母亲。

另据《晋书·庾亮传》史臣曰：“牙尺垂训，帝念深于负芒。”《晋书·后妃传下·赞》也称：“持尺威帝。”可见，庾文君用牙尺打小皇帝的事情，是真实存在的。这一细节可以让人读出很多东西来，但可惜的是，在《晋书·成帝本纪》和《资治通鉴》上却将此删除了。

七一 陶侃镇荆

除了眼前的苏峻和祖约，在庾亮看来，陶侃也需要戒备，这就是其任命温峤为江州刺史的主要原因。

陶侃第一次被任命为荆州刺史，还是早在晋愍帝建兴元年，即公元 313 年。当时，周顗被杜弢赶跑，王敦为了依靠陶侃对付杜弢，曾表请司马睿承制任命其为荆州刺史，可是，等陶侃平定了杜弢并赶跑了杜曾以后，王敦感到大势已定，却于公元 315 年将陶侃贬为广州刺史，陶侃本人倒很听话，自觉去广州上任去了。但因此，王敦也将陶侃的旧部激变，并使得杜曾的实力大增，后又经陶侃的亲家周访数年的努力，才将杜曾彻底消灭。可以说，陶侃、周访二人为江东政权拿下荆湘地区，立下了汗马功劳。

到晋明帝太宁三年内，也就是公元 325 年五月，时年六十九岁的老人陶侃在离别十年之后，又重新回到了荆州，荆州百姓无不额手相庆。

晋明帝将陶侃从偏远的广州转任至位置重要的荆州，除了削弱王氏家族的实力之外，还有一个因素可能也在晋明帝的考虑之内。那就是：在王敦第二次叛乱之时，北中国的局势已经发生了很大的变化，淮北尽失，中原也尽失。石勒和刘曜下一步争夺的焦点就是通向荆州的门户——南阳地区，以一员能征惯战的老将镇守荆州，让晋明帝更放心一些。

陶侃既聪明又勤于做事，对人恭敬谦让，整天正襟危坐，处理政事，即使事务千头万绪，也处理得井井有条，没有遗漏。各方人士来的书信，全是自己亲自写回信，从不让下属代劳；接见远近的客人，也是殷勤备至，从不会让客人在门外久等。

作为一名最下层出身的人，在两晋十分重视门阀的氛围中，陶侃深知为人做事的不易，也对弥漫于社会上的放诞风气深恶痛绝，他经常告诫身边的人，说：

“大禹是一位圣人，还珍惜每一寸光阴，至于我们平常之人，起码应当珍惜每一分光阴吧。怎能整天无所事事，到处闲逛，烂醉如泥呢？这种人活着，对社会没有用处，死后也没有事迹传于后人，这种行为是在作践自己啊！”

陶谦身边的参佐，也有个别人空谈误事，或者慕名士风流而醉酒、赌博的，陶侃发现以后，对于诸如长史等属于佐官的人员，则立即命人将酒具和赌博用具全部扔到江里，并予以斥责；至于低级将领或者属于吏员的，则施以鞭打。陶侃教育大家说：“下棋赌博，不过是放猪娃们无聊时的游戏而已！《老》《庄》之言，浮华无据，并非圣贤先王的教导，不可遵行。有身份的君子应当端正衣冠，显示做人的威仪，哪有蓬头垢面、赤脚跣足，去刻意培养名声，自称通达的道理？”

有送给陶侃礼物的，他必问清楚礼物的来历，如果是自己劳动所得，即使是很轻的礼物，陶侃也很高兴地接受，并回赠数倍的赏赐；如果相问之下，礼物来历不明或者来路不正的，他不仅不会接受，反而要严肃斥责。史书记载，陶侃曾经出游，在路上看见一个人手里拿着一把尚未熟的稻穗，陶侃叫住那人问：“你拿着这做什么用？”

那人回答：“走在路上，看见了，随便取下来拿着玩。”

深知稼穑艰难的陶侃闻听，不禁勃然大怒，说道：“你自己既不耕作劳动，竟然还敢残害别人辛辛苦苦种下的稻谷，拿着人家的劳动果实戏耍！”

当即将此人拿下，打得皮开肉绽。

在陶侃的治理下，荆州百姓都努力耕作，家给人足，千里之间，路不拾遗。

《世说新语·政事》记载，陶侃做荆州刺史期间，让造船官员将造船时没用的木屑、竹头都保存下来。当时，大家都不明白陶侃是什么意思，后来，等到大年初一的正式集会的时候，正赶上雪后初晴，但听事堂前的台阶上，还残留有余雪，路上还很湿，陶侃命人将木屑撒在路上、台阶上，不影响人们的出入。后来，等到桓温伐蜀，在组装战舰的时候，将陶侃原来储备的竹头都用作了钉船的竹钉。

不过，人无完人。

历经磨难的陶侃，自奉甚厚，有妻妾几十人，家中的奴仆上千人，史称，其家里的“珍奇宝货富于天府”。而且，陶侃共有十七个儿子，可是，陶侃的教育并不成功，这些孩子们大都性格刚狠，不仅相互之间矛盾重重，而且，在外也横行不法，为当时的名流所鄙视。

七二 坦腹东床（一）

晋明帝死后的朝中政局，出现了庾氏一门独大的局面。

王导为了自身的利益主动靠近庾亮，他请求庾亮的弟弟庾冰做自己司徒府的右长史。除此之外，我们还说过，王导的司徒府大量接纳王敦幕府的旧人和前朝的失意人士，同时，王导还精心选择流民帅，如今，作为原七大顾命大臣，现因司马羕被废而成为六大顾命大臣之一的郗鉴，是王导结好的理想对象。在东晋时期，门阀士族之间亲属的标志和途径就是将各自的子弟相互选入各自的幕府，如过去西阳王司马羕就曾经请求庾亮的弟弟庾怿到自己的幕府，却遭到了拒绝，庾怿最终进了东海王司马冲的幕府就是一例。除此之外，还有另外一个途径，那就是联姻。

但是，士族之间的联姻除了政治上的考虑以外，还十分强调门当户对，并且还要尊重妇女的意见。《世说新语·方正》记载："诸葛恢大女儿适太尉庾亮儿，次女适徐州刺史羊忱儿。亮子被苏峻害，改适江虨（江统之子）。恢儿娶邓攸女。于时谢尚书求其小女婚，恢乃云：'羊、邓是世婚，江家我顾伊，庾家伊顾我，不能复与谢裒儿婚。'及恢亡，遂婚。于是，王右军往谢家看新妇，犹有恢之遗法：威仪端详，容服光整。王叹曰：'我在遣女裁得尔耳！'"当时，诸葛恢要将自己的女儿改嫁，曾经写信给庾亮，庾亮也很开明，他说："贤女尚年少，当然是应该的。只是追思我的亡儿，好像是刚刚死去。"（见《世说新语·伤逝》）另外，《世说新语·假谲》也记载："诸葛令女，庾氏妇，既寡，誓云：'不复重出！'此女性甚正强，无有登车理。恢既许江思玄婚，乃移家近之。初诳女云：'宜徙。'于是家人一时去，独留女在后。

王羲之像

比其觉，已不复得出。江郎莫来，女哭詈弥甚，积日渐歇。江虨暝入宿，恒在对床上。后观其意转帖，虨乃诈厌，良久不悟，声气转急。女乃呼婢云：‘唤江郎觉！’江于是跃来就之，曰：‘我自是天下男子，厌何预卿事而见唤邪？既尔相关，不得不与人语。’女默然而惭，情义遂笃。”这两则诸葛恢嫁女的故事，就充分说明了这一点。说的是，诸葛恢的大女儿诸葛文彪嫁给了庾亮的儿子庾彬（又名庾会，小字阿恭），庾彬与他爸爸庾亮一样很有风度，一次温峤躲在暗处吓唬庾彬，庾彬神色不变，慢慢跪下说：“君侯何至于此！”就是这个庾彬在以后的苏峻之乱中被杀了。后来，诸葛恢想要把女儿改嫁给江虨，一方面给庾亮写信征得谅解，另一方面还要不断地做女儿的工作。可是，诸葛文彪发誓不再嫁，诸葛恢只好骗女儿要搬家，就在江虨住处附近找了一处宅院，可是，一会儿全家人都不见了，把诸葛文彪自己留在了那里。晚上的时候，江虨来了，可这个江虨也是个文士，不会动粗，夜里就躺在文彪的对面。开始的时候，文彪又哭又骂，过了几天，慢慢地好一些。江虨看到有戏，一天晚上就假装做了噩梦，不停地惊叫，一直不会醒来，并且，呼吸也变得急促起来。文彪赶紧对身边的婢女说：“快点把江郎唤醒！”闻言，江虨从自己的床上一跃而起，凑近文彪说：“我自是一个对你来说无关紧要的男子，做噩梦与你又有啥关系？你既然这样关心我，以后那就不能不和我说话了。”文彪被江虨说得很不好意思，从此，二人才算有了情意。诸葛恢的二女儿嫁给了羊忱的儿子，《世说新语》对于羊忱有三处描写，此人是西晋太傅羊祜的侄儿，精通书法、下棋、射箭，也是世家大族。诸葛恢的儿子娶的是邓攸之女。后来，谢安之父谢裒为儿子向诸葛恢求婚，诸葛恢说：“羊家和邓家与我们家都是世代通婚，江家是我屈尊照顾他，庾家是人家屈尊照顾我，我不能再同意把女儿嫁给谢裒的儿子。”谢家在东晋中期以前算不上高门，因此，诸葛恢才有此说。

回过头来说那段著名的“坦腹东床”的故事。

这个故事在《世说新语》和《晋书·王羲之传》上均有记载。原文为：“郗太傅在京口，遣门生与王丞相书，求女婿。丞相语郗信：‘君往东厢，任意选之。’门生归，白郗曰：‘王家诸郎亦皆可嘉，闻来觅婿，咸自矜持，唯有一郎在东床上坦腹卧，如不闻。’郗公云：‘正此好！’访之，乃是逸少，因嫁女与焉。”说的是：郗鉴

坦腹东床图

在京口的时候，派遣使者给王导带信，想在王氏子弟中找个女婿。王导对郗鉴的使者说："你到东厢房去随意挑选。"使者回去以后，对郗鉴报告说："王家的儿郎们都不错，听到来挑选女婿，个个都很矜持，只有一个在东面的床上露着肚皮躺着，好像啥也没听到。"郗鉴说："那就是这个了。"询问之下，这个人就是王羲之，于是就把自己的大女儿郗璇嫁给了王羲之。

就像诸葛恢挑选女婿、儿媳一样，坦腹东床这件事，也反映了当时高门大族之间的婚姻，原则上是先选择家族，而后再从选定的家族中选择人，其实，这一传诵千年的佳话也是包含着很浓的政治气味的。

七三　坦腹东床（二）

看似简单而又浪漫的故事，还有许多值得思索的问题。这涉及围绕“一代书圣”王羲之身上的很多谜团。

一、王羲之的父母问题。

王羲之，字逸少。他的爸爸王旷，两个亲叔王廙、王彬都与晋元帝司马睿是姨表兄弟，据《晋书·惠帝本纪》记载，永兴二年（公元 305 年）八月，扬州刺史曹武杀丹阳太守朱建。十二月，右将军陈敏举兵反，自号楚公，矫称被中诏，从沔汉奉迎天子，逐扬州刺史刘机、丹阳太守王旷。《三国志·裴潜传》裴松之注引《晋诸公赞》还记载了侍中王旷向司马越推荐裴郃的事。不幸的是在永嘉三年即公元 309 年，也就是王旷建议司马睿过江东以后两年，身为淮南内史的王旷受当时的太傅司马越之命，提兵解救并州的刘琨，在长平之战中被刘聪击败，随即刘汉帝国军队又乘胜攻陷了壶关。从此以后，史书对王旷再无记载。《资治通鉴》在记述那场战争的时候，有意只说了另外两个将领战死，而对王旷的下落却只字不提，从此，王旷生死不明。为司马睿立足江东有首创之功的王旷，《晋书》竟然并没有给其立传，这同样也是非同寻常的。从这种不同寻常的情况中，也许恰恰说明了王旷是投降了刘汉帝国，而司马睿为了隐瞒自己亲表兄弟在当时为人不齿的行为，刻意不提；这也许就是王导一直没有让王羲之出仕的原因吧。史书一直大力褒扬的是王导、王敦兄弟对司马睿入主江东的襄赞之功，相比之下，对于王旷的功劳却熟视无睹，其间是否说明王导、王敦与这个堂兄王旷的关系并不融洽？而成年以后的王羲之对王导并不亲近，这里面又隐藏了哪些不为人知的隐情呢？在以后，我们也许会慢慢说到。

再说说王羲之的母亲。

王羲之的母亲，究竟是姓什么，正史没有记载。但是，根据清代王国栋所修

《王氏宗谱》记载，王旷“配卫氏”，我们再参考元代郑杓的《衍极》和陶宗仪《书史会要》，上面都说“卫与王世为中表”。根据这一说法，并结合以后王羲之与自己的老师卫夫人之子李充的亲密关系，也许，我们可以推断王羲之的母亲也姓卫，并且，卫夫人极有可能就是王羲之的姨妈。

二、王羲之到底是什么时候出生的?

关于王羲之的生卒年，一直是学术界争论不休的问题。各类史料相互掺杂，出现不少矛盾之处。《晋书·王羲之传》仅记载王羲之“年五十九卒”，但生卒于何年，所载不详。关于这一点，大体上有四种说法：一是据《王右军集·题卫夫人笔阵图》“时年五十有三”和“永和十四年四月十三书”的记载推算，王羲之当生于惠帝光熙元年即公元 306 年。二是据南朝宋羊欣《笔阵图》云：（王羲之）“三十三书《兰亭》，三十七书《黄庭经》”，由此推算，王羲之当生于元帝太兴四年公元 321 年。三是据唐张怀瓘《书断》所载“王羲之升平五年卒，年五十九”，由此推算，王羲之当生在惠帝太安二年（公元 303 年）。四是据清代学者鲁一同考证，王羲之当生于永嘉元年（公元 307 年）。

第一种说法，因为永和没有十四年，故被否定。第二种说法，与诸多史料相悖，如《世说新语·汰侈》记载：王右军少时在周侯末座，割牛心炙啖之，于此改观。《晋书·王羲之传》：“年十三，尝谒周周顗，顗察而异之，时重牛心炙，坐客未啖，顗先割啖羲之，由是始知名。”周顗是公元 322 年被王敦所杀，如果王羲之在公元 321 年出生的话，不可能会出现在周顗的宴席上。南齐王僧虔所录羊欣《古今能书人名》：“王平南廙是右军叔……画为明帝师，书为右军法。”梁庾肩吾《书品论》说：“王廙为右军之师。”王廙也是公元 322 年去世的，如果王羲之在公元 321 年出生，也是不可能师从王廙学书的。《晋书·王羲之传》记载，王的书法“及其暮年方妙”，并且说，王羲之的书法在开始的时候，连庾翼、郗愔都不如，后羲之“尝以章草答庾亮，而翼深叹伏”，庾翼写信给王羲之说：“吾昔有伯英章草十纸，过江颠沛，遂乃亡失，常叹妙迹永绝。忽见足下答家兄书，焕若神明，顿还旧观。”由此可见，至少在庾亮和庾翼活着时，王羲之的书法已让庾翼“深叹伏（服）”。庾亮活到公元 340 年，庾翼活到公元 345 年，如果王羲之出生于公元 321 年，那么，庾亮死的时候，王羲之才十九岁，十分不合理。

第三种说法，目前为很多学者认同，即王羲之生于公元 303 年，卒于公元 361 年。这一说的主要证据是：南朝梁陶弘景在其所撰《真诰·阐幽微》注中说："逸少为会稽太守，永和十一年去郡，告灵不复仕，至升平五年辛酉岁亡，年五十九。"张彦远《法书要录》引陶弘景《答梁武帝论书启》第五启说："逸少亡后，子敬年十七八。"考《世说新语·伤逝》王子猷、子敬俱病笃条，刘孝标注："献之以太元十三年(公元388年)卒，年四十五。"逆推王献之十八岁即公元361年，也与《法书要录》契合。但这一说法也非确论，虽然陶弘景言之凿凿，但不知来源，也与《世说新语·排调》"简文殿上行条"有冲突，如果此事发生在简文帝登基以后，那按照此说，就是活见鬼了。

第四种说法现在很少人采用，但是，近期有学者从王氏家族的小名与生肖上的关系，称王羲之小名阿菟，推测王羲之生于兔年，即公元307年丁卯年。如果能成立的话，这一论点另辟蹊径，避开了矛盾百出的各类文献，但是，菟也可能是於菟，即虎，也就有可能是公元306年。

三、坦腹东床发生在何年？

郗鉴以一位流民帅的身份得到重用，是在晋明帝平定了钱凤以后的事。此前，郗鉴在太宁元年即公元323年曾被明帝任命为兖州刺史，镇合肥，但是，此举让王敦十分警惕，上书让自己的哥哥代替郗鉴领兵，而把郗鉴表荐为尚书令，郗鉴来到建康以后，就与司马绍一起秘密策划讨伐王敦事宜。等打败钱凤，处理完善后事宜，晋明帝于太宁三年即公元325年七月，也就是在他临死前两个月，任命郗鉴为车骑将军、都督青兖诸军事、假节，镇守广陵。咸和初年即公元326年的六月，因北中郎将刘遐死后，郗鉴又被庾亮等人任命为代理徐州刺史。因此，根据《世说新语》记载，郗鉴向王家选婿是发生在郗鉴去广陵、京口以后，极有可能是在苏峻之乱之前的公元326年发生的事。这是因为，此时，郗鉴虽然过江时间还不是太长，但是，因功被任命为顾命大臣之一，而王导在经历了明帝后期短暂的压抑之后，面对庾亮一支独大的局面，也想寻找足以依靠的外援，此刻王导的心态与苏峻之乱后庾亮名声降低到最低点、王导重新执政以后，不可同日而语，从《世说新语》"坦腹东床"生动描写王家子弟的矜持之态来看，更像是在王氏家族低落之时的表现。也许，"坦腹东床"的事情，就发生在卞壶弹劾王导私送郗鉴的前后不久吧。考察外派以后郗鉴的心路历程，他对于结好朝中权贵、以免在外受到打击也有着迫切的需要。郗、王两家的亲密在婚宦上体现得尤为明显，除了郗鉴将王羲之招为女婿之外，据《晋书·顾和传》的记载，郗鉴还将王氏家族的得力干将顾和请为长史，代理晋陵太守。不过，如果说坦腹东床的事情发生在公元 326 年左右的话，那么，按照王羲之出生在公元 303 年的说法，此年他已经二十四岁了。古人十六岁加冠，一般会在二十岁之前结婚，此时他的年龄似乎又有点太大，从这一点看来，似乎王羲之在公元 307 年出生，属兔，到此年十九岁更合理一点。不过，如果死死咬住《世说新语》记载这件事的时间是说“郗太尉在京口”这句话的话，上述的推论还是不确定的，因为，郗鉴离开京师以后，先是任命为兖州刺史，镇守广陵，后任命为徐州刺史，驻地在淮阴，而其镇守京口的时候，则是随后的苏峻之乱中和以后的事情，即坦腹东床的事就又可能发生在苏峻之乱以后。而设若发生在苏峻之乱以后，那王羲之的结婚年龄问题又将错后至少两三年吧？

四、年少王羲之的性格怎样？

王羲之早年失去了父亲，母亲独自养育着他，依附于王氏家族的王导、王敦、王廙这些堂叔伯们，生活在建康。据后人考证，王籍之当为王羲之的亲哥，王籍之的妻子、王羲之的长嫂周氏十分贤淑，一直对王羲之十分爱护。《晋书·王羲之传》记载，王羲之在年少的时候，“讷于言”；《世说新语》也记载，王羲之小的时候不爱见人，直到周顗宴会上，周顗把烤的牛心先割给坐在末座的王羲之以后，王羲之才逐渐被人所认识。宋李昉等编撰的《太平御览》第七百三十九卷引用《语林》称：“王右军少尝患癫，一二年辄发动。后答许掾诗，忽复恶中得二十字：‘取欢仁智乐，寄畅山水阴。清泠涧下濑，历落松竹林。’既醒，左右诵之，读竟，乃叹曰：‘癫何预盛德事耶？’”由此可知，少时的王羲之还患有癫痫病。口吃和癫痫病大约都与年少时候，情绪紧张，生活不安有关，可能也是他坎坷的幼年生活的表征，不过，等到王羲之逐渐长大以后，他才慢慢地变得能说会道，并“以骨鲠称”。

围绕着神秘的王羲之还有不少其他的谜团，我们以后再说，不过，我个人倒是倾向于王羲之在公元 326 年前后结婚的。王羲之的夫人郗璇被自己的弟弟、同样是书法家的郗愔赞为“女中笔仙”，婚后，王羲之夫妻二人有着共同的爱好，生活美满甜蜜，据王羲之的《儿女帖》记载，王羲之共有七子一女，并据《琅邪临沂王氏谱》记载：王羲之的七个儿子分别为：王玄之、王凝之、王涣之、王肃之、王徽之、王操之、王献之，一女据学者考证，叫王孟姜。

七四 矛盾渐积

在东晋名流的眼里，即使同为士族高门，仅仅因为过江时间稍晚，就会受到早渡江的名流鄙视，似乎在江北多待一段时间，就少了一点名士的风流一般，更不用说那些出身寒庶的流民帅了，说到底，这还是过江的门阀大族为了维护既得利益而寻找的一个借口罢了。晋明帝基于巩固皇权的需要，利用宗室，拉拢、重用在平定钱凤之乱中的流民帅，不仅是为了平衡朝廷的政治格局，而且，应该还有相关的后续手段。然而，可惜的是，晋明帝的突然死去，让这一切都随风而逝。

紧接着，以王导、庾亮为首的门阀大族迅速消灭了以司马宗为首的皇室力量，随之而来的就是庾、王执政大臣如何巩固自己地位的问题了。那么，摆在流民帅这些边缘化人物面前的只有两条出路：要么像郗鉴那样暂时放下军权，到朝廷任职，并在与门阀大族们的朝夕相处中不断磨合，逐渐合流；要么就是如陶侃那样据守一方，拥兵自重。而苏峻不仅是出身寒微的流民帅，而且，阴差阳错地与司马宗等人走到了一起，更要命的是，还因为生前的晋明帝试图重用而将其安置在建康附近的历阳。这无疑让庾亮、王导等人如坐针毡。

除了眼前的苏峻，对于庾亮、王导来说，让他们担心的还有上节说过的荆州的陶侃和寿春的祖约。陶侃和祖约二人，陶侃年齿最高，屡立战功；祖约风流自诩，资历不浅，目前也都坐拥强兵，可是，都没有被任命为顾命大臣，这让二人均耿耿于怀。陶侃还倒罢了，祖约却直接伸手要权，请求朝廷授予宰相级别的开府仪同三司，但是遭到庾亮的拒绝，这更令祖约十分不满，然后，祖约就屡屡向朝廷要人要钱，可总是得不到满足。

不过，这两个人，毕竟距离建康稍远，朝廷尚需要他们驻守边境，应对外侮。此时，北方的石赵经洛阳之战大败刘曜，势力延伸到了豫州大部，就在成帝即位之初的咸和元年，石勒部将石赵于四月进攻汝南，抓获汝南内史祖济；十一月，也就是在庾亮、王导等人刚刚诛杀司马宗以后，石赵大将石聪又继续南下，进攻退守寿阳的祖约，祖约接二连三地上书朝廷，请求发兵相救，但是，庾亮就是不发兵，也许，在庾亮看来，祖约不值得薄弱的禁卫军去援救，他甚至有借刀杀人的意思。不过，此次石聪南下并没有吃掉祖约，只好弃寿春于不顾，继续南下到逡遒（今安徽省合肥市东），并一直进抵到长江北岸的阜陵（今安徽省全椒县东），杀死、俘虏五千多军民，京师大为震动。庾太后下诏以司徒王导为大司马、假黄钺、都督中外诸军事，率军驻守江宁（今江苏省南京市江宁区），最终，还是在历阳的苏峻派将军韩晃领兵出击，击退了石聪。石聪退却以后，朝廷大臣们商议在阜陵附近的涂水（滁水）上建设大坝，让河水泛滥，造成广大的淹没地区，以阻止石赵以后可能的进攻。因祖约的驻地寿春在淹没区以北，祖约闻讯以后说："朝廷这是要抛弃我啊！"战后，庾太后专门派出侍中蔡谟到祖约的军中进行安抚，祖约见到蔡谟以后，是"嗔目攘袂，非毁朝政"。

而陶侃，对于朝廷也不可或缺。

我们知道，洛阳之战以后，刘曜和石勒都瞄准了荆州与豫州的接合部南阳地区。南阳，是北方势力往荆州地区渗透的跳板，又是南方势力北上和西进的要点。如果石赵军队占领南阳，将直接威胁到襄阳，同时，还可以从武关进攻关中。为防患于未然，在洛阳之战结束以后，刘曜政权就于咸和元年十月派遣黄秀等进攻东晋顺阳治所酂（今河南省南阳市淅川县），顺阳太守魏该无力抵抗，率众南撤到了襄阳。基于上述原因，庾亮还需要陶侃在荆州应对越来越严峻的局势。

晋明帝的死，让朝廷的政治格局为之一变。在王导看来，如果事情进展得顺利，按庾亮的性格，他会依次剪除所有的异己：苏峻、祖约、陶侃，重新树立起朝廷的权威。王导除了大量任用王敦幕府旧人、拉拢江东人士以外，为了防患于未然，王导在明帝死后不久，他还将自己的堂弟王舒从湘州刺史任上提拔到朝廷，代替死去的邓攸做尚书仆射。虽然自己是录尚书事，但是，中书令庾亮和尚书令卞壶直接处理朝廷要务，尤其是那位尚书令卞壶"干实为官，勤于吏事，以褒贬为己任，欲规正督世"，每思崇上抑下，更是有刁协的作风，这让王导十分不快，将王舒调任尚书仆射的目的之一，也就是为了掣肘卞壶，而接替王舒担任湘州刺史的，就是卞壶的从兄卞敦；另外一层深意似乎还在于，一旦朝廷与荆州的陶侃发生冲突，不至于让王舒在湘州做第二个谯王司马承，与其守在湘州的穷乡僻壤，倒不如调回中央，待时而发。

对于庾亮来说，主幼臣强，江东政权处于风雨飘摇之中，他要做一位名副其实的辅政大臣，真正实现江左政权的中兴。然而，这个目标与现实的差距实在太大。抛开错综复杂的朝廷政局不说，各方大员尤其是这些土匪习气浓厚的流民帅们公然不听朝廷的号令，这让庾亮感觉必须杀一儆百，唯其如此，才能重新树立起朝廷的威信，保持政令统一，也只有这样，才能说到抵御外侮的问题。

从咸和元年（公元326年）十月杀掉司马宗、十一月石聪退兵以后，整顿流民帅苏峻的问题就提到了庾亮的议事日程了。

七五 征召苏峻

咸和二年（公元327年）年初，庚亮就提出了想征召苏峻到朝廷任职的打算。

开始的时候，这一想法还是在朝中重臣中秘密征求意见。

首先，庚亮征求王导的意见，王导说："苏峻猜忌刻薄，并且内心险恶，肯定不会奉诏，况且，茂密的山林、湖泽也都会隐藏一些脏东西，不如暂时包容一下吧。"

王导历来都是不愿意折腾的，他这次引用的是《左传·宣公十五年》里的名言："谚曰：'高下在心，川泽纳污，山薮藏疾，瑾瑜匿瑕。'国君含垢，天之道也。"意思是作为国君应该能够包容一些看似不好的东西，尽量要做到宽容一些，但是，宽容使用不好，往往会变成纵容，甚至是包庇，这里就有一个把握的底线问题。在处理苏峻问题上，在庚亮看来，苏峻"拥兵近甸，为逋逃薮"，"为逋逃薮"，也主要是指藏纳被庚亮迫害的宗室诸王，这对于处于矛盾对立面的庚亮来说，终究是个祸害，是不能容忍的；而对于王导来说，超然物外的他也就超脱了很多。

其次，庚亮征求卞壶的意见。

他说："苏峻狼子野心，终必为乱。今日征之，纵不顺命，为祸尚浅。若复经年，为恶滋蔓，不可复制。此是晁错劝汉景帝早削七国事也。"

谁知，卞壶听了，也坚决反对，他说："苏峻手握强兵，军中藏有大量的流氓无赖，并且逼近京师近畿，一旦有变，很容易出现意外。应该经过深思熟虑，此事不可仓促。"

卞壶是基于担心朝廷失败而言的，但是，卞壶没有太多的理论，虽然多次努力争取，庚亮就是不同意。卞壶无奈，只好给温峤写信诉苦，他信中说："元规要征召苏峻的主意已定，每每想到此事，我的心里都郁郁不乐。温峤，你说这可怎么办呢！我思虑的是国家的大事，并且苏峻已经发出恶言，如果他被征召，必然会带领这些流氓无赖攻击朝廷。朝廷的威力固然很大，但是，疆场上的事胜负难料，怎保必胜？王导公也是这个意思。我与元规争论很苦，却拿他没有办法。本来让你在外，现在只恨没把你留在朝中，如果你也在朝中，我们一起劝谏，他肯定会听从的。如今，内外戒严，苏峻凶狂，必定无所不用其极，恐怕不会不出现伤害，咋办啊？”

对于庾亮征召苏峻之举，不管朝中重臣们是出于何种原因，但是，全部反对，史称：“举朝以为不可。”温峤听说以后，也是接二连三地给庾亮写信劝说，但是，此时的庾亮已经完全听不进任何不同意见。

朝廷将要征召自己的消息也传到了苏峻的耳中。他赶紧派遣司马何仍前往建康，给庾亮表明自己的态度：“讨伐胡人等对外的命令，不管是远是近，我苏峻都义无反顾地从命；至于在朝中做官，实在不是我所能做的。”但是，庾亮不从。

朝廷发出褒美嘉奖苏峻的诏书，征召苏峻为大司农，加散骑常侍，位特进，让苏峻的弟弟苏逸代领苏峻的军队。

整个东晋时代，在不同时期，不同阶层围绕着权力都展开了激烈的斗争，这里有皇帝与门阀士族之间的，有宗室诸王与门阀士族之间的，有礼法旧门与门阀士族之间的，有流民帅与门阀士族之间的，有庶族与士族之间的，有皇帝与宗室之间的，有门阀士族自己之间的等，这些斗争反复出现，错综复杂。征召苏峻一事，就是门阀士族与流民帅之间的一场斗争，虽然门阀士族庾亮与王导之间也有矛盾，但是，他们之间是主从地位之间的争执，而在对待流民帅问题上，王导、卞壶反对也仅是因为害怕激起变乱，并不是方向上的对立，而只是策略上的分歧。

因此，在庾亮执意让太后下诏以后，王导、卞壶、温峤、郗鉴等人也都站在了朝廷的一边，并各自采取了相应的对策。王导为了应付可能到来的危机，他又一次使用王氏家族唯一一位尚能为新朝接受的堂弟王舒，请求朝廷任命王舒为抚军将军、会稽内史。会稽，远处滨海，开发较晚，江南士族势力薄弱，因此，南渡高门大多避开江南士族势力强盛的三吴地区，而远赴会稽，这让那里的经济迅速发展，使之真正成了南渡北方高门的后院。如今，放眼东晋统治区域，也只有会稽属于上佳的避难处所了，这就是王导让王舒任会稽内史的深意，另外，王氏家族里面有一个拥有实力的地方大员，也会让苏峻不能小觑。但是，王舒却不知就里，他上书称会稽与自己的父亲王会的名字一样，他坚决不去！朝廷大臣商量的结果是，虽然字同，但是发音不同，不算违反礼仪。王舒把朝廷的理由颠倒因果，将朝廷的结论变成了自己的理由，他反驳说，虽然发音相同，但是字是一个，因此，还是要求给自己换一个地方。王导及朝廷大臣们无奈，只好把会稽的“会”，改为“郐”，这样一来，王舒只得上任去了。

与王导公私兼顾不同，卞壶的司马任台从关心的角度，建议卞壶多准备一些良马，以备不时之需。卞壶却笑着说：“以顺逆大道理来讲，此事没有不成功的。如果万一失败，要马又有什么用！”他似乎已经做好了以死殉国的准备。

七六　苏峻起兵

在下发征召苏峻的诏书之前，朝廷方面也做出了一系列预防措施，任命王舒为会稽内史只是其中之一。

庾亮、王导还以左卫将军褚翜为侍中，典征讨军事；以庾亮弟弟庾怿为左卫将军；以赵胤为右卫将军；征召统领刘遐部队的北中郎将郭默为后将军兼屯骑校尉，率部保卫京师。为了拉拢江东士族，还任用陆玩为尚书左仆射。外围地区，有江州刺史温峤防御陶侃，同时，在将王舒从湘州刺史任上调回中央之后，又提拔卞壸的堂兄卞敦为湘州刺史，掣肘陶侃；郗鉴屯驻京口，三吴地区则任命庾亮之弟庾冰为吴国内史，并任命江东大族吴郡顾众为义兴太守，加扬威将军；把另一位江东大族会稽虞潭任命为吴兴太守，加辅国将军，并加虞潭都督三吴、晋陵、宣城、义兴等郡军事。此处的三吴，当指吴郡、吴兴和会稽。

在庾亮看来，一切似乎十分完美，万无一失。

接到朝廷的诏书以后，一直怀疑庾亮要谋害自己的苏峻在做着最后的努力，他上书朝廷说："过去，明皇帝亲自握着我的手，让臣北讨胡寇。今中原还没有安宁，我只请求给我一个青州地区（东晋侨置州，州治在淮阴）的边缘郡县，让我为国家效鹰犬之用。如今胡寇未灭，无以家为。"苏峻甚至用上了霍去病的"匈奴未灭，无以家为"的话，来表明自己报效国家的决心，你庾亮不是担心我驻兵近畿吗？那好，为了消除嫌疑，我主动请求去边境为国站岗放哨，总可以了吧。话说到这个份上，可以说苏峻已经无路可退了。

然而，志得意满的庾亮却没有丝毫让步，时年三十九岁的他是那么固执，再次拒绝了苏峻的请求。

在我们翻看《晋书》的时候，我们总是发现对于高门大族的人物及其子弟，多有溢美之词，不论是从长相或者风度上都大加赞赏，而对他们的很多错误却熟视无睹。这主要是因为，史料均来源于“士庶悬隔”的南北朝时期，当时对世家大族的赞美褒扬已成为社会的习惯，在这种畸形的社会形态下，即便是后来北朝以改革闻名的北魏孝文帝也对“以才取士”不以为然，一切均以门第论英雄，因此，我们对待当时的史料大可不必太过相信，而是要细心取舍，认真思考。《晋书》对王导和庾亮的记载就是一个典型的例子，王导是“一以贯之”地宽纵，直至纵容，而庾亮则是“一以贯之”地偏执，王导的政策在创业之初有一定的积极意义，但那绝不是建立强大帝国的常法，而庾亮处理苏峻问题上所表现出来的偏执，却给刚刚稳定下来的东晋帝国带来了空前的灾难。

那么，如果苏峻顺从地就任大司农，是否就能免去杀身之祸呢？也许会，但是，以庾亮得志以后的种种表现，更大的可能是不会。司马宗之死就起源于那句“你以为皇宫是你们家，可以随便进出”的话，此时，苏峻也曾拒绝交出宗室逃难人员，并对朝廷的种种作为发过牢骚，由此可知，庾亮是不会放过苏峻的，在朝中清除掉苏峻，对于庾亮而言，易如反掌，而失去主心骨的苏峻部队就更好处理了，刘遐的旧部就是一个例子。

虽然满心不乐意，但苏峻还是为到建康赴任做着准备工作，不过，建康朝中局势险恶，此去吉凶难料，这也让苏峻一直犹豫不决。据王隐《晋书》称，当时，苏峻的军营中战鼓自鸣，将士来报，苏峻赶紧将那面鼓割破，他对大家说：“在我们家乡，这种情况预示着城市将空的灾祸。”

此时，苏峻的参军任让说：“将军请求给一个偏远的荒郡，朝廷都不答应，事态发展到这个地步，恐怕再无生路，不如整顿部队自守。”苏峻的手下、如今的阜陵（今安徽省全椒县东南）县令的匡术也劝苏峻起兵反抗。苏峻接受了部下的劝说，拒绝服从朝廷的命令。

庾亮等人又派出使者劝说，但是，此时，苏峻主意已定，他对使者说：“朝廷说我要谋反，我岂能存活？！我宁可在山头遥望监狱，也不愿在廷尉那里远望山头。过去，国家危如累卵，没有我挺身而出，难以渡过难关，如今狡兔已死，猎犬自然要煮着吃掉，但是，我即使死了，也要先把说我要谋反的那人弄死。”

下定了决心，苏峻派遣将军徐会北上寿阳，结好祖约，以共同讨伐庾亮。豫州刺史祖约本来就对成帝以来朝廷执政大臣的所作所为有意见，而且，自己也没能当上顾命大臣，所以一直怀恨在心，祖约的侄儿祖智和祖衍也都赞成举兵，祖约大喜。谯国内史桓宣是祖约的下属，在祖逖活着的时候，就一直辅佐祖逖，他对祖智说："如今强胡未灭，应当齐心协力北伐，却与苏峻一起谋反，这能长久吗！使君如果想要建立雄霸伟业，何不与朝廷一起讨伐苏峻，威名自举。"祖智不听。桓宣又派儿子桓戎告诉祖约，让自己去寿春与之见面，祖约知道桓宣要来劝谏，拒不同意，桓宣也拒绝听从祖约的命令。

此时，在祖约军中担任都护的是戴洋，此人形貌丑陋，短小，但是深通望气风角之术，曾经多次准确预测过很多大事，戴洋对祖约说："苏峻必败，然而，在他初起之时，兵锋不可当，可以表面上与他联合，但是，内部戒严，以待其变。"可是，祖约不听。

祖约同意与苏峻一起出兵之后，派遣祖逖的儿子沛国内史祖涣、女婿许柳率兵与苏峻会合，许柳的姐姐是祖逖的妻子，苦苦劝说许柳，但是许柳不听。

有了祖约相助，苏峻不仅没有了后患，而且又平添了军力，这让苏峻改变了原初自守的策略，放心大胆地向建康发起了进攻。

可以说，苏峻之乱完全是庾亮一手造成的，他因个人的好恶随意剪除异己，也暴露出了庾亮骨子里的狭隘心胸。《晋书》将苏峻列在叛臣中，其实，苏峻之乱倒是那些热衷于内斗的庾亮之流逼出来的，后来，南宋辛弃疾作诗曾提及此事，对那些热衷于内斗的人提出了严厉的批评："去年骑鹤下扬州，意气平吞万户侯。谁使匈奴来塞上，却使廷尉望山头。荣华大抵有时竭，祸福无非自己求。记取山西千古恨，李陵门下至今羞。"

七七　难越雷池

在得知苏峻、祖约叛乱以后，庾亮以晋成帝司马衍的名义下诏命令尚书令卞壶兼任右卫将军，任命会稽内史王舒为代理扬州刺史，任命吴兴郡太守都督三吴诸郡军事。

太常孔愉的侄儿孔坦此时为尚书左丞，负责纠察工作，在司马睿排挤王导的时候，孔愉曾经对司马睿说过王导的好话而被贬，因此，在成帝初期，孔氏与王导还是比较亲近的。孔坦就与司徒司马陶回一起对王导说："在苏峻尚未到来之前，朝廷的部队应该先期渡江切断阜陵，固守当利渡口（今安徽省和县东金河口），使苏峻不能渡过长江。我们人多，他们人少，可以一战定胜负。如果苏峻不南下，我们可主动逼近历阳（今安徽省和县）城下。现在，我们不先进攻，他必然会先来，等苏峻到了京师，我们必然人心动摇，难以抵抗。先进攻有先声夺人的效果，机不可失。"

王导表示同意，给庾亮提出了这个建议，但庾亮却认为，如果大兵逼近苏峻的城池，一旦苏峻置之不顾，避实击虚，而率军直扑建康的话，建康将成空城，因此，没有听从。于是，在庾亮征召苏峻一个多月以后，咸和二年（公元 327 年）十二月一日，苏峻命令将领韩晃、张健等作为先头部队，渡过长江，袭占了长江南岸的姑孰（今安徽省当涂县）。叛军掠夺食盐、粮草，并洗劫姑孰南边的于湖，杀掉了于湖县令陶馥，将于湖屠城。此时的苏峻俨然成为复兴晋皇室大业的救星，司马氏宗室贵族义阳王司马望的曾孙章武王司马休、彭城王司马释的儿子司马雄，于苏峻前锋过江后的第二天，就从建康叛逃到了苏峻军中。

听说苏峻的前锋迅速过江，庾亮才后悔没有听从孔坦和陶回之计，十二月十日，成帝下诏授予护军将军庾亮节钺，封其为都督征讨诸军事，庾亮以右卫将军赵胤为冠军将军、历阳太守，与左将军司马流一起率军阻止苏峻的前锋部队。另以前射声校尉刘超为左卫将军负责宫城的安全。（按：此处存疑，因为《晋书·庾怿传》称庾怿为左卫将军，也可能此时已转为右卫将军了。但《晋书·刘超传》却说代赵胤为左卫将军。《资治通鉴》称赵胤为左卫将军，而《晋书·成帝本纪》《晋书·司马宗传》均记载赵胤为右卫将军，今从《晋书·成帝本纪》）庾亮还派自己的小弟弟庾翼以平民身份率数百人驻守在石头城。

温峤听说苏峻不接受诏书的消息，就请求庾亮允许自己率兵保卫京师，可以，庾亮更担心上游的陶侃会响应苏峻，他给温峤写信说：“我担心西陲（指陶侃）过于历阳，足下不能过雷池一步。”雷池的位置，有两种说法：一说雷池在今安徽省望江县，一说雷池即今湖北省黄梅县和安徽省宿松县共有的龙感湖。当时，郗鉴也请求起兵勤王，但是，庾亮也以防备北方为由，拒绝了郗鉴的请求，郗鉴只好命令司马刘矩率领三千人马去保卫京师，三吴地区也要起义兵救援京师，均被庾亮拒绝。在庾亮看来，他手中的部队足以应付得了苏峻。

在哥哥庾亮为如何应对来犯的苏峻部队头痛的同时，深居后宫的太后庾文君也在运作一件事。

在咸和元年，司马睿的小老婆郑阿春去世了。这位郑阿春在元帝时期也算作一位人物，寿春就是因为避她的讳而改为寿阳。郑阿春是河南荥阳人，一家只有四个姐妹，她是老大，父亲又早死，郑阿春为了生计，只好早早嫁给了一个姓田的，生下一子以后就守寡了，跟着濮阳的舅舅吴氏生活。当年，身为西晋丞相的司马睿原配庾皇后死后，将要娶吴氏的女儿为丞相夫人，使者来到吴氏家中，看到郑阿春与表妹吴氏两人一起在后园游玩，就对司马睿说：“郑阿春虽然是个寡妇，但是比吴氏可好多了。”司马睿就在公元317年娶了郑阿春。结婚以后，司马睿对郑阿春十分宠爱，在两人共同生活的不足五年的时间里，郑阿春为司马睿生下了三个儿女：司马焕、司马昱和浔阳公主。爱屋及乌，由于郑阿春，司马睿不仅对两个小儿子宠爱有加，而且，还将郑阿春的另外两个妹妹，一个嫁给了刘隗的侄子，另外一个嫁给了汉中的李氏，并把郑阿春的妹夫王褒升为尚书郎，以少子司马昱为琅邪王。

到咸和元年即公元326年，郑阿春也去世了，时年七岁的司马昱（后来的简文帝）十分悲痛，按照亲生母亲的规格服丧。这时候，问题出来了，有关单位提出，司马昱已经过继为琅邪王，不应再为亲生母亲服重孝，要求将国相诸葛颐免职。司马昱上书说：“过去虞太后去世的时候，孝王司马裒虽然为琅邪王，也回来服重孝。”

不过，庾文君借这一服丧事件，于咸和二年（公元 327 年）十二月十六日，将这个比自己的儿子稍大一点的小叔子司马昱改封为会稽王，而将自己的儿子司马岳晋封为了琅邪王。

七八　袭占姑孰

庾亮胸有成竹，但是，事态的发展却完全出乎了他的预料。

在韩晃、张健部队渡江之初并没有贸然北上，而是在姑孰附近大规模的劫掠军需物资，大搞恐怖气氛，并适时南下，解决侧背的安全。

宣城内史桓彝，是温峤在王敦之乱被平以后建议朝廷任命的。宣城郡，位于丹阳郡以南，在今安徽省芜湖市、铜陵市、池州市、宣城市一带，是西晋司马炎平吴之后，为削弱东吴首都丹阳郡而分立出来的一个郡，它处于建康南面，位置十分重要，可以说是建康的南大门。

桓彝纠合义众，准备赴难，长史裨惠以郡兵寡弱，郡里社会治安不佳，请求桓彝等时机成熟以后再出兵。桓彝严肃地斥责说："对那些犯上作乱的叛匪，人人都要像老鹰驱逐鸟雀一样，看见就当追逐。如今社稷有累卵之危，大义不允许我们义无贪图苟安。"桓彝命令将军朱绰攻下被韩晃别部占领的芜湖，然后，桓彝率领大众从宣城前推至芜湖，并前突至芜湖附近的石硊。

此时，东晋振威将军司马流率领的中央军屯驻于慈湖（今安徽省马鞍山市慈湖峡），而南边则有刚刚得胜的桓彝勤王军，这两支朝廷军队对于盘踞在姑孰一带的苏峻前锋部队，形成了南北夹击之势。韩晃、张健等没有理睬桓彝，而是集中兵力先行进攻司马流的慈湖部队。

司马流，史书没有交代他的世系，我们只知道此人胆小如鼠。在双方会战开始前，他因为过度紧张，双手发抖，竟然在吃烤肉的时候，找不到自己的嘴巴在哪里。让这种人带兵，庾亮可谓是暗于知人。有这样的主将，后果可想而知，面对如狼似虎的苏峻流民军，这支部队很快被韩晃所部击败，司马流被杀。

在迅速消除了北面威胁以后，韩晃又率军长驱南下芜湖，将桓彝的义众军击败。桓彝退到宣城以后，韩晃乘胜追击到宣城城下。桓彝感到宣城城防不足御贼，又率众往东远撤到广德。在逼退了桓彝之后，韩晃率部大掠宣城郡的各个县城，然后，退回姑孰地区。

此时，苏峻还没有过江，他还在历阳等待祖约南下的部队。但是，仅仅是苏峻的先头部队已经把朝廷的讨伐军打得大败，这里面，既有流民军战斗力强的因素，肯定也有苏峻对部队的宣传作用。在流民军看来，朝廷出了奸臣，试图消灭他们这支屡立战功的外来部队，因此，作为进攻一方的流民军上下同仇敌忾，势如破竹；而作为朝廷一方，庾亮则过高地估计了自己的力量。其实，经过咸和元年庾亮对司马氏皇族的打击，已经让人感觉其居心叵测，怀疑他试图要消灭司马氏皇族，再加上东晋立国以来，长期所奉行的宽纵政策，庾亮代之以“以法裁物”，以期提高中央的权威，但是，积重难返，也造成了内部离心离德。除此之外，庾亮在具体的战役指挥上又不懂用兵、不会用人，致使丧失了歼敌的大好局面。不过，庾亮也迅速认识到，此时的苏峻军是一分为二的，如果用水军将苏峻、祖约大军阻止于长江北岸的话，全力对付长江南岸的韩晃孤立之敌，可能还有一线生机。

于是，他命令骁骑将军钟雅为前锋监军、假节，与冠军将军赵胤一道，率领精锐水军西上，企图阻止苏峻过江。但是，这支西上的水军抵达横江渡口附近的时候，却发现苏峻与祖约联军人数远远超过自己，他们不敢接战，眼睁睁地看着苏峻后续部队依次过江，屯驻于慈湖。

屯驻于武昌的平南将军温峤时刻关注着建康附近的战局，他没有完全听从庾亮的意见，而是率军东下，驻扎在浔阳（今江西省九江市），并以督护王愆期、西阳太守邓岳、鄱阳太守纪睦为前锋。在此，《晋书·成帝本纪》的记载与《晋书·温峤传》《晋书·毛宝传》以及《资治通鉴》的记载稍有不同。《晋成·成帝本纪》记载，在苏峻大军过江之前，温峤的先头部队已经抵达直渎，即如今的南京燕子矶，并且，陶侃部将龚登也率部一同东下。而其他史料则记载，陶侃部将龚登东下是在建康台城陷落、庾亮逃到浔阳、温峤庾亮两人共推陶侃为盟主以后，而陶侃本人东下更是在得知长子陶瞻被杀以后。而且，以情势论，此时，建康虽然危急，但按照庾亮的计划，温峤还是要担任监视陶侃的重任。因此，温峤移师浔阳可能是真实的，如果温峤大军已经抵达建康，是不会坐视苏峻擅自渡江的。另外，在其他各传中，还明确说明了劝说陶侃东下的使者是温峤的都护王愆期，如果按照《本纪》的记载，此时王愆期已在建康，怎能西上江陵？据此，《本纪》记载似乎是缺乏依据的，因此，《资治通鉴》也将此事系于建康陷落之后。

不过，可以肯定的是，一心为国的温峤在此期间，已经反复写信劝说陶侃出兵勤王了，而一直对执政大臣不满的陶侃却拒绝了。

接下来，渡过长江的苏峻、祖约联军又将展开什么样的攻势呢？

七九　兵临建康

咸和三年（公元328年）一月二十八日，苏峻、祖约联军主力共计二万多人，从历阳西南长江西岸的横江渡口渡过长江，在对面的牛渚登上了长江东岸。

牛渚，就是今天的采石矶，位于安徽省马鞍山市西南、当涂县西北，以牛渚山突出江中，如金牛出渚，故名牛渚。它突兀江中，扼据大江要冲，地势险要，与岳阳的城陵矶、南京的燕子矶，合称“长江三矶”，历来为兵家必争之地。

苏峻、祖约主力部队顺利渡过采石矶，使得建康局势更加危急，苏峻部队在采石矶东北的陵口安营扎寨，政府军多次挑战，但是，连战连败。前方战败的消息，不断传到建康，此时，建康城内人心大乱，城内的大小官僚纷纷将自己的家眷财物往三吴地区转移，刚刚升任为左卫将军的刘超曾经在义兴做过太守，义兴人对刘超感恩戴德，义兴故吏派人来接刘超的家眷，但是，刘超没有同意，反而将自己的家眷全部迁到了宫中。

我们在前面多次提到过刘超，在此给他做一个小传。

刘超，字世瑜，是琅邪临沂人，祖上出身高贵，为汉城阳景王刘章之后，父亲刘和为琅邪国上军将军，可以说，刘超父子均为司马伷祖孙的贴身亲信。在司马睿时代，刘超专掌文翰，并且字迹与司马睿的相仿，谨慎的刘超为了防止别人模仿，从来不与他人通信。后来，他被任命为句容令，深得百姓爱戴，过去每到收国税的时候，都是官吏下乡挨家挨户地计算各家的家产，而刘超却只是制作了一个投信箱，送到百姓家中，让百姓自己申报各自的家产和应交的赋税数额，填完放进箱中送回就行，结果，百姓们上缴的赋税反而比往年的还多。刘超家贫，司马睿、司马绍两任皇帝知道以后，都要赏赐给他财物，他都坚决推辞。明帝拜刘超为义兴太守，很快就又召回为中书侍郎，明帝死后，被升为射声校尉。当时，校尉营内没有兵丁，义兴的百姓自愿追随加入刘超手下，因此，当时的射声校尉营又被外人称为“君子营”。在东晋特定的历史条件下，刘超一直没能受到门阀士族的重用，即便是明帝任用刘超为义兴太守和中书侍郎，“拜受往还，莫有知者”。由此说明，明帝对刘超的提拔，是绕开了门阀士族，没有让朝中大臣知晓。这样一位忠心耿耿的旧人，明帝本欲重用，但因明帝的暴死而终止了。

如今，对于驻兵陵口的苏峻大军而言，进攻建康的道路主要有两条。

一是水路，沿长江顺流直下，抵达建康西南面的石头城。当年，王敦就是避开了陆路刘隗的精锐部队，直下周札的石头城，进而居高临下，攻陷建康。另外一条就是从陆路自南向北进攻建康。不过，此次朝廷方面鉴于王敦之乱时的教训，预先在石头城屯驻了重兵，而苏峻在三年前平定钱凤之乱的时候，对于建康城内的情况是了如指掌的，深知石头城的重要性，善于用兵的他也深知避实击虚的道理，因此，他决定从陆路进攻建康。那么，即使决定走陆路，仍然有不同的攻击方向。

第一是从朱雀桥附近强渡秦淮河攻击台城。这是当年钱凤攻击建康的老路。然而，从这里进攻，对于进攻方来说，有诸多不利因素。一是由于建康城南的朱雀桥已经焚毁，攻击部队要经过艰难的渡河，才能抵达建康城下；渡河以后立即就要投入攻击坚城的战斗，对于部队的体力有一定影响。二是此地的攻击位置距离石头城较近，攻击部队受到来自石头城守军的夹击可能性很大。当年的苏峻就是在钱凤、沈充部队正在攻城的时候，突然出现在攻击部队的侧后方，袭击得手，从而将进攻军击败。

第二条是从丹阳府稍远处选择合适地点渡过秦淮河，迂回至建康城的东北面，从建康城东面的清溪对建康城实施攻击。清溪溪水较浅，苏峻当年在追击沈充部队时，就在此附近大破沈充部队，奠定了建康保卫战的胜局。因此，苏峻对此地的地理位置十分熟悉，并且，此地距离石头城较远，石头城的援军不易抵达，便于进攻方各个击破。

对此，不仅苏峻心知肚明，王导的司徒司马陶回也目光如炬，看得一清二楚，他再次向庾亮建议说：“苏峻明知石头城有重兵把守，肯定不敢直接从石头城进攻京师，肯定是从丹阳郡南边的陆路前来，应该在陆路设置伏兵，可一战而擒拿苏峻。”名过其实的庾亮又没有听从。

果然不出陶回所料，苏峻在陵口仅仅停留一两天，就率军趁夜由陆路北上，从小丹阳经秣陵县直扑建康东面。当时，苏峻的部队在深夜行军，部队杂乱无章，竟然迷失了道路，他们抓到一位当地人作为向导，才勉强抵达目的地。当庾亮知道了这种情况以后，才十分后悔没有听从陶回的意见。

咸和三年（公元 328 年）二月一日，也就是在苏峻过江以后的第三天，苏峻的主力部队抵达了建康台城东北面的覆舟山（今钟山西端支脉）。覆舟山东接钟山，北临玄武湖，南朝宋元嘉中，曾经改名为玄武山；陈朝大建中，又改为龙舟山，是建康东北部的重要屏障。

苏峻屯军覆舟山，直接威胁到建康东北面，接下来，双方又将展开何等惨烈的对决呢？

八〇 逃往浔阳

庾亮以晋成帝的名义下诏，任命尚书令、右将军、代理右卫将军卞壶为都督大桁（朱雀桥）东诸军事、假节，又加领军将军、给事中，负责对盘踞在建康东北苏峻、祖约流民军的进攻。卞壶与侍中钟雅一起，率领后将军郭默、冠军将军赵胤等与苏峻、祖约联军在西陵〔蒋陵（东吴孙氏陵墓）之西〕展开一场大战，结果，政府军大败，死伤上千人。

卞壶、钟雅双双回到台城，交换节钺，向朝廷谢罪。

咸和三年（公元 328 年）二月七日，苏峻率军攻击位于蒋陵东北的青溪栅，卞壶又率领各军抵抗，但是，无法击退敌人的进攻，苏峻部队趁着刮风实施火攻，一时间朝廷的各个衙门官署化为一片瓦砾。当时，卞壶背上还长着疮，伤口刚刚愈合，但是，他看到众军大败，不顾重病之身，仍然率领左右亲随，与敌殊死苦战，战死疆场，卞壶死时，年四十八岁。他的两个儿子卞眕和卞盱紧随父亲左右，看到父亲被杀，也冲入敌阵，同时战死。卞壶的夫人裴氏扶着父子三人的尸体痛哭失声，她说：“父亲为忠臣，儿子是孝子，我还有什么可抱怨的啊！”

卞壶，是东晋初年朝堂上的另类，他是西晋名臣张华的外孙，他的妻兄又是裴盾（“玉人”裴楷的侄儿），与前太傅司马越是连襟。尽管如此，由于他的父亲卞粹被司马乂所杀，他一直不愿意入仕。永嘉之乱后期，他依附于妻兄徐州刺史裴盾，被司马睿招为从事中郎，后来，母亲张氏去世，司马睿多次要求卞壶出山，但卞壶苦苦诉说身世予以拒绝，等到服丧完以后才出任司马睿的御史中丞。卞壶多少继承了父亲卞粹“立朝正色”的本性，一旦委身朝堂，就“忠于事上，权贵屏迹”。他勤于吏事，与当时官场中的名士风范格格不入，因此，不为大众所赞赏；他敢于碰硬，当王导称病不朝的时候，厉声叱责；他忧国忧民，当庾亮提出要征召苏峻的时候，朝堂上无人敢反驳，只有卞壶一人提出反对意见；他忠于职守，大敌当前的时候，他冲在了最前面，以身殉国。

西陵之战、青溪之战，朝廷军队全部失利，苏峻大军直抵台城城下。

代替阮孚做丹阳尹的羊曼，被朝廷加号为前将军，与黄门侍郎周导、庐江太守陶瞻（陶侃长子）驻守在云龙门（殿前大司马门内叫云龙门，为殿前正门），此时，敌军已经从东面攻入台城，有人劝说羊曼逃走，羊曼却说："朝廷已经破败，我又要逃哪里去呢？"他勒兵不退，被蜂拥而入的流民军所杀，时年五十五岁。同时被杀的还有黄门侍郎周导和陶侃的长子陶瞻，而陶瞻则是被苏峻的部将冯铁所杀。

得知敌军已经突入台城，庾亮在大司马门（正对着的台城外围第一道门宣阳门）率领众将集结部队，并运动至东南角的建阳门（建春门），但是，此时的政府军已经是惊弓之鸟，还没有整顿好进攻阵型，将士们就纷纷扔下铠甲兵器，一哄而散。

庾亮再也不敢在建康城多待一分钟了，他对钟雅说："建康的事情全都交给你了。"

钟雅反问他说："国家大厦的墙倒了，屋塌了，这究竟是谁的责任！"

钟雅是与卞壸一样直来直去的人，庾亮听出钟雅是在责备他，只好说："今日之事，不要再说了，你还是看我以后收复建康的行动吧。"

钟雅勉励他说："希望您会像春秋时期的荀林父那样，能汲取失败的教训！"

匆忙说完以后，庾亮就带着自己的三个弟弟庾怿、庾条、庾翼与郭默、赵胤往河上逃命而去，而钟雅则与刘超一起进入大殿，保护成帝。

当时，有人对钟雅说："见可而进，知难而退，这是从古到今的道理。您性格亮直，肯定不会被贼寇所容，为何不因时制宜逃走而非要等待灾祸呢？"

钟雅回答："不能匡扶国家灾难，不能帮助皇上摆脱危险，臣子们为了保命而逃跑，我担心秉笔直书的史官董狐会拿着笔记下这一切的！"

如今曾经的左卫将军庾怿、右卫将军赵胤、代理右卫将军卞壶，逃的逃，死的死，王导就以刘超为右卫将军，亲自保护着皇帝。

说时迟那时快，乱军很快就攻进了大殿。

司徒王导对侍中、典征讨军事褚翜说："圣上应当坐在威严的大殿之上，你赶紧通知皇帝从后宫出来！"

褚翜立刻进入皇帝的卧室，亲自将八岁的成帝司马衍抱上了太极前殿。王导登上御床，抱着小皇帝，另外两位元老级人物左光禄大夫陆晔、右光禄大夫荀崧以及东吴张昭之子张闓也都登上御床，环卫着皇帝，褚翜、钟雅、刘超三人则分别侍卫在左右。

与此同时，太常孔愉则身穿朝服守护着太庙。

在此稍前，孔愉的侄儿尚书左丞对老百姓们说："我看苏峻军的攻势，肯定要攻下台城，不是战士的，就不要再穿军装了。"

此时，外面喊杀声震天，苏峻军见到穿军装的人就杀，而穿便服的人却大多数保全了性命。

此时的宫殿之内早已是百官奔散，显得更加空旷。

很快地，苏峻的部队就冲进了无兵防守的皇城内苑，一群流民军手持戈矛喝令褚翜下殿，褚翜直立不动，大声说道："冠军将军苏峻是来拜谒皇帝的，军人岂能冒犯！"

经此一说，苏峻的士兵们没有再敢上殿，他们转身就冲入了后宫，后宫的嫔妃以及庾文君太后的左右宫女都被乱兵劫掠。

当天，苏峻纵兵大掠，整个建康城如同地狱，到处是冲天的火光，到处是杀人抢劫，到处是哀号之声。当时，朝廷府库中，有二十万匹布， 五千斤金银，亿万钱，数万匹绢，其他物品也与此差不多，乱兵一时之间全部抢空，宫中只剩下数石剩米供给皇帝做粥。叛军把百官当作苦力，让他们挑着担子，将掠夺来的金银财物挑到蒋山上的营地，连光禄勋王彬（王导堂弟）等人也横遭鞭打。

更为悲惨的是，乱军将建康城的男女衣服脱掉抢走，不论贵贱，不分男女，这些京师的人们赤身裸体，只好以席子、草垫等物围住身体，连这些东西也找不到的人们，只能围坐在地上，用泥土遮盖住身体。王隐《晋书》更明确说，王坦之之妻（王述王蓝田的儿媳）用席子遮盖身体，才免除了赤身裸体之辱。

庾亮把炼狱般的建康抛在了脑后，带着十数人跳上了西去的小船。乱兵追来，庾亮的亲信左右朝岸上射箭，慌乱之中，竟然将划船的船夫射到了江中，船上的人大惊失色，而庾亮却慢条斯理地说："这种箭法怎能射中贼人。"大家才镇定了下来。这一插曲在《世说新语·雅量》里也有记载，不过细节稍有不同："庾太尉与苏峻战败，率左右十余人乘小船西奔 ，乱兵相剥掠，射，误中舵工，应弦而倒，举船上咸失色分散。亮不动容，徐曰 ：'此手那可使着贼！'众乃安。"

这里射箭的人没有交代，因此，也有人以为是庾亮射箭误中船工，然后，庾亮是自己嘲笑自己，就把庾亮说的这句话翻译为：我这样的手怎么能射中贼人（让贼人的血玷污呢）？

八一 浔阳首义（一）

苏峻并不傻。

他知道，以自己流民帅的身份和声望要想攫取大权，那比登天还难。因此，他在攻下台城以后，采取了以下措施，将消极影响降低到最低限度。

一是，苏峻在攻下台城的第二天，就下令大赦，只有庾亮兄弟不在赦免之列。

二是，以成帝的名义，仍然任命王导为司徒，居于百官之首；任命祖约为侍中、太尉、尚书令；任命自己为骠骑将军、录尚书事；任命祖约的女婿许柳为丹阳尹，前将军马雄为左卫将军，祖逖的儿子祖涣为骁骑将军，其他朝廷原有官吏，基本上不做调整，比如，张闿仍然是尚书，刘超仍然是右卫将军，这都是苏峻企图稳定朝野，将此次出兵目的仅仅局限于消灭庾亮兄弟范围内，尽可能减少对立面的重大举措。此时，因司马宗事件而被免职的西阳王司马羕，将苏峻看作诛杀奸臣、为弟报仇、护卫皇室的功臣，他晋见苏峻，说了苏峻很多好话，苏峻仍然恢复司马羕的西阳王、太宰、录尚书事的爵位和职务，司马羕的儿子司马播也恢复了官职。

三是，立即派遣部队东去吴郡，捉拿庾亮的弟弟吴国内史庾冰。在攻下台城以后不久，苏峻就命令部将韩晃率军进入义兴郡，派部将张健、管商、弘徽等率军进入晋陵。苏峻的部队进入三吴地区，目的有二：一、捉拿庾冰，这当然是不言自明的事，留下庾冰在三吴重地无疑是一个祸害，同时，这一行动也足以向所有的人表明，自己此举仅仅是因为庾亮兄弟被逼而发动的；二、保护建康的粮仓和后院——三吴地区，一方面防备江北的郗鉴，另一方面是应付三吴地区可能发生的变乱。

这一系列举措，取得了初步的效果。

这一效果体现在：在苏峻攻下台城以后，短期内各个地方大员，包括徐州兖州刺史郗鉴、三吴的虞潭、会稽的王舒等人，都在观望之中。

《世说新语·任诞》有这样一段耐人寻味的记载："苏峻乱，诸庾逃散。庾冰时为吴郡，单身奔亡。民吏皆去，唯郡卒独以小船载冰出钱塘口，蘧篨覆之。时峻赏募觅冰，属所在搜检甚急。卒舍船市渚，因饮酒醉还，舞棹向船曰：'何处觅庾吴郡，此中便是！'冰大惶怖，然不敢动。监司见船小装狭，谓卒狂醉，都不复疑。自送过荆江，寄山阴魏家，得免。后事平，冰欲报卒，适其所愿。卒曰：'出自厮下，不愿名器。少苦执鞭，恒患不得快饮酒；使其酒足余年毕矣，无所复须。'冰为起大舍，市奴婢，使门内有百斛酒，终其身。时谓此卒非唯有智，且亦达生。"说的就是庾冰逃难的事。

当时的情形是：当苏峻东征大军到来的时候，吴郡的官民都一哄而散，庾冰只好只身逃亡，只有一个小卒用小船装着庾冰南逃。小卒用草垫子盖住庾冰，吴郡到会稽要经过钱塘江，所在的哨所盘查很严，小卒到街市上买来酒，喝醉以后，一路长啸，遇到检查站，就用船桨敲打着说："何处找庾冰，庾冰就在此！"检查站的官兵都以为这位小卒是在说胡话，就放行了，他亲自将庾冰送到山阴的一个姓魏的人家，才躲过了这场灾难。历史没有留下这位小卒的姓名，但是，这位无名小卒却真堪称为乐天知命、处变不惊的达人。从此，我们起码能够知道：庾冰南逃会稽，不是投奔会稽内史王舒，这说明，王氏家族在苏峻得势之初，态度并不明朗，并没有明确反对苏峻；其次，从吴郡到会稽要经过很多县，而这些地方都还是听从中央（苏峻）的，并没有给予庾冰的逃脱以方便。

四是，逼死太后。同年三月，也就是在苏峻攻下建康后的一个月，苏峻逼死了庾亮的妹妹庾文君，庾文君死时年仅三十二岁。右卫将军刘超率领所属的"君子营"老班底，亲自修造陵寝，于四月二十四日，将庾文君合葬在晋明帝的武平陵里。

然而，智者千虑，必有一失。

苏峻没有估计到陶侃的态度，在苏峻看来，自己并没有与陶侃作对，而且陶侃也对庾亮不满，没有理由帮助庾亮来对付自己。虽然，在入城的当天，建康城内的确出现了大乱，但是，第二天，自己就及时予以了制止。并且，史书并没有记载，苏峻诛杀了庾亮乃至其他大臣亲属的材料，也有可能是因为，大多数官员甚至包括王导和庾亮等人已经把自己的家眷转移到了会稽地区了，也有可能是苏峻根本就没有下令纵兵滥杀。如今，连王导、郗鉴等参与建康保卫战的重臣都在观望，从这一点来说，苏峻也并没有把陶侃看错。但是，他却低估了另外一个人超凡的说服能力。

那个人就是——温峤，温太真。

其实，在庾亮到来之前，温峤就已经听到了建康沦陷的消息，他痛哭失声，每每见到来客，不论是从建康逃出的人还是其他的宾客，都是悲哭相对。很快地，庾亮就来到了温峤的大营，《世说新语·赏慕》曾记载，当时的人们曾经把庾亮比作能粉饰太平的“丰年玉”，而此时的这个“丰年玉”，却更像是一条丧家犬。如今的庾亮失去了一切，但在他看来，自己唯一所能拉拢住温峤的，就是给其封官许愿，他对温峤宣布太后的诏书，说晋封温峤为骠骑将军、开府仪同三司（宰相级）。可是，他太低估温峤了，温峤与他的姨夫刘琨一样是发自内心的忠于王室，听了庾亮的话，温峤当即断然拒绝，说：“现在最要紧的是先把贼人消灭了，还没有立下功劳，就接受赏赐，这种事我从未听说过，这将会让天下人怎么看呢！”拒不接受。

温峤一直以来就对庾亮十分尊重，即使庾亮到了这步田地，温峤依然推崇庾亮，并把自己江州的部队分出一部分交给庾亮这个已成“光杆司令”的护军将军。

温峤、庾亮二人驻兵浔阳，不知道建康的消息，也都感觉苏峻兵强，不敢轻举妄动，这时，一位从建康逃出的年轻人范汪也来到了浔阳，这位范汪，字玄平，从小父母双亡，依附于外公新野的庾家生活，新野庾家与庾亮的颍川庾家本是一家，后来分支。等范汪来到浔阳之后，庾亮和温峤去询问建康方面的虚实，范汪说：“贼人政令不一，贪暴纵横，已有灭亡的先兆，虽然目前很强，但容易变弱。如今的朝廷有倒悬之急，应该及时进讨。”温峤深为赞同。

当天，温峤的平南将军府和庾亮的护军将军府同时聘请范汪为参军，于是，范汪从平头百姓直接做了庾亮的护军将军参军，而温峤和庾亮也紧锣密鼓地开始了下一步的准备工作。

八二 浔阳首义（二）

如今很难说庾亮不让温峤越雷池一步，就一定是错误的。

因为，在庾亮看来，苏峻、祖约与陶侃都是异己势力，也很难说苏峻在起兵之初没有与陶侃勾结，如果陶侃站在苏峻一边的话，那这盘棋肯定就是一步死棋。然而，事实证明，苏峻似乎仅仅联络了祖约，并没有联络陶侃，这也是庾亮不幸中的万幸。

决定要讨伐苏峻，温峤与庾亮两人相互推举对方作为盟主，温峤的堂弟温充对二人说："陶侃陶征西，官位重要并且手握重兵，应该联名推举他为盟主才对。"一句话点醒梦中人，因为，此时仅靠庾亮与温峤二人不足一万的兵力，根本不是苏峻的对手，温峤当即表示同意。而对于联络陶侃，庾亮不但心里没底，而且也不心甘情愿，但事已至此，也只能听温峤的了。

温峤给陶侃写信，请求陶侃一起出兵讨伐苏峻，并派都护王愆期亲自西上说服陶侃。但是，陶侃对于没有被任命为顾命大臣一直耿耿于怀，甚至怀疑是庾亮私自篡改了明帝诏书，因此，对庾亮怀恨在心。陶侃写回信，还说着气话："我只是一个效命疆场的外臣，不敢超越规矩，去管你们朝廷的事！"

温峤与陶侃反复写信劝说多次，王愆期也来回跑了数趟，陶侃却仍然拒绝。

温峤无奈，只好给陶侃写信说："那您先守卫着，我先东下了。"

书信发出以后两天，温峤的参军毛宝从外办事回来。

毛宝听说以后，赶紧进见温峤，说："凡是举大事的，应与天下人一道，只有大家齐心协力，才能成功，从未听说过意见不同而能成功的。即使陶侃的举动有可疑之处，我们也要装作看不出来，怎能先对他怀疑呢？应把原信马上追回，修改原来的书信，就说一定等着与他一起东下。如果追不上那封书信，应该重新写一封。"

听了毛宝的话，温峤也醒悟过来，赶忙派人将原来的书信追回，另外写了一封送上。

在温峤的一再恳求下，陶侃终于答应出兵，并派都护龚登率军东下。此时，退屯广德的宣城内史桓彝也率军西进至泾县，向温峤军靠拢，而江夏相周抚也率军前来。

温峤发出讨伐苏峻、祖约的文告，称：后将军郭默、冠军将军赵胤、奋武将军龚保等中央军将领与自己江州的部队将领都护王愆期、西阳太守邓岳、鄱阳内史纪睦、浔阳太守褚诞、宣城内史桓彝、江夏相周抚等都集结在一起了。然后，说苏峻、祖约部队不过几千，已经被郭默在京师斩杀了千人，不足为惧，接着，又表扬了陶侃和庾亮，文告的最后提出，能斩杀苏峻、祖约的，赏布万匹，封五等侯。

接到文告的郗鉴，同时也接到了庾亮口授的授予自己司空的命令。其实，在苏峻起兵之初，郗鉴就聘请了褚裒作为自己的参军。褚裒是褚翜的堂弟，而我们知道，褚翜又是庾敳的外甥，庾亮则是庾敳的堂侄，因此，褚裒与庾亮之间也是关系稍远一点的表兄弟，郗鉴此举当然是为了表示忠于朝廷，让庾亮对自己放心。

此时，郗鉴屯驻在淮阴，隔着淮河就是石赵的部队，形势十分险恶，部队人心不稳，他接到文告以后，设立了祭祀道场，杀白马，让三军宣誓，誓死讨伐反贼苏峻、祖约，并派遣参军夏侯长等人乔装打扮，越过敌占区，秘密来到浔阳，对温峤献计说："如今贼人极有可能会挟持天子去会稽郡，应该先在建康东面京口地区设置堡垒，一方面防止他们逃脱，另一方面，切断他的粮道。部署妥当以后，镇守京口，坚壁清野，贼人攻城不下，田野里也抢不到粮食，并且东面连接三吴的粮道又被切断了，不出百日，肯定就会崩溃。"温峤深表赞同。

与郗鉴的态度相反，看到温峤文告的陶侃，却并不高兴，他当即命令已经东下的都护龚登率军返回。这是为什么呢？因为，即使到如今，陶侃还对庾亮十分不满，陶侃的原意是想先杀掉庾亮，再以诸侯的兵威的压力，去安抚住苏峻。在陶侃看来，苏峻只是对庾亮兄弟不满，与自己并无利害关系，而文告中却高度赞扬了庾亮，自己不仅仅是与温峤等人一起勤王，还要与庾亮站在一边，这令陶侃非常不快。另外，虽然推举自己为盟主，哪有不是盟主的温峤发文告的道理？

得知陶侃中途反悔的消息以后，温峤十分着急。

此时，已经是骑虎难下，只能再次劝说陶侃，于是，温峤又写了一封情真意切的书信，他说：部队只能增加，不能减少，我们已经决定下月的中旬一起东下，这都发出文告了，远近都知道了，只等明公的部队到来，你却召回了部队，成败关键在你此举。接着，温峤又奉承陶侃说，自己才轻任重，都是因为你的抬爱，才走到了这一步，我们俩应该像常山之蛇，首尾相连，现在我们是相邻，经常友好往来，即使我个人有事，您也会伸出援手，更何况这是社稷大事呢！温峤又威胁地说，如果江州被苏峻拿下，苏峻在此任用自己的人，您荆州外有胡人的进攻，内有苏峻的威逼，你将来的日子也不好过啊。同时，温峤还用陶侃的儿子陶瞻被苏峻部队所杀一事，去刺激老头子。

看了温峤恩威并用的书信，陶侃的妻子龚氏也一再劝说陶侃要为儿子报仇，于是，陶侃这才决心东下，当下他穿上军装，登上战舰，日夜兼程，半路上遇到陶瞻的丧船，陶侃仍然没有停留，一口气就赶到了浔阳。

咸和三年（公元 328 年）五月，也就是在苏峻攻陷建康三个月以后，陶侃的部队到了浔阳。

陶侃到后，他想要杀掉庾亮以安抚苏峻的想法并没有改变。《世说新语》对此有过精彩的描述：其一便是《世说新语·假谲》的记载：“陶公自上流来，赴苏峻之难，令诛庾公。谓必戮庾，可以谢峻。庾欲奔窜，则不可；欲会，恐见执，进退无计。温公劝庾诣陶，曰：‘卿但遥拜，必无它。我为卿保之。’庾从温言诣陶。至，便拜。陶自起止之，曰：‘庾元规何缘拜陶士衡？’毕，又降就下坐。陶又自要起同坐。坐定，庾乃引咎责躬，深相逊谢。陶不觉释然。”其二便是《世说新语·容止》的记载：“石头事故，朝廷倾覆，温忠武与庾文康投陶公求救。陶公云：‘肃祖顾命不见及。且苏峻作乱，衅由诸庾，诛其兄弟，不足以谢天下。’于时，庾在温船后，闻之，忧怖无计。别日，温劝庾见陶，庾犹豫未能往。温曰：‘溪狗我所悉，卿但见之，必无忧也。’庾风姿神貌，陶一见便改观，谈宴竟日，爱重顿至。”

说的是：当陶侃初到浔阳的时候，对温峤说：“明帝去世的遗诏也没有我，况且，苏峻作乱，源自庾亮兄弟，不诛杀他们兄弟，不足以谢天下。”在陶侃与温峤说话的时候，庾亮就在船后偷听，听到陶侃这番话，庾亮是又惊又怕，留也不敢留，逃也无处逃，无计可施。等陶侃走后，温峤劝庾亮去拜见陶侃，庾亮不敢去，但是，温峤却把陶侃的心理摸得很透，他对庾亮说：“你见他以后，只用远远地就拜他，一定没事！”庾亮还是不敢去，温峤鼓励说：“这个溪狗（南朝士大夫对江西寒族人士的蔑称，因他们方言比较重，在当时的上流社会看来比较另类）我清楚，你尽管去见他，肯定没事。”于是，庾亮就照着温峤的话，见到陶侃以后就拜，这让不仅出身寒门、又是亡国之余的陶侃不知所措。要知道，高门与寒门、北人与南人之间的隔阂，在陶侃与庾亮他们俩之间占全了。纵观陶侃的一生，他受到过太多的侮辱，而如今，作为名士翘楚的庾亮竟然拜见自己，陶侃大惊，不由自主地站起身来，脱口而出：“庾元规为何还要拜我陶士衡呢？”落座之后，庾亮坐在下首，陶侃又起身将庾亮拉起同坐。坐下以后，庾亮深刻检讨自己的过失，看到风姿隽秀的庾亮，又见到庾亮如此低调，陶侃也就释然了，不过，陶侃还是不忘加一句，敲打敲打他：“你庾亮修石头城，不是要对付老子的吗？为何现在又求我呢？”

初步印象不错，这让庾亮放下了一颗悬着的心。

不过，要想让陶侃赞赏自己，那还需要对症下药。《世说新语·俭啬》还记载：“苏峻之乱，庾太尉南奔见陶公。陶公雅相赏重。陶性俭吝。及食，啖薤，庾因留白。陶问：‘用此何为？’庾云：‘故可种 。’于是大叹庾非唯风流，兼有治实。”庾亮的举动让人怀疑是作秀，也许他知道陶侃比较吝啬，所以才如此这般的吧。

勤王军内部暂时摆脱了第一次破裂的危机，三巨头六十九岁的陶侃、四十岁的温峤和三十九岁的庾亮马上就要率领大军东下建康了。史称，这支大军共有甲士四万（《晋书·温峤传》记作六万，《晋书·成帝本纪》《资治通鉴》均记作四万，也有可能温峤的部队是七千人，再加上其他太守所领共计二万，而陶侃的部队是四万，因此共计六万），旌旗绵延七百余里，战鼓之声响彻百里，大军顺流直下，直至石头城。

八三　初到石头

接到温峤的讨伐文告以后，尤其是看到桓彝进屯泾县，苏峻即组织部队从建康城南下，驻军于湖，以阻挡来犯之敌。

当时，扬州所属州县大部分都投降了苏峻，桓彝的长史裨惠再次建议桓彝，先假装投降苏峻，暂时缓解眼前之危。

桓彝回答："我受国家重恩，大义要求我必须为国而死，怎能忍垢蒙羞去与丑类互通音讯！如果不能成功，那也是命中注定、没有办法的事！"于是，他派遣将军俞纵率兵驻守泾县东北的险要兰石。

苏峻派遣将军韩晃领兵进攻，激战中，俞纵的部队抵挡不住，手下劝说俞纵撤退，俞纵回答："我受桓侯厚恩，以死报答他，那是我的本分。我不能辜负桓侯，就像桓侯不能辜负国家一样。"遂纵身力战而死。

韩晃进围桓彝的泾县，韩晃传话："桓彝如果投降，一定会受到优待。"桓彝的将士们都劝说暂时投降，以图将来，但是，桓彝慷慨陈词，坚决不降。

他一直坚持到六月，（《晋书·桓彝传》称，"固守经年"；考察《晋书·成帝本纪》《资治通鉴》均记作六月城陷）城陷被杀，死时年仅五十三岁。

《世说新语·容止》说："周伯仁道桓茂伦（桓彝的字）：'嵚崎历落，可笑人。'或云谢幼舆言。"说的是桓彝此人就像一座高山，光明磊落，是一个能够让你不禁欢笑的人。我们还知道，桓彝过去与郭璞是好朋友，曾经让郭璞给自己算命，郭璞布卦以后，赶紧又把卦弄坏了，桓彝问是什么原因，郭璞说："你的卦象与我的一样，男子汉遇到这种卦象，将死于非命，咋办！"如今果真如此。

桓彝一共有五个儿子：长子桓温、次子桓云、三子桓豁、四子桓秘、少子桓冲。

一方面派韩晃去镇压桓彝，另一方面，苏峻听从了参军贾宁的建议，从于湖退军，集中主力部队固守建康西边的石头城。苏峻原初可能是估计勤王军会像自己进攻建康一样，从陆路直抵建康城下，而贾宁则预计到勤王军水军强、陆军弱的实际情况，极有可能从水路进攻石头城，因此，才建议苏峻将部队悉数撤回石头城。为了防止意外，苏峻命令将八岁的小皇帝司马衍从皇宫里搬出，也扣押在石头城内，司徒王导苦苦劝阻，但是，苏峻不听。

咸和三年（公元 328 年）五月十八日，小皇帝被人抱上御车，从台城往西边的石头城进发。小皇帝离开平日里亲近的后宫亲随，又不知道将要发生什么事情，一路痛哭失声，而在这群西去的人们后面，是留在后宫的妇女们，一时间宫内哭声震天。不巧的是当日又天降瓢泼大雨，道路泥泞不堪，右卫将军刘超与侍中钟雅、丁潭一起步行跟在御车的左右，两人悲哀慷慨，苏峻派人给送来马匹，他们却拒绝骑乘，苏峻听说以后，心里十分不快。一起随侍皇帝左右的还有司徒王导、左光禄大夫陆晔、右光禄大夫荀崧、侍中褚翜等朝廷重臣。

石头城本是一座用于军事的堡垒，居住条件很差，苏峻腾出一间仓库安置小皇帝，并指派自己的亲信许方等人为殿中监、司马督，表面上是保护皇帝，其实是为了防备刘超等人。当时，建康发生了饥馑，稻米昂贵，苏峻给刘超送去的稻米等物，刘超一概不接受，而是日夜寸步不离皇帝左右，每天还给小皇帝上课，教授《孝经》《论语》。

陆晔在石头城，举动方正，苏峻考虑到陆晔为江南大族的领袖，就让陆晔和弟弟陆玩从石头城又回到台城，负责朝廷的日常事务；将建康城的老百姓全部集中到台城后面的苑城，由自己的将领匡术率兵驻扎在苑城守护。

这是苏峻在勤王军到来之前，苏峻对建康城所做的部署；为了确保建康的粮食供应，苏峻还十分担心三吴地区的局势。

自从台城陷落以后，王导的司马、丹阳人陶回就逃回了家乡，组织了近千人的义军；此时，广陵的郗鉴也起兵了，三吴如果再不稳定的话，后果不堪设想。因此，苏峻做了以下部署：一是，除了调派韩晃部队东下，又分别派遣了张健、管商、弘徽等人东下晋陵；二是，在庾冰逃走以后，苏峻任命侍中蔡谟担任吴国内史；三是，此时，他又命令尚书张闿持节都督东面的军队；四是，派前陵江将军张悊在吴郡征召军队。

在苏峻看来，自己任命的都还是朝廷的旧人，应该不会招致地方的反感。然而，让他始料不及的是，王导趁机秘密与张闿联络，以太后之命号召三吴起兵来解救天子。张闿出城之后，又被陶侃授予了另外一个勤王军的符节，让其代理征虏将军，与振威将军陶回一道，统领丹阳的义军。张闓首先抵达晋陵，给晋陵内史刘耽一部分军粮，另将其中大部分军粮都运给了郗鉴部队。

此时，勤王军已经抵达建康南面的茄子浦（今江苏省江宁县西南）。温峤鉴于勤王军长于水战、苏峻部队善于陆战的特点，曾下令擅自上岸者，格杀勿论。正巧，苏峻给驻守寿春的祖约送去一万斛粮食，祖约派遣司马桓抚率兵前去迎接。温峤的部将毛宝对自己的部下说：“《兵法》上说：‘军令有所不从。’此时，怎可不上岸杀敌呢？”毛宝所部仅有一千多人，但他擅自做主，主动上岸攻击苏峻的运粮部队，经过艰苦战斗，毛宝将这一万斛粮食全部俘获，并杀伤、俘虏了近万人，从此，祖约在寿春的部队开始断粮。为了表彰毛宝的功劳，温峤上书推荐他为庐江（今安徽省舒城县）太守。也就在此时，司空郗鉴与平北将军魏该也都各自领兵与陶侃大军会合。

同月二十九日，征西大将军陶侃、平南将军温峤、护军将军庾亮、平北将军魏该所领的大军到了建康附近江面，抵达了石头城西南的长江江心孤岛——蔡州，陶侃军屯驻在秦淮河入长江口的查浦，温峤军屯驻在建康以西的沙门浦。太常孔愉的侄儿、尚书左丞孔坦从石头城内逃奔陶侃，陶侃任命他为长史。苏峻登上烽火台，看到勤王军军容甚盛，面露惧色，他对身边的人说：“我原来就知道温峤能够得众啊！”

几乎与此同时，三吴地区也起了义军。

苏峻攻陷建康以后，义兴（今江苏省宜兴市）太守顾众就逃回了自己的老家吴郡（今江苏省苏州市）。前陵江将军张悊在吴郡替苏峻征兵，顾众派人劝说张悊，用征召来的部队去打击苏峻，张悊听从了。于是，顾众就派遣郎中徐机又对苏峻任命的吴国内史蔡谟说：“我顾众已经秘密集合了家兵，准备随时举义，并且与张悊也约定好了，定期效命。”

蔡谟任命顾众为吴国的督护，恢复原有的扬威将军称号，任命顾众的堂弟护军将军参军顾飏为威远将军、前锋督护，吴中人士同时响应。蔡谟认为，庾冰应恢复旧任，就卸去吴郡太守的职务。吴兴太守、都督三吴、晋陵、宣城、义兴五郡军事的虞潭，也与郗鉴、王舒联络，组织义军。虞潭的母亲孙氏，是东吴大帝孙权的族孙女，永嘉末年的时候，虞潭为南康太守，杜弢之变，孙夫人勉励儿子为国尽忠，并拿出自己的私房钱赏赐军士，这次，孙夫人再次对儿子说：“我听说忠臣出于孝子之门，你要舍生取义，不可以我年老为挂念！”孙夫人把自己家里的奴仆全部补充到部队中，并把自己的衣物、配饰等都拿到集市上卖掉，用作军资，后来，孙夫人听说王舒让自己的儿子也领兵打仗，就对虞潭说："王府君就能派自己的儿子冲锋陷阵，你难道就不能吗？"在母亲的督促下，虞潭也任命自己的儿子虞楚担任军中的都护，直接参加战斗。

远在会稽的王导堂弟、会稽太守王舒，也向属县下发文书，号召起义讨伐苏峻。身在会稽的前吴国内史、庾亮的弟弟庾冰，看到王舒也起兵了，就去投奔王舒，王舒任命庾冰为代理奋武将军，任命虞騑为参谋长，任命御史中丞谢藻代理龙骧将军、监前锋征讨军事，让三人率领一万人马，渡过浙江。王舒另外任命顾众为扬威将军、督护吴中军事；顾飏监晋陵军事，在御亭构筑堡垒，自己则率军驻扎在会稽郡的西江，作为庾冰、谢藻的后援。

听到东面起兵的消息，苏峻下令赦免庾亮的弟弟们，以取悦东军。而陶侃则上表推荐王舒都督浙江以东诸军事、虞潭都督浙江以西诸军事、郗鉴都督扬州八郡诸军事，命令王舒、虞潭都受郗鉴的指挥。

三吴起兵以后，庾亮的妹夫、王导的外甥、给事黄门侍郎何充也从京师逃往东军。

八四　相持阶段

刚到石头城，迫不及待的庾亮就派遣都护王彰，率领本部人马去进攻苏峻的部将张曜，结果，反而被张曜击败。

庾亮惶恐无比，将符节送还给陶侃表示谢罪。

此时，对庾亮大为欣赏的陶侃，却说：“古人曹沫曾有三次战败的记录，您不过才两次。当今事情紧急，不要总是辞职。”又说：“朝廷政出多门，所以才生出祸端。自丧乱以来，怎只因为苏峻呢？”

庾亮的司马殷融到陶侃那里谢罪，说：“此次出兵全是庾亮将军作出的决定，我无力改变。”

王彰也去陶侃那里谢罪，但王彰却说：“这是王彰自作主张，庾亮将军并不知道。”

陶侃说：“从前，殷融是君子，王彰是小人。如今，王彰为君子，而殷融则是小人。”

除了庾亮之外，其他将领也都纷纷要求与敌决战。陶侃说：“敌人力量正强，难以在疆场上与之对抗，应慢慢等待时日，用计谋击破敌人。”

可是，勤王军多船舰，而苏峻部队中多马匹，所以，在接下来的战斗中，勤王军总是不能取胜。于是，众将都请求在查浦建立营垒，而监军部将李根却建议在石头城的东北建立白石垒。白石垒地势险要，一旦建成，石头城将腹背受敌，但陶侃却不同意，他说：“如果堡垒建不成，你要被追究责任。”

李根说：“查浦处于下游，并且在秦淮河的南岸，而白石垒十分险要，能容纳几千人，敌人进攻起来，十分不便，这是消灭敌人的妙计。”

陶侃听了李根的分析，笑了起来，他夸奖道：“你是位优秀的将领啊！”陶侃听从了李根的建议，命令郗鉴趁夜组织部队抢修白石垒，傍晚开始修筑，到了天明就完工了。

等到天明，苏峻看到石头城眼前的白石垒，不禁大吃一惊。

刚刚建成白石垒，勤王军将士就听到苏峻的石头城内战鼓轰鸣，众将都十分担心苏峻来攻。孔坦却说："不会。苏峻要想攻击白石垒，肯定要等到刮起东北风的时候，使我水军无法去救援。如今，天气很好，敌人一定不会发起进攻，我断定他们将要东去江乘，劫掠京口以东地区去了。"

事情果真如此。

建康暂时处于相持阶段，而东面三吴地区的双方也处于拉锯状态。

三吴地区的战斗首先在吴郡打响。

张闿、蔡谟、顾众、张悊等人在吴郡举兵以后，苏峻派遣将军弘徽率甲士五百人前去清剿。顾众与堂弟顾飏、张悊率众伏击弘徽这支小部队，双方在高莋发生激战，勤王军取得了初战的胜利，将弘徽的部队击败。

此时，庾冰带领的会稽郡部队，也进至御亭，双方合兵一处，顾众、庾冰命令顾飏等率前锋部队进屯至无锡。

勤王军担心苏峻的部队从海路包抄，于是，分军抵御。

而就在这时，苏峻将张健、马流突然进攻无锡，顾飏等人大败，逃回御亭，勤王军败兵回到御亭以后，又自相惊扰，庾冰、顾飏等人又再次退到钱塘，谢藻固守嘉兴。于是，苏峻部队就攻占了吴郡。

王舒以庾冰等人轻进失败，斩杀了二军的军主，并罢免了庾冰、顾飏的督护职务，让两人以平民的身份代行军职，而命令顾众督护吴郡的晋陵部队，屯兵章埭。

顾众率军从海虞，经过娄县东仓与苏峻的小股部队交战，取得了胜利，这时，吴兴太守虞潭率领本部人马，与顾众合兵一处，进屯乌苞亭，但是，忌惮苏峻部队善战，都不敢轻易前进。当时，天降暴雨，暴发山洪，苏峻部将管商率军乘着战舰，从侧翼迂回偷袭虞潭和顾众联军，结果，这两支部队又被管商击败，虞潭退保吴兴，顾众退到钱塘，因为此战战败，虞潭自贬，交还了符节。

虽然东方勤王军先胜后败，但是，苏峻一时还无法消灭三吴地区的勤王军。从全局来看，苏峻已经被东西夹击，局促于建康周边地区，尤其是三吴地区的反正，让建康的粮食问题凸显了出来。

为了扭转战局，祖约命令部队偷袭温峤的后方浔阳。虽然这的确是一着釜底抽薪的好棋，然而，此时东晋帝国整个边防形势却不容乐观，也让苏峻和祖约背后感到了空前的压力。

就在苏峻、祖约军攻下建康台城前后，石赵的石堪屯军淮北，觊觎淮南。他于咸和三年四月先进攻南阳，晋龙骧将军、南阳太守王国以城投降，豫西南沦陷。南阳被石赵部队占领，直接震动了南边的襄阳。

整个淮北地区边境局势一片混乱。东晋政府经营的西自豫西南，沿着淮河一线，东到大海的淮河防线，完全崩溃。据《十六国春秋辑补》称，南阳都尉董幼率领襄阳之众，也投降了石堪。石瞻进攻晋河南太守王羡，攻陷了郏城，晋彭城内史刘续率众再次占领了兰陵、石城，后又被石瞻击破。

在这种情况下，“不与之（祖约）同”的谯国内史桓宣此时与祖约正式翻脸了。

《晋书·祖约传》《晋书·桓宣传》《晋书·毛宝传》对此有记载，虽然不很系统，但是，仔细研读，大约可以了解事情的经过。《晋书·祖约传》称：“颍川人陈光率其属攻之……”《晋书·桓宣传》称：“邵陵人陈光率部落数百家降宣，宣皆慰抚之。”结合《晋书·地理志》豫州条，颍川郡下辖邵陵，据此，两传所称陈光应系同一人。

当时，面临着建康久久不决的战事，背负着叛逆之名的祖约留守部队将领们，对前途充满了悲观情绪，而淮河对岸节节战胜的石赵部队也让祖约的留守部队军心动摇，将领们暗中纷纷向淮河北岸的石赵部队送去降表。祖约的部将陈光密谋拿下祖约请功，起兵偷袭祖约，祖约的亲随阎委与祖约长得十分相似，一拥而进的陈光下属不辨真假，将阎委捉拿，而祖约则狼狈越墙而逃。

捉拿祖约的行动破产之后，陈光担心祖约报复，就率领自己手下的几百家、数千部众投靠桓宣，桓宣并没有将这些人交给祖约处置，而是对陈光等人进行安抚。桓宣面对日益紧张的边境局势，一方面担心祖约的打击，另一方面担心石赵帝国的攻击，于是，他决定率领自己的部队数千家、大约近万部众往西南方向撤退而去，而陈光则北投了石勒。

桓宣经过长途跋涉，驻军马头山上，准备南投浔阳的温峤。据乾隆三十三年的《望江县志》“连塘城”条记载：“连塘城即晋之马头山也……地近马头河。河因山名，而山失故名，第称为连塘古戍……”由此我们知道，马头山在今安徽省望江县长江北岸，也就是在雷池附近。桓宣之所以没有南下建康，是因为那里是苏峻的天下，而身为祖约的旧部，桓宣一时又不可能被勤王军认可，于是，他选择了远远避开战场。

此时的祖约置北方严峻的形势于不顾，命令祖涣、桓抚偷袭浔阳，陶侃听到这个消息之后，将亲自率军解救。

温峤部将毛宝说："勤王军全靠大人你的，大人您不能轻易行动，毛宝我愿意率军前往！"

陶侃环顾座中宾客，对大家说："这个少年的话可行！"

于是，命令毛宝率军前去。

而此时，奉命袭击勤王军后方的祖涣部队已经抵达浔阳附近的马头山，当祖涣看到桓宣所部就驻扎在马头山上，他临时决定将桓宣这支叛逃的部队先行消灭，于是，他命令部队发起了对桓宣部队的进攻。桓宣寡不敌众，赶紧派人向毛宝求救，毛宝以为桓宣过去曾是祖约一党，怀疑有诈，桓宣无奈只好再派自己的儿子桓戎前去，这下，毛宝相信了，当即率军与桓戎一起前往马头山救援。

可是，毛宝在仓促之间带领的部队人数不多，且兵仗不精，反被祖涣、桓抚击败，毛宝本人中箭，那只箭穿透毛宝的大腿，钉在马鞍上。毛宝命人脚踏马鞍，将箭从腿上拔出，鲜血将整个马鞍都沾满了，他简单包扎一下，连夜狂奔一百多里，回到舰队驻地。

到了自己的大本营以后，毛宝先哭祭死亡的将士，然后，简单清洗一下伤口，就立即组织部队，再次趁夜去解救桓宣。等到毛宝抵达桓宣的军营，祖涣、桓抚的部队也退却了，毛宝趁势进攻祖约驻守在东关（濡须坞，今安徽省含山县西南）的部队，又攻陷了合肥祖约部队的营垒，稳定了勤王军的后方。正巧温峤命令返回石头城，毛宝率领得胜之军回到了建康附近。桓宣因此也投靠了温峤，温峤任命桓宣之子桓戎为平西将军参军。

马头山之战，毛宝挫败了祖约军对勤王军后方的威胁，与此同时，由于寿春祖约部队粮草缺乏，前线又传来败报，祖约预感形势不妙，他再次询问戴洋："我东去历阳好呢？还是留在寿阳好？如果留在寿阳，比投降石赵又如何呢？"

戴洋回答："东下历阳，家族将失去大半；入胡则要被灭门。留在寿阳尚可。"

但是，祖约却想去历阳，祖约的部下都不愿意。

咸和三年七月，石勒命令汲郡太守石聪与石堪联合渡过淮河，进攻寿春，祖约将领里应外合，将祖约的姐姐和嫂子虏获，献给了石赵军队，祖约部队接战以后立即溃散，石赵军队很快就占领了寿春，祖约狼狈逃往历阳，而此次石赵帝国对寿春的攻击，淮南百姓投降石赵帝国的就有二万多户。

祖约抵达历阳之后，他与苏峻的建康部队互为表里，当他在历阳亲眼看到勤王军军容之盛以后，对手下人说：“我原本就知道温峤能够做战国时期四公子扶危济困之事，如今真是如此！”

祖焕问戴洋说：“君过去预测过平西将军祖约在寿阳会待五年，果然如此。今在历阳，能待多久？”

戴洋曰：“六个月。”

祖约问戴洋说：“建康以及附近政治气候将会有什么变化？”

戴洋回答：“历阳此地还会有人造反。建康明年三月就会太平，江州将有大丧。接着，南方还会有军事，距离此地有千里之遥。”

八五　战事胶着

虽然从大势上来说，苏峻、祖约处于不利的态势，但是，苏峻、祖约的部队能征惯战，所向披靡，勤王军在各个战场上的攻击行动均受到不同程度的挫败。而此时，勤王军中的一员大将也因病去世了，他就是平北将军魏该，这位长期坚守在洛阳一泉坞的抗胡斗士，没有死在抵抗异族的最前线，而是病死在了内斗的战场，这也许是他始料不及的，魏该死后被埋葬在武陵。

除此之外，让勤王军统帅们忧心的还有东部地区的局势。

东部勤王军继乌苞之战失利之后，会稽内史王舒、吴兴内史虞潭同时任命顾众为五郡大督护，统率吴郡各支勤王军。虞潭又命令部将姚休作为顾众的前锋，攻击张健所部，但是，又一次被张健击败，顾众率众退守紫壁。苏峻部队气势甚锐，连战连胜，已经从吴郡向义兴和会稽压来，这让勤王军内部产生了一定的恐慌，临海、新安等山区县也都从勤王军中脱离，响应苏峻，东部形势有进一步恶化的危险。

王舒的下属劝说他王舒离开会稽，回到京师勤王军主力那里，但是，王舒不听。而驻守紫壁的众将，也劝说顾众渡过浙江，躲避敌人的锐气。顾众却说："不行，如今坚守紫壁，可以保全钱塘江以南的五个县，如果渡江南去，我们就成为客居在外的游军，难以有效地掌控部队，这不是好的计策。"

临平人范明也对顾众说："此地险要，可以制约敌人，不能丢弃。"

为了应对苏峻部队可能到来的进攻，王舒另外派遣将军陈孺率一千精锐部队，增加沿海地带的防御，构筑堡垒；留下谢藻驻守钱塘（今浙江省杭州市），顾众、顾飏防守紫壁，勤王军全线暂时转入守势。苏峻部队击败了吴郡、会稽联军之后，转攻吴郡西南的吴兴郡，虞潭再次败退，苏峻军又接连攻下了东迁、余杭、武康诸县。

就在东部局势渐趋恶化的紧要关头，陶侃的长史孔坦对陶侃建议：“本来不需要将屯驻京口的郗鉴召来建康，郗鉴离开京口（今江苏省镇江市）之后，造成了东部门户洞开。如今，应该将郗鉴派回京口，虽然有点晚了，但总比不回的好。”

在陶侃等人看来，众军集中在建康，可以集中兵力毕其功于一役，如果分军，苏峻极有可能各个击破，因此，孔坦此议一开始并没有说服勤王军的各位统帅，孔坦再三坚持，最终，陶侃、温峤决定命令郗鉴率领本部人马回到京口，另派后将军郭默屯军大业，派骁骑将军李闳、曹统、周光协助郭默，在京口与建康之间构筑大业（今江苏省句容市）、曲阿（今江苏省丹阳市）、庱亭（今江苏省常州市）三垒以切断东西部敌人的联系。这三座壁垒扼守运河，他们以运河入江口的京口为依托，像一个铁三角一样，牢牢地卡住了三吴敌军与建康的联络，让三吴的粮食无法北上接济建康。

为了打通与首都的联系，张健只得放弃了目前继续南下的大好形势，北上与建康的苏峻本部一起攻击这三座堡垒。张健主力北上以后，三吴的勤王军又像橡皮筋一样卷土重来，顾众任命范明为参军，范明率领自己的宗族共五百多人，加上紫壁各军共计四千人，再次进攻张健。张健留下钱弘为吴国县令，自己退到了曲阿，勤王军斩杀了钱弘，收复了吴郡。

东部苏峻部队陷于疲于奔命的境地。

与此同时，在建康，苏峻的内部也逐渐发生了动摇。

咸和三年（公元328年）七月，祖约失败并逃往历阳，紧接着，祖约又偷袭浔阳失利，让建康城内苏峻的将领们感到了不安。如今，虽然东面的部队接连获胜，但是，似乎总是打不开局面，实践证明，苏峻原来任命的诸多旧人，如张闿、蔡谟、虞潭等人都投靠了勤王军，这让苏峻感到朝廷的旧人不可靠。在这种情况下，苏峻的部将路永、匡术、贾宁等人劝说苏峻，将王导等所有大臣全部杀掉，另行任用亲信心腹主持朝廷。苏峻平素对王导十分敬重，因此，没有采纳。路永等人感到这样下去，只有死路一条，也开始对苏峻怀有二心。王导看到有隙可乘，就派遣参军袁耽去路永等人那里游说，想趁机将小皇帝带离石头城。但是，苏峻对小皇帝的看管很严，路永等人无机可乘，王导害怕事情最终败露，在路永的帮助下，他带着自己的两个儿子与路永一起逃往白石垒。王导逃归勤王军以后，何充也从东军回到了勤王军本部。

此时，镇守白石垒的，正是护军将军庾亮。

庾亮身边仅带两千多人，苏峻深知，眼前的白石垒终究是个祸害，他决心拔掉眼前的这枚钉子，命令部将率领一万余人将白石垒四面团团围住，展开了猛攻。庾亮的部众个个心怀恐惧，庾亮激励将士，一起做殊死搏斗，白石垒几乎被苏峻军攻破，但在庾亮的带领下，勤王军最终还是打退了苏峻的进攻，并追斩了几百敌人，保住了这座堡垒。

拿不下眼前的白石垒，苏峻顿时火冒三丈，他又派兵全力攻击建康东面的大业、曲阿、庱亭三座堡垒。郭默镇守的是大业，苏峻派遣韩晃、张健等人对大业展开了猛攻，大业城内断水，城内守军渴得喝粪汁。郭默害怕了，他将马匹驱出城外，留下部将坚守，自己则从南门逃出。大业危急的消息传到京口，郗鉴的参军曹纳以为，大业是京口的门户，如果大业不守，敌人就会直抵京口城下，因此劝说郗鉴暂时放弃京口，北渡长江，退还广陵再说。郗鉴召开全体人员参加的会议，当众严厉斥责曹纳说："我蒙受先帝的厚托，身负托孤之重任，可以说是为国捐躯也不足以报答。如今强贼就在城郊，大家内心都很担忧，你作为我的心腹佐官，却说出此等异端邪说，我还如何能够领导大家，统领三军！"于是，命人将曹纳推出斩首，在众人的苦劝之下，郗鉴才放了曹纳。

庱亭，是由兰陵太守李闳驻守的。三吴勤王军收复吴郡以后，顾众派遣督护朱祈等率领九支部队，与李闳共同防守庱亭。张健派遣马流、陶阳等去进攻，李闳、朱祈等出军迎击，大破马流、陶阳军，斩首二千余级。

苏峻的东部军主力部队北上攻击三垒以后，浙江的勤王军得到了一个喘息的机会。

经过短暂的休整，王舒即任命儿子王允之为代理扬烈将军，与将军徐逊、陈孺及扬烈将军司马朱焘，率领三千精锐部队，出其不意，袭击屯驻于武康的苏峻别部，取得了胜利，共斩首数百级，此地的苏峻余部扔下战舰，从陆路北逃，于是，王允之乘胜进兵义兴，帮助虞潭。此时，韩晃已经攻破宣城，转入故鄣（今浙江省安吉县西北）、长城（今浙江省长兴县东）。王允之派遣朱焘、何准等与之交战，虞潭用强弩攻击，韩晃等人退走，勤王军斩首千余级，俘虏二千人。

同时，王舒另分兵攻击反叛的临海（今浙江省临海县东南）、新安（今浙江省淳安县西）诸县，全部讨平。

八六 苏峻之死

就在东线战场如火如荼地进行中的时候，建康的勤王军内部却出现了一次空前的危机。

当时，苏峻军如笼中的猛兽，四处抄掠，所向披靡，战无不胜，掳掠了很多俘虏、财物，兵威甚盛。相形之下，建康附近的勤王军却士气低落，“人怀异计”。从建康城内逃奔勤王军的朝廷大臣也都说：“苏峻狡猾多端，善于用兵，他的部队也骁勇善战，所向无敌。如果说上天要讨伐贼人，那不久就能击败他；单就人事上说，确实不容易平定。”温峤大怒，说：“你们怯弱，竟然在这里夸贼人！”但是，随后温峤率部与苏峻交战，也多次被击败，温峤也深感棘手，只得在四望矶构筑堡垒采取守势。据《读史方舆纪要·南直三》记载：“四望山府西北十里，西临大江，南接石头山，北连狮子。”由此看来，温峤在四望矶构筑堡垒是作为白石垒的补充，既作为下一步进逼石头城的依托，又是白石垒的犄角。在构筑四望矶的时候，温峤说：“敌人肯定要来争夺，我们提前埋伏好，以逸待劳，这也是制服敌人的又一法宝。”

然而，就在此时，温峤的部队却断粮了。

他只好去陶侃军中借粮，一直为战局胶着而烦躁的陶侃当即就恼了，他说：“使君你过去对我承诺，不担心没有将士，只用我这个老头子做主就行了。如今，我们连战皆北，良将在哪里？荆州地接胡寇和蜀国，荆州的军粮是战备用粮，为的是防备不测。如果真的没有粮食了，那我立刻就回军西去，再做打算。以今年为期，灭贼也不晚。”

温峤回答：“你说得不对。从古到今的现成教训都告诉我们，军队要想取得胜利，就要团结。今日行动成败，就取决于一次决战。苏峻勇而无谋，他凭借着多次胜利，自认为所向无敌，现在向其挑战，可以一战而擒获。为什么要舍弃即将到手的胜利，想着后退呢？！况且，天子被贼人控制，社稷危如累卵，四海臣子都在为国肝脑涂地，你我深受国家厚恩，正是我们拼命的时刻！事情若能成功，君臣上下都获重生；如果事情失败，即使我们身死化为灰烬，也不足以向先帝谢罪。今日的情势，已经不容许后退，骑着猛兽，怎能中途下来！大人如果违背天下人的意愿，独自西去，人心肯定离散。使部队人心离散，败坏了大事，那么，义旗将回头直指大人你了！”

说得陶侃哑口无言。

温峤回到自己营中，毛宝对温峤说：“我能留下陶公。”温峤就让毛宝再去劝说陶侃。

毛宝见到陶侃以后，说：“大人本来应该驻军芜湖，作为南北的声援部队，既然您已经率众上了前线，情势已经不允许再回还。并且，军队有进无退，这不仅是为了整齐三军，更重要的是表明必死的决心，也就是说，部队一退，就没有依靠，将最终灭亡。过去，杜弢不是不强，但是大人最终将其消灭，为什么苏峻就不能被击败呢？敌人也怕死，不全是骁勇善战之辈，大人你不相信，可以给我一支部队，让我上岸将敌人的粮道切断，让敌人困顿。如果我毛宝不能取胜，大人你再离去，这样人们就不会怨恨您了。”

陶侃十分赏识这位年轻将领，因为，此前不久，正是这位毛宝自告奋勇，代替陶侃去解救浔阳，大破祖约部队，于是，陶侃任命毛宝为都护。

毛宝率领这支部队弃舟登岸，将建康南北句容和湖熟两处苏峻的粮仓全部烧毁，造成了苏峻部队的粮食困难。陶侃看到这种情况，才决定继续留在建康。

竟陵太守李阳对陶侃说：“如果大事失败，大人你有再多的粮食，怎会有机会吃呢？”陶侃给温峤分出五万石粮食。

看到勤王军心理出现的种种不良倾向，为了激励全军的斗志，温峤建立了临时太庙，举办祭拜仪式。在仪式上，温峤亲自宣读祭文，声音悲凉慷慨，泪流满面，三军将士都感动得不能仰视。做好战前动员以后，勤王军开始向石头城发起总攻。本来陶侃的打算是继续东进，解救大业之围，但是长史荀羡建议：“如果我们去救大业，步兵不如苏峻军，一旦失利，则大事不妙。我们只去进攻石头城，苏峻围攻大业的部队必然会回救，大业之围也自然就解了。”陶侃同意了。

当日（咸和三年九月二十五日），陶侃命令都护杨谦统领水军，向石头城发起进攻。庾亮、温峤、赵胤则率领一万名精锐部队从白石垒南下，欲与苏峻石头城的部队展开决战。此时，温峤、庾亮在白石垒外列阵，竟陵太守李阳在稍南地段列阵。

苏峻率领部将匡孝领着八千人出石头城迎战，他先派儿子苏硕与匡孝带领几十名猛士，骑着战马从山上狂呼着飞驰而下，冲击赵胤的部队，将赵胤军的阵型冲散，赵胤军的士兵朝后溃败。战前，苏峻以酒肉犒劳将士，此时的他也已经喝醉，酒醉中的他在山上看到赵胤所部败退，说："匡孝能破贼，难道说我连他都不如吗？"骑上战马离开大队人马，只带领几个贴身骑兵飞马从山上冲下，攻击尚未退却的温峤部队，但却无法突破温峤军的阵营。

这时，苏峻拨马回身，准备朝白木坡奔去，恰在此时，他骑的那匹战马却突然倒地，酒醉中的苏峻已经不能很好地控制身体，从马上掉了下来。说时迟那时快，就在这一瞬间，竟陵太守李阳的牙门将彭世、李千等人拿着刀枪向苏峻追来，数人一齐向苏峻投去了矛枪，一时间"枪雨"像箭一样朝苏峻的身上飞来，众人一齐冲了上去，将其斩首，寸割，焚尸，勤王军士气大振，一时之间三军高呼"万岁！"

这一让人目瞪口呆的突发事件，瞬间就改变了整个战局，也加速了苏峻势力的瓦解。

八七　祖约北逃

看到主将被杀，苏峻大军很快败退，逃回了石头城，苏峻的司马任让等人共同推举苏峻的弟弟苏逸为主，关闭石头城门，再也不敢出城接战。苏峻的儿子苏硕得不到苏峻的尸体，也以牙还牙，派人将庾亮父母的坟墓挖开，刨开棺椁，焚烧了庾亮父母的尸体。

苏峻被杀使勤王军士气大振，温峤于是下令建立临时政府，要求在建康的所有二千石以下的官员都到临时政府报到，一时之间，蜗居在建康的文武百官纷纷前往临时政府报到，响应的人很多。

听到苏峻被杀的消息，本来负责进攻大业的韩晃赶紧领兵回师石头城，张健也率众退回了曲阿；而进攻虔亭垒的管商、弘徽等苏峻部队又被都护李闳和庾冰的轻车长史滕含击败，斩首千级，管商率众朝延陵（也就是曲阿）退却，李闳、滕含领兵追击，又斩首了数千级。滕含是东吴司空滕修的孙子，南阳人。我们还记得，在晋武帝发兵讨伐孙皓之前，东吴广州地区发生了郭马之乱，孙皓命令滕修领兵前去镇压，滕修还未击败郭马，而晋国已经渡江大举攻吴，滕修救援不及被迫投降，司马炎就势任命其为广州牧。

虔亭之战，是东军取得的一次较大胜利，经过此次胜利，苏峻部将管商率领部众投降了庾亮，而剩余部众则由弘徽等人带领着归附了东线唯一的主将张健。

石头城之战苏峻被杀，立即让整个战局发生了巨大的变化，不论是西线还是东线战场，苏峻部队都转入了防守，而勤王军则摆脱了前一阶段连战连败的局面，开始转入了反攻。

然而，在接下来的两个月里，也许是因为进入了冬季，也许是因为苏逸坚守不战，双方之间并没有进行大的战事。看到勤王军胜利在望，曾经在苏峻手下做事的司徒王导见风使舵，立即建议晋升温峤、陶侃为录尚书事，并派遣使者向二人宣布了任命，但是，两人都拒绝接受。

到了第二年的正月，即咸和四年（公元 329 年），冠军将军赵胤命令部将甘苗率军从三焦进攻盘踞在历阳的祖约，正月二十五日，祖约率领数百亲信家人趁夜突出重围，向北逃往石赵帝国，祖约部将牵腾开城投降，勤王军彻底解除了进攻建康的侧后威胁。

祖约逃到襄国以后，石勒对其十分鄙视，很久不予接见，他派出使者王波去责备祖约说："你背叛朝廷，如今走投无路，才来投降我国，难道我国是藏污纳垢之处吗？你竟然还厚着脸皮来吗？"并且，拿出祖约过去发出的种种檄文，狠狠地羞辱了他一番，才暂时赦免了他。

祖约在石赵政权待了一年多一点，石勒称帝以后，程遐对石勒说："天下刚刚平定，应该明确顺逆，这就是为什么汉高祖要杀掉丁公的原因。如今忠于主子的在我朝没有不受到重用提拔，背叛不忠的没有不被我朝屠灭，这也是天下归附您的原因。我实在是搞不明白为什么要留下祖约？现在，祖约到处招徕宾客，还想夺回他老家原有的土地，造成现有地主非常怨恨。"姚弋仲也建议石勒杀掉祖约。石勒就骗祖约说："祖侯，你远途而来，受到冷遇，心里一直不高兴，可以择日让子弟们在一起集会一次。"到了那一天，石勒推辞说自己生病了，让程遐大宴祖约的宗族。

此时的祖约预感大祸即将临头，他喝得大醉。等到被押解到菜市口斩首的时候，他抱着自己的外孙痛哭起来——想想嵇康在临死之前，尚能从容弹琴，可做一比。

石勒将祖约所有的宗族一百多人全部斩杀，妇女姬妾全部赏赐给胡人。祖逖曾经有一名胡人奴仆，名叫王安，祖逖生前对他很好，在雍丘的时候，祖逖对王安说："石勒和你是同族，我也不在乎有没有你一个人，你还是回归河北吧。"临行，祖逖给王安丰厚的盘缠，将其送归石赵，后来，王安就成了石勒部队的一名将领。

在斩杀祖约的时候，王安说："祖逖大人怎能无后呢？"

当天，王安带领了很多人去刑场围观，趁乱从人群中将祖逖十岁的庶子祖道重救出，藏到寺庙里，等到冉闵灭石的时候，祖道重才辗转回到了江南。

笔者写到此处，不禁掩卷叹息，对比祖逖与祖约兄弟二人，让人想起孟子的那句至理名言："寡助之至，亲戚畔之；多助之至，天下顺之。"祖逖，生前受到敌人石勒的敬重，死后受到胡人王安的帮助；祖约生前被东晋朝廷提拔的时候，哥哥祖纳曾向朝廷提出异议，继而，他丢弃中原，反叛朝廷，投降敌国，最后落得个满门抄斩的下场。每一个人的立身、行事怎能不谨慎呢！

了结了祖约，我们再回过头来，继续说建康的战局。

苏峻死后，留守台城的陆晔、陆玩兄弟偷偷劝说负责台城防御的苏峻部将匡术投降勤王军，匡术眼看大势已去，就听从了二陆的建议。与此同时，在石头城内的右卫将军刘超、侍中钟雅也与匡术、管旆密谋，将成帝带出石头城，但是，还没有到约定的日期，计划就泄露了。苏逸命令任让带兵捉拿钟雅和刘超，小皇帝司马衍对这两位整天陪伴在身边的近臣十分依恋，他抱持着刘超和钟雅，不让任让的士兵牵走，心痛地对任让哭着说："还我侍中、右卫！"然而，此时的任让也顾不了那么多了，他掰开了司马衍的小手，将钟雅和刘超托出去，斩首。石头城内的密谋败露以后，刘超与钟雅被杀了，但是，台城内的匡术却依约归顺了勤王军，于是，陶侃命令庐江太守毛宝率军防守台城的南城，西阳太守邓岳防守台城的西城。匡术的投降，让石头城成了孤城，也意味着建康城基本上已经被勤王军收复了。

八八 平定大乱（一）

历阳的祖约已经败逃，建康台城又被勤王军控制，如果突不破被围的局面，那么，石头城即使有再多的粮草、再坚固的壁垒，也终究有被攻破的那一天。

石头城内的苏逸、韩晃、苏硕等人深知这一点，如今，他们已经顾及不了多少整个扬州地区的战略态势了，毋庸置疑，这个战略态势已经极其不利，张健蜗居于曲阿一带，而自己则被围于石头城内。苏逸、韩晃、苏硕为了打破被动局面，开始做困兽之斗，他们首先向建康台城发起猛烈的进攻，焚烧了太极殿的东堂和秘阁。毛宝登上城墙，张弓搭箭射杀了几十个敌军，城下的韩晃对毛宝说："你就是毛庐江吗？（此时毛宝为庐江太守）"

毛宝回答："是我。"

韩晃说："你号称是位勇将，为什么不出来与我决斗？"

毛宝回答得很幽默，他说："你也号称是位猛将，为什么不进城与我决斗？"

韩晃不禁大笑而去。

时间到了二月份，天上下起了瓢泼大雨，而且大雨连绵不绝，河水暴涨，苏逸等人一直围困着台城，台城内形势十分危急，匡术不得不派人向勤王军求救。

江州别驾罗洞对温峤说："如今河水暴涨，过河救援台城十分不便，不如进攻榻杭，榻杭军败，匡术之围自然就解了。"

这是一着围魏救赵之计，罗洞的建议还是要勤王军直接进攻石头城。

咸和四年（公元 329 年）二月十三日，勤王军全力进攻石头城，竟陵太守李阳与苏逸军在柤浦（即查浦，在建康城西）接战，李阳被苏逸击败，建威将军（《晋书·温峤传》称奋威长史）长史滕含率领精锐部队，拦腰猛烈攻击追击中的苏逸军，苏逸军大败溃逃，苏逸本人也被将军李汤斩杀在车骑将军府内（此处与《晋书·成帝本纪》记载有出入，《本纪》记载苏逸逃到曲阿以后，南逃，被王允之抓获，此处据《晋书·苏峻传》）；温峤率兵尽力进攻敌人的军营，苏峻的儿子苏硕率领数百敢死队渡过秦淮河，与温峤军做殊死搏斗，结果也被温峤部队所杀。

苏逸、苏硕一死，这支流民军立刻变得群龙无首。

与此同时，建康城内发生了大的饥馑，一斗米能卖到一万钱，韩晃等人感到继续待在孤零零的石头城内，只有死路一条，仓促之间，决定舍弃石头城，往东投奔在曲阿的张健。命令下来，军中男女争先恐后夺门而出。石头城的城门很小，而夺路而逃的人又是那么多，结果，发生了严重的踩踏事件，光被自己人踩死的就有上万人。当时的情况极有可能是临时决定东撤，留守城内的士兵根本没有什么心理准备，大家认为，脱离石头城，似乎就意味着距离死亡稍微远了一点。

慌乱而去的苏逸部队甚至根本没有想到要带上小皇帝。滕含冲进石头城以后，他的部将曹据亲自将小皇帝司马衍抱着，跑到了温峤的旗舰上。群臣看到小皇帝到了温峤的船上，也都聚集过来，围着皇帝号啕大哭，叩头请罪。这当然不全是给九岁的小皇帝表示忠心，更多的是让有可能左右将来朝局的有功之臣陶侃、温峤等人看的，目的还是为了自己的身家性命着想。此时，作为引发这次灾难、又抛弃小皇帝的庾亮更感不安，不管怎么说，在举朝以为不可的情况下，是庾亮力排众议要征召苏峻，结果逼反了苏峻，并且，又由于庾亮指挥不当，致使建康陷落，庾太后身死，小皇帝在苏峻的淫威之下战战兢兢地生活了将近一年时间。事变之前，庾亮身为国舅，又有庾太后临朝听政，庾亮可以说是一言九鼎，是实际上的第一执政，而如今，庾太后已经死去，一年多来的苦难不能不让小皇帝对这个惹是生非的舅舅心生厌恨。庾亮在司马衍抵达温峤船上的第一时间就赶到面君，哽咽流泪，叩头谢罪不止。

司马衍让庾亮等群臣一起坐到御榻之上，以示恩宠。第二天，庾亮再次在头上涂抹泥土，到皇帝面前请罪，请求皇帝准许他提前退休，带领全家远远迁居深山老林。司马衍派尚书、侍中等亲自写下手诏，劝说："这是社稷之难，不是舅舅的责任。"

看到皇帝不咸不淡的劝慰，庾亮再次上书，对先前发生的事情又作一番深刻的总结和自我批评，主要说：自己只是个"凡鄙小人，才不经世"，仅仅因为亲戚关系，才升为高官。先帝生病的时候，自己亲自服侍先帝吃药，从而受到先帝的"顾命"，这也是因为我有这层关系。接着，庾亮说自己接受顾命的时候，就深感自己能力不够，之所以勉强接受，是因为即便是农夫之间的友谊也会好好完成朋友的临终嘱托，更何况我与先帝之间不仅“情同布衣”，而且还有“君臣之义”，再加上当时皇帝你还年少，先太后临朝，我作为舅舅这一层特殊关系，所以才“激节驱驰，不敢依违”。然后，庾亮继续检讨自己“才下位高，知进忘退，乘宠骄盈，渐不自觉”，进而造成“四海侧心，谤议沸腾”。

庾亮上书的第一段可以说是既表明心迹，同时又一再提醒、暗示自己与小皇帝的特殊关系，然后，庾亮直接承认苏峻之乱“事由臣发。社稷倾覆，宗庙虚废，先后以忧逼登遐，陛下旰食逾年，四海哀惶，肝脑涂地，臣之招也，臣之罪也”。恳切地表示：“朝廷寸斩之，屠戮之，不足以谢祖宗七庙之灵；臣灰身灭族，不足以塞四海之责。”自己是从古到今，最为不忠不孝的臣子，即便是朝廷不杀了自己，自己“亦何颜自次于人理”！

最后，庾亮表示“欲自投草泽”，希望皇帝抛弃自己，让自己自生自灭。

庾亮的这番表白，看上去情真意切，但仔细分析下来，不过是一种以退为进的策略：叛乱平定以后，论功行赏、惩罚祸首，将很快提上朝廷的议事日程，作为引发此次动乱的庾亮，无论如何也难辞其咎，自己提前承认错误，也是争取主动之举，如果小皇帝表示原谅，那么，庾亮手握着皇帝的诏书，其他大臣自然要三缄其口，也就没有办法再追究自己了。庾亮的上书第一段说的十分诚恳，好像是先帝硬拉着自己辅政似的，这当然可以骗骗年龄尚小的司马衍：此时的他似乎忘了自己“直入卧内”，从南顿王、西阳王手里夺权的事了。

果然，司马衍看了庾亮的上书，下诏给这次变故产生的原因定了性，他说：苏峻、祖约“今年不反，明年当反，愚智所见也。”因此，“舅与诸公勃然而召”，“论情与义”，也不能说你是不忠的。况且，你亲自身披铠甲与敌人搏斗，如今大乱平定，也正是舅舅与众位大臣努力的结果，正要论功行赏，怎么还要说过去的错误呢？况且，现在天下疲敝，强寇就在对岸，舅舅正要继续奉行先帝顾托之意，共济艰难，让我好有个依靠。

有了司马衍的这个诏书，庾亮的心应该是放下了。

八九　平定大乱（二）

除了庾亮，曾经身处苏峻阵营中长达七个多月的司徒王导，也有着惊人的表现。

刚刚收复石头城，王导就让手下人四处寻找自己匆忙之中没有带走的符节。这个符节还是在司马睿时期，王导被任命为右将军、扬州刺史的时候朝廷发的，当时，王敦是大将军，王导是扬州刺史，王氏家族可谓是如日中天，此时，王导让人找回自己的符节，似乎也是向那些有功之臣表明自己的地位。

对此，陶侃十分看不惯，他当面嘲笑王导说："你的这个符节，好像不是苏武的节！"苏武于汉武帝天汉元年持节出使匈奴，被单于扣留不遣，苏武持汉节牧羊十九年，才回到中原。陶侃的意思很明白，就是在无情地嘲讽王导和光同尘，并将小皇帝丢下自己逃跑的丑恶行为。

听到陶侃的讽刺，王导没有想到自己此举反而弄巧成拙，脸"唰"一下子就红了，赶紧让人把那把符节藏了起来。

此时，虽然收复了建康，但是，苏逸、苏硕的那一把火已将台城烧得精光，朝廷只好以建平园（原皇宫后面的苑城）作为皇宫。

在初步安顿下来以后，朝廷就开始了对叛逆的追究。

首先将赞颂苏峻的西阳王司马羕赐死，并将司马羕的世子司马播、儿子司马充、孙子司马崧以及首先逃往苏峻部队的彭城王司马雄斩首。这自然还可以看作庾亮与南顿王之间争斗的余波，因为，朝廷给西阳王司马羕的罪名是称述苏峻的功绩，然而，在长达一年的时间里，混迹于苏峻朝廷中的大臣中称述苏峻功绩的，照理说当不在少数。

其次，诛杀苏峻参军任让。任让与匡术是最先劝说苏峻反叛的人，任让可以说是苏峻的得力爪牙，是他从小皇帝的怀中抓走了钟雅和刘超，这让司马衍一直耿耿于怀。不过，任让与陶侃是老交情，并且，他一直对老乡太常华恒十分关照，使在建康沦陷期间华恒免遭毒手，因此，当司马衍要杀掉任让的时候，陶侃出来求情，但是，小皇帝没有顾及陶侃的感情，他说："此人是杀了我的侍中、右卫的人，绝不能饶恕！"陶侃感到年少皇帝的心愿不能违背，以免有无穷之患，也就不敢争执了。

最后就是处分湘州刺史卞敦。卞敦虽然是卞壶的堂兄，但是，卞壶一门死节，而卞敦在整个平叛过程中，却一直表现得十分消极。温峤发出勤王文告以后，卞敦一直没有发兵东下，不仅如此，他还拒绝给勤王军提供军粮，直到最后，他才派了自己的都护荀邃带了几百兵丁随着大军，这对于一个大州而言，是十分不正常的。因此，"朝野莫不怪叹"，尤其是陶侃是"切齿恨之"。他上书朝廷，称卞敦拥军观望，不赴国难，没有大臣之节，应该收付廷尉，予以严厉惩罚。此时，王导出来替卞敦说话了，他认为，丧乱之际，应该多加宽恕，请求将卞敦转为安南将军、广州刺史，但卞敦称病不去，朝廷又将其改任光禄大夫、少府。

处理卞敦一事，是继陶侃嘲弄王导之后，两人的第二次博弈。

仔细分析史料，我们就可以看出隐藏在这一风波背后的一些深层次问题来：我们先看一看卞敦的简历，从《晋书·卞壶传附卞敦传》中，我们发现，卞敦和卞壶都是山东人，与王导是老乡，卞敦曾任司马越的主簿，后为征南将军山简的部下，山简死后，卞敦被王敦请为军司，在王敦专权之时，王敦任命他为征虏将军，都督石头城诸军事，是王敦监视建康的得力助手。因此，虽说他是卞壶的堂兄，却一直与王导家族走得很近。

由此看来，在苏峻之乱前，庾亮、王导等人将他安排为湘州刺史，除了牵制陶侃以外，就王导个人利益而言，似乎与王舒的作用有相似之处，那就是为王氏家族多安置一个落脚之地，或者叫实力砝码。因此，当王导本人尚在建康城内、政治态度不十分明朗的情况下，卞敦自然是不肯出兵加入勤王军了。如今，如果严惩卞敦，兴许能抖露出王导与其之间可能的秘密，这就是王导倾力保护卞敦的根本原因。

而对于陶侃而言，提出严惩卞敦，当然是在敲山震虎，陶侃还有他自己的目的。湘州本属于荆州，只是到晋怀帝永嘉元年才一分为二，对于如今的荆州来说，湘州就如同一只卧虎，时刻掣肘着荆州，陶侃早想将湘州纳入自己的囊中。如今弹劾卞壶不过是项庄舞剑，因此，当王导提出把卞敦调往广州以后，陶侃就不再说话了，双方都十分清楚各自的需要。话说回来，在平定苏峻之乱中，陶侃又何尝不是首鼠两端呢？对此，明代文人贝琼在他的散文《运甓斋记》上就说：“侃之夷大难，立大功，亦由温峤辈激以天下之大义，不相异同，故侥幸石头之捷，如其中为进退，事几败于垂成，则何异于敦乎？”

在陶侃的要求下，二月二十九日，朝廷决定撤销湘州，并入荆州，此时的陶侃还没有受到朝廷的正式赏赐，就已经毫不费力地得到了原来湘州的八郡。

除了陶侃与王导之间的过招之外，就迁都问题，朝中大臣也发生了激烈的争吵。此时的建康被苏峻部队一把火烧得干干净净，国库空空如也，城内还闹着饥荒，因此，迁都一事自然就提上了议事日程。

温峤建议迁都自己的江州豫章，而三吴之地的豪强则主张迁往三吴地区，双方的理由大致都是建康已经不堪皇帝居住，而江州和三吴地区都粮食丰饶，足以维持朝廷的运转。不过，王导身兼扬州刺史，在建康经营多年，他当然不愿意迁都，他说：“过去孙权和刘备都曾经说过，建康是帝王之居，古代的帝王不会因为物质丰厚或者缺乏就迁都，如果能够做到重视农业，厉行节约，物质暂时缺乏又有什么可担忧的呢！如果不从事农业，那即便是乐土也会变成废墟。况且，如今北方的胡人正时刻窥伺我方的破绽，一旦迁都到蛮越之地，示弱于人，我担心这不是什么好方案。现在，我们就静以待之，百姓自然就安定了。”迁都之议就不再提了。

王导、庾亮想任命孔坦做吴郡太守，孔坦认为自己资历很浅，不能去大郡任职。这当然是台面上的官话，要知道，此前是庾亮的弟弟庾冰为吴郡太守（吴国内史），苏峻时任命蔡谟为吴国内史，当蔡谟听说庾冰率领会稽的部队打回时，就主动腾出了位置，以免取祸，此时，庾亮因为要显示自己的谢罪之心，虽然庾冰的功劳很大，不仅在东面战场上出力很多，而且，在石头城之战中，也是庾冰的部将滕含所部立了大功，但是，庾亮仍然让兄弟们都辞去了官职，一向聪明的孔坦岂能如此不知手眼高低？看孔坦坚决推辞，庾亮、王导就想让孔坦做丹阳尹。当时乱离之后，物资短缺，丹阳尹的职务是解决首都老百姓生活的，在这种情况下，是很难当的，孔坦又是坚决推辞不做，但是王导仍然不同意，最后，把孔坦逼得火了，他愤慨地说：“过去先帝临死的时候，你们亲自坐到御床之上，共同接受遗诏。我孔坦既疏远，又微贱，不在接受顾命之列。现在有了艰难，却让我走在头里。难道说我孔坦是案板上的鱼肉，任人宰割嘛！”拂袖而去，说得王导等人瞠目结舌，只好作罢，于是，任命他为吴兴太守，而任命褚翜为丹阳尹。史书记载："时京邑焚荡，人物凋残，翜收集散亡，甚有惠政。"

撇开建康中的纷扰不提，我们再去看看逃亡曲阿的韩晃等人。

此时，在此地的张健接纳了原管商的残部，但是，张健又怀疑管商的旧将弘徽等人不服从自己，将其全部诛杀，然后，与韩晃等人合兵一处，准备往西南逃往浙江、江西一带的深山密林之中。他们全军共计两万多人乘着船只从延陵（今江苏省丹阳市南）向长塘湖（今江苏省宜兴市西北）进发，船中满载着掠夺来的不计其数的金银财宝，此时，王舒的儿子王允之已经被陶侃任命为都督吴郡、义兴、晋陵诸军事，他率领勤王军跟踪追击，在长塘湖大破张健、韩晃部队，俘虏男女近万人。剩下张健、韩晃、马雄等人率领轻装部队从陆路继续南逃，企图逃往故鄣（今浙江省安吉县），郗鉴派遣参军李闳带着精锐部队继续追击，终于在严山（《资治通鉴》记作"平陵山"，今江苏省溧阳市南）一带追上了韩晃等人。

本来郗鉴在广陵之时，兵微将寡，又随时面临石勒部队的进攻，但是，自从石赵部队渡过淮河、进攻寿阳以后，淮河中游地区的居民大量南渡长江或者向东流入郗鉴治下的广陵或者京口地区，这些流民大多是青州、兖州、徐州和当地的居民，也十分骁勇善战，因此，郗鉴所部在此次平叛中是越战越强。

李闳的部队对盘踞在严山上的韩晃等人发起了猛烈的进攻，张健等人均不敢下山接战，只有猛将韩晃一个人自知必死，他缓步从山头上迎着蜂拥而上的李闳部队而下，只见他身上带着两袋弓箭，手持一把椅子，依托着椅子，弯弓射杀上山的李闳士兵，他箭无虚发，杀伤很多勤王军士兵，一直到把箭全部射完，蜂拥上来的勤王军士兵才将其斩首。而走投无路的张健等人只得投降，杀红眼的李闳士兵也顾不了许多，将其全部斩首，传首建康。

这是咸和四年（公元 329 年）二月下旬的事，至此，从咸和二年（公元 327 年）十一月到今天，历经一年零四个月的苏峻之乱终于被彻底平定。

九〇 论功行赏

在刚刚平定了叛乱之后不到一个月，朝廷正式开始了评定苏峻之乱中诸人的功劳。论功行赏程序，其实又是一场权力和势力范围划分的博弈过程，其间明明暗暗又穿插出许多钩心斗角的故事来。

在苏峻之乱前，建康政治核心是王导、庾亮、卞壶三人，如今，尚书令卞壶死去，庾亮尚是待罪之身，而王导先附贼后逃归，功过相抵。而在平定苏峻之乱中，实际功劳最大的当属温峤，如果没有温峤的坚持，也许就没有今天。于是，朝议就出现了一种留温峤在建康辅政的声音。

史书没有明言这种声音出自何处，但是，从当时的情况分析，这种声音极有可能是来自庾亮。因为，以庾亮自己现有的政治形象，加上自己的妹妹庾文君已经死去的事实，考虑到一天天长大的晋成帝，庾亮如果继续留在朝中，将再无出头之日。那么，要驻节地方却也没有合适的位置，扬州，那是王导的地盘，王导长期担任扬州刺史，势力盘根错节；兖州、徐州，如今是司空郗鉴的地盘，而郗鉴与王导唇齿相依，正处于蜜月期；湘州更不要说了，已经作为对陶侃的安抚，拱手送给了陶侃；交、广两州，那历来是次等士族屯聚之地，对于高门而言，则形同流放。如今，只有江州是最合适的地方了。此时的江州包括了今江西、福建等地，《隋书·食货志》说到东晋仓储时说："在外有豫章仓（今江西省南昌市）、钓矶仓（今江西省都昌县）、钱塘仓（今浙江省杭州市），并是大贮备之处。"可见，江州的粮谷充实。据《晋书·刘胤传》的记载："自江陵至于建康，三千余里，流人万计，布在江州。"由于石赵帝国趁着东晋内乱而渡过淮河，致使淮河流域的流民不能进入建康等近畿地区，一方面流入广陵、京口地带，另一方面则大量涌入到了江州，同时，江州是连接荆、扬之间的重要枢纽，荆州有了江州，将直接虎视建康，而建康如果掌握江州，则荆州势难觊觎朝廷，因此，地位非常重要。而庾亮要想得到江州作为自己的落脚之地，就只能用明升暗降的办法，将温峤提拔到中央。

不过，这种内心的隐秘是不足以给外人道的，庾亮压抑着悸动的心，还要继续向小皇帝和全体朝臣表演，以表明自己真挚的忏悔之心和毫不贪恋权位的姿态。于是，就在大家各自盘算着下一步朝廷的格局的时候，庾亮却又一次作出了一个惊人之举：他带着自己的宗族乘着船竟然从江阴出海了！

庾亮此举是为了向大家表明，自己要逃窜山海之间，并非虚言。朝廷得知消息以后，赶紧派所在的地方官截获船只，劝说他回到建康。

大约在朝廷还没有正式论功行赏的时候，陶侃得到了湘州八郡以后，就旋军西返了，他需要忙着安顿新到手的湘州。为了更好地控制大荆州地区，并对朝廷施加相应的影响，陶侃上书朝廷称，江陵地处偏远，请求移镇巴陵（今湖南省岳阳市）。朝廷只得同意。

而实际上的第一功臣温峤却不愿在庙堂之上。

他深知，自己南渡较晚，当时是带着姨夫刘琨的劝进表只身来到建康的，在建康素无根基，并且资望很浅，尤其是自己南渡以后，母亲在北方去世，自己不曾归葬，一直成为礼法之士们恶意攻击的口实。在苏峻之乱之前，太常孔愉还因此将温峤的品级降了下来，苏峻之乱刚刚平定，孔愉就来到石头城谢过，温峤抓住孔愉的手，流着眼泪诚恳地说："天下丧乱，忠孝之道被废。能够坚守古人的气节，岁寒而不凋者，只有您一人啊！"这当然是温峤宽厚之处，不过，也反过来说明温峤在朝中是没有多少根基的。如果说能够迁都豫章自己的辖区，留在朝中同时又兼任江州刺史，那自然是可以接受的，但是，正如吕思勉先生所说："其实，迁会稽有远窜之嫌，迁豫章则更可进居上流，实于恢复之计为便。三吴之豪不免乡里之见，温峤则纯处于公忠体国之诚。导之所以不肯迁都者，迁都则必有新起握权之人，不如率由旧章，便于把持也。"迁都之议被王导否决，也让温峤认识到在建康王导的势力之下，无法真正有所作为，倒不如做一名地方的实力派。

于是，温峤以王导是先帝所任用为由，坚决要求回到江州。

在出现了这两三个小插曲之后，咸和四年（公元 329 年）三月十日，朝廷下诏，陶侃作为盟主当然功劳第一，第二为郗鉴，第三为温峤。任命陶侃为侍中、太尉、加羽葆鼓吹，改封为长沙郡公，邑三千户，赐绢八千匹，加授都督交州、广州、宁州三州诸军事，合原来的雍州、荆州、益州、梁州共为七州诸军事，其实，如果再算上已经没有了的湘州，应为八州诸军事。任命郗鉴为司空，加侍中，解除了郗鉴战时的都督扬州八郡诸军事，封为南昌县公，将原来所封的东安县伯封给郗鉴的二儿子郗昙。《世说新语·言语》也记载了这件事：郗太尉拜司空，语同坐曰："平生意不在多，值世故纷坛，遂至台鼎，朱博翰音，实愧于怀。"任命温峤为骠骑将军、开府仪同三司、加散骑常侍，封始兴郡公，邑三千户。其余有功人员均进行了封赏，王导不赏不罚。

而把庾亮请回来以后，庾亮要求自己出镇在外，效命疆场，于是，朝廷任命庾亮为持节，都督豫州、扬州之江西、宣城诸军事，平西将军，假节，豫州刺史，领宣城内史，驻扎在芜湖。庾亮被任命为平西将军以后，他原来的护军将军职务，又交给他的表兄弟褚翜。《资治通鉴》胡三省注："豫州、扬州之江西：淮南、庐江、戈阳、安丰、历阳等郡也。宣城郡属扬州。"庾亮都督范围包括侨立的豫州，更包括本属于扬州的江西诸郡以及扬州江东的宣城郡，也就是说，庾亮把王导的扬州挖了一部分出来。不仅如此，我们还可以清楚地看到，庾亮牢牢地控制了建康的上游，与昔日屯驻于湖的王敦、历阳的苏峻如出一辙，虽然庾亮名为是"求外镇自效"，但是，庾亮的军队朝发而可夕至建康，实际上完全能够掌握朝权，再考虑到褚翜作为丹阳尹、中护军的因素，庾亮此举表面上是对王导的退让，其实，是可以把身处建康的王导压得喘不过气来的。

此时，如果按照西晋武帝泰始元年设置的八公的顺序，那么，东晋帝国地位最高的三位臣子依次是：太尉陶侃、司徒王导、司空郗鉴，他们均能称作宰相。因为，在南北朝时期，官职历来是因人而设，政出多门，《文献通考·职官考三·宰相》是这样描述南朝时期的宰相的："按此则或掌机密，或录尚书，或综机权，或管朝政，或单侍中，或给事中，或受顾命，皆为宰相也。"

王导也想将自己的救命恩人、原苏峻的投诚将领路永、匡术、贾宁等人进行封赏，这当然是想培植自己的势力，但是，却遭到了温峤的断然拒绝，他说："匡术等人最先反叛，罪恶滔天。虽然最后悔悟，但不足以弥补先前的过错。能够保全他们的脑袋就已经万幸了，怎么能再给这些人以封赏呢！"在大义面前，一向善于诡辩的王导也登时变得无话可说，不过，等温峤死后，王导还是把这些人拉到了司徒属下，宠爱有加。

经过一番博弈，庾亮、温峤等人都各自上任去了，在这场博弈中，王导失掉了一部分扬州的地盘，他的堂弟会稽内史王舒也很快去世了，这让他不禁哀叹王氏家族后继无人，眼下，他需要的是继续忍耐，再伺机夺回失去的权力。

九一　温峤之死

除了封赏生者，还要褒赠死者。

首先就是尚书令卞壶父子三人的问题。司徒王导开始的时候，仅仅追赠卞壶为左光禄大夫，加散骑常侍，据《晋书·职官志》的记载，左光禄大夫不加开府仪同三司的，是二品，也就是说与王导同受顾命的卞壶，死难以后赠予的官职还没有王导生前的官职大，这当然是王导对卞壶耿耿于怀的表现。等到拟出的草案出来以后，卞壶的原下属尚书郎弘讷感到十分不公平，他愤然上书说："为国而死之臣，历来是各朝所重的，卞令忠贞之节，应当书于竹帛，今天的追赠不负众望，应该加到鼎司重臣的位号。"王导看到奏疏，赶紧改为追赠骠骑将军、加侍中。弘讷仍然上书说："事亲莫大于孝，事君莫尚于忠。卞令历侍三朝，尽忠尽节，危难之时，生死以之。受顾命之重，居端右之任，正色立朝；亲对贼锋，父子同时毙命，可谓破家为国，请求比照嵇绍的规格，符合既有的规定，让天下人安心。"在弘讷的坚持下，王导只得改赠卞壶为侍中、骠骑将军、开府仪同三司，谥号为忠贞，祭祀以太牢。赠世子卞眕为散骑常侍，卞盱为奉车都尉。追赠桓彝为廷尉，谥号为简；刘超为卫尉，谥号为忠；钟雅为光禄勋，其家贫穷，诏赐一百匹布；羊曼为太常；陶侃世子陶瞻为大鸿胪，谥号为愍悼世子。

虽然否决了迁都之议，但是，面对残破的建康，朝廷还是要想出渡过难关的办法。当时的宫中库藏空虚，只有几千端练，拿出去卖，也卖不动，可朝廷却再无其他经费保证正常运转。王导为此很头痛，于是，他就与朝中其他大臣一起制作了练布的单衣，一时间练布单衣成为建康最时尚的服装，人们都竞相校仿，到处求购练布，这时，王导就让负责的人将宫中的练布高价出售，竟然卖到一端一金的价钱，解决了朝廷的燃眉之急。

除了王导以外，温峤也从他处借来钱财、物资，并将军中带来的大部分器物都留给了政府，这才依依不舍地旋师武昌。

当温峤西上的大军走到牛渚的时候，那里水深不可测，当时的人们都说水下常有妖怪出没，温峤命人点燃犀牛角，往水下照看，传说，一会儿就看到水下的水族奇形怪状，还有乘着马车穿着红衣的，当天晚上，温峤就梦见一人十分恼怒地对自己说："我与你人神异路，为何要照看我呢？"温峤过去就患有牙痛病，此时，命医生将病牙拔掉，结果，却因此中风不起，到武昌不到十天，就去世了，享年仅四十二岁。后人有诗："温峤南归辍棹晨，燃犀牛渚照通津。谁知万丈洪流下，更有朱衣跃马人。"

东晋初期的名士很多，卫玠、王承号称为过江名士之首，不过，卫玠二十七岁就死了，而王承也没给我们留下太多的事迹，虽然在当时因为"绝裾"一事，温峤被当时的名流视为名士中第二流之首，但是在我看来，温峤温太真才堪称一位真性情的名士。我们不由得又想起庾敳曾经对温峤的评价："峤森森如千丈松，虽磊砢多节，施之大厦，有栋梁之用。"温峤确实是国之栋梁，他死后，江州百姓听到这一噩耗，无不掩面哭泣，成帝下诏充分肯定了温峤在苏峻之乱中的首功，称其为"首启戎行"，"功格宇宙，勋著八表"，并追赠他为侍中、大将军、持节、都督、刺史，公如故，赐钱百万，布千匹，谥曰忠武，祠以太牢。

开始温峤被安葬在豫章，后来，朝廷追思温峤的功德，想为他在晋元帝和晋明帝的陵墓北面再造一座大墓，陶侃上表劝阻说：温峤临终之时，给我写信道别，我一直珍藏着，如今每每打开阅读，未尝不中夜抚膺，临饭哽咽。"人之云亡，邦国殄瘁。"真的就是说的温峤啊！我如今谨将温峤给我书信抄录上呈，让陛下了解温峤死不忘忠，追恨国耻之心，假如温峤在天有灵，他怎会乐见如今劳费之事。于是，朝廷就没再动，后来，温峤的后妻何氏死时，温峤的儿子温放之将温峤之丧一起迁回了建康，皇帝下诏葬在了建平陵的北面。2001 年 2 月，南京考古工作者在南京市郭家山西端南侧的山坡上发现了温峤墓，出土了温峤墓志等大量珍贵文物，这一发现被称为半个世纪以来魏晋南北朝考古的最大发现。

温峤临死前给陶侃写了书信，按照陶侃的说法，信中的内容大抵与他的前任应詹一样，是勉励陶侃为国尽忠的吧？除此之外，温峤还特意挑选了自己的下一任：刘胤。

此时温峤的军司是刘胤，刘胤与温峤的经历有相似之处，都是来自北方抗胡阵营，温峤来自刘琨，而刘胤则来自邵续；二人也都是因为劝进司马睿登基而来到江南，他们在王氏家族把持的东晋朝廷中，属于边缘化的人物，这兴许就是温峤决定将江州刺史的位置交给刘胤的根本原因。

还在温峤没有回来的时候，因为祖约北逃而辗转南下的祖约原都护戴洋，来到浔阳避难。戴洋是闻名江左的术士，当时，刘胤因病留守在此，他问戴洋："我的病会好吗？"

戴洋回答："我不担心使君你的病情不会好，我只担忧你今年会有大难。你今年四十七岁，而今年又是庚寅年，必有凶患。十二月二十二日不要见客。"

刘胤又问："我将要辞职，和你一起到乡下治病。"

戴洋却又说："你会被任命为江州刺史，是辞不了职务的。"

刘胤说："温大人不回来了吗？"

戴洋说："温大人会回来，正因如此，你才要做江州刺史。"

果然如戴洋所说，刘胤被温峤推荐为继任者。

那么，为什么温峤没有把这个职位让给曾经的好朋友庾亮？是因为他对庾亮寒心了吗？还是让刘胤这个名气不十分高的人在此做陶侃与庾亮之间的缓冲呢？抑或同病相怜？我们不得而知。

不过，我们知道的是，刘胤处在这一多方觊觎的江州，又将迎来天大的灾祸。

九二　扫清外患

回顾苏峻之乱这无比动荡的一年多的时间，我们会问，在苏峻之乱双方争夺最为激烈的时候，假如北方的刘曜和石勒出兵南下的话，东晋可能就要面临灭国的危险，那么，为什么他们没有大举南下呢？此时的刘赵和石赵政权又在做些什么呢？

我们暂且将山雨欲来的江州放在一边，回过头来看一看，在此期间，北中国究竟发生了些什么事情，让偏安江东的东晋能够侥幸地躲过了灭顶之灾。

我们说过，就在晋明帝刚刚讨平了王敦的第二次反叛的时候，刘曜与石虎进行了第一次洛阳会战，这次会战发生在晋明帝太宁三年（公元 325 年）的五月，当时，刘曜大军在金谷夜溃，莫名其妙地败归长安。自从这次大败以后，刘曜帝国的境内就发生了不稳，仇池的杨难敌蠢蠢欲动，而凉州的张骏更是在晋成帝咸和二年（公元 327 年）年初，扔掉了刘曜封给他的凉州牧、凉王的官职，仍然对外宣称为晋大将军、凉州牧，不仅收回了黄河以南的土地，而且，更派武威太守窦涛、金城太守张阆、武兴太守辛岩、扬烈将军宋辑等率众数万，与当时在金城（今甘肃省兰州市）的韩璞会合，一起攻击刘赵帝国的秦州各郡。

刘曜的长子刘胤自从失散回来以后，就被刘曜封为南阳王，负责帝国西部地区的安全。他率军四万组织反击，进屯狄道（今甘肃省临洮县），与凉州部队陷于僵持。凉州的枹罕（今甘肃省临夏县东北）护军辛晏告急，这一年的秋天，张骏命令韩璞、辛岩率军前往解救。

韩璞军度过沃干岭（今甘肃省临洮县北），就看到了隔着洮河的刘胤大军。

辛岩说："我军有数万之众，部队中有不少是氐羌士兵，正可以凭借着氐羌的锐气，速战速决，不能与刘胤打持久战，时间拖长了，就有可能出现意外。"

韩璞却说："夏末以来，星象多有异常，不可轻动。况且刘曜与石勒相攻，刘胤肯定不能长久在此与我军打持久战。”

双方的军队隔着洮河相持有七十多天，一直到冬天的十月，凉州部队军粮吃完了，韩璞命令辛岩从金城督运粮草。

这时，刘胤听到了这个消息，大喜说：“韩璞的部队人数是我方的十倍，但是，羌胡都叛逃了，不为其所用。我军的军粮也即将用完，难以持久。如今敌人分兵运粮，可以说是上天给了我军一个绝好的机会啊。如果击败了辛岩，那么，韩璞自然就溃败了。彼众我寡，必须要殊死战斗。如果我军战败，一人一马都不可能生还，所以，全军将士都要磨利你们的军刀长枪，竭尽全力去战斗！”

听了主帅的这番话，刘胤所部的士气大振。

刘胤命令冠军将军呼延那鸡率领由二千亲御郎组成的精锐骑兵，在沃干岭袭击辛岩的运粮队伍，并顺利地将其击败。而刘胤则乘胜率领大军渡过洮河，直逼韩璞大营，韩璞大军立即溃败。刘胤大军紧紧追击，渡过黄河，攻下令居（今甘肃省永登县），并占领了永登县以北的振武，战役下来一共斩首二万余级。此时，刘汉军队所在的振武仅距离姑臧一百多公里，凉州大为震动，张骏另派皇甫该率军抵御，并大赦境内。凉州将张阆、辛晏都投降了刘赵帝国，均被封为列侯、将军。

此时，刘胤也已经无力灭掉凉州，而是率军撤退到了黄河以南，此战以后，凉州张骏偷鸡不成蚀把米，不仅没有得到秦州，反而失掉了黄河以南的土地。

此时，正是东晋庾亮将要征召苏峻之时，就在这一年，石勒的注意力也不在江南，而在并州地区。他在为下一步进攻刘汉帝国的河东地区做着准备工作，命令从邺城回来的石虎率领大军攻击山西北部的拓跋部落。

拓跋部落我们多次说过，我们也知道，被以后的北魏帝国尊为穆皇帝的拓跋猗卢，有兄弟三个，老大是拓跋猗㐌，拓跋猗卢是老二，老小是拓跋弗。拓跋猗卢统一三部，威震北国，但是，拓跋猗卢于公元 316 年死于儿子六修之乱，政权落入了大哥猗㐌的儿子拓跋普根之手，拓跋猗卢这一支就绝了。普根当了代王一个多月就死了，猗㐌的老婆惟氏又立了普根的儿子，（《魏书·序记》原文为：“普根子始生”，有人认为始生是此子的名字，似误，因为根据以后拓跋普根的弟弟尚且很小的情况，大约可以推断拓跋普根年纪也不大，而此句翻译为他的儿子刚刚降生似乎更为妥当。）数月后又死了。老小拓跋弗的儿子拓跋郁律于同年趁机夺取了政权，至此，拓跋部的实力仍然很强，并与石勒为敌。

拓跋郁律立五年以后，他的婶婶、拓跋猗㐌的老婆惟氏于公元 321 年发动政变，将其杀死，立了自己的儿子、拓跋普根的弟弟拓跋贺傉，因为拓跋贺傉年纪太小，所以太后惟氏主政，与石勒和好，被称为女国使。从此，拓跋部落一直在老大拓跋猗㐌和老小拓跋弗的子孙们之间争斗，拓跋贺傉立为代王五年，到了公元325年，即东晋明帝去世的那一年，拓跋贺傉也死了，于是，惟氏又立了拓跋贺傉的弟弟拓跋纥那。

由于两支不断的争斗，原来从属于统一的拓跋部的其他部落也都纷纷离散，或者各自为政，或者分属不同的阵营，部落再无昔日的辉煌。紧接着，就到了公元327年，也就是东晋苏峻被征召的时候，石勒命令中山王石虎率领五千骑兵越过句注山（陉岭）双方的边界，进攻处于拓跋部落控制的并州北部地区，这一地区还是在公元310年晋怀帝应刘琨之请划归拓跋猗卢之地，时光荏苒，拓跋鲜卑已经占据此地十七八年之久，拓跋纥那出兵与石虎交战，可是，今非昔比，一向天下无敌的拓跋鲜卑骑兵却第一次被石虎的羯族骑兵击败，拓跋纥那被迫将首府迁到大宁（今河北省张家口市宣化区西北），以避石赵帝国的锋芒。

然而，即便是在这种情况下，拓跋纥那仍然不忘内斗，当时，他的堂侄拓跋翳槐，也就是拓跋弗的孙子、拓跋郁律的儿子，逃难在自己的舅家贺兰部，拓跋纥那感到如果不除掉拓跋弗这一支的子孙，自己寝食难安，他派人去贺兰部索要拓跋翳槐，贺兰部的头领贺兰蔼头却拒绝交出自己的外甥，于是，拓跋纥那联合与自己亲密的宇文部共同进攻贺兰部，结果，宇文部兵败，拓跋纥那孤军难以成事，只好又狼狈返回了大宁。

又过了一年多，即到了公元329年，也就是晋成帝的咸和四年，东晋平定苏峻之乱那一年，贺兰部秘密联络诸部大人，将拓跋纥那从代王的位置上赶走，拥立了自己的外甥拓跋翳槐为代王，而拓跋纥那则逃往宇文部避难。

在经过八年之后，拓跋政权又一次从老大拓跋猗㐌这一支暂时回归到了老三拓跋弗的这一支上了。新任的代王拓跋翳槐奉行与石赵帝国和解的政策，他派遣自己的弟弟拓跋什翼犍作为人质来到襄国，与拓跋什翼犍一同迁往襄国的拓跋鲜卑部落就达五千多家，由此可见，当时的拓跋部落已经形同灭国。

而这个拓跋什翼犍就是以后大名鼎鼎的北魏太祖、道武帝拓跋珪的亲爷爷。

自此，刘曜帝国与石赵王国几乎同时将周边的威胁清除干净，于是，在双方几乎同时扫清了外患之后，两者之间一场生死的对决不可避免地就要展开了。

九三　亲征刘曜

历史总有惊人的相似，然而，接下来发生在刘赵帝国和石赵帝国身上的事件，却相似得让人不敢相信。

三年前的洛阳之战的序曲是从河东打到了洛阳，而这次晋成帝咸和三年（公元328年）两国的交锋竟然也是从河东开始打响。去年，双方都解除了边患，刘曜把张骏打得一败涂地，而石勒则把拓跋纥那打得满地找牙，今年，也就是东晋的勤王军正与苏峻打得难分难解之时，刘曜与石勒也将展开一场你死我活的对决。

石勒的计划还是先拿下河东地区，并将其作为进攻关中的跳板。

这是因为，从洛阳西进，将直接面对号称天险的潼关，这历来为兵家所忌，汉高祖刘邦进攻关中的时候，也是避开了潼关天险，而是绕到南阳，西上武关；曹操在建安十六年（公元211年）进攻关中马超、韩遂，在潼关僵持不下之时，也是北渡黄河，抵达河东的蒲坂，然后再由蒲坂西渡黄河，进入关中，让潼关天险失去了作用，这才大破西凉军。因此，蒲坂对于潼关而言，起到一种很好的保护作用，如果西方的势力占据蒲坂，就可以充分发挥好潼关的作用，并能控御东方；而相反，如果东方的势力占据了蒲坂，潼关之险随时就有失去作用的危险。顾祖禹在论述山西形势时说："山西之形势，最为完固。关中而外，吾必首及夫山西。"而此时，在把拓跋部赶出山西北部以后，石勒的目的就是要全取山西，将刘曜在河东地区的势力驱逐到黄河以西，进而威胁关中。

晋成帝咸和三年七月，也就是祖约奔溃历阳之时，石勒命令石虎率领四万大军从轵关（今河南省济源市东南）穿越太行山，向刘曜帝国河东郡发起了进攻。面对石虎的猛烈攻势，刘汉帝国河东地区的五十余县纷纷叛降石虎，石虎大军随即推进到黄河岸边，开始进攻蒲坂（今山西省永济市）。

刘曜深知蒲坂对于关中的极端重要性，他打算御驾亲征，但是，又担心凉州的杨骏和仇池的杨难敌乘虚奔袭长安，他命令河间王刘述征发氐羌部众屯驻在秦州，以防不测。在安顿好后方以后，刘曜亲领大军，发全国所有的精锐部队从卫关（潼关，今陕西省潼关县）北上渡过黄河，前去救援蒲坂。面对刘曜的倾国之力，石虎不敢迎敌，开始组织向后撤退，刘曜一定要雪三年洛阳惨败之耻，他亲率大军猛追，在高侯（今山西省运城市东）追上了石虎的四万大军，双方在此展开了一次空前的大战，结果，刘曜大军击败了石虎军，并阵斩敌将石瞻，战死的士兵尸体绵延二百多里，刘曜缴获石虎军丢弃的军用物资以亿计，而石虎则远远地败逃到朝歌（今河南省淇县）。

与三年前在河东地区取得胜利一样，刘曜决定乘胜南下洛阳，夺回这个曾经属于自己的标志性城市。他率军从高侯东南面的大阳（今山西省平陆县）渡过黄河南下，进攻驻守在洛阳的石赵帝国将领石生，掘开洛阳城西北的千金堨大堤，用水浇灌石生坚守的金墉城，另分遣诸将进攻洛阳东面的荥阳等地，石赵帝国的荥阳（今河南省荥阳市）太守尹矩、野王（今河南省沁阳市）太守张进等都纷纷投降了刘曜，石赵帝国首都襄国十分震动。

张宾死后，石勒最亲信的谋士就是程遐了，但是，程遐的谋略却远远不及张宾，因此，石勒总是不很满意。此时，石勒决定亲征，而包括程遐、郭敖等人在内的所有朝臣都一致反对，他们的理由是："刘曜乘胜气盛，难于争锋，而金墉城内粮食充足，刘曜进攻一时难以攻下。刘曜大军悬军千里之外，不能持久。不可轻动，你一动就不一定会百分之百的安全，那时候，大事去矣。"石勒大怒，手按宝剑喝令程遐等人退下。

盛怒之中的石勒突然想到了一个人，自己曾经的记室参军徐光。

过去，石勒要去苑乡考察，召徐光跟着，但是，徐光却因醉旷工，石勒一怒之下将徐光降职为牙门，等到石勒从苑乡回来，正好徐光值班，徐光看到石勒过来，是一脸怒气，把袖子抖抖，仰着头好像没看到石勒一样。

石勒很是不快，说："我又有哪一点对不起你，你竟敢这般恼火呢？"干脆将徐光夫妻下狱。

不过，石勒还是深知徐光的才能的，此时，石勒下令将徐光释放，对他说："如今刘曜凭借着高侯战胜之势，围住了洛阳，平庸之人都说其锋不可当。可是，刘曜带领十万甲士，攻洛阳却百日不拔，已经师老兵疲，以我刚到的锐气，可以一战而活捉他。如果洛阳失陷，刘曜肯定会攻击冀州，然后从黄河以北，再席卷南下，到时候，我们就完了，但是，程遐等人不想让我亲征，你看怎么办？”

徐光说：“刘曜不能趁着高侯大胜的兵威，直接进攻襄国，却去围困洛阳，这就说明他是没有什么作为的。他悬军这么长时间，还没有得到攻战的收获，如果您亲征，他必然会被击败。定天下大计，在此一举，如今的机会可以说是上天赐予的，天赐却不取的话，灾祸就会降临到我们自己的身上。”石勒听完，笑着说：“徐光说得对！”

不过，这次决战的确是一场生或者死的大决战，石勒在作出最终决定之前，还想听听另外一个人的意见，那就是他十分敬重的大和尚——佛图澄。

各种史料记载的佛图澄的神迹，可谓比比皆是。据说，当时襄国城西北的水源地突然枯竭了，石勒很着急，就问佛图澄怎么才能解决城市用水问题，佛图澄回答：“我命令龙取来水。”就与弟子法首等数人走到水源地，烧香念咒三天，三天以后，枯竭的水源地慢慢地流出了一泫小水，大家都看到有一条长五六寸的小龙随着水游了出来，过了一会儿，水突然大了起来，襄国城内外的沟壑全满了。三年前，当刘岳被俘的时候，远在千里之外的佛图澄就说：“昨天半夜的时候，刘岳已经被俘了。”

此时，石勒又想起了佛图澄，他亲自到佛图澄的寺庙里拜访，佛图澄说：“寺庙里的铃声说：‘秀支替戾冈，仆谷劬秃当。’这是羯语，秀支的意思是指军队；替戾冈是出的意思；仆谷是刘曜的职位；劬秃当是捉的意思。这句话的意思是说：部队出征能够活捉刘曜。”

佛图澄还怕石勒不相信，又让一个小孩斋戒七天以后，亲自用麻油调和胭脂，在自己的手上研磨，然后将手掌让小孩看，小孩脱口而出说：“有很多部队，看见一个高大白皙的人，被人用红绳绑着。”

佛图澄说：“这个人就是刘曜。”

石勒听后大喜，下令亲征，有敢劝谏的斩首。此时已经是晋成帝咸和三年（公元 328 年）的十一月，石勒命令在淮河两岸攻击东晋部队的石堪、石聪率兵北上，与主力会合；命令豫州刺史桃豹等人率领中原等地的地方留守部队全部调往洛阳前线。

这就是为何东晋躲避了一场灭顶之灾的原因，因为，此时的石勒决心同样以全国之力与刘曜做殊死的搏斗了！

九四　生擒刘曜

石勒除了调动淮南、中原的部队之外，他还命令石虎从淇县率军进居石门。

《水经注》记载："汉灵帝于敖城西北，垒石为门，以遏浚仪渠口，谓之石门。而荥渎受河水，亦有石门。"此处所指石门，当为后者，即在荥阳以北。这当然是抢占进攻洛阳东部要点之举，为大军顺利抵达洛阳城下做好攻击准备。与此同时，石勒命令石虎的儿子石邃为左卫将军，都督中军诸军事，而石勒本人则亲统步骑四万主力，直扑金墉城。

此时，已经是公元 328 年的隆冬，黄河河水伴随着凛冽的寒风裹挟着冰块奔腾咆哮而下，石勒将大军的渡河地点选择在淇县南边的延津城的大埸，等到石勒大军抵达黄河北岸渡口的时候，黄河里的浮冰好像减少了很多，石勒很顺利地渡过了黄河，等大军渡完，流冰又蜂拥而下。石勒以为自己得到了神灵的保佑，命大军所渡之处为灵昌津。《读史方舆纪要》称，灵昌津在白马津以西，旧《志》云，在灵昌县东北二十二里。

咸和三年（公元 328 年）十二月一日，也就是南方的苏峻因醉被阵斩后的两个月零六天，石勒的大军全部在成皋关（虎牢关，今河南省汜水县）附近集结完毕，共有步兵六万，骑兵二万七千人。石勒对徐光说："如果刘曜主力集结在成皋关，阻挡我军于严关之下，这是上策；他的中策是依托洛水，阻击我军；如果停留在洛阳，那我们一定能够抓获他。"

而此时的刘曜呢？

刘曜大军从七月一直到如今，已经出外作战了将近半年之久，而一直没能攻下金墉城。高侯之捷给全军带来的喜悦，已经被久攻不下引发的焦躁、无奈、疲惫、厌烦所代替，然而，刘曜却没有适时地安抚士众，只知道整天与周围的佞臣喝酒、赌博。本来刘曜年轻的时候就酗酒，年龄大了以后，酗酒更加厉害，臣下有劝谏的，刘曜竟以为是妖言惑众，一律斩首。等到听说石勒本人已经率军渡过黄河，石虎已经屯兵石门之后，刘曜才决定增加荥阳的守备部队，切断成皋关以北的黄马关，企图阻止石勒大军进入洛阳地区。

此时，石勒已经顺利拿下成皋关。

当石勒发现成皋关并无刘曜的守军以后，他用手指着天空，又指指自己的额头，情不自禁地说了两个字："天啊！"命令全军将铠甲卷起来，让马匹口含小树棍，部队并没有强攻成皋关以北的黄马关，而是迂回至成皋关西南，从位于洛水南边两岸的巩县和訾县之间的空隙地带，昼夜兼程，秘密而又迅速地扑向洛阳。

守卫在洛水的刘曜部队与石勒的前锋发生了一些小规模的战斗，抓获了一些羯人俘虏。刘曜亲自询问："大胡（指石勒）亲自来了吗？他的兵力如何？"被俘的羯人回答："大胡是亲自来的，军容甚盛，不可抵挡。"

刘曜一听，当时脸色就变了，赶紧命令全军撤掉金墉之围，将部队在洛阳西面列阵，南北长达十几里。

石勒得知刘曜在洛阳城西列阵，更加喜悦，他对身边的人说："你们可以祝贺我了！"他亲自率领本部四万步骑，从洛阳南边的宣阳门进入洛阳城，登上了皇宫的太极前殿，并以此作为临时大本营。

十二月五日，石勒在洛阳稍作停留，即部署中山公石虎率领本部三万步兵，从洛阳城北往西进攻刘曜的主力中军，石堪、石聪等各率八千精锐骑兵，从洛阳城的西面往北，攻击刘曜的前锋，双方在洛阳西城南边第一门西阳门附近展开一场恶战。等双方接战以后，石勒则亲统大军，从洛阳西城北边的第一门阊阖门出洛阳城，从背后夹击刘曜部队。

刘曜临战之前喝了数斗酒，将要上马的时候，他平常所骑的大红战马却无故抽筋，无法骑乘，只好又换了一匹小马。等出营的时候，刘曜又喝了一斗酒，于是，刘曜的主力大军也随之来到了西阳门战场。进入阵地以后，刘曜指挥部队，排列整齐。而此时，石聪、石堪等人已经与刘曜的前锋交战多时，当石堪发现刘曜的主力中军正在乱哄哄地忙着布阵，立即抓住这稍纵即逝的天赐良机，指挥自己的骑兵部队撇开刘曜的前锋，突然横向朝尚未做好战斗准备的刘曜主力发起了猛烈的进攻。

尚未进入状态的刘曜大军，面对呼啸而来的石赵骑兵毫无还手之力，瞬间崩溃。喝得昏醉的刘曜任凭小马带着自己往后狂奔，但是，因为刘曜身体强壮，小马不堪重负，跑着跑着，马腿竟然卡到了石缝中，倒地将刘曜摔了下来。刘曜被摔在冰面上，随后赶到的石勒士兵刀枪并举，刘曜身中十几处刀枪伤，其中，有三处是刺穿身体的创伤。重伤的刘曜被石堪生擒，送到了石勒帐下，石勒命令将其传示三军。

第二次洛阳之战，石勒军共斩首五万多级，刘曜士兵的尸体塞满了金谷。石勒下令："我要擒拿的只有刘曜一人，如今已经捉拿，将士们，收下你们的锋芒，给败兵们留一条逃生之路。"

于是，他命令停止了攻击。

石勒将刘曜安置在河南丞的府邸，让外伤科医生李永负责给刘曜治疗伤口，刘曜让人给石勒说："石大王，你还记得我们十八年前，在重门（今河南省辉县西北石门）一起进攻裴整时的盟誓吗？"史料没有留下二人盟誓的内容，推想起来，大约是结为兄弟之类的吧。

石勒让徐光对刘曜说："今天发生的事情，那是上天所为，还提过去那些做什么呢？"

刘曜的伤情十分严重，石勒命令征东将军石邃专门负责护送，并让医生李永同车一起返回襄国。

十二月二十五日，刘曜随着石勒大军一起回到了襄国。北苑集市的三老孙机请求见见刘曜，孙机呈上美酒，对刘曜唱道："仆谷王，关右称帝皇。当持重，保土疆。轻用兵，败洛阳。祚运穷，天所亡。开大分，持一觞。"

刘曜慨然说："好强啊！我当看在这位老人的面子上喝下这酒。"

石勒听到这一幕，不禁有些心酸，他说道："亡国之君，竟落到让一个寻常老头数落的田地！"

石勒将刘曜安置在襄国的永丰小城内，送给他姬妾，派兵严密看管，并派遣三年前被俘的刘岳、刘震等身着光鲜的衣服，带着男女家人侍从，乘马去拜见刘曜。刘曜说："老早就听说你们都被杀了，石王仁义厚道，一直将你们宽恕至今，但是，我却杀了石他，是我先背弃了盟约。今日之祸，是我咎由自取。"留下大家尽情地喝了一天的酒。

石勒让刘曜给他的太子刘熙写信劝降，刘曜只在信中命令刘熙："与诸大臣保护好社稷，不要因为老子我而改变主意。"石勒看到刘曜的信，心里十分不快，过了很久，就把刘曜杀掉了。

刘曜被俘的第二次洛阳之战，与三年前的第一次有着惊人的相似之处：对于刘赵帝国而言，两次都是在河东地区先胜，在洛阳地区后败，洛阳之败不仅是惨败，而且，两次都是败得那么莫名其妙，第一次是金谷的夜惊，第二次是中军的布阵，相同的都是刘曜的主力根本就没有交上手，败得一塌糊涂，败得窝窝囊囊。更令人感到奇妙的是，就在刘曜因酒醉被俘两个多月以前，东晋的苏峻也是因醉被阵斩，刘曜的被俘直接导致了刘赵帝国的灭亡，而苏峻的被杀则导致了叛乱的终结。

我们还记得，在数年前，终南山崩，长安人刘终在山崩之处拾得一块一尺见方的白玉，白玉上写着："皇亡，皇亡，败赵昌。井水竭，构五梁，咢酉小衰困嚣丧。呜呼！呜呼！赤牛奋鞠其尽乎！"当时，大臣们都以为是灭石勒的吉兆，只有中书监刘均解释说这是我国灭亡的征兆，并指出：咢是指咢酉之年，即酉年（鸡年），当有败军杀将之事。而困是指困敦，嚣是玄嚣，都是子年的名号，也就是鼠年，国家将要灭亡。赤牛奋鞠，赤是赤奋若，牛是指牵牛，都是丑年即牛年的名号，说在牛年我国就要彻底灭亡了。我们吃惊地回顾第一次洛阳之战就发生在三年前的公元 325 年，即乙酉年，鸡年，那年刘曜惨败；而刘曜被俘的公元 328 年也正是戊子年，为鼠年。

那么，接下来真的如预言那样，到明年的牛年，即己丑年，失去君主的刘赵帝国就要灭亡了吗?

九五　刘赵灭亡

晋成帝咸和四年（公元 329 年），当江南刚刚平定了苏峻之乱，各巨头忙着重新划分势力范围的时候，度过严冬的石勒也在策划着给予刘赵帝国以最后的打击。

不过，假如没有刘赵帝国内部的混乱，他的灭亡似乎不会来得那么快。实践证明，失去刘曜的刘赵帝国上层，已经从内心方寸大乱了，虽然刘胤饱经磨难，但尚不具备驾驭全局的能力，而长期长于深宫、舞文弄墨的太子刘熙更难以适应这一乱世，他们不仅没有让自己的属民感到镇定，反而将自己的恐慌带给了全体的臣民，刘熙、刘胤和刘咸等刘赵帝国的高层决定放弃长安，退保陇西的秦州！

也许作出这个决定的原因在于，刘曜带走了全部的精锐部队，这让刘熙等人感到不如远远的躲避，以苟延残喘。但是，从以后发生的事情上来看，实际情况似乎并非如此，长安城内尚有数十万部队。那么，究竟是什么原因促使这兄弟两人要放弃长安西逃呢？此时，石赵帝国并没有主动出兵进攻长安，而潼关等天险似乎也还在刘汉帝国之手，唯一的理由可能就是：无能和胆怯！

当刘胤等人提出此议的时候，尚书胡勋提出异议，他说："现在我国虽然失去了君主，但是，领土并没有受到一点损失，将士仍然忠于国家，不曾离叛，正应该集中力量，防守险要，一旦失败，再退不迟啊！"刘胤不从，反而以为胡勋阻扰大计，一怒之下，将其斩首。

此时的刘赵帝国高层已经失去了正确判断能力，在咸和四年二月，也就是在陶侃等人攻下建康的时候，刘汉帝国大司马刘胤等人率领百官逃奔上邽。太子刘熙将首都都放弃了，还有什么不能放弃的呢？刘厚、刘策等方镇大员们也都纷纷丢下各自防守的城池，逃到上邽（今甘肃省天水市）。即使在和平时期的迁都行动都会引发一系列的动荡，更何况在这败军杀将的危难之时，一时间关中地区一片混乱。

刘汉帝国蒋英、辛恕拥众数十万，占据了长安，并派出使者去石赵帝国投降，请求石勒派兵进入长安，石勒命令驻守洛阳的石生率领洛阳的部队，兵不血刃地控制了长安。

刘胤等人自乱阵脚，让石生轻松地占领了长安，可是，等到石生占领长安以后，到了咸和四年（公元 329 年）八月，刘胤、刘遵又率众数万，从上邽（今甘肃省天水市）出发，屯兵雍城，要夺回长安。陇东（今甘肃省平凉市西北）、武都（今甘肃省成县）、安定（今甘肃省泾川县北）、新平（今陕西省彬县）、北地（今陕西省铜川市耀州区）、扶风（今陕西省眉县）、始平（今陕西省兴平市）诸郡的胡人和汉人都起兵响应刘胤。刘胤这一系列举措简直就是莫名其妙，可谓是庸人误国。

去时容易，再来就难了。

刘胤大军进至仲桥（今陕西省礼泉县），而石生则固守在长安。石勒闻讯，立即命令石虎率领二万骑兵，星夜兼程，入关解救长安的石生。

一见到石虎的精锐骑兵，刘胤就开始胆寒，双方尚未接战，刘胤即命令部队向西北撤退，石虎则率军追至义渠（今甘肃省宁县、西峰市一带），大破刘胤军，刘胤部队被杀五千多人，刘胤本人狼狈地逃回了上邽。

石虎并没有给其喘息的机会，他乘胜追击，一直追到上邽城下。他一路边追边杀，近千里上都布满了刘胤士兵的尸体，等石虎大军抵达上邽城下，上邽顿时惊溃。在石虎进攻上邽之前，西保陇山的氐王苻洪归降，石虎大喜，拜其为冠军将军，把秦州以西地区的事务委托给他，并上书石勒任命苻洪为监六夷军事；羌族头领姚弋仲也从陇上投降石虎，石虎攻克上邽之后，姚弋仲对石虎说："明公握兵十万，功高一时，正是行权立策之时。陇上多豪杰，秦地民风彪悍，国家安定的时候，最后归附，国家变乱的时候，最先叛变。因此，应该将陇上的豪杰都迁徙到襄国。"石虎接受了，并启奏石勒任命姚弋仲为代理安西将军，六夷左都督（旧史以为六夷是指：匈奴、羯族、氐、羌、鲜卑、巴蛮，此处当为概指）。

石虎将太子刘熙、南阳王刘胤以及大小诸王、大臣、公侯共计三千多人，全部抓获，也全部斩杀；将未被杀的文武官员、关东流民、秦雍大族共计九千多人全部迁到襄国；同时，又在洛阳将抓获的五郡匈奴屠各贵族共计五千多人，也全部活埋。石虎斩杀刘氏皇族和屠各贵族，其目的就是为了斩草除根，从根本上消除匈奴族咸鱼翻身的机会。

自公元 318 年十月，靳准之乱、刘曜登基为帝至今，整整十一年。刘赵帝国于公元 329 年（己丑年）灭亡了——正应了数年前终南山白玉上的谶言。

九六　石勒称帝

石虎攻克上邽之后，派遣主簿赵封将缴获的传国玉玺、金玺、太子玉玺各一枚，送给了身在襄国的石勒。

石虎在上邽又出兵进攻河西的集木且羌，俘获数万，秦州、陇上全部平定。张骏则趁着刘曜被俘，又收复了黄河以南之地，一直到狄道（今甘肃省临洮县），并设置了武街（今甘肃省临洮县东）、石门（今甘肃省临夏县西南）、候和（今甘肃省固原县北）、漒川（今青海省东南部）、甘松（今青海省东南部）五屯护军，与石勒为界。石虎又将十五万落关中的氐羌迁徙到司州和冀州。就这样，石勒粗定了北中国。

晋成帝咸和五年（公元330年）二月，石赵帝国的群臣都以为石勒功业既隆，宜上尊号，以石虎为首奉皇帝印绶，请求石勒即位为帝，石勒不同意。石赵帝国群臣再次强烈要求，石勒终于同意称赵天王，代行皇帝职权。此年，石勒年龄五十七岁。

回顾起来，太安年间（公元302年到公元303年），将近三十岁的石勒被作为奴隶卖到冀州，于永兴初年（公元304年），他召集王阳、夔安、支雄、冀保、吴豫、刘膺、桃豹、逯明共八骑为群盗，后来，郭敖、刘征、刘宝、呼延莫、张噎仆、郭黑略、张越、赵鹿、支屈六、孔豚十人又加入，石勒手下共有这十八骑。永兴二年（公元305年），成都王司马颖被杀以后，司马颖的旧将公师藩起义，时年三十二岁的石勒作为汲桑的部下加入公师藩的队伍，从此，石勒从一个打家劫舍的群盗登上了中国的政治舞台。两年以后，到了永嘉元年（公元307年），汲桑被乞活军所杀，石勒则投奔了并州的刘渊。又过两年（公元309年），石勒被刘渊委以山东之事，连下巨鹿、常山，部众达十万人，并注重接纳汉族士大夫，成立了君子营，引张宾为谋主，其年，石勒三十六岁。此时，石勒就想经营冀州，却被王浚引段氏鲜卑大军击败，被赶出了冀州，石勒只好渡过黄河南下，在豫州，他相继攻陷南阳、襄阳等地，收降侯脱等当地流民军，军威复振。到永嘉五年（公元 311 年），时年三十八岁的石勒所统领的大军已经成为刘汉帝国一支力量很强的主力部队，就在这一年的四月，石勒大军于苦县宁平城歼灭了晋太傅司马越的主力部队，此时，距离石勒起兵之时仅仅七年时间。

在歼灭了司马越的主力部队以后，石勒曾经打算经营江南，但由于军中大疫、断粮，只得听从张宾之计，再次北上经营河北。在永嘉六年即公元 312 年占领了襄国。从那时起直到今天，已经过去了整整十八年。在此期间，他在公元 314 年灭掉王浚，在公元 316 年赶走刘琨，在公元 318 年平定刘汉帝国靳准之乱，并于公元 319 年称号赵王，那一年，他四十六岁。又一个十年过去了，如今的石勒已经剪除北中国的群雄。

石勒从赵王晋升为赵天王以后，尊其爷爷邪为宣王，父亲周为元王，立正妻刘氏为王后，世子石弘为太子。封其子石宏为使持节、散骑常侍、都督中外诸军事、骠骑大将军、大单于、秦王；左卫将军石斌为太原王；小儿子石恢为辅国将军、南阳王。封中山公石虎为太尉、守尚书令、中山王，邑万户；石生为河东王；石堪为彭城王，石堪本姓田，被石勒收为养子；封石虎之子石邃为冀州刺史、齐王、加散骑常侍、武卫将军；石虎儿子石宣为左将军；石虎儿子石挺为侍中、梁王。又任命左长史郭敖为尚书左仆射，右长史程遐为尚书右仆射、兼吏部尚书，左司马夔安、右司马郭殷、从事中郎李凤、前郎中令裴宪，均为尚书，参军事徐光为中书令，领秘书监。其余文武，都依次封赏，共封赏开国郡公文武二十一人，侯二十四人，县公二十六人，侯二十二人，听从侍中任播等人的建议，以水为德，旗帜红色，祭祀用牲畜为白色，以子月祭祀土地神，以丑月祭祀众神。

石勒下令："从今往后，有疑难大事部长级官员和中央中级官员一律到东堂开会讨论，遇到紧急或者军国要务，可以不分寒暑，不分昼夜，随时进宫面奏。"

又过了半年，石赵帝国群臣再次请求石勒即皇帝位，于是，在咸和五年即公元 330 年的九月，石勒正式即皇帝位，大赦境内，改元建平，追尊其高祖为顺皇，曾祖为威皇，祖为宣皇，父亲为世宗元皇帝，母亲为元昭皇太后，立妻子刘氏为皇后，定昭仪、夫人位为上公，贵嫔、贵人相当于列侯，各一人；三英、九华，相当于伯爵；淑媛、淑仪相当于子爵；容华、美人相当于男爵，不限人数。

中山王石虎自以为有大功于国，自己盘算着一旦石勒即位，那么，管辖六夷的大单于位置一定属于自己，但是，出乎石虎预料的是，石勒却将大单于的位置给了太子石弘。石虎对此十分恼火，他对自己的儿子石邃说："主上自从入居襄国以来，只是动动嘴皮，指挥指挥，而是我亲自冒着枪林弹雨。二十年来，我南擒刘岳，北走拓跋，东平齐鲁，西定秦雍，攻克平定十三个大州。成大赵基业的，是我石虎！大单于之位，众望所归，应该给我，却给那个黄口婢女的小儿，每当让我想到这件事，都会让我睡不着觉，吃不下饭。等到主上去世以后，不足以给他留下后代了！"

石勒的长子石兴早死，石弘是石勒的二儿子，并非刘氏所生，而是程遐妹妹的儿子，因此，石虎才有此说。

石弘，字大雅，史称其"虚襟爱士，好为文咏，其所亲昵，莫非儒素"，是一位典型的文学青年。石勒此时所面临的问题，与数年前刘曜面临的一样，他曾对徐光说："大雅性格平和，太不像一个将门之后了。"

徐光回答："汉高祖马上取天下，汉文帝用清净无为在守护，圣人一定会出现厌弃杀戮的后代，这是上天自然的道理。"

石勒听了十分高兴。

徐光趁机对石勒说："中山王勇武权智，群臣没有超过他的。应该慢慢地夺取他的权力，让皇太子早早地处理朝政。"

石勒采纳了，但并没有马上采取行动。

此时的北中国，除了羌族姚弋仲、氐族苻洪以外，尚有丁零翟斌、凉州的张骏和乞伏鲜卑。丁零过去一直居住在中亚的康居，西晋大乱以后，逐渐迁居中国，此时也入朝称臣，被石勒封为句町王（《晋书·石勒载记》记载，过去，丁零翟鼠曾经背叛石勒，攻下常山、中山等地，此处的翟斌当与过去的翟鼠有渊源，大约也居住在并州北部一带）。对于凉州的张骏，石勒在本年的六月，派遣鸿胪孟毅拜张骏为征西大将军、凉州牧、加九锡，但是，张骏不愿做石勒的臣子，遂将孟毅扣押。等石勒称帝以后，由于石虎对匈奴屠各贵族的屠杀，原来已经投降的休屠王石羌又发生了叛乱，秦州刺史临深派遣司马管光率军讨伐，反为所败，驻守长安的河东王石生率军进击。休屠王石羌的侄儿石擢与石羌不和，石生贿赂石擢，结果石擢临阵叛变，休屠王石羌大败，逃到了凉州，石生将秦州豪强五千多户迁到了雍州。石赵帝国军队的这一胜利，极大地刺激了张骏，他感到十分恐惧，很快就接受了石勒的封号，将孟毅送还，并派长史马诜带上地图，与西域的高昌、大宛、于阗、鄯善使者，大批金银财宝，称臣于石勒。

而乞伏鲜卑却没有向石赵投降。在陇西的鲜卑原来共有如弗、斯引、出连、叱卢四部，其中乞伏部出自如弗，乞伏部逐渐成为四部的头领，到乞伏佑邻的时候，又吞并了居住在高平川的鲜卑鹿结部七万余帐篷，乞伏佑邻的孙子乞伏利那分别在乌树山击败鲜卑吐赖、大非川击败尉迟渴权，收众三万余落。后，利那儿子乞伏述延又击败鲜卑莫侯部，移居苑川（今甘肃省兰州市榆中县大营川），以斯引乌埿为左辅将军，镇守蔡园川；以出连高胡为右辅将军，镇守至便川；以叱卢那胡为率义将军，镇守牵屯山。乞伏述延死后，儿子乞伏傉大寒立，刘曜灭亡以后，乞伏部又往东北迁到麦田（今甘肃省靖远县东北）的无孤山，随时准备逃往塞外。乞伏傉大寒死后，儿子乞伏司繁立，又将部落迁到靖远县西的度坚山。

除了上述势力之外，在秦陇以西、凉州西南地区，还有鲜卑吐谷浑。吐谷浑与在辽西的弟弟慕容廆一样长寿，其部落占据西零以西甘松之界，一直到青海湖西的白兰（今青海省玉树市通天河流域）。习俗父亡，妻其群母，兄亡，妻其诸嫂。有城不居，逐水草，住帐篷，西北杂胡称之为“阿柴虏”或“野虏”。吐谷浑有子六十人，七十二岁去世，长子吐延继位，吐延身高一点九五米，号称项羽，此时的吐谷浑汉化程度很高，吐延曾慷慨地说：“可恨不能生在中国，处于汉高祖、光武帝之时，与韩信、彭越、邓禹、吴汉并驾齐驱，让名字记载在史书上，而今却逃窜在穷山恶水之间，不能在京师听到礼教，不能成为朝廷的大臣，活着与麋鹿同群，死后成为穿着毛裘之鬼，即使能抬头偷偷地看看日月，难道心中就不惭愧吗？”吐延性格残忍，结果被羌族头领姜聪派人刺杀。吐延没有从身上拔出砍中自己的长剑，他忍着剧痛，召来部将纥拔泥，对他说：“我们部落之所以能够控制羌人，是因为有我在，我死后，要好好辅佐我的儿子叶延，往西退保白兰。”

吐延有子十二人，在位十三年，叶延是长子，年仅十岁，叶延十分孝顺，用草结成一个姜聪的草人，每天往草人射箭，母亲生病五天吃不下饭，他也五天不吃饭。长大以后，十分好学，他根据礼法记载：“公孙之子可以用爷爷的字作为姓，”就把部落名号慕容改为吐谷浑。

此时在石赵帝国的北境，有已经臣服石赵帝国的拓跋翳槐，还有奉东晋正朔的日渐强大的慕容廆，另外还有与石赵帝国亲近但屡遭慕容部打击的宇文乞得归以及依附于慕容部、依违于石赵帝国和慕容部之间的段氏段辽这四支政治态度各异的鲜卑部族。

九七　刘胤之死

在石虎灭掉了刘曜的儿子南阳王刘胤之后，东晋的另外一个名字叫刘胤的人也将面临血光之灾。

骠骑将军、江州刺史温峤死后，江州立即成为东晋朝廷各方大员垂涎欲滴的必争之地。我们说过，江州兼有地理、人口、粮食等重要地位，如果陶侃能够得到江州，则直接可以染指朝廷；如果庾亮得到江州，将使自己实力大增，改变如今蜗居侨郡豫州的态势；如果王导得到江州，那么，既可以东向牵制庾亮，又能西边抗拒陶侃。

因此，江州刺史的位置势必是大家争夺的焦点。

然而，奇怪的是，朝廷很快就下达了就地任命温峤的军司刘胤为平南将军、都督江州诸军事、代理江州刺史、假节的命令。当时，朝廷上下都认为刘胤不是合适的人选，尤其是陶侃和郗鉴都说，刘胤没有独当一面的才能，但是，王导不听。

有人问王导的长子王悦说："如今大难刚过，秩序紊乱，从江陵到建康三千多里，南下的流民数以万计，大多都聚集在江州一带。江州是国家的南面藩篱，要害之地，而刘胤却奢侈浪费，悠闲地应对这种局面，没有外患，必有内忧。"

王悦说："我听说温峤对我老爸说，接连做噩梦，思考继任者，梦中有人说可用刘胤。这都是温峤的主意，不是我爸爸的本意。"

话说到此，将刘胤之命推到了死去的温峤身上，也就死无对证了。

关键是，刘胤身为温峤的军司，温峤在临死之前，建议让其代替自己，似乎也合乎情理。然而，关于刘胤江州刺史之命的原因，史料仅有王导最亲爱的儿子王悦的话，的确难以让人信服。难道说王导对于死去的温峤就如此言听计从吗？或者温峤对刘胤竟无一点认识？

考察《晋书·刘胤传》，我们似乎能够发现一点问题的端倪。

刘胤本是东莱掖人，过江后，曾担任司马睿的丞相参军，史料称："王敦素与胤交，请为右司马。"由于知道王敦有不臣之心，所以，刘胤就称病不办公，从而得罪了王敦，被任命为豫章太守。从王敦与刘胤之间的关系上看，刘胤与王导之间似乎也并非没有关系。也许，任命刘胤正是王导试图在陶侃与庾亮之间打入一个楔子的尝试呢？我们不知道。不过，如果有温峤的推荐，应该有温峤的正式上书，而绝非王悦所云的那样，温峤仅对王导说自己做梦之类荒诞不经的话而已。

当时，苏峻之乱刚刚平定，百废待兴，建康朝中百官连俸禄都发不下来，粮食、日用品都依靠江州。然而，刘胤却"矜豪日甚，纵酒耽乐，不恤政事"。除此之外，他还趁机以私废公，低进高出，往建康贩卖物资，从中赚取利润，搞得名声狼藉。

有关部门上奏罢免刘胤的官职，王导的本意是，将刘胤罢免，而任命各方都能接受的大尚书孔愉为安南将军、江州刺史。孔愉作为"会稽三康"之首，在司马睿时期，就曾因为劝谏司马睿不要疏远王导，而被贬为王导司徒左长史，此后，王导与孔愉之间一直保持着较好的关系，起码在此时，孔愉是可以被看作王导的人的，这大约是王导有此任命的根本原因。

然而，接到诏书的刘胤却并没有立即解职，而是在反复上书朝廷，解释说明，希望继续留任。而就在此时，却发生了一件意想不到的事情。

后将军郭默自从在大业之战中丢下部队逃脱以后，就跑到了江州。当时，刘胤的手下张满等人对郭默十分鄙视，郭默上门拜访，张满等人竟然赤身裸体与郭默相见，这让郭默切齿痛恨。

此时，郭默也被朝廷征召为右军将军，郭默与其他流民帅一样不愿去朝廷上任，他对刘胤说："我能够与胡人作战，朝廷却不用我。右军将军管着禁军，边境一旦有警，如果让领兵出征，才临时调配给部队，将领与士兵平时都不认识，相互之间也没有什么恩义，用这样的部队与敌人作战，没有不打败仗的。现在应该选择才能的人授予相应的官职，如果因人设职的话，天下怎能不乱？"

郭默是想让刘胤替自己说说话，但是，刘胤自身难保，哪有闲心去管他人？他说："你说的就是这个道理，但是，这事不是小人我所能管得了的。"

郭默回京需要路费，他向刘胤索要盘缠，刘胤又不给。郭默更是恼火，在腊日祭祀的时候，刘胤送给郭默一坛酒、一头猪，郭默当着刘胤使者的面，将这些东西都倒入江中。过去，此地的流民盖肫，趁着苏峻之乱，抢了被祖焕所杀的孔炜的女儿为妻，如今大乱平定，孔炜家要求将女儿要回，张满等也下令让盖肫将妻子送还孔家，盖肫不同意，因此，与刘胤和张满也有矛盾。

此时，盖肫看到郭默对刘胤不满，就趁机挑拨离间，他对郭默说："刘江州不立即接受诏命，而与张满、荀楷等人日夜密谋，将要发动叛乱，只是因为顾及郭将军一人，所以，才没有发动。听说他们将在杀死你以后，就要起事。大祸将要降临了，请你秘密做好应变准备。"郭默接受了。

刘胤在府邸的东面开了一个门，术士戴洋对他说："东面是天牢，牢下开门，我担心天狱就会降临。"刘胤不听。

到这一年（咸和四年）十二月十七日，戴洋又提醒刘胤说："腊日将近，建议关闭大门，用五十人作为警卫，并且用一百人防备东北方向，以抵御害气。"刘胤仍然不从。

十二月二十四日凌晨，郭默带着自己的随身亲兵早早地等在刘胤的府邸门外，等天亮开门，郭默等人一拥而进。刘胤的将吏要阻挡郭默，郭默呵斥道："我奉诏讨伐贼人，敢动的诛灭三族。"刘胤的亲信卫士无人敢动。

郭默一直闯进刘胤的卧房，刘胤正与小妾睡觉，郭默从床上将其牵下，斩首，刘胤死时四十九岁。杀了刘胤，郭默又抓获了张满、荀楷等人，诬称这些人犯有大逆之罪，全部予以斩杀。然后，郭默命人将刘胤的人头送到建康，自己又写了一份假诏书，向内外公布，又将刘胤的女儿和小妾、财宝全都抢到自己的船上，对外声称自己将要奉命回到建康。

但是，经过认真思量以后，郭默以为就这样回到建康，也可能会被处以擅杀大臣之罪，于是，他又从船上回到刘胤的府邸，招江州的另外两个实力派人物桓宣和王愆期。王愆期害怕，来见郭默，并劝郭默自己做江州刺史，郭默同意了，王愆期从郭默那里逃出以后，就逃往庐山，而桓宣却固守自己的防地，不理会郭默。

九八 讨伐郭默

刘胤的人头，与郭默要求担任江州刺史的奏表一前一后被送到了建康。

虽然郭默此举使自己的亲信孔愉的江州之命，化为泡影，但是，如果能够借此任命郭默，郭默当然会对自己感恩戴德的。这也符合王导一贯的不愿折腾的原则。王导相信，只要施以恩德，即使是原来的敌人如匡术、路永等辈，也会为我所用，更何况郭默呢？王导顺势于咸和五年（公元 330 年）正月初一，宣布大赦天下，将刘胤的人头悬挂在朱雀浮桥，并以朝廷的名义，正式任命郭默为西中郎将、江州刺史。

郭默事件发生以后，武昌太守邓岳立即飞马南下报告驻军岳阳的陶侃。

陶侃听说后，一甩袖子，腾的一声站了起来，说道：“这其中必有诈！”立即派遣将军宋夏、陈修率兵占领湓口，陶侃大军随后出发。郭默闻讯，赶紧派遣使节给陶侃送上妓婢、绢百匹，并抄写了朝廷任命自己为刺史的诏书副本，让陶侃看。

陶侃的部下都劝说陶侃：“郭默如果没有朝廷的命令，怎敢擅自做下此等大事。如果要进军，应该等待朝廷的命令。”

然而，陶侃早就对江州垂涎欲滴，此时正是一个千载难逢的良机，他怎能放弃？他厉声对下属说道：“皇帝年龄尚小，命令都不是皇帝本人的意思。况且，刘胤虽然不是做刺史的材料，但是，素来被朝廷尊重，有什么理由就加以极刑？郭默虓勇，所到之处专为暴掠，他以为大难刚刚平定，法制宽简，不过是想利用这个机会以达到他非分的目的罢了。”话虽这样说，陶侃也感到有必要向朝廷报告一下，在他整军出发的同时，向朝廷上表揭露郭默的罪恶。

陶侃对郭默的分析当然很对，但是，陶侃如此激动地匆忙讨伐郭默，却有自己的打算。我们还记得不久前的苏峻之乱，当时，温峤一而再、再而三地请求陶侃出兵勤王，陶侃却是一而再、再而三地拒绝；在紧要关头，他还数次要散伙回家，那时候的陶侃，并没有将皇帝的生死放在心上，更不用说国家的安危了：那时的晋成帝，好像就是庾亮的皇帝，而苦难中的人民就像是温峤的人民一样，陶侃根本漠不关心。白石垒、石头城等战斗，全部是温峤和庾亮的部将在立功、部队在作战，陶侃的大军只是在一边声援、助威而已。那么，此时陶侃内心的唯一目的就是要消灭郭默，全取江州！

陶侃在进军途中，给王导写信，斥责道："郭默杀刺史，就任命为刺史；那要是杀宰相，就任命为宰相吗？" 王导看到陶侃已经出兵，赶紧见风使舵，命人将刘胤的头颅拿了下来，他回信辩解说："郭默位居上流之势，加上有船舰等现成的战备物资，因此，朝廷才包涵、隐忍，让他暂时拥有那块领地。这一个月来，我们在京师都是暗中戒备，等您的部队到了，就与您的部队迅速会合，这难道不是遵养时晦以定大事的吗！"

陶侃读罢王导的书信，给气得笑了起来，说："什么遵养时晦，简直就是遵养时贼！"

此时，豫州刺史庾亮也上书要求讨伐郭默，于是，王导以朝廷的名义命令庾亮以本官，加征讨都督，领将军路永、毛宝、赵胤、匡术、刘仕等，率二万步骑，与陶侃大军会合，一同讨伐郭默。

郭默听到陶侃出兵讨伐自己的消息，赶紧派遣桓宣的儿子桓戎去武昌桓宣那里求救，桓宣假装答应了。西阳太守邓岳、武昌太守刘诩都怀疑桓宣可能与郭默同谋，豫州西曹王随说："桓宣尚且不从祖约，怎会追随郭默？"邓岳和刘诩就让王随去桓宣那里探明情况。

王随对桓宣说："大人虽然内心与郭默不同，但是，无以自明，只有将桓戎交给我就可以了。"桓宣就让儿子桓戎跟着王随去见陶侃，陶侃就任命桓戎为参军，上书朝廷任命桓宣为武昌太守。

郭默本来想要放弃浔阳（今江西省九江市）南逃到豫章（今江西省南昌市），但是，他想着桓宣能在上游抵挡一阵子，因此，没有马上撤退。结果，出乎他的意料，桓宣并没有抵挡陶侃大军，因而，他还没有来得及跑，陶侃的大军就已经进抵浔阳城下。

等到三月，庾亮的部队也到达了浔阳城下，陶侃、庾亮大军将浔阳城围了个水泄不通，在城下堆积土山，朝城内射箭。陶侃此行自是想得到江州，而并不想对郭默怎么样，因为，此时的陶侃还有些非分之想，史书称，他“惜默骁勇，欲活之”，就派曾经与郭默在一起战斗过的李矩的外甥郭诵，去城中劝降，经过郭诵的劝说，郭默同意归降陶侃。

但是，郭默的部将张丑、宋侯等人却害怕被陶侃所杀，提出了不同意见，所以，郭默并没有按照约定开城投降。

陶侃、庾亮开始组织部队对浔阳城发起了猛烈的进攻，眼看抵挡不住，到了五月，宋侯抓获了郭默父子五人及张丑，开城投降，陶侃将郭默在军门斩首，郭默同党一齐被杀的有四十多人。

郭默在中原长期与刘汉帝国、石赵帝国交战，以武勇闻于敌国，臧荣绪《晋书》称其“常身披重甲，跳三丈矛，时人莫不惮之”。而陶侃讨伐郭默，兵不血刃就将其擒杀，石勒对陶侃也更加敬畏。

得知陶侃攻下浔阳，斩杀了郭默，身在朝廷的王导为了安抚陶侃，赶紧以成帝的名义下诏，任命陶侃为都督江州诸军事，兼江州刺史，增加左右长史、司马、从事中郎四人，掾属十二人，以邓岳都督交州、广州诸军事，兼广州刺史。陶侃顺利将江州纳入囊中，回师巴陵，接着，又移居江州治所武昌。此战庾亮是白白出力，什么好处都没有得到，眼看着陶侃拿到了江州，自己无力与之抗衡，庾亮的内心可想而知。

庾亮回到芜湖，不受朝廷的任何赏赐，陶侃看到庾亮这样，搞得自己很没意思，就给庾亮写信说：“赏赐惩罚、提拔降职，这都是国家的大信，我奇怪你为什么独自高洁，做个君子呢？”

庾亮回信说：“上有元帅你的指挥，下有武将们的效命，我庾亮能有什么功劳！”他始终没有接受朝廷的封赏。

我们不知道，这里面是否有一点没有得到江州的郁闷和赌气呢？

九九 谋废王导

此时的太尉陶侃名义上让了交州和广州，但是，却拿下了富饶的江州，名副其实地全据了长江中游。

武昌，这个特殊的地方，似乎王敦的影子总无法散去，在此镇守的大员总会产生一些非分之想，只有温峤在此的时候，他命令从墙上刮去了王敦的画像，以表达对忤逆臣子的厌恶之情。实践证明，在温峤短暂的江州刺史任上并无染指朝政，或者以江州的兵力威胁朝廷。在咸和五年陶侃刚刚平定郭默之后的一段日子里，从史书中透露出的种种迹象表明，志得意满的陶侃似乎也要走王敦第一次反叛的老路。

而陶侃趁势进攻建康的借口就是废黜王导。这一点，从数年之后，庾亮给郗鉴的信中可以得到确认。彼时，庾亮在信中称："昔于芜湖反复谓彼（指王导）罪虽重，而时弊国危，且令方岳道胜，亦足有所镇压，故共隐忍，解释陶公。自兹迄今，曾无悛改。"说的是：在庾亮此时担任豫州刺史之时，他曾经反复劝说陶侃，虽然王导罪孽深重，但是，因为国家残弊，加上地方大员都十分正直，身在中央的王导应该会有所收敛。陶侃试图废黜王导，大约也可以从前面其与王导之间的书信中，探寻出一点蛛丝马迹。陶侃对于王导一向持一种十分鄙视的态度，这在石头城的时候，他嘲讽王导之节不似苏武节中，就能看出端倪，而其后，当王导承认了郭默占据江州的既成事实以后，陶侃竟说出了"害宰相就用为宰相"的狠话，也许这句话恰恰正是陶侃内心深处的真实反映。那么，如果陶侃要废黜王导，理由又是什么呢？

一是王导目无主上。《晋书·王导传》记载，初，成帝幼冲，见导，每拜。后来，成帝有一次曾经亲自给王导写手诏，用"惶恐言""顿首""敬白"等语，中书省作诏则用"敬问"，从此，就成了规矩。成帝去王导的家里，还对王导的妻子行拜见之礼，王导每年元旦上殿，成帝都站起身来迎接。咸和五年（公元330年）郭默被杀的时候，王导五十四岁，而陶侃比王导大十七岁，已经七十一岁了，而且，从理论上说，陶侃的官职应该位居王导的前面，而王导如此作为，对于陶侃而言无疑是一种极大的心理刺激。

二是愚弄主上。我们从庾亮后来的书信中，能够看出，王导出于个人目的，对成帝并没有尽到一位师长和纯臣应尽义务，而是采取了“愚君”的政策，即不是为成帝的成长考虑，在年幼的成帝身边安排德高望重的老师，而是让小皇帝“入则在宫人之手，出则唯武官小人；读书无从受音句，顾问未尝遇君子”。（庾亮与郗鉴笺中语）作为年少的成帝，不知道事情的来龙去脉，以为身边的这位老者十分可亲，这是自然的，而王导恰恰是利用了小皇帝的这一点，从感情上控制小皇帝，以达到自己左右政局的目的。

三是昏聩之政。《晋书·庾亮传》称：“时王导辅政，主幼时艰，务存大纲，不拘细目，委任赵胤、贾宁等诸将，并不奉法，大臣患之。”《晋书》虽然将此句话系于咸康年间，但是，王导的这种“宽纵”，乃至“昏聩”之政，是一贯的。《晋书·山涛传附山遐传》记载，山涛的孙子、山简的儿子山遐，曾经做余姚县令，当时，“法禁宽弛，豪族多挟藏户口”，作为自己的私人奴仆，地方豪强的这种行为无疑极大地影响到了政府的兵员和税收，山遐到任八十天，一个县就核查出被隐瞒的农户上万人，可见，当时扬州地区这种情况是多么严重，这也是我们看到史书上南北朝时期人口锐减的原因之一。当时，余姚县的一位名士虞喜也因为藏匿户口，按照法律应当斩首，虞氏是余姚大族，县里的豪强就以虞喜有高节，不应受到此种追究，又以山遐擅自改建县衙为由，要求王导罢免山遐的官职。山遐对自己的顶头上司、会稽内史何充写信说：“我请求再留下一百天，将逃亡的隐匿人户抓获，再接受朝廷的处罚，再无遗憾。”何充也替山遐说好话，但是，王导不听，最终还是将山遐免官。考察《晋书·何充传》记载：何充“贼（指苏峻）平，封都乡侯，拜散骑常侍，出为东阳太守，仍除建威将军、会稽内史。在郡甚有德政，荐征士虞喜，拔郡人谢奉、魏顗等以为佐吏。”也就是说，何充担任会稽内史恰恰是在苏峻之乱平定之后，再据《晋书·王舒传》称，苏峻之乱刚刚平定之后，王导的堂弟、会稽内史王舒就去世了，何充接任王舒职务当在此时，而王导在王氏子弟无人的情况下，让自己一直十分欣赏的外甥何充入主王氏家族的后院会稽郡，当属情理之中的事。也就是说，王导昏聩之政的典型例子——罢免山遐事件，大约也就发生在陶侃欲废黜王导前后。除了对山遐如此，对于其他人也是这样。据《晋书·孝友传附颜含传》记载，颜含“拜侍中，除吴郡太守。王导问含曰：‘卿今莅名郡，政将何先？’答曰：‘王师岁动，编户虚耗，南北权豪竞招游食，国弊家丰，执事之忧。且当征之势门，使反田桑，数年之间，欲令户给人足，如其礼乐，俟之明宰。’含所历简而有恩，明而能断，然以威御下。导叹曰：‘颜公在事，吴人敛手矣。’未之官，复为侍中。”颜含拜为吴郡太守是因为“豫讨苏峻功”，因此，正是在王导执政之时，当王导听到颜含要清理户口的时候，就不让其去吴郡上任了。颜含是《颜氏家训》的作者颜之推的九世祖，唐代颜真卿的十三世祖。

四是委任武人。王导要主政建康，当然需要有武力作为后盾，这是王导拉拢武人的主要原因，也情有可原，然而，在当时的环境下，他却毫无原则地重用一切武人，并且，无视朝廷的规矩加以使用，这不仅在王导的政敌眼里感到难以接受，而且，即便是本来属于王导身边的士大夫或者中立派人士，也都感到不能容忍，到后来，甚至王氏家族的人也看不惯王导的做法，而加入他的政敌庾亮的阵营，后来，王羲之拒绝加入王导的幕府而远去庾亮的幕府，就是一个明证，这以后我们还会说到。

王导任用的降将主要有匡术、贾宁、路永、匡孝等人，这些降将土匪作风严重，多不奉法，王导也是睁一只眼闭一只眼，不加干涉。人们对王导的这种做法普遍不满意，王濛是西晋北军中侯、太原王佑（在杨骏时期曾经昙花一现）的孙子，又是颍川庾子躬的外孙，（《世说新语·赏慕》四十：“王长史是庾子躬外孙，王氏谱曰：‘蒙父讷，娶颍州庾琮之女……’丞相目子躬云：‘入理泓然，我已上人。’子躬，子嵩兄也。”《世说新语·赏慕》三十注引虞预《晋书》曰：“琮字子躬，颍川人，太常峻第二子，仕至太尉掾。”但是，按《晋书·庾峻传》称，峻二子，即庾珉、庾敳。而庾珉字子据，因此，庾子躬究竟是何人，尚存疑，不过可以肯定的是：庾亮是王濛的堂舅。）王濛是一妙人，也是位名士，被王导引为司徒掾，当时，王导也想把匡术的弟弟匡孝引入幕府，王濛给王导写信说：“开国承家，小人勿用。你依靠德义管理天下，正要澄清伦理，推崇名器。军事与政治作用不同，文官与武将也不一样，怎能泾渭不分，怎么能给天下树立榜样？”但是，王导不理睬。《晋书·孔愉附孔群传》和《世说新语·方正》都记载了孔群与匡术之间的过节，可以参看。当时，在苏峻之乱时，孔群与孔愉堂兄弟二人与匡术在横塘相遇，孔愉与匡术交谈，而孔群看都不看匡术一眼，匡术大怒，抽出佩刀就要砍孔群。孔愉赶紧抱住匡术说：“我这个兄弟是在发疯，请你看在我的老脸上饶他一命！”等到苏峻之乱平定之后，王导知道孔群喜欢喝酒，过去，王导曾经劝过孔群说：“你没有看看你家盖酒缸的布，都叫酒腐蚀烂了吗？”而孔群却说：“不对，你没见到经过酒腌制的肉放得更久吗？”因此，王导趁着大臣们说笑饮宴之际，就让匡术出来给孔群倒酒，孔群拒绝接受和解，他说：“我孔群不是孔子，而受到的灾厄却像孔子在匡地受到匡人围困那样危险，虽然布满阳春温暖之气，凶残的老鹰化作了温顺的斑鸠，但是，对于有见识的人来说，仍然憎恶他那双凶残的眼睛。”说得王导很难堪。这只是一例，往后王导还做出在一般士大夫眼中看来更为出格的事情，我们以后再说。

当然，陶侃想要废黜王导的直接理由，还是纵容郭默，让朝廷无法无天。如果像王导这样下去，任何一名将领都有可能诛杀上司，从而取而代之，这让陶侃不能坐视。

但是，从事情的发展上看来，陶侃这一计划并没有实施，其根本原因是郗鉴反对，而庾亮也不十分赞同。郗鉴当然与王导关系较近，同时，身处京口的郗鉴，距离建康较近，且北有石赵，南要仰食三吴，《舆地纪胜》卷七“丁卯港”注引《舆地志》称：“晋元帝子哀镇广陵，运粮出京口，为水涸，奏请立埭。丁卯制可，因以为名。”今镇江市东南郊运河沿岸有丁卯桥，可能就是古丁卯埭所在处，广陵的军粮，由三吴经运河北运至京口。因此，他只能作为建康方面的有利支持者而存在，失去了兼扬州刺史王导控制下的三吴地区，郗鉴的京口也难以独存。而庾亮在陶侃拿下江州以后，也不愿看到陶侃再控制中央，因此，庾亮和郗鉴的主要理由是大乱过后，不想再看到内斗。由于陶侃要兵下建康，就必须要经过庾亮控制的芜湖地区，同时，郗鉴京口兵的实力也不容小觑，于是，在两人的反对下，陶侃这才作罢，在得到江州以后，陶侃佯佯而去。

一〇〇 暗藏觊觎

很难说陶侃谋废王导之举，就没有半点私心。

我们说过，《晋书·陶侃传》记载，陶侃曾梦生八个翅膀，飞到天上，看见天上有九个天门，已登上八个，只剩下一个门进不去。看门人用棍棒打他，因而从空中掉到地上，折断了左边的翅膀，这就是陶侃的“折翼之梦”。另有一名叫师圭的相士，曾对陶侃说过：“您的左手中指有竖纹，能做到三公。如果竖纹直达手指顶端，就贵不可言。”陶侃用针决之见血，将血洒到墙壁上，也出现“公”字，这就是陶侃的“决指之血”。据此，后人对于陶侃的忠奸评价议论纷纭，这留待我们以后再说。但是，这两件事可能也不是空穴来风，无中生有之事。前江州刺史应詹由于是前荆州刺史刘弘的外甥孙儿，而刘弘在荆州威望甚高，并对陶侃有知遇之恩，应詹因此与陶侃有过同僚之宜，我们还记得，当应詹去世前，特意给陶侃写过书信：“今神州未夷，四方多难，足下年德并隆，功名俱盛，宜务建洪范，虽休勿休，至公至平，至谦至顺，即白天枯之，吉无不利。人之将死，其言也善，足下察吾此诚。”仔细品味书中的语言，大约应詹也觉察出陶侃可能会有“窥窬之志”，才拳拳相劝吧。

其实，陶侃的私心在平定苏峻之乱以后、要求处理卞敦一事上，就已经昭然若揭了。在平定苏峻之乱中，温峤殷勤于前，毛宝固争于后，然而，陶侃开始迟迟不进，继而又中途撤军，他自己的行动与卞敦相比好不了多少，他切齿痛恨卞敦可谓是五十步笑百步，但是，却表现出对卞敦必欲除之而后快的态度，这也不过是对朝廷暗示要取卞敦而代之罢了；讨伐郭默也是如此，正如吕思勉先生说的那样：“夫郭默所传之诏虽伪，王导所发之令则真。借口国家年少，不出胸怀，遂不尊奉，则当主少国疑之际，不亦人人可以自擅乎？”

那么，如果兵下建康，废黜王导的话，陶侃肯定是要入主朝廷。而对于庾亮而言，如今已经失去母亲的成帝，已经完全成为实力派可以随意摆布的傀儡，假如陶侃入主朝廷，那肯定是要直接控制建康及其周边地区的，庾亮乃至郗鉴自身难保。而且，一旦行此大事，陶侃以后的所为将难以预料，正如魏武帝曹操那样，陶侃即便是为自己的身家性命着想，也不可能中途罢手，后果将不堪设想，这更是庾亮和郗鉴担心的问题所在。另外，庾亮本人与陶侃素无交情，甚至还有过节，仅仅是此前一年，因为温峤的从中斡旋，才得以暂时缓解，如今温峤已死，庾亮与陶侃之间再无感情纽带，如果陶侃得志，庾亮未必能够自保，如今，陶侃已经打破了势力平衡，再不能让其一支无限膨胀了。

由于庾亮和郗鉴的坚持，东晋政府又一次躲过了一场浩劫。

回到武昌以后的陶侃，在个人秉性上一如既往，仍然还是那么明察秋毫，《晋书·陶侃传》记载，他曾经命令各部队义务绿化武昌，在武昌城种植柳树，都尉夏施将公家的柳树移栽到自己的门前，陶侃看到以后，停下车子问："这棵柳树是武昌西门前的，谁把它偷栽到此处？"夏施赶紧惶恐谢罪。但是，陶侃的幕府也逐渐表现出"霸府"的特征，个人行为也与曾经的陶侃有些许的不同。《汉语大词典》对霸府的解释："是指晋、南北朝和五代时势力强大，终成王业的藩王或藩臣的府署。"《中国历史大词典》解释为："指魏晋南北朝时期，控制朝廷，作为称帝准备的权臣的府署。"

一是培植自己的势力。陶侃到了武昌以后，就开始了报恩行动：陶侃年轻的时候本来是鄱阳的县吏，因为孝廉范逵路过他们家，陶侃的母亲湛氏将头发卖掉换来了酒肉，招待得很好，吃好以后，陶侃又亲自送上百里之遥，范逵才将其推荐给当时的庐江太守张夔，此时，陶侃任命张夔的儿子张隐为参军；任命范逵的儿子范珧为湘东太守。陶侃曾经在前荆州刺史刘弘的手下，此时，陶侃任命刘弘的曾孙刘安为掾属。在王敦要杀掉陶侃的时候，当时王敦的咨议参军梅陶、长史陈颁曾劝说过王敦，此时，陶侃"表论梅陶"，当指在明帝丧期，尚书梅陶私奏女伎，被御史中丞钟雅所奏，当时虽然没有深究，可能对梅陶的仕途有一定的影响，如今，陶侃上书朝廷要求免除对其的处罚。史书称："凡微时所荷，一餐咸报。"报恩当然无可厚非，但是，陶侃在报恩的同时，实际上也在荆州和江州培植了一个很大的势力网。

二是极力笼络士人。当时，"武昌号为多士"，殷浩、庾翼等人都在陶侃的幕府，这都是霸王扩大政治影响的手段，这在曹操、司马昭、司马越、王敦等人的幕府中，我们就已经似曾相识。

三是骄纵不法。据《世说新语·方正》：“梅颐尝有惠于陶公。后为豫章太守，有事，王丞相遣收之。侃曰：‘天子富于春秋，万机自诸侯出。王公既得录，陶公何为不可放？’乃遣人于江口夺之。” 梅颐是梅陶的弟弟，陶侃借此来报答梅陶。陶侃对于朝廷的命令，每每以皇帝年龄小为借口，不中意的，就不奉行，如果总以此为借口，那么，同样是皇帝的诏书，让你当江州刺史，你怎么不说皇帝年龄小，说的不算，我不当呢？陶侃解救梅颐，是不问三七二十一的，就是因为梅颐是梅陶的弟弟而已。

因此，在后来，当文士袁宏在写《东征赋》的时候，江左重臣都一一提及，唯独对陶侃只字不提。《世说新语·文学》对此有过精彩的描写：“袁宏始作《东征赋》，都不道陶公。胡奴（陶侃之子陶范）诱之狭室中，临以白刃，曰：‘先公勋业如是！君作《东征赋》，云何相忽略？’宏窘蹙无计。”袁宏此举固然有看不起出身寒门、武夫的因素，但是，陶侃以及陶氏子弟在武昌期间，专横跋扈、令人侧目，未必不是另一个原因吧。